现代职业教育研究前沿论丛

丛书主编　王振洪　朱永祥

"职教"改革的金职实践

成　军

张雁平

编著

中国教育出版传媒集团

高等教育出版社·北京

内容提要

本书以高等职业教育教师、教材、教法改革为出发点,基于金华职业技术学院的具体实践,从理论、方法、实践三方面提出了"三教"改革的金职方案,从课程开发、教材建设、课程教学设计与实施、课程思政改革、教师专业发展五个领域详细介绍了该校"三教"改革的具体过程和所获成效,并从文化、制度领域分析了该校"三教"改革取得显著成效的原因,最后展望了金职"三教"改革的发展蓝图。

本书案例丰富,通过介绍金华职业技术学院这一国内 A 类"双高校"在"三教"改革方面的具体经验,可为其他高职院校"三教"改革提供具体的参考方案,有助于"三教"改革更好地在高职院校落地生根。

图书在版编目(CIP)数据

高职教育"三教"改革的金职实践 / 成军,张雁平编著. -- 北京:高等教育出版社,2023.5

(现代职业教育研究前沿论丛)

ISBN 978-7-04-058750-0

Ⅰ.①高… Ⅱ.①成… ②张… Ⅲ.①高等职业教育 – 教学改革 – 研究 Ⅳ.① G718.5

中国版本图书馆 CIP 数据核字(2022)第 098554 号

Gaozhi Jiaoyu Sanjiao Gaige de Jinzhi Shijian

策划编辑	陈 瑛	责任编辑	苗叶凡	封面设计	王 琰	版式设计	杨 树
责任绘图	杨伟露	责任校对	任 纳 陈 杨	责任印制	耿 轩		

出版发行	高等教育出版社	网 址	http://www.hep.edu.cn
社 址	北京市西城区德外大街 4 号		http://www.hep.com.cn
邮政编码	100120	网上订购	http://www.hepmall.com.cn
印 刷	河北信瑞彩印刷有限公司		http://www.hepmall.com
开 本	787mm×1092mm 1/16		http://www.hepmall.cn
印 张	22.75		
字 数	410 千字	版 次	2023 年 5 月第 1 版
购书热线	010-58581118	印 次	2023 年 5 月第 1 次印刷
咨询电话	400-810-0598	定 价	58.00 元

物 料 号 58750-00

序　言

"三教"改革是当下高职院校高质量发展的关键抓手，是增强职业教育适应性的重要途径。自从《职业教育提质培优行动计划（2020—2023年）》中明确提出了"实施职业教育'三教'改革攻坚行动"之后，推进"三教"改革便成为高职教育界的集体行动。聚焦"教师""教材""教法"三个职业教育人才培养的核心要素，高职院校纷纷扎根学校改革创新的实践沃土，经过孜孜不倦的实践探索，有些已经结出了丰硕的"果实"。然而，在"三教"改革的实践探索中还存在着一些亟待破解的理论难题。这些难题的存在已经阻碍了"三教"改革的进一步发展，现有的理论成果也难以指明"三教"改革创新的未来发展路径，致使部分学校在"三教"改革的实践探索中举步维艰。具体表现如下。

一是无法有效辨别"三教"改革同过往一系列课程与教学改革的内在关联。部分院校在完全脱离过去课程与教学改革经验的基础上"另起炉灶"，导致"三教"改革因目标过于宏大又缺乏实践基础而困难重重。二是没有真正厘清"三教"的内在关联。"三教"改革不是各自为政的改革，它的重要意义在于推进人才培养模式改革创新的系统性、整体性。然而部分院校没能认识"三教"改革提出的价值意义，缺乏"三教"改革的顶层规划与系统推进。三是没有激发教师参与"三教"改革的热情。"三教"改革成功推进的关键是教师，但一些院校在实施过程中，以自上而下的行政推动为主，教师成为被改革者，缺乏参与的主动性与热情。正是基于以上背景，本书总结了金华职业技术学院"三教"改革的实践经验，明晰了"三教"改革的内在逻辑关联，确立了"三教"改革整体推进的实践路径，以期为"三教"改革的推进做一些贡献。

金华职业技术学院从1994年创办至今，经过20多年的改革创新发展，已经成为全国知名的高水平高职院校。自2006年以来，学校紧紧围绕坚持和巩固什么、完善和发展什么的重大教育教学课题，以学生为中心，抓住课程这个"牛鼻子"，立足技术迭代，推动校企合作课程开发并持续更新，实施任务、项目和资源迭代的课程升级，以"新课程"提升职教课程的适应性；守住"课堂"这个"主战场"，立足教法迭代，推动课堂生态创新，深化方法、手段和工具迭代的教法创新，以"活课堂"提升课堂教学的有效性；盯住"教师"这个"主力军"，立足制度迭代，推动教师整体发展，强化载体和制度迭代的教师发展，以"高水平"提升教师能力的发展性。历经 15 年的步步深化，形成了基于技术迭代、教法迭代和制度迭代，课程探索开发、课堂生态创新、教师整体发展"三维一体"立体推进的课程迭代改革模式，走出了一条"三教"改革的实践创新之路。

金华职业技术学院实施百门"示范课堂""六个一批"教学创新项目及"互联网＋教学"等新技术课程群建设计划，建成各类网络课程 1 485 门，其中国家精品课程 15 门（全国第三）、国家级精品资源共享课 17 门（全国第二），国家精品在线开放课程 3 门（并列全国第五），省级精品课程 30 门（全省第一），省级精品在线开放课程 24 门（全省第一）。立项主持（联合主持）国家职业教育专业教学资源库 6 项（并列全国第一），参与 36 个资源库建设，服务 1 224 所院校 20 余万人。教师在 2019—2021 年全国职业院校技能大赛教学能力比赛中获得一等奖 10 项，位居全国第一，2 个团队立项为国家职业教育教师教学创新团队。尤其近五年来，学生在各类科技竞赛中获国家级奖项 297 项，2018—2021 年全国职业院校技能大赛获奖 197 项，在中国高等教育学会公布的 2016—2020 年全国普通高校学科竞赛排行榜（高职）中位居全国第一。全国"互联网＋"大学生创新创业大赛、全国"挑战杯"大学生课外学术科技竞赛、创业计划竞赛、"创青春"大学生创业大赛金奖数目在全国高职院校居领先水平。这些引起全国同行强烈反响的"金职现象"，充分体现了学校"三教"改革探索的厚积薄发。

本书从理论视角阐述了"三教"改革的内涵意蕴，从学理层面明晰了教师、教材、教法三者之间的内在逻辑关联及应然定位；从理论—方法—实践三个层面分别针对高职教育课程开发、高职教育教材建设、高职教育课程教学设计与实施、高职教育课程思政改革、高职教育教师专业发展五个主题深化了"三教"改革的研究；从文化视域分析了金华职业技术学院"三教"改革的文化土壤，"三教"改革成效显著背后的制度成因和文化基因，展望了"三教"改革的未来。具体而言，本书还具有以下重要特点。

一是积极的理论探索。本书是基于金华职业技术学院"三教"改革的实践探索，却并未将所有的笔墨都聚焦在实践层面，而是同时对"三教"改革的一些基本理论问题进行了系统的回答。比如在"三教"改革的内在逻辑关系阐述上，本书创新性地提出了"教师"改革是课程教学创新的实施主体，"教材"改革是课程教学创新的知识载体，"教法"改革是课程教学创新的集成显现。基于以上分析，不仅清晰阐明了"三教"改革之间的逻辑关联，而且为"三教"改革在院校的实践创新提供了清晰的理论指导。

二是丰富的改革实践。金华职业技术学院作为国家"双高计划"A 档高水平院校，在"三教"改革的实践探索上取得了显著成效，师资队伍建设水平明显提升，人才培养质量也取得了社会的广泛认可，在教师教学能力比赛、学生技能竞赛等重大竞赛上都取得了突出成绩。本书对金华职业技术学院"三教"改革的实践探索进行了系统梳理，按照课程开发、教材建设、课程教学设计与实施、课程思政改革、教师专业发展五个方面全面展示了金华职业技术学院在"三教"改革实践探索上的理念、方法及成效。

三是理论与实践的交相呼应。本书在对金华职业技术学院实践探索经验的总结梳理中，对每一部分的实践探索都按照理论观念—方法路径—实践经验的写作逻辑进行详细阐述，有效避免了理论的空泛和实践的琐碎，将理论指导与实践探索紧密地结合起来，从而为读者提供了一个全面的阅读体验。理论部分很好地吸取了国内外先进的课程改革思想，方法路径部分给出了某一领域改革的技术路线，实践部分则提供了理论与方法应用于实践的具体路径。

"三教"改革是打造高职教育"活力课堂"的抓手，是提升高职院校人才培养质量的关键，更是彰显职业教育类型定位的根本，没有"三教"改革的探索深化，就没有高职教育的高质量发展。虽然本书较为系统全面地阐述了高职教育"三教"改革的实施路径，但囿于作者自身的知识储备、视野及"三教"改革问题的复杂性，不可能涉及该领域所有的问题，也不敢妄称金职"三教"改革的成功经验可以照搬到所有院校。因此，本书是对高职教育"三教"改革研究的一个初步探索，仅仅是从某所院校的经验出发尝试提出"三教"改革的一般路径，从而为广大高职院校"三教"改革的实践探索提供方向上的指引，"三教"改革的具体实施路径还应根据各院校自身的情况而定。

"三教"改革是一条漫长、艰苦的创新之路，本书的出版只是对我们走过的路进行的一次阶段性的总结，这仅仅是一个开始。千里之行始于足下，我们将整装待发，在"三教"改革道路上继续努力探索，谱写新的篇章！

成军

2022 年 4 月

目　录

第二章

高职教育课程开发的模式与机制 /39

第三章

高职教育教材建设的时代使命与实践特色 /137

第四章

高职教育课程教学设计与实施 /177

第五章

高职教育课程思政的改革与实践 /221

第六章

高职教育教师发展的特征与路径 /259

第七章

金职"三教"改革的文化脉络与展望 /335

高职教育"三教"改革创新的内涵概要与金职方案

人才培养模式是高职教育人才培养改革的核心问题，是彰显高职教育类型特征的主要着力点。人才培养模式的差异是高职教育与普通高等教育的根本区别，唯有从人才培养模式改革出发才能够找到高职教育创新发展的真正出路。教育改革的核心问题是人才培养的改革，任何政策出台、制度设计都要以提高人才培养质量为根本出发点。"三教"改革作为新时期高职教育改革的关键任务，同样是审视与考察高职教育人才培养模式改革的重要视角，无论是普通高等教育还是高等职业教育，在具体育人层面，"谁来教"是根本问题，"教什么"是核心问题，"怎么教"则是关键问题，三者共同构成了高职教育人才培养的逻辑闭环。"三教"改革同高职教育课程改革之间有着紧密的内在关联，"三教"改革是高职教育课程改革深化的支柱，课程改革必然涉及"教师"改革、"教材"改革和"教法"改革。"教师"是高职教育课程改革的主导者，是课程改革各种要素当中最具活力和创新性的要素；"教材"是高职教育课程改革的固化成果，是对高职教育课程教学内容体系化、科学化的表达；"教法"是高职教育课程改革落地的最后"一公里"，课改理念、课程内容都需要通过"教法"来实现。高职教育"三教"改革是我国高职教育课程教学改革发展的历史延续。要回答未来我国高职教育"三教"改革的发展路径和方向，必须首先从历史演变过程来审视高职教育"三教"改革的发展历程。

第一节　高职教育课程改革类型化的探索与确立

我国高职教育课程改革的探索是高职教育类型化探索的核心要素之一，没有课程改革类型化的确立就没有高职教育类型化的确立。经过对我国高职教育课程改革发展历程及过程阶段的梳理与分析，可以将我国高职教育课程改革的发展划分为以下三个阶段：以学科本位为主导的高职教育课程改革类型化探索的萌芽期、以国外引入为主导的高职教育课程类型化的探索期、以本土化探索为核心的高职教育课程改革类型化探索的确立期。

一、萌芽期：以学科本位为主导的高职教育课程

高职教育课程改革在提升人才培养质量方面发挥着至关重要的作用，课程改革不仅是课程内容、教学方法的改革，它背后蕴含着教育理念、教育人才培养目标及教育模式的重大转变，在不同的理念指导下所形成的课程模式有着根本的不同。从我国高职教育课程改革发展的历程来看，许多高职院校是由中专"升格"而来，高职教育最早的课程教学模式基本延续了传统中专的课程教学模式。我国中专教育体系深受苏联教育模式的影响，课程体系基本模仿其学科课程模式。学科课程模式在我国呈现出了典型的"三段式"金字塔特征：处于课程体系最底部的是文化基础课，处于中部的是专业基础课程，处于顶部的是专业核心课程。课程开发主要是由学科专家从专业所对应的科学知识中选择"够用"的知识并做相应的简化处理，理论理解能力依然是该种课程关注的重点。在该种课程模式中，职业能力的形成规律被简化成了理论理解能力的实践应用，即要想培养学生的职业能力，必须首先将该职业所需的全部理论知识传授给学生，在学生掌握了必备的理论知识后，通过一段时间的集中实践学习就可以掌握相应的职业能力了。尽管在后续的课程改革中，强调理论知识"够用"即可，不再强调理论知识学习的

系统性，但却并没有从根本上否定学科课程模式。

　　基于学科本位的"三段式"课程体系是我国高职教育课程诸多模式中应用时间最久、影响力最广的一种课程模式，直至今日，这种课程模式依然具有较强的生命力。在课程教学实践过程中，由于高职院校教师大多从学术型高校而来，他们对学科课程模式有着深入的认知和理解，而且目前高职院校所开设的"专业"基本能从现有的学科体系中找到所对应的"学科"，因此，许多高职课程开发实质上就是从学科知识体系中选择与本专业相关的学科知识，进行适当的"教学简化"处理。尽管基于学科本位的"三段式"课程体系所选取的知识来自学科理论知识，但该课程模式并没有否定实践教学的价值，一般会将实践教学安排在理论课程学习之后，认为学生在掌握必要的理论知识后，就能够通过一段时间的专业实践掌握技能，而且这种课程模式认为，理论知识的学习有助于学生快速掌握技能，理论知识学习的价值要高于实践学习。

　　"作为普教'改良版'的学科课程模式，职教学科课程模式的主要特点表现在理论与实践课程并列、重视文化基础知识及实践课单独设课自成系统等方面，其优点是逻辑性、（学科）系统性强。但是，随着科学技术和社会的发展进步，学科课程经受着来自多方面的批判，如认为学科课程重理论，轻实践，不能有效地培养能力。"[①] 尽管基于学科本位的课程模式能够将科学知识系统地传授给学生，但却造成了理论学习与实践学习的割裂，无法有效地培养学生的职业能力，否定了默会知识、实践知识在高职教育课程体系中的重要地位，过于抬高学科理论知识在课程体系中的价值地位。基于技术技能人才成长的规律性，基于做中学的实践教学应该成为高职院校课程教学的基本模式。因为学生职业能力的形成不仅来源于理论知识，还需要通过专业实践来掌握理论知识和工作任务之间的逻辑关联性，需要掌握将这些知识应用到工作场中的方法与原则，而且在工作实践中的很多技术诀窍、工作方法是默会性知识，很难通过文字符号传递给学生，这就决定了将理论学习与实践学习割裂开来的学科本位课程模式是难以帮助学生形成系统的职业能力的。

二、探索期：以国外引入为主导的高职教育课程

　　20 世纪 90 年代到 21 世纪初是我国高职教育课程改革发展的关键时期，随

---

① 赵志群，赵丹丹，弭晓英．我国高职教育课程改革理论与实践回顾 [J]．教育发展研究，2005（15）：76-80．

着高职院校规模的不断扩大、招生人数的不断增加，高职教育开始逐渐成为高等教育的一个重要组成部分，直至占据高等教育的"半壁江山"。在这样一个背景下，高职教育模仿移植普通高等教育办学模式和人才培养模式的办学路径已经难以维持下去。尤其是学科本位的课程模式被人们普遍诟病为普通高等教育的"压缩饼干"，难以体现高职教育技术技能人才培养的独特价值。因此，在这一时期，我国高职院校纷纷从国外引进先进的课程模式，如加拿大的能力本位教育（competency-based education，CBE）课程，国际劳动组织的适用于就业技能的模块式职业技能培训模式（module of employable skill，MES）课程，这些课程改革背后的理念核心都是能力本位，同学科本位课程重视理论理解能力的培养有着根本的不同。

（一）CBE 课程

CBE 课程起源于 20 世纪 60 年代的美国，源自对传统学科式师范教育的批判，认为传统的学科式师范教育无法真正培养师范生的职业能力，必须从职业分析着手进行课程开发。随后，加拿大借鉴了美国的 CBE 理念，并进一步应用 DACUM（developing acurriculum）方法进行课程开发，这种方法明确提出了能力本位课程开发的技术流程和原则规范，推动了能力本位理念的落地实施。

能力本位课程开发模式特别强调课程开发要以能力作为核心和课程设计的主要线索依据。在对能力的认知上，认为能力不局限于动手的操作，它包括了知识（与所胜任的职业紧密相关的各种学科理论知识），技能（完成所胜任的职业所需要熟练掌握的技术诀窍、工作知识）和态度（职业伦理、职业规范及职业精神）。该种课程模式试图将理论学习与实践学习紧密地结合起来，知识选取的内容不再是基于"够用""适度"等模糊标准，而是基于职业分析的结果，力争在学习过程中实现理论知识学习与实践知识学习的有效整合，培养学生完整的职业能力。而且对学生学习成效的评价不再基于对学科理论知识掌握的深度，也不是某一项技能的熟练程度，而是以将来所从事的职业为标准，以学生是否达到一定的劳动资格为标准，对学生的职业能力发展水平进行整体的全面评价。

CBE 能力本位课程用到了一种重要的课程开发技术，即 DACUM 课程开发方法。该课程开发方法包含了以下几个关键步骤。其一，职业分析。通过市场调研，明确专业所面向的职业领域和岗位工作范围、该专业所欲培养的人才将来能够胜任的职业岗位，以及学生的职业生涯发展道路。其二，工作分析。在明晰学生职业生涯发展路径的基础上，需要对这些职业领域进行深入挖掘分析，通常由职业领域的专家所组建的 DACUM 委员会来开展此项工作，分析、认定胜任该职业岗位群所应具备的综合能力（通常有 8~12 个），再分解综合能力（综合能力通常包含 6~30 个专项能力），经过该委员会内部专家的充分讨论与论证之后，列出胜任该职业岗位群所应具备的能力分析表。其三，教学分析。经过职业分析和工作分析之后，就基本能够明确该专业的学生所应具备的职业能力，此步骤需要进一步将能力分析表中列出的能力转换成为学习单元或学习模块，确定该专业的课程体系、学习路径与教学计划。最后，教学开发与实施。在明确专业人才培养的整体教学计划安排之后，对每一个模块或课程的教学内容进行分析，编写教学大纲，明确知识传授及学习的路径与方法，并对学生能力评价的标准进行清晰界定。

尽管 CBE 能力本位课程风靡一时，但在具体推广的过程中出现了不少问题。"一是把劳动科学中的工作活动分析简单地移植到了课程开发的工作分析中，使得对高职教育具有重要意义的岗位工作的内在联系在课程开发的工作分析过程中消失了。在职业分析过程中，将所观察的工作行为分解为具体的能力点，而这种由单项职业能力组合成综合能力的研究方式，忽视了人类劳动的整体特性和经验成分；二是缺乏高职教育课程内容组合方式的理论依据，致使人们在具体的实践中，虽然运用了职业分析的方法，确定了某种职业岗位所需的知识与技能，但在对这些内容进行组合时，由于没有相应的对这些知识与技能进行序列化的标准，又导致人们按学科体系对这些内容进行组合。"[1] 尽管 CBE 课程在我国高职教育界的推广实施并没有从根本上改变学科课程占据主导地位的现状，但它却从根本上改变了人们对高职教育课程的认知，而且能力本位的人才培养理念开始被高职教育界普遍接受。越来越多的人认识到，学科课程体系必须要被打破，否则高职教育人才培养质量就无法得到根本性的提升。

（二）MES 课程

MES 课程开发模式是由国际劳工组织开发的。该种课程开发模式开发的背景同 CBE 课程开发模式具有相似之处，都是对传统学科课程模式存在的不足之处进行反思后而提出的。"一是教学大纲不能适应当时飞速发展的产业和技术需求；二是教学内容陈旧，不符合雇佣方的需求；三是没有形成科学的高职教育体系；四是没有体现个性化教育、终身教育等现代化教育思想；五是教师缺少教学材料。"[2] 无论是 CBE 课程还是 MES 课程，它们出现的背景都是传统的学科课程模式无法满足高职教育人才培养的现实需求。MES 课程最大的特征就是课程体系的模块化，在理论上有系统论、信息论和控制论的支撑。在对学科课程模式存在的问题进行深入分析后，MES 课程强调课程开发要建立在扎实的工作任务分析

① 徐涵. 我国高职教育课程改革的发展历程与典型模式评价 [J]. 中国职业技术教育，2008（33）：52-55.
② 张寒明. 高职教育课程改革进程及启示 [J]. 吉林省教育学院学报，2019，35（6）：11-16.

基础上，没有对工作任务的全面深入分析就无法深入了解为胜任这些工作任务需要个体掌握哪些知识与技能，这一思路同 CBE 课程是一样的。通过对工作任务的细致分解，最终就能够得到组成课程体系的模块，模块的获得通常需要经过五级任务分解才能够实现。

MES 课程开发最终获得的课程开发成果有五个不同的层次。第一个层次是职业领域，职业领域是按照工作性质和任务类别划分的，每一个职业领域就是社会中的一组职业岗位群，如电气工程、建筑工程、软件工程等，这些职业领域通常包含了一组工作任务相似或相关的职业。第二个层次是工作范围，是对职业领域所包含工作任务的进一步细分，一个职业领域通常由若干工作范围组成。第三个层次是工作，工作是对工作范围的进一步细化，还会明确指出完成某一项工作所需要掌握的工作规范和工作标准。第四个层次是模块组合，模块组合是按照劳动组织关系所形成的模块之间的组合，通常完成一项工作需要几个模块组合。第五个层次是整个课程体系最小的单元——模块，每个模块可以分为几个学习单元，每一个学习单元都由若干知识与技能构成，是构成模块的基本单位。MES 课程体系十分严密，能够对某一职业领域的工作构成进行系统的深度分析，而且通过模块化实现了学习方式的灵活性和个性化，学生可以根据自身的需求进行个性化的选择。

MES 课程与 CBE 课程都是在能力本位理念的指导下发展而来的课程开发模式，都运用了工作任务分析法这一课程开发技术，试图通过对工作任务的分析，深度挖掘隐藏在工作任务背后的知识与技能，MES 课程在任务分析上较 CBE 课程更为细致。MES 课程被人们诟病的是其过于关注外显行为的课程开发理念，将职业能力等同于职业行为，而没有看到职业能力形成的完整性、复杂性和内隐性。"MES 课程模式存在较大弊端，（它）把工作分解到不能再分解为止，然后以模块为参照点开发学习包，知识点、技能点固然清晰，但这种对工作的过度分解，最终得到的必然是动作规范，而动作必然不能负载过多的理论知识，过度关注动作细节，也容易带来忽视工作整体的风险，因此这种课程模式更适合职业培训。"[①]

三、确立期：以本土化探索为核心的高职教育课程

21 世纪初是我国高职教育课程改革发展的关键时期，随着我国高职教育界逐渐认识到高职教育人才培养定位与人才培养模式同普通高等教育之间的根本不

---

① 张寒明. 高职教育课程改革进程及启示 [J]. 吉林省教育学院学报，2019, 35（6）: 11–16.

同，同时伴随着国外先进高职教育人才培养模式的广泛引入，我国高职教育课程改革的本土化探索开始兴起，工作过程系统化课程、项目课程都是这一时期我国高职教育课程改革探索取得的重要成果，极大地推动了我国高职教育人才培养模式的创新发展。《关于全面提高高职教育教学质量的若干意见》（教高〔2006〕16号）提出了要"大力推行工学结合，突出实践能力培养，改革人才培养模式""要积极推行与生产劳动和社会实践相结合的学习模式，把工学结合作为高等职业教育人才培养模式改革的重要切入点，带动专业调整与建设，引导课程设置、教学内容和教学方法改革。"[①] "工学结合"是这一时期高职教育本土化课程改革的核心理念，也是人才培养模式的基本特征。

（一）"宽基础、活模块"课程

"宽基础、活模块"课程模式是在借鉴德国、美国等发达国家高职教育模式的基础上，基于我国高职教育课程改革的土壤形成的具有本土特色的高职教育课程模式。该模式基于终身教育发展理念，强调高职教育课程不仅要考虑学生就业岗位的能力需求，还需要考虑学生的职业生涯可持续发展，因此，不仅需要培养学生的专业能力，而且要帮助学生掌握方法和培养社会能力。该模式的特征主要体现在两个方面：一是"宽基础"，二是"活模块"。所谓"宽基础"，就是这些课程面向职业群所共同需要的知识与技能，并不针对某一个特别的职业或岗位，学好这些知识是学生职业生涯可持续发展的基础，是学生专项技能学习的前提。"宽基础"课程包含了四大板块，分别是德育文化类板块、工具类板块、社会能力类板块及职业群专业类板块。"德育文化类板块由德育、数学、语文等科目组成；工具类板块指外语和计算机两科；社会能力板块由公关能力训练和职业指导与创业教育两门课程所构成，通过这两门课程希望能够提高学生的社会能力；职业群专业类板块是由一组针对一个职业群所必需的专业基础知识和技能的模块所构成的，是毕业生在一个职业群中就业、转岗与晋升的基础。"[②] 所谓"活模块"，指"模块"课程的开发是以职业岗位为基础的，每个模块都服务于特定的职业领域，是学生专业能力培养的重要基础，强调学生就业能力的培养，注重学习的针对性、实用性，追求教学育人始终和未来的就业岗位零距离对接，强化学生就业技能的训练。

这一课程模式在提出后受到了学校较为广泛的欢迎与认同，因为这种模式所宣称的功能具有较大的吸引力，既能够推动学生职业生涯可持续发展，又能够培

---

① 教育部.关于全面提高高等高职教育教学质量的若干意见 [EB/OL]（2006–11–16）[2021–12–22]. http: //www. moe. gov. cn/s78/A08/moe_745/tnull_19288. html.

② 徐涵.我国高职教育课程改革的发展历程与典型模式评价 [J].中国职业技术教育，2008（33）：52–55.

养学生面向具体职业岗位的就业能力，可以说完美地解决了基础性与专业性之间的矛盾。而且这种课程模式同传统的三段式课程模式有着紧密的关联性，也并未从根本上改变传统的学科课程体系，简便易行，因此也受到了许多普通教师的欢迎。然而，这一课程模式尽管影响力颇为广泛，但由于并未从根本上改革学科课程体系，也受到了一定的批判。"跨基础活模块课程其实混淆了一个事实，那就是学生职业能力的'宽专相济'是高职教育的结果而非过程，构造高职教育课程的不应是'宽专相济'结构，而是知识技能的性质和学生获取这些知识的心理过程。"[1] 由于这种课程模式仅停留于对传统学科课程模式的改良，因此无法实现高职教育课程开发模式转型的目标。[2] 尽管该课程模式未能从根本上改变"三段式"课程模式在高职教育中的统治地位，但仍然为后来高职教育课程改革提供了重要的经验与启示。

（二）工作过程系统化课程

20世纪90年代，德国不来梅大学技术与教育研究所提出了基于工作过程系统化的课程改革理念与技术路径，在21世纪得到了德国政府的大力推广。这一课程模式也被称为"学习领域"课程，它是一种典型的工学结合的课程模式，以工作过程为核心进行系统的课程开发。我国许多曾经留学德国的职教专家与学者引入德国学习领域课程改革的理念，基于我国国情提出了工作过程系统化课程模式。我国进入21世纪以后的课程改革理念吸取了工作过程系统化课程模式的理念与方法，在一些重要文件的撰写和重大项目的设计上都充分体现了该课程模式的思想。例如，国家示范性高等职业院校建设项目中就明确提出了要将工学结合作为人才培养模式改革的重点，通过校企合作创新人才培养模式，要求人才培养模式必须体现出实践性、开放性和职业性，校企要共同开发课程体系，要严格根据技术领域和职业岗位的要求改革课程体系和教学内容。在国家精品课程评审的相关指标中，明确提出了课程内容的选择与组织要以真实的工作任务及其工作过程为基本依据对相关知识进行整合、序化，打破学科课程体系的结构，以工作过程为核心进行课程结构的调整。

工作过程系统化课程模式是对高职教育传统学科课程模式的一种颠覆，它从心理学、教育学、技术哲学等多个理论视角彻底否定了学科课程模式的价值基础，重新奠定了高职教育人才培养的实践性基础。"这一课程模式要求课程内容的选择

---

① 张寒明.高职教育课程改革进程及启示 [J].吉林省教育学院学报，2019，35（6）：11–16.
② 赵志群，赵丹丹，弭晓英.我国高职教育课程改革理论与实践回顾 [J].教育发展研究，2005（15）：76–80.

应该来自职业行动领域里的工作过程，它将原来课程建构的学科体系解构，并以行动体系进行重构，将典型工作任务经过行动领域、学习领域、学习情境三次转换得到了课程教学的实施方案。"① 所谓"学习领域"，是指一个由学习目标描述的主题学习单元。一个学习领域由能力描述的能力目标、任务陈述的学习内容和总量给定的学习时间（基准学时）三部分构成。② 一个专业（德国人称之为教育职业）的课程通常由10~20个学习领域组成，具体数量根据专业所面向的职业岗位群数量的多少决定，组成课程的各学习领域之间不存在直接的联系，但在教学实施过程中要通过教学化处理采取跨学习领域的教学方式，根据不同的教学任务综合不同的学习领域，在教学实施过程中采取行动导向或项目导向的教学方法。

基于工作过程系统化的课程模式依然将职业能力作为课程开发的重心，但该课程模式同 CBE、MES 课程模式所界定的职业能力有着根本的不同。德国将职业能力的内涵具体界定为职业行动能力，这与英国、美国等国家所认为的职业能力是显性化、行为化、静态化的知识与技能不同，职业能力是不可能完全通过职业资格证书证明的，因为职业资格证书和职业能力是不能够等同的，职业能力的形成是内隐的、深层次的、过程性的，哪怕学生最简单的一个外在行为，都是以个体的理性为基础的。这种能力观从根本上否定了行为主义的能力观，"职业能力是无法从生活背景中割裂出来的，职业能力概念的外延远比职业资格的概念广泛。能力发展涉及工作和生活两个方面，而不仅仅包括工作和职业这个领域。能力发展也是一个由个体自行规划的主动过程，这个概念包含了建构主义的理论。学习和能力发展必然是个体对自身经验进行背景确定并根据其自身特点进行发展的积极活动。尽管能力是可学的，然而按常规的形式它是不可教的。"③ 德国人将职业能力划分为三个方面，分别是专业能力、方法能力及社会能力。专业能力是指个体在习得一定的专业知识和技能的基础上，有目的地按照职业要求，完成特定职业工作任务，同时能够解决遇到的复杂问题并能够进行自我评估。方法能力则指"个人对在家庭、职业和公共生活中的发展机遇、要求和限制做出解释、思考和评判并开发自己的智力、设计发展道路的能力和愿望，它特指独立学、获取新知识的能力"④。社会能力则是指个体要学会处理社会关系、与他人友好协作及能够相互理解并进行沟通的能力。

---

① 程云燕.高等高职教育课程改革的四个阶段及特点 [J].广西职业技术学院学报，2012，5（3）：23-26.

② 姜大源."学习领域"——工作过程导向的课程模式——德国高职教育课程改革的探索与突破 [J].职教论坛，2004（24）：63-66.

③ 徐国庆.高职教育课程论 [M].上海：华东师范大学出版社，2015：39.

④ 赵志群.高职教育与培训学习新概念 [M].北京：科学出版社，2003：21.

工作过程系统化课程模式的内容选取及序化要以工作过程为出发点。工作过程是指个体为完成一项工作任务并获得工作成果而进行的一个完整的工作程序。[①]"工作过程作为应用知识的结构，关注的是工作的对象、内容、方法、组织及工具的历史发展。这样，课程就从一种存储知识的结构走向另外一种结构——应用知识的结构。工作过程成为基于行动体系课程内容的排序方式，即应用知识的课程结构形式。这意味着，课程从关注学生学习存储的结构走向关注学生学习应用的结构。"[②]工作过程系统化课程模式克服了学科课程传统的知识选取与序化方式，课程内容与结构都来自职业行动领域里的工作过程。基于工作过程来进行知识的选取与序化是符合技术技能人才学习规律的，如果一味地将概念、原理、方法、策略等学科知识传递给学生，并不告诉其知识应用的路径与方法，学生是无法快速掌握职业能力的，只有将知识与行动之间的内在关联传递给学生，才能够帮助学生深入理解知识，并最终形成职业能力。

工作过程系统化课程模式要通过行动导向教学法传递知识。行动导向是指由师生共同确定的行动产品来引导教学组织过程，学生通过主动和全面的学习，达到脑力劳动和体力劳动的统一。[③]某个专业的课程通常会由10~20个学习领域构成，各个学习领域之间一般相对独立，但在教学实施构成中要通过项目、案例等方式进行综合化、教学化处理。行动导向教学法特别强调教学要以学生职业能力发展为中心，要以职业情境中行动能力的获取为目标，通过有目的、有体系的教学设计与组织，在实际的工作场景或情境中，以独立的计划、实施与评估的行动为方法，以师生及学生之间互动的合作行动为方式，以强调学习中学生自我建构的行动过程为学习过程，以专业能力、方法能力、社会能力整合形成的行动能力为标准。[④]行动导向教学法为学生完整职业能力的学习提供了一个整体的运行框架，在这个框架中学生不再是被动的学习者而是一个主动建构完整知识的行动者，而且在这样一个过程中，教师所扮演的更多的是组织者、协调者的角色，营造更真实的职业情境来帮助学生掌握知识在工作场所中的应用方式。

工作过程系统化课程模式的开发流程一般包括三个关键阶段，分别是行动领域、学习领域和学习情境。首先要将职业情境中的工作任务作为课程开发的主要参照和依据，以工作任务为中心组织课程内容，将与教育职业相关的全部职业"行动领域"导出为相关的"学习领域"，然后再通过开发适合教学的"学习

① 姜大源. 论高职教育工作过程系统化课程开发 [J]. 徐州建筑职业技术学院学报，2010，10（1）：1-6.
② 姜大源. 工作过程系统化课程的结构逻辑 [J]. 教育与职业，2017（13）：5-12.
③ 张寒明. 高职教育课程改革进程及启示 [J]. 吉林省教育学院学报，2019，35（6）：11-16.
④ 姜大源，吴全全. 当代德国高职教育主流教学思想研究 [M]. 北京：清华大学出版社，2007：355.

情境"使整个课程教学能够落地实施。基于以上思路，工作过程系统化的课程开发包含了八个关键步骤。"第一步，分析职业工作过程，主要是了解和分析该教育职业相应的职业与工作过程之间的关系；第二步，了解高职教育条件，主要是调查和获得该教育职业在开展高职教育时所需的条件；第三步，确定职业行动领域，主要是确定和统计该教育职业所涵盖的职业行动领域的数量和范围；第四步，描述职业行动领域，主要是描述和界定所确定的各个职业行动领域的功能、所需的资格或能力；第五步，评价选择行动领域，主要是评价所确定的职业行动领域的初选标准及相应行动领域选择的基础；第六步，转换配置学习领域，主要是将所选择的行动领域转换为学习领域配置；第七步，扩展描述学习领域，主要是根据德国各州文教部长联席会议指南的内容，对各个学习领域进行扩展和描述；第八步，扩展表述学习情境，主要是通过行动领域定向的学习领域具体化来扩展和表述学习情境。"①

（三）项目课程

项目课程是在我国高职教育改革实践土壤之中形成的一种十分重要的课程模式，它进一步发展了以工作任务为本位的 MES 课程和 CBE 课程，而且在课程开发中凸显了"项目"教学任务设计与实施在课程开发之中的重要地位。所谓项目课程，是指"以项目为单位组织内容并以项目活动为主要学习方式的课程模式"②，具体而言，项目课程可以从三个层面进行阐述。

第一个层面，项目课程以工作任务为课程设置与内容选择的参照点。项目课程依然延续了 MES 课程、CBE 课程以工作任务为课程设计核心原则的思想，在课程开发上采取工作任务分析法分析出具有完整逻辑结构的工作任务体系，这是进行课程体系开发的重要基础。以工作任务为课程开发的基本依据确保了高职课程内容是完全职业化的，是与职业岗位任务存在紧密关联的。

第二个层面，项目课程以项目为单位组织内容。尽管高职院校课程内容的选择主要来自工作任务，但并不按照工作任务来组织课程内容，而是围绕一个个典型的生产产品或服务结果来进行组织，这是项目课程与工作任务课程的根本不同之处。之所以要以项目为课程内容组织的基本载体，就是为了让抽象的工作任务能够落地，激发学生的学习兴趣，让学生在完成一个完整项目的过程中建构完整的职业能力，而不是零碎地掌握一个个工作任务所需要的知识与技能。因此，工作任务分析与项目设计是项目课程模式最为核心的两个环节，工作任务分析确保

① 姜大源，吴全全.德国高职教育学习领域的课程方案研究 [J].中国职业技术教育，2007（2）：47–54.
② 徐国庆.高职教育课程论 [M].上海：华东师范大学出版社，2015：162.

了高职院校课程内容的选择来自行业、企业真实的岗位任务需求，而项目设计则又进一步推动了任务学习的具体落地。

第三个层面，项目课程必须以项目活动为主要学习方式。这是具体的教学实施环节，必须要通过理顺工作任务与项目之间的逻辑关联来进行教学化处理，通过项目来保证工作任务的具体落地，通过项目来打造学习情境，通过让学生完成项目来帮助学生建构完整的职业能力。

第二节　高职教育"三教"改革创新的价值意义

"三教"改革是高职院校落实职业教育改革创新发展的重要内容，是我国高职教育课程改革发展的进一步深化，也是推动我国高职院校人才培养质量提升的关键抓手。我国高职院校课程改革的步伐正不断地深化推进，从 CBE 课程、MES 课程到工作过程系统化课程、项目课程，都极大地推进了我国高职院校人才质量的提升。但回顾我国高职院校课程改革发展的历史，无论是在广度上还是深度上，课程改革取得的成效仅局限在部分区域，改革的成效也主要聚焦在形式层面，仍然未能深入到课堂教学的一线。造成上述局面的重要原因之一便是对"三教"改革的忽视，一是忽视了对教师的关注，没有认识到教师对课程改革理念的认知和接受是一切变革推进的前提；二是忽视了对教材的关注，教材作为课程改革的物化载体，对推进课堂教学模式的改革有着事半功倍的效果；三是忽视了对教法的关注，没有能够为教师教法改革提供更多的技术支持和帮助，造成课程改革难以深入到课堂教学一线，只是停留在文本层面。因此，推进高职教育"三教"改革是人才培养质量系统提升的关键抓手，是人才培养模式深入变革的核心要素，也是类型教育定位不断优化的重要基石。

一、提质量：高职院校改革创新发展的价值追求

人才培养质量的提升是高职院校改革创新发展的关键，是提升高职教育吸引力的基本前提。21 世纪以来，我国高职教育改革创新发展的步伐日益加快，政府教育管理部门也出台了一系列重要项目来推动高职院校的改革创新发展，这些项目指向的目标非常明晰，就是要整体提升高职院校人才培养质量。时下，高职院校人才培养质量尚不能满足社会的需求。一方面，学生家长仍然认为高职院校

是普通高等教育的"压缩饼干";另一方面,高职院校技术技能人才的培养也无法满足产业发展的需求。在这样一种环境下,提升高职院校人才培养质量不仅是提升高职教育吸引力的关键,也成为引领整个现代职业教育体系高质量发展的重要支撑。"改到深处是课程、改到难处是教师、改到实处是教材",要推进高职院校人才培养质量的系统提升必须从"三教"改革入手。从当前我国高职院校"三教"的发展现状来看,尚不能支撑高职院校人才培养质量的系统提升。从师资队伍建设的现状来看,在高职院校中,具有企业实践经验的教师和"双师型"教师普遍缺乏且占比不高,团队建设的进度较为滞后,教师之间缺乏紧密的互动合作,能够引领专业发展的专业带头人也比较缺乏。从教材建设的现状来看,高职院校教材建设受到普通高等教育教材模式的深刻影响,尚不能充分体现出能力本位和实践导向的内在要求,课程教材编排的逻辑体系和内容架构也没有充分体现出高职院校类型教育的特征。从教法改革的现状来看,高职院校教法改革仅停留在形式层面,信息技术应用的深度和广度还比较缺乏,教师也缺乏足够的积极性来提升课堂教学的质量。因此,"三教"改革不深入推进就无法从根本上提升高职院校人才培养质量,就无法让教师真正地关注课堂教学、关注教学质量的提升。

二、优模式:人才培养模式深入变革的核心要素

高职院校围绕人才培养所做的一切改革举措的最终目的都是为了能够优化课堂教学,课堂教学是高职院校人才培养质量的生命线,人才培养模式改革的最终目的都是打造活力课堂。时下,我国推动了许多重要的改革举措,在教师培养、教材建设、信息化建设、质量建设等多个方面纷纷出台了许多重要的项目,但多项改革举措一直无法形成合力,无法最终将改革成效聚焦到课堂教学一线,无法真正地实现高职院校人才培养模式的整体变革。之所以造成上述局面,一个很重要的原因就是将"教师"改革、"教材"改革和"教法"改革之间相互孤立了,没有能够进行顶层规划与系统设计,最终在三个方面没有有机统筹而无法形成改革合力。近年来,高职院校课堂教学尚未实现"理实一体化"的要求,理论教学与实践教学互为割裂,课堂教学效果不佳、学生学习积极性不高,教师没有将课堂教学作为主阵地,而将更多精力放在了竞赛和项目获取上,缺乏足够的动机与精力投入到常规教学活动之中,学校也缺乏足够的监测手段对课堂教学效果进行监测,最终造成高职院校课堂活力的缺失。回溯过往高职院校课程教学的改革发展历程,我们把重心聚焦在了理念层面和专业教学标准、课程标准等中观、宏观层面的改革上,忽视了对一线课堂教学的关注,也忽视了一线教师对课程改革理

念的接受度。在改革的推进上也主要采取自上而下的行政推动，改革成效集中在了部分优秀教师和部分优秀专业、课程上，典型经验难以大规模地推广实施。因此，"三教"改革是高职院校人才培养模式变革的核心要素，推进高职院校人才培养模式的变革必须首先从"三教"改革入手。

三、定类型：职业教育定位优化的重要基石

"职教 20 条"中明确提出了"职业教育与普通教育是不同类型，同等重要"，高职教育是现代职业教育体系建设的"领头羊"，高职院校必须在类型教育优化上提前谋划，不仅要在人才培养定位上，还要在人才培养模式上充分体现出各自的教育特色。高职院校要彰显类型教育定位必须首先从"三教"改革出发，这是彰显高职院校类型教育属性的根本。尽管高职院校经过近 20 年的高速发展，已经毫无争议地占据了当前我国高等教育的重要地位，但高职院校在人才培养模式、办学模式及制度评价体系的建设上尚未充分体现出自身类型教育的特色。从"教师"改革来看，高职院校教师同普通高校一样，主要来自学术型高校的应届毕业生，而来自企业并具有实践经历的教师占比较低。而且，在教师评价制度上，论文、项目依然是教师评价的主要依据。这些因素造成高职院校教师在能力素质和发展规划上无法充分体现职业教育的类型特色。从"教材"改革来看，学科型教材仍然占据着绝对的主导地位，教材内容的选取及编排体例仍然未能摆脱传统学科型教材的特征，而且教材的编写主要是在高职院校内部完成的，缺乏行业企业的积极参与，工作手册式、活页式教材未能得到普及。从"教法"改革来看，高职院校教师仍然未能完全摆脱传统"经师"的角色，讲授法仍然是课堂教学的主要手段，限于课程教学资源的不足和教师理念的滞后，理论课堂与实践课堂仍然处于二元割裂的状态。因此，高职院校要引领现代职业教育体系的类型化发展，不能仅停留在理念层面的引领，必须要从"三教"改革入手，在教师、教材、教法三个层面进行全面系统的变革，通过人才培养全要素的类型优化，打造具有职教特色的人才培养模式。

第三节　高职教育"三教"改革的现实困境

"职教 20 条"开篇就明确指出了高职教育具有独特的办学规律与办学使命，

不能够照搬、移植普通教育的办学经验与模式。然而，职业院校由于办学历史短，还未能够形成彰显自身独特价值定位的、成熟的人才培养模式，在办学上存在着较为普遍的模仿、移植的行为，致使高职教育人才培养与评价未能够契合技术技能人才成长的规律，人才培养质量始终与日益增长的社会需求存在距离。以"三教"改革为基本视角来审视当前高职教育人才培养与评价的现状，存在着如下亟待解决的问题。

一、教师：来源固化、结构惰化、单兵作战、成长缓慢

自改革开放以来，我国师资队伍建设取得了明显的成效，师资规模不断扩大，教师素质不断提升，结构不断优化，高职教育师资管理制度也在不断创新，职教师资国际交流与合作的规模与层次不断提升。但同时，我国职业院校师资队伍建设还存在着总体素质不高，"双师型"教师占比较低，师资培养体系不完善等问题。

其一，总体数量不足，来源较为单一。高职教育办学规模的扩展，尤其2019年"扩招100万"政策的贯彻实施，对高职院校师资队伍的规模与质量提出新的要求。当前我国高职教育师资单从数量规模而言已经难以满足高职教育大发展的需要。从高职教育师资队伍的规模来看，《2018年全国高等职业院校适应社会需求能力评估报告》指出，"专任教师总量不足，生师比不达标，近70%的院校生师比超过18∶1，近30%的院校生师比超过23∶1；专任教师数量不足70人的院校有30多所，专任教师不足两人的专业点有1 500余个"。[①]可见，当前我国高职教育师资队伍在规模上尚不能够支撑我国高职教育改革创新发展的需要。除此之外，在师资队伍的来源上，无论是高职院校还是中职学校，仍然以普通高校毕业生为主，具有企业工作经验的教师占比较低，大多数专业教师未接受过系统的专业技能培训，缺乏行业、企业一线的工作经历与经验。而且高职院校师资队伍在职称晋升及岗位职责考评上仍然模仿、移植普通本科院校的制度规定，将学术成果作为评价的主要标准，教师教育水平、实践教学能力在考核评价中的比重并不高。总之，当前高职院校师资队伍在总量上尚不能达成高职院校高质量教学的需求，而且具有实践经历的教师占比较低，无法有效支撑当前高职院校课程教学改革的需求。

---

① 教育部.2018年全国高等职业院校适应社会需求能力评估报告[EB/OL].（2019-11-28）[2021-12-23].http://www.moe.gov.cn/jyb_xwfb/gzdt_gzdt/s5987/201911/t20191127_409905.html.

其二，双师素质缺乏，领军人物匮乏。1999 年，中共中央办公厅印发的《关于深化教育改革全面推进素质教育的决定》提出，"加快建设兼有教师资格和其他专业技术职务的'双师型'教师队伍"。自此之后，国家出台了一系列规章制度明确双师型教师概念的内涵与外延，并通过建立双师型教师培养基地推动职业院校"双师型"师资队伍的发展。"2018 年，我国职业院校专任教师 133.2 万人，其中，中职专任教师 83.4 万人，高职专任教师 49.8 万人。'双师型'教师总量为45.56 万人，其中，中职 26.42 万人，占专任教师比例 31.48%；高职 19.14 万人，占专任教师比例 39.70%。"[①] 可见，我国高职院校"双师"素质教师占专任教师的比例正逐步提升，但也必须认识到，"双师"教师的统计口径主要是基于证书获取，真正具备"双师"素质教师的数量可能要大打折扣。而且，当前高职院校尚未重视专业带头人队伍的建设，导致部分专业带头人无法达到高职教育改革创新发展对其能力的要求。同时，由于没有明确、清晰的专业标准和资质要求，导致在办学中许多并不具备专业建设领导能力的教师进入到该岗位从事专业建设工作，极大弱化了专业带头人的专业身份和地位。

其三，队伍结构失衡，团队凝聚力弱。近年来，职业院校对引进教师学历要求逐步提高，甚至部分高职院校和高职院校的部分专业已将博士研究生学历作为基本要求，同时采取多样化的制度措施来提升教师队伍的整体学历水平。但职业院校教师队伍结构仍然存在着部分失衡，在师资队伍年龄结构上，呈现以青年教师为主体的结构，尤其在一些新开设的专业，大部分教师为青年教师，民办职业院校教师年龄则呈现出明显的两极分化，中年骨干教师较为缺乏；在师资队伍学缘结构上，真正具备"双师"素质的教师占比较低；在师资队伍专兼结构上，兼职教师数量占比较低，而且兼职教师参与专业与课程改革的深度亟待加强，同专任教师之间的互动也较弱。与此同时，当前职业院校教学团队建设较为缓慢，不仅缺乏优秀的团队带头人，而且由于制度建设的滞后和管理体制的束缚，团队成员凝聚力不强，分工合作较为缺乏，难以胜任一些需要团队紧密协作方能完成的具有挑战性的教育教学改革创新任务。

其四，培养体系不完善，成长效益偏低。从高职教育师资队伍的职前培养和职后培训来看，尚未形成相对成熟的培养体系，呈现典型的项目化运行形态。"我国一直以来的高职教育师资培养体系是以项目化培训为基本形式运作的，缺乏稳定的、制度化的高职教育师资培养体系。这种项目化的培养体系主要依托教

---

① 教育部."双师型"教师队伍建设有关工作情况 [EB/OL].（2019–02–20）[2021–12–23]. http：//www.moe. gov. cn/fbn/live/2019/50294/sfcl/201902/t20190219_370020. html.

育行政部门发布的项目来开展职教师资培训。"[①] 项目化培养体系对短时期内提升高职院校教师专业发展水平具有一定的积极作用，但同样存在着不可避免的弊端，比如受益面较窄，无法实现全员覆盖；针对性较差，无法兼顾个体间差异；培训内容零散孤立，无法进行体系化培养等。这是由于作为师资培养体系核心要素的专业标准、资格认证、课程设置三者之间割裂，高职教育师资培养缺乏体系化成长路径。除了在教师培养制度上，高职院校教师专业发展的制度保障还存在缺失外，在教师评价制度的建设上同样存在着一定的不足。当前高职院校评价导向上尚未充分彰显高职院校办学功能定位的独特性，在制度内容上还存在照抄移植普通高校的评价制度，如片面地将论文发表数量和课题的数量与级别高低作为职称评价的主要依据，没有充分考量高职院校教师工作的独特要求，使得教师不愿意将时间与精力投入到教学之中，不愿意去学习一些先进的教育教学方法与手段。

二、教材：学科中心、形态单一、质量不高、研究薄弱

改革开放 40 多年来，我国职业院校教材建设已经有了快速的发展，经历了从无到有、从规模增长到质量提升的发展阶段，教材规模大幅度增长，基本覆盖所有专业门类，教材质量不断提高，内容与形式上也不断更新，基本形成多元协同参与的立体化教材建设格局，而且随着国家教材局的建立也已经初步形成了"两级规划、两级审定、三级建设"的职业教育教材建设原则。教材建设质量的不断提升，有效促进了专业教学质量水平的提升，也为学生的健康发展和高质量技术技能人才的培养发挥了支撑作用。但与此同时，随着信息时代的到来及新技术、新工艺的快速发展，我国高职教育教材建设也同样面临着新的挑战与新的问题。

其一，高职教育教材设计仍然多以学科主线为逻辑。高职教育教材设计是一项十分专业化的实践活动，由于高职教育所传承的知识类型同普通教育有着根本的不同，这也必然导致作为知识学习载体的教科书在知识内容选取及排序上同普通教育有着不同的设计逻辑。然而，在过去很长一段时间，由于高职教育参照普通教育办学，教材设计上也承袭普通教育教科书的编写体系与范式，十分注重学科理论体系的完整性与系统性，以概念、原理、理论等学科基本元素为主要构成，没有充分体现出高职教育实践导向、能力本位理念的要求，教材内容在编排

[①] 汤霓.英、美、德三国职业教育师资培养的比较研究 [D].上海：华东师范大学，2016.

结构与内容序化上未能够按照学生知识建构的内在规律进行设计。而且在教材形式上依然偏重传统的书本教材，活页式、工作手册式、融媒体式教材建设还相对滞后，信息技术在教材开发上的应用水平还较低。企业参与的积极性与主动性还有待提高，教师编写的教材很难反映真实的企业工作状况。

其二，高职教育教材呈现形态较为单一。随着 21 世纪知识经济的飞速发展，人工智能、大数据、物联网、云计算等新技术在生产服务过程中的广泛应用将带来新的工业革命，岗位工作任务、技术变革的日新月异都给高职教育教材建设带来极大的挑战。当前职业院校教材仍局限于教科书，其他新形态教材（如工作手册式、活页式教材）还没有在职业院校广泛应用。教科书式教材往往出版周期长、更新速度缓慢，新技术、新工艺、新材料无法充分体现。职业院校学生学习的知识主要是职业知识，职业的变动性决定了职业院校教材建设应走一条多样化的道路，不能够局限于教科书式的教材，需要能够充分利用行业企业的力量，运用现代信息技术的力量，开发个性化、模块化、立体化的高职教育教材体系。

其三，高职教育教材质量保障体系仍待完善。高职教育教材管理体系的建设是维护教材市场秩序、保障教材质量的重要途径，为了确保高职教育教材建设"两级规划"管理的顺畅运行，在国家层面已经建立了责权明晰、分工明确的管理机构体系。尽管国家顶层管理架构已经初步构建，但在省级层面教材管理机构的建设进度不一，部分省份缺乏高职教育教材建设的专职管理机构与人员，"缺乏监管机制，没有对教材质量的严格审查机制，各种粗制滥造的教材自由地流入市场，而为了'占领市场'，出版商们往往来不及对教材进行深入研究和仔细打磨，就草草地把教材出版并推向市场"。[①]

其四，高职教育教材研究亟待深化加强。作为一种类型教育的高职教育，其教材的设计、编写、形态及内容必然不同于以经典学科知识传授为目标的普通教育。然而，当前针对高职教育教材的研究还较为薄弱，过去很长一段时间职业院校主要关注的焦点是课程改革，工作过程系统化课程改革、项目课程改革都得到了大范围的推广实施，关于高职教育课程改革的研究成果也已经十分丰富，但针对高职教育教材的研究还没有形成科学、系统、可以指导实践的理论成果。从研究内容来看，关于专业课教材研究的较多，公共基础课和德育课程教材研究的较少，美育、体育、劳动类课程教材的研究更为缺失；从研究的方法来看，大多数研究仍然聚焦于对教材建设现状及经验的梳理总结或者某门课程教材建设的经验

---

① 徐国庆.职业教育的教材建设[J].职教论坛，2015（18）：1.

上，关于高职教育教材设计的基本理论研究还较为鲜见，难以有效指导高职教育教材的开发和实践。

三、教法：理论导向、教师中心、教技分离、监控缺失

自改革开放以来，我国高职教育先后引入了一大批先进的高职教育课程改革理念与模式，如 MES 课程、CBE 课程、学习领域课程，与此同时，项目课程、工作过程系统化课程等本土课程改革方案也在广大职业院校得到深入推广实施，这些先进的课程改革理念与模式改变了教师对高职教育教学规律的认知，确立了能力本位的高职教育教学思想，但由于受限于教师队伍、实训条件在内的学校教学支持条件，加上很多学校在制度设计中缺乏对课堂教学层面的关注，导致这些理念无法真正落实到课堂层面，落实到教师的教学、学生的学习之中。

其一，"理论导向、知识本位"的传统教学观依然占据主导。1990—1996 年，习近平同志兼任闽江职业大学校长，对高职教育人才培养模式的创新进行了深入思考，他在与师生进行座谈时，针对学校的教育教学改革，提出"学校性质本身决定了要注重强化技能训练与动手能力的培养"，教改重点"要切切实实做到理论联系实际，科学技术服务生产"①。然而，在职业院校的课堂教学一线，许多教师仍然将学科理论知识的传授作为课堂教学的重心，忽视学生技术实践能力的培养，课堂教学的组织仍然围绕着理论知识的学习，着眼于对定义、概念、公式、定理等经典学科知识的传授，忽视学生职业能力的培养，无法根据职业知识的内在结构展开基于行动导向的教育教学，从而造成学生理论与实践脱节、学习与就业脱节。高职院校课堂教学理论与实践的割裂主要体现在时空割裂和实训占比较低两个方面，时空割裂体现在理论课与实践课之间完全独立开设，理论课堂就是对专业学科原理的学习，实践教学就是对技能的简单训练，没能充分体现理论与实践的交互与同步，理论与实践的时空错位造成教学效果大打折扣。除此以外，许多高职院校囿于实习实训设备的缺乏，无法按照国家规定的要求开设足够的实践课程，学生在学习过程中接受的实践训练明显不足。

其二，"以教师为中心"的课堂教学模式仍然没有得到根本转变。高职教育课程教学改革的核心任务就是要打破传统的学科本位的课程模式，构建实践导向、能力本位的课程新模式，新的课程改革模式对教师的角色有了新的期待，这种期待要求教师在整个教学行动过程中，扮演组织者、协调人的角色，勤于提供

---

① 习近平. 在与闽大师生座谈会上的讲话 [N]. 福州晚报，1996-04-03.

咨询、帮助。一个好的教师，还应该是一个学习情境的设计者、塑造者，一个学习舞台的导演。然而，当前在职业院校课堂教学中，教师仍然主要扮演着"经师"的角色，在教师与课程标准、教学大纲、教材的关系上，教师是被动的执行者，主要承担着"传声筒"的角色；在教师与学生的关系上，教师则是知识的传授者，课堂秩序的管控者，主要承担"裁判官"的角色；在教师同知识的关系上，教师仅负责将书本上的知识转移到学生头脑之中，主要承担"搬运工"的角色。

其三，现代信息化教学手段与职业院校课堂教学缺乏深度融合。大数据、人工智能、虚拟现实、模拟仿真等信息技术在教育教学中的广泛应用，将会极大改变当前高职教育课堂教学的形态与运行模式。但当前职业院校信息化教学手段的应用还停留在初级阶段，未能充分考虑高职教育自身人才培养的独特性，信息化教学设施的建设、软件资源的开发、资源的使用未能够充分从学生的学习规律、课堂教学规律、知识传递规律的角度出发进行系统规划与筹建，从而在一定程度上造成信息技术手段的应用脱离教学实践的真实需求。例如，在当前我国高职教育信息化建设中，掀起了一股"慕课""微课""翻转课堂"的课堂"革命"，然而，高职教育教学有其独特的逻辑规律，强调理实一体、工学结合，"慕课"作为一种网络课程，无论在技术上如何改进，本质上也只是一种信息传播手段，不可能完全代替当前理实一体的主流课堂教学模式。

其四，职业院校课堂教学缺乏完善的质量评价标准与监控机制。课堂教学质量是职业院校办学质量的重要基础，是职业院校办学质量稳定提升的重要动力源泉。课堂教学质量的重要意义与价值决定了高职院校必须建立、健全课堂教学质量的评价标准及监控机制，通过制度化、规范化的评价监控机制，系统改善职业院校课堂教学质量的整体状况。然而，当前职业教育所采取的评价方式仍然主要参照普通教育，如采取纸笔测验、统考监控的方式，或者通过教学技能竞赛、职业资格证书获取率来考查，学校教学督导也主要关注教学秩序的监控，而更为重要的教学内容、教学方法、教学效果等却缺乏明晰的评价标准与评价机制。"在高职教育落后一些的地区，有些职业院校的课堂教学连基本规范也没有，学校对课堂中应该教授的内容和达到的教学目标没有基本要求，对课堂教学的状态没有基本的监控。"[1] 由于当前职业院校教学质量评价与监控机制的不健全，教师的质量意识不强，教学方法的改革仍然停留于理念层面，难以真正落实到课堂一线。

---

① 徐国庆. 现代职业教育建设要重点关注课堂教学 [J]. 职教论坛，2015（30）：1.

第一章　高职教育"三教"改革创新的内涵概要与金职方案

第四节 高职教育"三教"改革的内涵及机理

　　高职教育"三教"改革直接关系到人才培养质量，是高职教育人才培养与评价改革的核心内容，实施"三教"改革的最终目标是要培养德技并修的高素质技术技能人才。教师是教育教学改革的主体，是"三教"改革的关键，解决高职教育人才培养与评价"谁来教"的问题；教材是课程与教学内容改革创新的基本载体，任何先进的教育教学理念都要通过教材才能落地，是解决高职教育人才培养与评价"教什么"的问题；教法则是高职教育人才培养的基本方法与手段，学生技能习得都要通过适宜的教学手段来达成，解决高职教育人才培养与评价"怎么教"的问题。"三教"改革是高职教育课程改革深化的延续与发展，决不能将"三教"改革同过往的课程改革历程割裂开来，"三教"改革是吸取过去一系列课程教学改革成败经验之后所提出的站位更高、视野更远的一项重要改革举措。从课程教学改革的视野出发来审视"三教"改革之间的内在关联，"教师"改革是课程教学创新的实施主体，是"三教"改革各要素之中最具创新活力的主体，也是决定"三教"改革成败的关键；"教材"改革是高职课程教学创新的知识载体，是对课程教学知识内容进行系统化的教学化加工之后所形成知识载体；"教法"改革是高职院校课程教学的集成显现，"教师"改革、"教材"改革的最终成效要通过"教法"改革来体现，"教师"改革与"教材"改革也是决定"教法"改革成败的关键要素。基于以上阐述，"三教"改革在整个课程教学改革之中具有重要的意义，抓住了课程教学改革成败的关键。正确厘清"三教"改革之间的内在机理，是推进"三教"改革深化的关键前提。

一、"教师"改革：课程教学创新的实施主体

　　百年大计，教育为本；教育大计，教师为本。"谁来教"是育人的根本问题，习近平同北京师范大学师生代表座谈时指出，"国家繁荣、民族振兴、教育发展，需要我们大力培养造就一支师德高尚、业务精湛、结构合理、充满活力的高素质专业化教师队伍，需要涌现一大批好老师"[1]。高职教育要想实现高质量的发展同

---

① 习近平. 做党和人民满意的好老师——同北京师范大学师生代表座谈时的讲话 [EB/OL].（2014-09-10）
[2021-12-25]. http：//www.gov.cn/xinwen/2014-09/10/content_2747765.htm.

样需要一批高素质、专业化的师资队伍作为支撑，人才培养、科学研究、社会服务等职业院校办学功能的实现都需要依托教师来完成，没有一支高素质的师资队伍，就不会有高职教育的现代化发展。而且，高职教育现代化发展对师资队伍能力素质的要求同普通教育对师资能力素质的要求有着根本的不同，"职教20条"明确提出要多措并举打造"双师型"教师队伍，打造一支具有双师素质的高水平师资队伍是高职教育教师改革的核心目标。

高职院校教师队伍同普通高校最大的不同体现在对教师能力素质的要求上，高职院校需要打造一支高水平的"双师型"师资队伍。"双师型"教师这一概念最早出现在20世纪80年代我国职业教育的实践领域，并于20世纪90年代中后期出现在政府颁布的相关政策文件之中。1995年，中华人民共和国国家教育委员会印发《关于开展建设示范性职业大学工作的原则意见》，提出了要"有一支专兼结合、结构合理、素质较高的师资队伍。专业课教师和实习指导教师具有一定的专业实践能力，其中有三分之一以上的'双师型'教师"。2000年，《教育部关于加强高职高专教育人才培养工作的意见》中明确提出了"双师型"教师既是教师，又是工程师、会计师等。2002年，《关于加强高职（高专）院校师资队伍建设的意见》中提出要提高"双师"教师素质，"建设一支理论基础扎实、又有较强技术应用能力的'双师型'教师队伍"。2004年，《教育部办公厅关于全面开展高职高专院校人才培养工作水平评估的通知》中对"双师型"教师的认定条件和评定比例进行了规定："近五年中有两年以上在企业第一线本专业实际工作经历，或参加教育部组织的教师专业技能培训获得合格证书，能全面指导学生专业实践实训活动等。"同时明确规定了"双师型"教师比例必须达到50%才达到C（合格），70%以上为A（优秀）。此后，在不同历史发展时期，对高职院校"双师型"教师队伍的内涵、建设路径、评价标准出台了相关政策要求。在"职教20条"颁布之后，围绕高职院校"双师型"教师队伍的建设又出台了许多新的政策规定，《职业教育提质培优行动计划（2020—2023年）》明确提出了要提升"双师"教师素质，构建"双师"教师培养体系，到2023年，专业教师中"双师型"教师占比超过50%。《深化新时代职业教育"双师型"教师队伍建设改革实施方案》对"双师型"教师队伍的建设路径进行了整体规划，认为"双师型"教师的缺乏已经成为制约职业教育改革发展的瓶颈，明确提出了要加强"双师型"教师队伍的标准研制，构建专业发展机制、保障机制，打造结构化教师教学创新团队和高层次人才队伍。

针对高职院校"双师型"教师队伍的内涵，提出了各种观点，有"双重身份说""双重素质说""双重证书说""双重职称说"等。从高职院校课程教学对教师的能力素质要求来看，高职院校"双师型"教师"除了应具备过硬的与职业相关的专业理论功底、专业技术能力，同时还必须掌握与工作过程、技术和职业发展相关的知识；除了能致力于专业知识的传授，同时还要具备从教育学角度将这些知识融入教育教学的能力；除了必须具备发现问题的能力，同时还必须具备制定解决问题的方案和策略的能力；除了必须熟悉相关职业领域里的工作过程知识，同时还必须有能力在遵循职业教育教学论规律的前提下，将其集成于课程开发之中并通过行动导向的教学实现职业能力培养的目标。"[①] 高职院校对教师"双师"素质的诉求本质上是职业教育"跨界教育"属性的内在要求，因为高职院校课堂教学需要采用工学结合、理实一体的课堂形式与教学模式，这就必然需要教师既具备必要的理论知识，又能够较好地掌握实践操作技能，同时能够在理实一体化的课堂中引导学生高效率地、完整地建构各种类型知识，从而最终形成学生的职业能力。

当前，高职教育师资队伍建设仍然是我国高职教育发展最为薄弱的环节，不仅教师数量不足，而且教师能力素质不能满足高职教育改革创新发展的需要。强化高职教育内涵发展，提升高职教育育人质量的关键是要打造一支高素质的"双师"型师资队伍。师资队伍是整个"三教"改革的灵魂，任何先进的课程教学理念的落地都必须依托教师来完成，教师自身的理念、视野、素质及能力是决定课程改革是否能够成功的关键，无论是"教材"改革还是"教法"改革，本质上都需要"教师"来完成，"教师"改革在"三教"改革之中具有优先级，是"三教"改革的核心和关键。对于"教材"改革而言，高职院校教师必须首先掌握职业教育教材开发的基本知识与原理，必须掌握职业教育教材开发的程序与技术，而且还必须要熟练掌握专业所对应的职业岗位工作任务及所需的职业能力，这都对教师的能力素质提出了较高的要求。对于"教法"改革而言，任何先进的教学理念都必须首先获得教师的认同和支持，过去一系列课程改革之所以没有最终实现全面推广实施，很大一部分原因就是教师对课程改革理念缺乏足够的认同与支持，高职院校教师不仅需要具备教材资源开发的知识与能力，同时也应具备现代化的教学手段与行动导向的教学理念。基于以上阐述，"教师"改革是高职院校课程改革理想蓝图变为现实图景的关键，"三教"改革的成功首先就在"教师"改革。

要完成时代赋予职业教育的神圣使命，关键在于师资队伍建设质量的提升。我们必须认真学习习近平总书记关于加强师资队伍建设的重要论述，以师德为先，以"双师"素质培养为要，打造阶梯化、系统化、网络化的高职教育师资培

---

① 吴全全. 职业教育"双师型"教师内涵及能力结构解读 [J]. 中国职业技术教育，2014（21）：211-215.

养培训体系。首先，要基于教师生涯成长路径构建体系化的职业院校教师专业标准，"教师能力标准是教师培养体系中不可缺少的要素，它既可起到规范教师培养内容、统一教师培养质量的作用，也可以起到指导各培训机构开发培训课程、确立培训方法的作用"①。为了能够实现职业院校师资队伍培养培训的体系化，应根据职业院校教师生涯发展的独特路径构建层次分明的专业标准。其次，建立从国家到地方的阶梯化高职教育师资培训网络。为了能够更加高效地开展职教师资的培训工作，应该建立从地市、省到国家三个层面的高职教育师资培训机构网络，"三个层面的功能定位有所不同，国家与省市层面的培训应定位于国家重要高职教育改革思想宣传与专家型教师的培养。这个层面的培训覆盖面不会很大，但专业水准要高，所培养的专家型教师将在地市级教师培养与学校课程、教学改革中发挥重要作用。地市层面的培训应定位于教师的基本教育教学能力培养。这是规模最大、覆盖全员的培训，也是最为重要的培训，它必须使每位教师达到教师能力标准要求"②。最后，构建契合教师生涯发展需要的高职教育教师资格证书制度。职业资格证书应严格根据专业标准展开职业能力认证，确保资格认证、专业标准与课程内容的紧密衔接，构建三位一体的师资培养、评价与认证体系。并且在高职教育教师资格证书的设计上应该从当前的"准入"证书转变为"水平"证书，以评价职教教师的职业能力水平为主要功能，通过建立资格证书定期更新维护制度，实现以证书为抓手推动职业院校教师专业发展的系统化，避免教师培训内容与培训需求的错位，也可以给教师更多的自主选择的权利。为了能够提升资格证书的权威性与吸引力，职业院校应将资格证书作为教师职称晋升、考核评奖、薪酬待遇的重要依据。

二、"教材"改革：课程教学创新的知识载体

高职教育人才培养与评价改革的核心是课程，而课程改革最直观的体现形式就是教材，教材是实现技术技能人才培养目标的重要载体，无论教材的设计形式还是主要内容都深刻蕴含着"培养什么人""怎么培养人""为谁培养人"等根本问题，教材建设是高职教育课程改革的"最后一公里"，是事关高职教育人才培养质量提升的重要战略工程。"职教20条"明确提出"建设一大批校企'双元'合作开发的国家规划教材，倡导使用新型活页式、工作手册式教材并配套开发信

---

① 徐国庆.职业教育课程、教学与教师 [M].上海：上海教育出版社，2016：229.
② 徐国庆.职业教育课程、教学与教师 [M].上海：上海教育出版社，2016：228.

第一章　高职教育"三教"改革创新的内涵概要与金职方案

息化资源。每三年修订一次教材，其中专业教材随信息技术发展和产业升级情况及时动态更新"。这些政策措施的出台表明教材建设已经成为高职教育人才培养与评价改革的核心内容。广义的教材不仅包括教科书，同样应包含教学参考书、教学实施与教学媒体。教材是高职教育课程资源的核心部分，是教学活动的媒介和基本载体，不仅是教师开展教育教学活动的基本依据，还是学生展开学习活动、建构完整职业知识的重要载体。

在我国职业教育人才培养质量遇到深层次发展瓶颈的情况下，教材在推动职业教育人才培养质量提升上的重要地位日益凸显，开发具有类型教育特色的职业教育教材逐步成为政府关注的核心问题。2017 年 7 月，国务院办公厅发布了《国务院办公厅关于成立国家教材委员会的通知》，明确了教材委员会的主要职责及构成人员，并且在教育部成立了教材局，负责我国教材的开发与管理工作，职业教育教材建设也是其重要职能。2018 年 9 月，教育部办公厅发布了《关于组织申报国家教材建设重点研究基地的通知》，首批启动了 12 个教材研究基地的建设。在 2019 年 12 月教育部印发了《职业院校教材管理办法》，在该办法中详细描述了职业院校教材建设的指导思想、基本原则、管理机构、教材规划、教材编写、教材审核、教材评价与监督等内容，对我国职业院校教材建设进行了整体规划设计并明晰了发展路径。

高等职业教育作为职业教育的高等层次，其教材开发无论是在内容选取还是在结构安排上都应该充分体现出职业教育作为类型教育的属性特征，正如"职教 20 条"中所明确的，校企联合开发国家规划教材，倡导使用新型活页式、工作手册式教材并配套开发信息化资源。新型活页式、工作手册式都是高职院校教材开发的显性特征。"活页式教材与传统教材最显著的区别在于'活页'，即教材采用活页的方式进行装订，教师和学生可以方便地对教材内容进行组合、增减和替换。"① "工作手册式教材是企业为提高员工工作效率和质量而设计的指导性文件，通常包括企业文化、岗位职责、工作标准、操作流程、绩效考核等内容。工作手册式教材就是将企业工作手册的编写方式引入职业教育教材建设中，其实质在于突出职业教育教材的类型教育特征，适应产教融合、工学结合的教学改革要求，实现学习任务与工作任务、学习标准与工作标准、学习过程与工作过程的统一。"② 无论是活页式教材还是工作手册式教材都适应职业教育人才的培养工作，

---

① 黄涛 . 基于任务驱动的高职软件开发类活页式教材设计研究 [J]. 武汉职业技术学院学报，2019，18（6）：62–67.

② 崔发周 . 工作手册式教材的基本特征与改革策略 [J]. 教育与职业，2020（18）：97–103.

因为职业教育所培养的人才为技术技能人才，其能力发展所需要的知识为职业知识，而职业知识的构成和内在属性同纯粹的学科知识的属性特征有着根本的不同。"职业知识是职业教育教材内容选择的核心依据。职业知识围绕着职业活动，不仅包含着指导具体职业行动的理论层面的知识，而且涉及与职业行动具体操作相关的实践层面的知识。这里的理论层面包含一部分原理、概念、规律等纯粹科学理论，但主要指能够应用到具体的工作情境、解决实际问题的技术理论。实践层面的知识主要包含工作过程知识和默会知识。"[①] 因此，高职院校教材开发应以工作过程、职业能力为教材内容选择及结构安排的基本依据，邀请企业专家深入参与到课程开发之中，对职业能力清单进行细致梳理，科学安排不同类型知识在教材中的逻辑顺序和内在关联。

"教材"改革在整个"三教"改革之中具有重要的作用。教材是教师开展课堂教学的基本蓝图，是学生职业知识学习的基本依据，任何先进的课程教学理念如果没能最终落实到教材层面，也将难以通过课堂教学的实施最终产生实质性的影响。过去我国高职教育一系列课程改革之所以进展不大、成效不高、不可持续，一个十分重要的原因就是我们将课程改革停留在了教师的理念转型及人才培养方案、课程标准等文件研制层面，没能最终将课程改革具体深化到教材层面。由于高职院校教师很多都毕业于普通高校，他们十分熟悉学科型教材的编写体例和内在结构，但缺乏对职业教育教材的深刻认知。为了能够让教师深入地理解职业教育课程教学的独特性与内在规律，必须首先从教材这一课程改革的物化载体入手，通过教材开发来扭转教师的学科思维，创新高职院校的课堂教学形态。因此，在"三教"改革过程中，"教材"改革绝不是被动的，一本好的教材可以起到事半功倍的作用，它可以帮助教师迅速地掌握该门课程的知识结构、工作过程和知识学习方式，可以帮助教师较快地确立课堂教学的模式及方法。因此，在"三教"改革之中，要积极发挥教材在改革中的关键地位，将"教材"改革作为提升教师视野与能力，推动教师改变课堂教学方法的关键支撑。

针对高职教育教材建设，"职教20条"明确提出了要"健全专业教学资源库""遴选认定一大批高职教育在线精品课程，建设一大批校企'双元'合作开发的国家规划教材，倡导使用新型活页式、工作手册式教材并配套开发信息化资源。每3年修订1次教材，其中专业教材随信息技术发展和产业升级情况及时动态更新"。这些政策的出台充分表明高职教育教材建设正肩负着较为艰巨的任务，

---

① 兰金林，石伟平. 职业教育教材内容的选择与组织：职业知识的工作逻辑 [J]. 职业技术教育，2019，40（31）：30-35.

在当前职业院校师资队伍普遍缺乏企业工作经历的前提下，通过高质量的教材建设可以有效帮助教师较为快速地掌握本门课程的工作体系结构与学生职业能力培养要求，有助于帮助从普通高校引入的年轻教师打破学科本位教学模式，确立能力本位教学思想。因此，为了建设高质量的高职教育教材体系，必须要坚持立德树人的根本任务，优化教材建设顶层规划设计，加强多方协同参与，构建具有中国特色、世界一流的高职教育教材体系。

首先，突出教材内容的德育主线，落实立德树人的根本任务。习近平总书记高度重视青年人的思想政治培养，认为"青年一代的理想信念、精神状态、综合素质是一个国家发展活力的重要体现，也是一个国家核心竞争力的重要因素"[1]"青年正处在价值观形成和确立的关键时期，是一个人成长、成才的关键起点""青年的价值取向决定了未来整个社会的价值取向，而青年又处在价值观形成和确立的时期，抓好这一时期的价值观养成十分重要"[2]"要因事而化、因时而进、因势而新"。教材作为国家意志的体现，是传承民族文化、弘扬爱国精神，引导学生树立正确的世界观、人生观和价值观的重要渠道。因此，高职教育教材建设应始终坚持正确的价值导向和政治方向，将社会主义核心价值观融入教材之中，编写具有职教特色的德育思政教材并加强对各类教材的审核，牢牢把握意识形态工作的主动权。

其次，彰显教材设计的职教特色，贯彻能力本位的育人思想。习近平总书记针对高职教育发展的问题时曾提出："理论教育与实践实训相结合，合理确定文化教育与实践教学的课时比例。"习近平总书记的论述，不仅明确了创新高职教育模式的目标和意义，而且为高职教育人才培养模式如何创新指明了方向。职业院校必须从高职教育的类型特质出发，以培植和提高学生的综合能力为重点，紧密结合学校的文化禀赋和专业特色，不断创新教育教学模式。根据习近平总书记的思想，高职教育作为培养技术技能人才为使命的教育类型，其教材设计应坚持能力本位，打破学科化的教材设计模式，联合行业企业共同研制反映行业企业新技术、新工艺、新流程、新规范的课程教学标准并联合开发活页式、工作手册式的新形态教材，保持同产业、行业变化的紧密同步。

再次，完善教材开发的多方协同，推动教材市场的规范发展。职业教材建设牵涉到了众多的利益相关主体，如出版商、学生、教师、学校、政府等，这决定

① 习近平. 在中国政法大学考察讲话 [EB/OL].（2017-05-03）[2021-12-23]. http：//www. xinhuanet. com/2017-05/03/c_1120913310. htm.

② 习近平. 青年要自觉践行社会主义核心价值观——在北京大学师生座谈会上的讲话 [EB/OL].（2014-05-05）[2021-12-23]. http：//www. xinhuanet. com/politics/2014-05/05/c_1110528066. htm.

了必须要最大限度地满足各方的利益需求，有效降低潜在的利益冲突，通过建立完善的制度、规则来保证多方协同，确保高职教育教材市场平稳、规范发展。这就需要进一步建立、健全高职教育教材建设管理的组织体系，尤其省级教育行政部门应建立专门的高职教育教材管理机构，配备专职管理人员，对行政辖区内高职教育教材建设进行统筹规划与管理，对违规使用教材的职业院校进行公示与处罚。同时要建立并完善高职教育教材编写与审定的责任追究制度，明晰教材编写人员的资质，建立全国统一的高职教育教材质量检测平台，开展全国性的质量监测工作。

三、"教法"改革：课程教学创新的集成显现

教学是学校教育中最重要和最基本的活动形式，任何先进的办学理念、课改模式最终都需要通过教学活动落实。对于学生而言，教学是其学习成长、职业能力发展最重要的手段，课堂教学质量直接决定学生当前和以后的素质养成与能力发展。而对于教师而言，教学是其职业生命、教学能力发展最重要的舞台，教学质量直接反映了教师的教学态度和专业素养。"职教20条"中明确提出了要"适应'互联网＋高职教育'发展需求，运用现代信息技术改进教学方式方法，推进虚拟工厂等网络学习空间建设和普遍应用"。而推进教学改革的关键途径便是要大力推动教法改革，"教学方法，是建立在连续的规则系统基础之上的教师传授学习内容及学生实现学习目标的学习组织措施"[①]。"教法"改革不仅仅是教学方式的一种简单转变，而是需要从技术技能人才自身的学习规律与知识建构规律出发，重新思考教学内容的选取、整合、呈现及传递的途径，构建以学生能力发展为根本的教学体系。

基于对高职教育课程改革发展历程的梳理分析，"教法"改革是高职教育课程改革的"最后一公里"，是决定高职教育课程改革成败的关键。无论是基于工作过程的课程改革还是项目课程改革，都必须坚持行动导向教学理念，让学生在实践中学习，在实践中反思，在实践中建构完整的职业能力。"职业教育的教学框架是一个由实践情境构成的、以过程逻辑为中心的框架，强调的是整体的教学行动与典型的职业行动的整合的框架。""职业教育的教学方法，应由归纳、演绎、分析、综合等传统方法向项目教学法、案例教学法、仿真教学法、角色扮演法等转换；教学内容的传授方式，应由数量或形式层面的简约，向质量或内化层

---

① 姜大源.职业教育要义[M].北京：北京师范大学出版社，2016：75.

面的反思，即针对串行排序的工作过程体系，对职业行动知识采取理论与实践整合的能力开发转换；教学场所的作用范围，也应由传统的单功能专业教室，即描述性、报告性的理论课堂，向多功能的一体化专业教室，即兼有理论教学、小组讨论、实验验证和实际操作的教学地点转换。"①

"教法"改革是助推高职院校"课堂革命"的关键，要完全打破传统的课堂教学模式，必须以"实践性""情境性"为基本原则，充分调动教师参与课堂教学改革的积极性，积极推进项目教学法、情景教学法、案例教学法，按照真实的工作情境进行授课，让学生在完成真实或仿真的工作过程中完整地学习知识与技能，在解决工作难题的过程中将职业能力培养和问题解决能力的培养结合起来，不断提升学习者自身的职业素养和工作能力。同时，要积极采用新的信息化教学手段丰富课堂教学形式，激发学生学习动机，探索利用云计算、大数据、移动互联网、VR 等技术，推广应用虚拟工厂、慕课、微课等网络学习空间，实施线上线下混合式教学模式，提高学生利用信息技术进行自主学习的能力，在真实课堂与虚拟课堂的互动交融过程中，提升职业能力。

"教法"是教师在课堂教学中将职业知识完整地传递给学生的方法与手段，在这个过程中，"教师"是课堂教学的导演和情境创设者，"教材"是职业知识的物化表征载体，"教法"是教师所采用的各种教学方法与手段。因此，"教法"绝不是孤立地存在于"三教"改革之外的，它其实是"教师"改革和"教材"改革成效的集成显现。教法不是静态的，也不可能进行物化，它是一个动态的过程，必须通过教师对教材的深入理解之后才能够在课堂教学之中通过行为表现来进行客观呈现，集中地反映教师对职业知识、课程改革理念及学生学习规律的掌握程度。因此，在"三教"改革之中，"教法"改革不是孤立于"教师"改革与"教材"改革之外，"教法"改革的成效必须依托于"教师"改革与"教材"改革，只有当教师能够真正地掌握职业教育育人规律及对教学手段的基本认知和把握，只有当教材能够真正彰显工作为本、能力导向的基本理念，高职院校教师才能够在课堂教学中采用正确的教学方法，才能够充分调动学生学习的积极性与主动性。尽管"教法"改革在整个"三教"改革中具有一定的被动性，但也不能忽视"教法"改革的重要价值意义，因为"教法"改革的成效也是"教师"改革与"教材"改革的最终评判依据，任何先进的课程教学理念都必须经过课堂教学的检验，只有真正能够实现学生职业能力发展的改革才能够称之为成功的改革和有效的改革，而教师在课堂教学中所采用的各种教学方法的有效性的评判可以等同

---

① 吴全全. 职业教育"双师型"教师内涵及能力结构解读 [J]. 中国职业技术教育，2014（21）：211–215.

于对三教改革成效的评判。

2014年6月，习近平总书记在对高职教育工作的批示中提出，职业教育要"坚持产教融合、校企合作，坚持工学结合、知行合一"，他还指出"要牢牢把握服务发展、促进就业的办学方向，深化体制机制改革，创新各层次各类型高职教育模式"。习近平同志的论述，不仅明确了创新职业教育模式的目标和意义，而且为高职教育模式如何创新指明了方向。高职院校课堂教学模式改革改变传统的普通教育课堂教学模式，教学过程应与行业企业生产服务过程相对接，加快建设能够满足学生多样化、个性化需求的信息化教学环境，完善课堂教学质量检测评价体系，通过课堂教学的改革创新，调动学生学习积极性。

首先，以能力本位为逻辑主线重建课堂教学的基本生态。以职业知识的习得与掌握为目标的职业院校课堂，不能完全通过学校本位的课堂教学模式进行传授，需要让学生在实践情境之中建构完整的职业知识，即在真实或虚拟的职业"情境"之中展开教学，让学生体会知识的意义，而不是抽象地习得一堆概念与符号，同时教师教学还需要按照"工作"的任务逻辑将知识进行序化，从而让学生在完成工作任务的过程之中，体验任务的逻辑，高效地建构职业知识。因此，职业院校课堂教学生态的改变必须以能力本位、工学结合为基本出发点，彻底改变与工作相脱离、与学生就业相分离的状态，确立以学生为中心、以职业能力培养为核心的课堂教学新生态。

其次，以学习者为中心重塑课堂中教师与学生的互动关系。传统的高职教育课堂教学模式过于强调学生对理论知识的掌握，认为这是学生形成终身学习能力和关键能力的重要前提和基础，在这种理念下，教师作为掌握理论知识的绝对权威就成了整个课堂教学的主导者，等值地将该类知识传递给学生，而忽视了学生在建构职业知识上的主动性。因此，职业院校课堂教学必须要从教师的"教"向学生的"学"转变，根据学生学习的规律、知识建构的规律来重新定位教师在课堂教学中的角色与作用。在具体的教学实践中，教师应该着眼于学生成长，积极采用情景教学法、案例教学法、项目教学法等有助于激发学生积极性的教学方法，并积极探索校企"双元"育人模式，通过现代学徒制试点，将课堂扩展到车间、田园等生产服务一线，让学生成为知识建构的主体，教师成为学生学习的"引路人"。

再次，以信息技术的深度应用为抓手推动课堂效能的提升。职业院校课堂教学生态的改变离不开信息技术手段的深度应用，尤其是随着虚拟现实、5G、云计算等新技术的重大突破，可以借之有效解决职业院校某些专业实习难的问题，而且新的信息技术手段的应用还可以帮助教师更为精准地了解学生的学习状况，帮助教师进行教学辅助决策。因此，课堂教学生态的改变必须要借助信息技术在职业院校课堂教学之中的深度应用，这就不仅需要推动高职院校教师利用大数据、人工智能、虚拟现实、模拟仿真等技术开展虚拟教学、移动化学习，还应首先提升高职院校教师的信息化素养，将信息化教学能力提升作为教师培训的主要内容，并加强对信息化在课堂教学中应用情况的检测评估。

第五节　高职教育"三教"改革的金职方案

高职教育"三教"改革绝不是"教师""教材""教法"三个独立领域的各自为政，它是一项系统性、整体性的变革，不仅涉及课程教学的改革，而且办学模式、治理体系都是"三教"改革的应有之义，这决定了"三教"改革的推进实施不能仅依靠教务部门来达成，学校所有的职能部门都应该围绕"三教"改革形成协同合作的推进机制。金华职业技术学院作为国家"双高计划"A档建设院校，在"三教"改革的创新发展上积累了十分丰富的改革发展经验，聚焦"三教"改革，学校层面进行整体的顶层规划设计，各职能部门各司其职，出台相关政策，搭建相关平台，各二级学院则主要负责系统推进"三教"改革的具体改革任务，形成了横向上职能部门协同共管，纵向上学校与二级学院合理分工的改革发展格局。高职教育"三教"改革的金职方案可以从四个方面进行阐释：首先，搭建产教融合的平台，为"三教"改革运行提供良好的环境支撑；其次，推进课程迭代变革，紧抓"三教"改革创新的逻辑主线；再次，构建体系化的教研机制，营造教师人人参与"三教"改革的文化氛围；最后，优化质量保障体系，以制度建设为基础，保障"三教"改革举措落实落细。

一、产教融合平台搭建："三教"改革运行的环境支撑

产教融合是高职教育"三教"改革运行的重要环境支撑，这是由职业教育自身的人才培养定位和类型教育属性所决定的。职业教育是一种跨界的教育，跨越了企业与学校、课堂与工厂、学习与工作，技术技能人才培养的跨界规律要求职业教育的人才培养必须要打通企业与学校之间的组织壁垒，实现人、财、物、信息等相关资源的有效融通，唯有如此才能保证"三教"改革的有效运行。从"教师"改革来看，从企业引入的兼职教师是高职院校教师团队的重要构成；从"教

材"改革来看，唯有企业的能工巧匠才能够真正掌握一些复杂、先进的工艺操作方法；从"教法"改革来看，没有企业提供真实的实习实训设备和工作场景，学生就无法掌握真正的职业能力。因此，"三教"改革的运行决不能脱离产教融合平台的搭建，缺乏产教融合支撑的"三教"改革是一种浅表层次的改革，无法真正落实到课堂教学的一线。

金华职业技术学院融入浙江发展战略，重点对接金华五大千亿产业和以数字经济为引擎的八大细分行业，实行以群建院，强化融合发展，把原来的 16 个专业群整合重构形成"4222"共 10 个专业群，促进办学资源的集聚。具体为：重点面向先进制造业及战略新兴产业，组建机械制造与自动化、电子信息、生物医药、新能源汽车服务 4 个专业群；面向重大民生工程领域，组建学前教育、医养健康 2 个专业群；面向现代服务业，组建文旅创意、网络经济 2 个专业群；面向乡村振兴战略，组建现代农业、智慧建造 2 个专业群。根据学校专业群整体布局架构，在全校推行"以群建院"，专业群布局与学院名称吻合，消除原有部分专业交叉、重叠、分散的状态，引导二级学院聚焦专业群建设。以专业群为依托建立产教融合平台，形成"一专业群一平台"。对应 10 个专业群集中力量架构产教融合平台。其中，5 个产教融合平台各有侧重，如区域共享型的"智能化精密制造产教综合体"，总投入 2.4 亿元，包含 4 个中心，建有 3 个股份制的实体公司。聚力全方位融通，通过产教综合体的构建，形成了"三融三通"的新机制。首先，将学校与企业共营实体公司的政策打通。将企业的真实岗位能力需求作为学校的人才培养目标，校企双方共同制订培养方案、设置教学内容、组建讲师团，确保学生培养目标与企业人才需求的有效对接，实现培养目标融合。其次，将学校教师与公司员工的身份打通。将企业的生产任务作为学校教学内容载体，校企双方根据岗位规范、质量标准等合作开发教学标准、教材和教学资源，推行"能力链""课程链""项目链"改革，实现教学内容融合。再次，将资源共享和利益分配的方式打通。将企业与学校不同的"生产"环节有机串接，校企双方建立更加弹性的教学组织方式，设计一体化校企学习内容，育训结合，解决教学安排与企业生产的冲突、课程内容的对接、教学资源的融合共享等问题，实现培养方式的融合。

产教综合体走出了一条产教融合实体化运营的新路径，有效破解了产教融合之困，推动了学校和企业进行实质性的资源整合与优势互补，保证了各方的话语权和利益。通过专业企业一体统筹和政策、岗位、利益三个打通的制度创新，推动了校企利益、资源、技术和人员的全面融合，打通了产教融合的"最后一公里"。以"产"拓维度，促进了人才培养"供给"和产业发展"需求"有效对接。以"学"把宽度，提升了教学内容的鲜活性和教学组织实施的柔性。以"研"掘深度，推动了教学内容的鲜活性和教学组织实施的柔性。以"训"促强度，深化了课堂教学模式创新和教学资源转化。以"创"提高度，增强了教师服务产业能力和学生工程创新实践能力。通过产教平台的搭建，打通了"三教"改革运行的产教壁垒，为"三教"改革的运行实施提供了较好的环境支撑。

二、课程迭代变革："三教"改革创新的逻辑主线

高职教育"三教"改革创新必须要找到逻辑主线，不能够"眉毛胡子一把抓"。高职教育"三教"改革的实质就是高职教育课程改革的创新，是对高职教育课程改革的体系化变革创新。高水平职业教育关键在于高质量的人才培养，支撑在于高质量课程。金华职业技术学院牢牢抓住"课程"这一"三教"改革的逻辑主线，2006年以来，金华职业技术学院以培养支撑区域经济社会发展的技术技能人才为己任，紧跟新一轮科技革命和产业发展，依托全国教科规课题和53项省级教改项目，开展课程系统化改革，到2016年以立项省重点校（全省第一）为契机形成课程系统改革推进方案。以技术迭代为核心（主动），以载体迭代为架构（从动），以制度迭代为支持（随动），从"啮合驱动"到"一体联动"，探索形成了新技术课程开发、标杆课程培育、教师"双师"发展"三维一体"立体推进的课程迭代改革模式，有效提升教学质量，直接推动学校连续五年位列浙江省高职院校教学工作业绩考核第一名，成为全国"双高"A档建设单位，走出了高质量发展之路。

其一，基于技术迭代的新技术课程开发。紧跟产业和教育技术发展，从"职业化"课程建设，到"一体化"课程改革，再到"整体化"教学创新，从"关注内容"到"关注方法"再到"关注整体"，迭代推动课程升级和教学创新。融入新技术的课程内容升级。以技术实践的工作过程为课程结构逻辑，依据技术标准和职业资格标准，基于伴随技术迭代的岗位任务迭代，岗课证融通，开发教学模块、项目和学习资源，形成了智能化驱动的制造类专业"项目串接"课程、新规范嵌入的医护类专业"临床案例"课程、新流程贯穿的商贸类专业"运教融合"课程、跨学科整合的教育类专业"综合化"课程等开发范式。立足多情境的教学方法创新。创设任务情境，从技能训练到技术实践，探索"探秘""创客""闯关""走园"等行动导向教学；创设虚实情境，从自主学习空间到互动在线课程，探索"课中课""大课带小课"等混合式教学；创设情感情境，从专业情怀到职业素养，探索"定岗定责""劳力劳心""点头点赞"等课程思政融入模式。

其二，基于载体迭代的标杆课程培育。分阶段、分领域、分层次创设"任务

驱动式"载体，培育标杆课程。2006年提出"职业导向的课程开发与建设"理念，全面推进"基于工作过程、定于工学结合"的专业核心课程建设，分工程技术、设计制作、管理服务、公共教育四大类开展精品课程建设。

2014年启动在线开放课程、教学改革案例、示范课、虚拟仿真实验教学项目、新形态教材每年百门的"五个一百"计划，促进优质教学资源建设与应用。依托前期基础，将技术关联的课程进行综合化、模块化，重点培育专业群平台、"1+X"配套、创新型项目、虚拟仿真实训、赛教融合"五个一批"新技术课程群。强化活资源、活课堂、活学习"三活"理念，实施新理念、新载体、新方法、新形态的"四新课堂"建设，培育一批课堂教学创新典范。

其三，基于制度迭代的教师"双师"能力发展。持续完善教师发展制度，系统提升教师教研和"双师"能力。"滚动式"教师企业实践：以"百博入企业""访问工程师"等为载体，开展分层、分类教师企业实践和"双师＋双证"评价，提升教师实践能力。"项目化"主题教研活动：从理念与方法切入，从"四说""四重""四接""四促"到"新四说"，以"人人有项目"的主题教研活动加深教师教研文化。"学分制"教师教学发展：实行"每年24分"教师发展学分制，开展有计划、分层次、多渠道的教师培养培训，全面提升教师"双师"能力。

具体如图1-1所示。

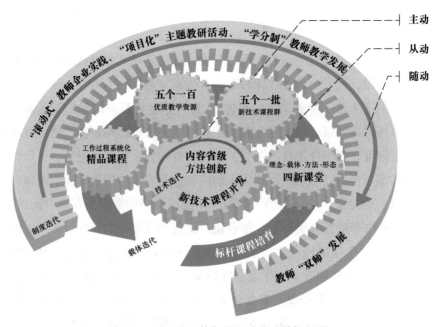

图1-1 "三维一体"课程迭代改革框架图

三、教研机制构建："三教"改革入心的文化营造

　　高职教育"三教"改革推进的关键是教师，教师是"三教"改革的主要依托，没有广大教师群体的积极投入，"三教"改革将会永远停留在浅表层面。为了能够让所有的教师都能够积极参与到"三教"改革之中，金华职业技术学院创新性地开展了丰富多彩的主题教研活动，通过主题教研活动将一些新的课程改革理念、教学方法传递给教师，让教师在交流互动中准确把握新时代"三教"改革的核心要义。金华职业技术学院设计校本教研项目，擘画教研新路，遵循"理念说透—方法练熟—提升做亮—效果夯实"的路径，探索构建了一个从"四说""四重"到"四接""四促"的循序渐进、多层次、人人有项目的主题教研活动内容体系，在此基础上，2019 年又推出了"新四说"活动，从而探索出了一条以主题教研活动为切入点的高职教学创新之路。

　　其一，"四说"提升教师理念。以深入研讨为基础，以深刻反思为前提，落实现代职业教育教学理念，开展"专业主任说专业、课程组长说课程、骨干教师说课堂、专兼团队说项目"的"四说"活动，针对专业、课程建设的不同阶段与层次，引导专兼职教师系统思考专业、课程、教学及专业重点突破项目的建设和发展。例如，机械制造与自动化专业开展了以"后示范建设专业深度剖析""电动工具结构设计""电钻传动设计"课堂教学、"企业项目的教学化改造"为主题的"四说"活动，进一步提升专业内涵建设和职业教育教学改革的理念。

　　其二，"四重"引导方法应用。在"四说"活动基础上，以推进专业内涵建设年度重点工作为抓手，着眼专业建设和教学改革的途径创新，在各专业开展"重点观摩三堂课、重点推进三项专业教学改革项目、重点实施三项社会服务项目、重点建设三个规范化实训基地"的"四重"活动。实践中，各个专业可根据专业发展的不同阶段，进行有针对性的设计与有效的实施。其中，示范课聚焦多元化教学方法探索，教改项目凝练专业培养和教学特色，社会服务项目反哺教学，实训基地强化规范运行和项目开发。

　　其三，"四接"引领内涵提升。围绕高职教育的热点和难点问题，从高端需求、课程提升、优质课堂和素养养成切入，以优势和特色专业为引领，开展"课程研究对接应用型学科的发展、课堂管理对接示范课堂的设计、实训运行对接高素质养成的要求、专业提升对接高端产业的需求"的"四接"活动。例如，护理专业开展"优势专业建设回眸暨专兼职教师教育教学能力提升实践探

索"主题教研活动，就"课程教学双师协同、实习带教双师互动、教学改革双师一体、继承职业精神双师共担、社会健康服务双师互动"的教学提升开展实践。

其四，"四促"落脚改革成效。将高职教育"五个对接"指导思想落实到课堂教学创新上，以专业设置与产业需求对接为基础、以课程内容与职业标准对接为核心、以教学过程与生产过程对接为关键、以毕业证书与职业资格证书对接为纽带、以职业教育与终身学习对接为支点，聚焦课堂教学的实效性，开展"以微课、精品课建设促课程载体多元，以平台课程建设促专业群转型升级，以示范课堂建设促课堂教学质量提高，以课题招标与自选结合促教改效率优化"的"四促"活动，引领和带动优质、高效课堂的建设。

其五，"新四说"聚焦提质培优。为了积极开展高水平专业群建设，深化教师、教材、教法"三教"改革，提高课程教学质量，培育标志性成果，学校将在原有"四说""四重""四接""四促"主题教研活动基础上，开展立足产业链说高水平专业（群）、立足"三教"改革说新技术课程、立足"互联网+"说新形态课堂、立足标志性成果培育说专项性改革的"新四说"主题活动。"新四说"主题活动不局限于固定的组织形式，各学院可根据学院实际采取多元化的方式方法。

具体如图 1-2 所示。

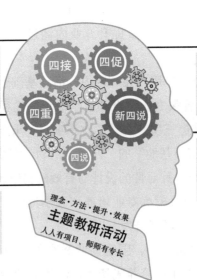

图 1-2　主题教研活动体系

第一章　高职教育"三教"改革创新的内涵概要与金职方案

四、质保体系优化："三教"改革落地的制度保障

职业教育"三教"改革的落地实施还需要构建以学生发展为中心的质量保障体系，"三教"改革的最终目的是提升人才培养质量，促进学生发展，所以"三教"改革的成效评价必须以学生发展为中心，尤其需要重点关注学生职业能力的发展水平。因此，"三教"改革的落地实施必须要构建以学生发展为中心的质量保障体系，明确不同职能部门和院系在"三教"改革中的角色和地位。金华职业技术学院在质量保障体系的构建过程中，学校教务部门、人事部门等相关职能部门主要负责"三教"改革的顶层规划设计，即负责"管"，二级学院作为人才培养的实体机构，是高职院校办学功能实现的核心，在"三教"改革中主要负责"办"，而学校质量管理部门、第三方评价机构和行业企业等主体则主要负责"评"，从而围绕学生发展形成体系化的质量保障机制，保障"三教"改革能够真正落实到课堂教学一线。

其一，实施标准、标志、标杆"三标"建设。学校提出从标准引出，推动"标准、标尺、标杆"的三标建设。着重抓住标准这个"牛鼻子"，重点研制了《课程全过程评估标准及操作手册》《'工匠精神'培育操作手册》等25个相关标准及操作手册，覆盖教育教学的主要领域和关键环节。着重攻坚标志性成果，扩大学生的质量成果，提升基础性的办学条件，积累教学科研成果，以优质增量体现办学绩效。着重树立发展标杆，先立标、对标，再达标、创标，先校内标杆，再校外标杆，不断努力成为同行的标杆。

其二，建立"四方参与、四类评价"的教学质量评价机制。围绕目标、过程、节点、结果和效果等要素，以"跨界、延伸、交互、反馈"为理念，将现代信息技术运用于教学质量管理和评价，构建了由"学生、教师、督导、社会（用人单位、家长、毕业生）"等评价主体参与，涵盖"教学运行过程控制、课堂教学实时测评、顶岗实习环节监控、毕业生职业发展反馈"等关键环节的"四方参与、四类评价"教学质量管理平台，开发了11个在线系统。形成"设目标——立标准——勤诊断——务改进——乐创新——增目标"的螺旋上升质量提升路径，建立了利益相关者共同参与管理的质量持续改进机制。

其三，建立以专业建设为核心的目标责任制管理体系。对接国家战略和区域产业转型升级发展，建立专业动态调整及招生指标测算综合评价模型，每年组织一轮专业综合测评，突出录取分数、报到率等"进口"质量指标和就业率、专业对口率、用人单位满意度等"出口"质量指标。学校现有招生专业55个，覆盖

先进制造业及战略新兴产业、重大民生工程领域、现代服务业和乡村振兴战略四大领域，组建十大专业群，以护理、学前教育、机械制造及自动化"一老一幼一制造"三大特色专业群发展高峰为引领，形成了"4222"区域服务型高职专业群体系。学校基于二级管理，建立以专业建设为核心的目标责任制管理，以质量目标为导向的动态管理专业建设，构建了从目标制定、实施、考核、反馈到改进完整的专业建设目标管理体系，激发了专业建设主体的积极性。

高职教育课程开发的模式与机制

高职教育课程是高职教育教学活动的基本组成部分，高职院校课程的建设水平直接影响高职院校人才培养质量，因此，如何开发优质高职教育课程也就成为提升高职教育教学质量的关键问题之一。针对这一问题，很多专家、学者都提出了自己的见解和看法，高职院校则进行了有益的实践尝试，提供了许多可借鉴的课程开发模式样本。

第一节　高职教育课程开发的理论基础

高职教育课程开发是一项极为复杂的工程，其主要原因在于高职教育课程内容的复杂性及易变性。高职教育专业门类繁多，课程内容非常复杂，且职业教育课程内容与社会劳动力市场的联系尤为紧密，时常需要做出调整。为了探明这一复杂的课程开发过程，首先需要对其内涵、程序、原则等基本理论基础有一定的了解。

一、高职教育课程开发的内涵

（一）课程

在我国，"课程"一词源远流长，最早出现于唐宋时期，唐朝孔颖达为《诗经·小雅·巧言》中的"奕奕寝庙，君子作之"作疏："以教护课程，必君子监之，乃得依法制也。"宋代朱熹在其《朱子全书·论学》中也多次提及"课程"，如"宽着期限，紧着课程""小立课程，大作工夫"等。朱熹虽未对课程的含义做出明确界定，但其所说的"课程"即指"功课及其历程"，主要包含了两层含义，即课程内容及其排列顺序。1985年出版的《中国大百科全书·教育》对课程的定义为"课业及其进程"，与朱熹的概念极为相近。

在西方，"课程"（curriculum）一词最早出现在英国教育家赫伯特·斯宾塞（Herbert Spencer）《什么知识最有价值》（1859）一文中，意指"教学内容的系统组织"。[①] 该词源于拉丁文"currere"，意为"跑道"，基于这个词源，许多学者将课程定义为"学习进程"（course of study），当前大多数英文辞典或教育专业辞典也用此定义。

随着课程理论的发展，人们对课程的理解也比过去深刻得多。相较于以往，当前对于"课程"的概念主要从以下两个维度进行了扩充。

其一，横向概念界域的扩大。当前对于"课程"概念的理解更加宽泛，突破了以往仅对课程内容及其排列顺序的关注，将教师、学生、课程资源等都纳入了课程系统中，把课程拓展为包括课程资源在内的整个教育体系，将课程视为师生、教材、媒体、环境持续互动作用的动态情境，是一种可变动的"生态系统"。这一概念范围的扩展也体现出了从以往对课程概念的静态理解到动态概念理解的转变。事实上，从"课程"的拉丁文词源而言，就体现出了这一动态内涵，"currere"名词意为"跑道"，关注于文本形式的课程体系，重点在静态的"道"上，主要强调为不同学生设计不同学习道路之意。"currere"动词意为"奔跑"，重点在动态的"跑"上，主要强调个体对课程的经验。[②]

其二，纵向概念深度的延伸。当前对于"课程"概念的理解不仅在横向界

---

① 严中华.国外职业教育核心理念解读——学习成果导向职业教育课程开发理论与实践[M].北京：清华大学出版社，2017：31.

② 石伟平，徐国庆.职业教育课程开发技术[M].上海：上海教育出版社，2006：5.

域维度有所扩充，在纵向概念深度也有一定延伸。以往"课程"的概念更多地关注于课程的表层含义，而当下则从多个维度对课程的深层内涵进行了挖掘。例如，以往仅仅关注显性课程，而当前则进一步关注到了隐性课程。显性课程是指学校所开展的正式课程，其主要特点是有组织、有计划；而隐形课程则是指学生从学校整体环境中获得的知识、情感、态度等，其主要特点是非预期的、非计划的。[①] 隐性课程作为课程的深层内蕴是整体课程概念中不可或缺的一部分。又如，古德兰德（J.Goodlad）把课程划分为正规课程（formal curriculum）、领悟课程（perceived curriculum）、观察课程（observed curriculum）、体验课程（experiential curriculum）。这种划分提示我们，课程不仅包括文本层面，而且包括从教师领悟到学生习得等一系列层面，其中，领悟课程、观察课程及体验课程所涉及的是课程实施层面，也就是教学过程。这就是说，"课程"的内涵不仅包含了教与学行为赖以发生的框架，也包含了教与学行动本身。

据统计，当前关于"课程"的定义，已达百余种，不胜枚举，形成了复杂的课程话语体系。[②] 因此，很难用简短的几句话对课程下定义。如果一定要下定义的话，根据我国学术界的主流观点，"课程"可定义为对教育目标、内容及方式的具体规划和实施方案，以教学计划、教学大纲等形式呈现。[③]

（二）课程开发

"课程开发"一词最早由卡斯韦尔（H.Ca-swell）和坎贝尔（D.Campbell）在《课程开发》一书中使用，并很快被普遍采纳。[④] "开发"一词相较于"制作""建构"等词内涵更为丰富，突出了课程开发动态发展的过程。职业教育，相较于普通教育与社会的联系更为紧密，更需要时刻紧随社会的经济、技能发展对课程进行及时的更新和完善，只有这样才能不断增强自身的适应性，满足社会发展的需求。1974 年，在日本东京召开的国际课程开发研讨会，明确了"课程开发"的概念及基本内涵。在此之后，我国也逐渐开始使用"课程开发"一词。

其后，国内学者对课程开发开展了更多深入的研究，提出了许多不同的概念界定。如黄克孝认为，课程开发是课程工程涉及的第一个领域，它是指在一定的（教育）宗旨及课程观指导下，系统完整地规划、编制一个或一类课程的一连串作业的过程。其任务是把社会发展的客观要求、知识增长的课程趋势和学生成长的客观需要转化为具有适当水准、适当内容且结构优化、功能优越的新课

①　刘苹.高职课程开发理论、方法与案例 [M].北京：中国轻工业出版社，2010：4.

②　徐国庆.课程涵义与课程思维 [J].中国职业技术教育，2006（7）：18-20.

③　全国十二所重点师范大学.教育学基础 [M].北京：教育课程出版社，2014：164.

④　张华.课程与教学论 [M].上海：上海教育出版社，2016：94-95.

程。[①] 钟启泉认为，课程开发是借助教育计划，对新课程进行研究、设置、实施和评价，以改进课程功能活动的总称。即课程开发是表示新课程的编订、实施、检验—改进—再编订、实施、检验……这一连串作业过程的整体，类似于课程改革的概念。吴刚平则认为，课程开发是一项复杂的系统工程，受知识、学生、教师和开发者众多矛盾要素的相互作用与制约。[②] 在《教育大词典》中，课程开发是指"使课程的功能适应文化、社会、科学及人际关系需求的持续不断的课程改进活动"。[③]

综上可知，课程开发是指产生一个完整课程的全过程。本书认为，课程开发是指国家、地方、学校在一定课程观的指导下，结合社会发展、知识增长和学生成长的多方要求，构建或编制包括课程调研分析、课程编制、课程设计、课程实施、课程评价诸多环节在内的一系列课程方案、文件的全过程。课程开发具有持续性、动态性的特点，需要保持与时代、行业和政策的要求相匹配，以适应不断变化的需求。

就其具体内涵而言，从系统论的视角来看，课程开发也是一个完整的系统，由课程开发主体、课程开发对象、课程开发机制、课程实施和课程评价诸要素组成：课程开发主体，即实施课程开发的主导者和参与者，一般来讲，课程开发主体具有多元性，包括各级政府的主管教育部门、企业和行业、学校、教师、学生、课程专家、职业或行业专家及其他参与开发的人员；课程开发对象，即课程，包括课程体系、课程群，课程体系也称为课程方案或人才培养方案，由一系列课程组成，课程群又称课程平台，由若干相关性强的课程组成；课程开发机制，包括课程开发的组织机构、开发规则和制度、方法和程序等；课程实施，即对开发的课程进行试行和检验；课程评价，即对开发的课程及其实施结果进行价值判断。

（三）高职教育课程开发

高等职业教育人才培养的特殊性决定了其在课程开发方面也有别于普通高等教育，并逐渐地形成自身的特点和内涵。高等职业教育课程不仅包括课程目标的确定、课程内容的选择等环节，还包括课程实施、评价等内容，也就是包括从课程文本的获得到实施，直到学生习得学习经验的整个过程。

同时，我们需要注意高职教育课程开发不只是一门门单独具体课程的开发，

---

① 黄克孝. 职业和技术教育课程概论 [M]. 上海：华东师范大学出版社，2001：43.

② 吴刚平. 课程开发中的矛盾运动与钟摆现象探析 [J]. 华东师范大学学报（教育科学版），2000（2）：12–18.

③ 顾明远. 教育大词典 [M]. 上海：上海教育出版社，1990：88.

也包括整体课程计划的开发。而要开发整体课程计划，首先要明确专业是否符合市场需求，因此，广义的课程开发还包括专业的开发。一般而言，任何一个环节的高职教育课程开发都必须回答三个基本问题，即开发什么、由谁开发和如何开发。开发什么，即课程开发希望获得的产品；由谁开发，即课程开发的主体；如何开发，即课程开发的方法。

结合高职教育的特殊性，我们可以得出所谓高职教育课程开发，就是指国家、学校等多元开发主体依据把学生培养成具有全面素养的综合性实用型人才这一目标开展课程的计划、实施、评价等活动的系统化过程。[①]

二、高职教育课程开发的原则

任何课程开发都要遵循一定的原则。高等职业教育鲜明的个性特征，决定了其课程开发也必然要遵循符合其个性特征的基本原则。

（一）课程开发主体的多元合作原则

高等职业教育与普通高等教育相比，其与社会行业之间的联系更为紧密，虽然普通高等教育也强调要满足社会需求，要与生活密切结合，但是在与行业的关系上，职业教育的"社会依赖性"要比普通教育突出得多。因此，为了增强职业教育的适应性，职业教育课程开发必然需要政府、院校及行业企业等多方主体的共同参与、协同合作。各个课程开发主体之间要持有共同愿景，对课程开发相关的一系列活动能基本形成一致认识，彼此信赖、相互协作、积极配合，共同促进课程开发活动高效、有序地展开。

具体而言，体现在以下两个方面：一方面，职业院校要积极与教育系统内部的专家、学者积极合作。例如，与职业教育研究专家及课程开发领域的专家、学者开展合作，在课程开发的教育性与科学性维度接受专家的指导。另一方面，职业院校需要与社会行业、企业的各类专家保持密切的联系，让行业企业的专家参与到课程开发的过程中来，保证课程内容能与社会技术的更新和行业的发展同步。职业教育课程的实施过程中许多专业设备、实习场地也同样需要企业的积极配合。同时，还有极为重要一点是，不能忽视了学生自身发展的规律。

（二）课程目标设定的教育性原则

教育性原则强调高职教育课程作为一类教育活动最为本质的特性，即通过教学活动不仅是要传授给学生知识、技能，更重要的是要把学生培养成一个完整的

---

① 石伟平，徐国庆. 职业教育课程开发技术 [M]. 上海：上海教育出版社，2006：19.

人，要促进学生的全面发展。美国教育家杜威说过，"职业教育培养的不应该是仅仅掌握实践技能的劳动者，而应该是既拥有先进的科学知识，又具有较强的动手实践能力，同时具备一定人文素养的复合型人才"。[①] 若是一味地强调培养学生的技能而忽视学生的全面发展，最终培养出来的只是一个僵化的"工作机器"，是不符合时代发展所需的单向度的人。

高等职业教育既要坚持其独特性，关注学生的实践性知识学习和技能的培养，同时更为重要的是要牢牢把握住教育活动的根本功能。因此，在课程开发过程中要遵循教育性原则，把学生培养成全面发展的人。一方面要避免将学生简单地看成是促进经济发展的工具，要正视学生作为一个独立的人所具有的情感及其发展潜能；另一方面，在课程设计的过程中不仅要反映工作岗位的需求，更为重要的是要关注学生的个人学习发展规律，不论是理论学习还是实践学习，都要关注学生个人的职业成长。

（三）课程内容设置的综合性原则

高等职业教育的目标是要培养学生具备具体的职业能力，职业能力是以操作技能为中心的各种能力的综合，是指一种综合的适应社会需要的职业能力，是一种保证学生能参与真实工作的实践能力。在知识的组织上，与学科的逻辑相比，实践的逻辑有所不同，其遵循的是实用性原则，知识、技能的组织往往没有清晰的界限，也没有一定的逻辑，根据不同的任务，将各类所需知识、技能以任务为中心进行统整组合。因此，高等职业教育课程内容在本质上是综合性的。

高等职业教育课程内容设置的综合性主要体现在三个方面。其一，是要统合包括具体操作、文字知识在内的许多显性课程内容及包括情感、道德价值观在内的许多隐性的课程内容。这些课程内容设置是与如上所述的具有教育性的教学目标相对应的，要想实现相应的教学目标则必然需要在课程内容的设置过程中综合考虑，将显性与隐性课程内容进行综合设置。其二，亦如上文所述，高等职业教育与社会的联系十分紧密，因此，在高等职业教育课程内容的设置上必然需要综合性地考虑除了培养学生普适性的认知、能力之外的社会行业所需要的特定的知识、技能，将普适性与特殊性课程内容进行综合设置。其三，当前各行各业的技能需求都在快速变化，高等职业教育因其突出的"社会依赖性"，其课程内容的设置不仅需要考虑当前社会行业所需要的知识、技能，还需要通过对行业发展的研判，综合考虑未来各行各业所需的相应知识、技能，前瞻性地设置相关课程内容，将具有时效性与前瞻性的课程内容进行综合设置。

---

① 郑晓梅. 论工作过程导向职业教育课程开发的原则 [J]. 职业技术教育，2010，31（28）：49-52.

（四）课程教学过程的学生导向原则

高等职业教育活动与所有教育活动一样，其根本目标是为了育人，因此，其教学活动的开展也必然是以其所培育的目标——学生为核心的，这是整个教学过程的基本导向。职业教育课程的主要任务是提高学生的职业能力，为学生就业做准备。为此，必须否定传统的"供给导向"的职业教育课程模式，强调以学生的发展需求为导向。主要体现在两个方面。

一是在学习风格方面。在教学过程中，因为学生入学成绩、性别、专业等方面存在差异，其学习风格也必然存在差异。教师在教学过程中需要尊重不同学生的学习风格，因材施教，积极引导学生按其习惯的学习风格进行学习，以期能帮助所有的学生实现预设课程目标。而在课程开发过程中也需要全面地考虑到这些因素，科学地使用学习风格量表测试不同学生的学习风格，才能依据测量结果进行有效的教学。

二是在学习需求方面。一方面，在高职教育中，不同专业学生的学习需求差异较大，比如，同样是英语课，机械工程专业与小学教育专业学生对英语能力的需求截然不同，需要教师有针对性地以其真实需求为导向开展教学活动。另一方面，即使是同一专业的学生，因彼此之间已有能力、兴趣爱好等的差异也会导致学习需求产生一定差异，这也就要求在教学过程中教师要尽可能地在满足所有学生的普遍需求的基础上了解每位学生的特殊需求，尽可能地通过灵活的教学方式满足这些需求。

（五）课程情境设计的真实性原则

高职院校课程设计注重课程内容的实用性，要提供给学生在真实工作过程中所需要的知识、技能、态度，要培养学生做事的能力，因此，在课程教学过程中往往实践性教学占了较大的比重，而为了让学生在实践性教学中更为具体、直观地感受真实工作情境，也就要求在课程开发过程中要重视对课程情境的设计，尽量贴近真实工作实践环境或者直接引入真实的工作情境。在设计的过程中有两个基本要求。

一要根据不同的需求设计不同的情境。职业教育课程最终是为了培养学生胜任真实工作场景的职业能力，而不同的工作岗位有不同的职业能力需求，因此，在课程开发过程中要有针对性地根据不同岗位能力需求设计不同的教学情境。通过在真实情境中学习，学生能更快地获得针对特定岗位的实际职业能力；通过一系列成体系的学习领域的学习，帮助学生获得某一职业的职业资格。[1] 根据不同

---

① 徐国庆.职业教育课程论 [M].上海：华东师范大学出版社，2008：14.

的工作能力需求设计不同的学习情境，从而促进学生更为有效地获得各项职业能力。

二要有助于激发学生的职业兴趣和职业情感。真实职业情境的设计可以帮助学生更早地了解到真实的工作环境、流程等，更早地帮助学生适应工作环境，并且切身地体会到所学专业和工作的关系，培养职业归属感，也能让学生更为直观地感受到自己将来工作的重要性，培养其职业自豪感。创设真实的教学情境或引入真实的工作环境，既有助于学生实践技能的培养，又可以使学生尽快适应工作环境，有助于其职业情感的形成。

（六）课程实施与管理的动态性原则

高等职业教育课程开发并不是一项直线式、单向式的工作，而是需要根据需求变化不断进行更新、改进，不断向上螺旋式发展的过程，因此，课程开发应采取动态化的管理。一方面，高职教育强调人才培养与社会需求相匹配，而社会因为各类技术的不断更新、发展对于人才的需求也是在不断变化的，这就需要高职院校不断根据社会需求调整、完善教学内容，对课程进行不断的更新，只有这样才能凸显高职教育课程的特色，培养出适应社会发展、企业行业需要的高素质人才；另一方面，课程的实施过程也是动态化的。课程不仅是静态特定知识的载体，而且是一个不断发展的动态运行过程，课程的组织不再是以自我封闭的学科为中心，而是不断将各个学科进行综合化的过程。课程内容也不再是一成不变的，而是需要根据社会需求的变化不断更新、修正。

高职教育课程开发是一个动态运行的系统，每一个环节都需要进行关注、反馈、调节，不断修改、完善，不断接近最优解，所以适时评价是不可或缺的。其过程应为：职业岗位需要评估→课程开发与设置→教材选择与编写→课程实施→评价与反馈→修改与调整，这一过程是不断循环往复、螺旋式前进的过程。

三、高职教育课程开发的程序

在普通课程领域，经过从美国学者约翰·富兰克林·博比特（John Franklin Bobbit）到拉尔夫·泰勒（Ralph Tyler）的努力，已形成了一套科学、严密的课程开发程序，它由目标、内容、组织、评价四个环节构成，并被誉为课程开发永恒的范畴。泰勒的学生塔巴对泰勒模式加以发展，提出了一个更为详细而具体的解释方案。在泰勒模式的直线式课程开发程序的基础上，提出了课程开发过程的8个步骤：诊断需要，建立目标，选择内容，组织内容，选择学习经验（学习活动），组织学习经验，评价，检查平衡与顺序。

第二章　高职教育课程开发的模式与机制

在职业教育课程领域，国内外许多专家、学者也对此进行了诸多的研究，提出了许多职业教育课程开发程序。例如，著名职教课程专家、卡塞尔大学的纽尔克教授将课程开发过程描述为两个相互联系的系统：一是课程目标和内容的选择与确定；二是课程的组织实施、评价和改进，共分为图 2-1 所示的 7 个步骤。国内华东师范大学的石伟平教授等人则更为具体地将职业教育课程开发程序分为 10 个步骤：职业教育课程开发决策，职业教育课程目标开发，职业教育课程门类开发，职业教育课程结构开发，职业教育课程内容开发，职业教育课程内容组织，职业教育教学模式选择，职业教育课程实施环境开发，职业教育课程评价方法选择，课堂层面职业教育课程改造。综合国内外学者提出的职业教育课程开发程序，高职教育课程的开发大致可归纳为以下 6 个步骤。[①]

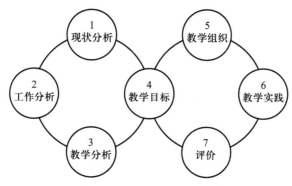

图 2-1　纽尔克课程开发步骤

（一）诊断课程需求

高职教育课程的开发是一个费时、费力的过程，需要耗费大量的人力、物力。课程开发程序的首要环节是确定某个专业的课程是否需要开发及是否值得开发，切实明确课程开发需求。诊断课程开发需求主要分为两个阶段。

第一阶段，对现有专业课程的适宜性进行判断，即明确当前的专业课程是否还能满足行业企业和学习者的需求，是否真的需要对当前课程进行调整开发。这里又涉及两个维度的判断：其一是对课程与行业企业需求之间的适配度的判断，即当前课程所培养出来的学生所具有的职业技能是否与社会行业企业所需要的职业技能相匹配，职业教育因其自身独有的特性导致其受到社会需求的影响相较于普通教育而言更为显著，行业企业技术更新对岗位技能需求的变化将在更大程度上影响学校课程的有效性；其二是对课程与学生的个人发展需求之间的适配度的

①　石伟平，徐国庆 . 职业教育课程开发技术 [M]. 上海：上海教育出版社，2006：20.

判断，职业教育课程虽具有其特殊性，但是其根本功能仍是培养人，因此，学生的个人发展需求的变化也必然会对课程的适宜性产生显著的影响。

第二阶段，则是对专业课程开发的价值性进行判断，即明确即将开发的课程是否符合劳动力市场发展及学生个人发展的未来趋势。在对现有课程的适宜性进行判断之后需要对即将开发的课程是否符合未来发展趋势进行研判。因课程开发过程较为复杂，不可能一蹴而就，因此，对于课程开发价值的判断要基于对未来市场发展趋势及学生个人发展需求的研判。如上所述，职业教育课程与社会联系尤为紧密，社会需求的快速变化切实影响着课程开发的具体价值，只有当即将开发的课程符合未来一定时间内的市场发展趋势，能满足未来行业企业的技能需求时，这一课程才具有开发的价值。同样，学生的个人发展需求随着时代的变化也必然会发生变化，课程同样需要满足这一不断变化的需求。

（二）明确课程目标

确定了需要进行课程开发的专业之后，需要对课程目标加以确定，后续开发环节都是基于目标定位进行的，因此，课程目标设置是否明确、合理对高职教育课程开发有着非常重要的影响。课程目标作为具体课程实践活动的指向标，其内涵是通过开展课程活动后达到预期的学习结果，即期望学生学习某门课程后，在知识、技能、态度等方面达到的要求。具体而言，高职教育课程目标包括依次递进的三个层次，即课程方案的目标、具体课程的目标和课程模块的目标。[①]

依据课程目标所包含的依次递进的三个层次，在明确课程目标过程中首先需要确定课程方案的目标，亦即"人才培养的目标"。一般而言，课程方案目标的表达较为概括、抽象，是课程的整体要求，反映了一定的职业教育理念或哲学。课程方案目标的确立需要在明确一般性的人才培养类型的基础上面向具体工作岗位，只有清晰定位了具体工作岗位，才能通过描述这些岗位的工作任务与职业能力，详细、准确地把握这些岗位的人才规格要求，保证目标的设置是具体而有针对性的。其次，要明确具体课程的目标，亦即学校教学过程中每一门具体课程的目标。在学校教学过程中是以一门门具体的课程作为单位进行授课的，因此，在明确整体课程方案的目标之后需要明确每门具体课程的目标。这一层次的课程目标相较于课程方案的目标要更为具体一些。具体课程的目标是对课程方案目标中某一方面内容的具体化，但两者之间不是绝对的、机械的叠加关系。再次，要明确更为具体的课程模块的目标。每一门具体的课程在具体开展过程中都必然是由一个个独立的单元组成的。因此，课程目标的确立至少要进行到课程模块这一层

---

① 徐国庆.职业教育课程论 [M].上海：华东师范大学出版社，2015：118.

面。课程模块目标是具体课程目标的进一步具体化，其表达比前两个层次目标更为清晰、准确，需要细化到学生完成每个工作任务所需要达到的具体水平目标，以及在这一过程每个阶段的具体知识、技能水平目标。这里需要注意的是，我们提到的三个层次的课程目标并不是仅仅局限于课程开发的某个阶段，而是依据层次的不同在课程开发的过程中逐层细化明确的。

（三）构建课程组织结构

在明确了某个专业的整体课程目标之后，需要选择相应的课程并按照一定的原理进行组合，构建课程组织结构。这是职业教育课程开发非常重要的一个环节，其中主要包含了两个维度的内容。

首先，课程门类的开发。这一环节极易为课程开发者所忽视，课程门类是对特定需要进行课程开发的职业教育专业总体知识的第一次划分，决定了后续对具体结构的组合排列包含哪些课程，也就是在这一过程中依据不同时期的发展需求选择了仍具有意义的课程，淘汰了已经过时的课程，以及计划开发新的适应新时期发展需求的新课程。

其次，课程结构的开发。确定课程门类之后需要对这些课程按照一定的原理组织起来，形成某种结构，主要从纵向和横向两个维度考虑课程结构的组织。一方面是纵向结构，即课程在时间维度上的连续性，必须保证所有课程都能使学生获得逐渐的、不断的、持续的发展机会；另一方面是横向结构，即课程在空间维度上的关联性，必须保证课程之间能进行相互补充，以满足学生全面发展的需求。

（四）明晰课程内容

完成了对课程组织结构的构建，也就确定了某个专业的课程框架，接下来就要明晰每门具体课程的内容。明晰课程内容主要分为两个阶段。

第一阶段是课程内容的开发，即要开发出每门具体课程应当包含的工作任务，以及所需要的知识、技能和态度。就好比一篇论文的框架已经搭建完成，接下来就需要往里面填充具体内容。具体课程内容的开发需要针对课程所对应的具体职业岗位需求进行深入分析，结合教学活动的特点开展。具体岗位所需要的知识、技能与开展教学活动所要传授的具体教学内容之间并不是直接对等的，将职业分析的结果直接作为教学内容，往往是职业培训的做法。而作为职业教育活动，除了具有职业特性外还具有教育特性，因此，具体教学内容的开展也需要将具体岗位职业技能与相应教育理论知识相结合。

第二阶段是课程内容的组织。确定了课程的具体内容之后，接下来便要考虑这些课程内容按照什么模式进行组织。普通教育活动的课程内容往往是按照学科知识的内在逻辑组织的，但职业教育与普通教育相比，有其独特的属性，即教学过程应与工作过程尽量相似，因此，在进行职业教育课程内容的组织时，应多利用场景还原法，参照职业活动过程或劳动过程的时空顺序组织教学内容，使学生对具体工作任务所包含的知识、技能有更为具体的认知，且形成与真实工作任务操作相近的知识、技能逻辑，即是以工作任务过程为主要依据来进行课程内容的组织。完成课程内容的开发与组织也就基本完成了课程教材的编写。

（五）设计课程实施

在明晰了课程具体内容之后就需要考虑如何具体实施课程。即要设计在何种教学环境中，通过运用何种教学模式将课程内容有效地传输给学生。这一环节包含了两个方面的内容。

一方面是课程教学模式的选择，即按照什么方法来实施职业教育课程。作为类型教育的职业教育活动与普通教育活动的课程教学模式必然具有一定差异。职业教育课程教学要在关注学生掌握一定理论知识的基础上掌握与具体工作任务相对应的实践技能。因此，职业教育课程教学形式必然不能仅仅是传统的教师讲授、学生听讲的教学形式，而应多以学生为中心、以具体任务为导向，在具体操作过程中开展教学。课程教学模式的选择既要体现出职业教育作为基本教育活动的一般性，同时也要体现出作为类型教育的特殊性。如何在两者之间寻找平衡，对职业教育课程教学模式的选择提出了较大考验。

另一方面是课程实施环境的开发。职业教育对于课程环境的要求与普通教育相比，有着显著的差异性。职业教育相较于普通教育更为重视实践性教学，其课程教学环境相较于更多满足于讲授教学的传统教学环境要复杂得多，一方面是对设备的要求不再仅仅局限于黑板、粉笔等传统教具，还要具备能进行实践技能操作训练的真实工作设备，另一方面则是教学的空间场地也不再仅仅局限于教室甚至校园，学生需要到真实工作场景中学习真实的工作技能。

（六）组织课程评价

课程评价是课程开发程序的最后一个步骤，同时也是极为重要的一个步骤。通过组织课程评价可以判断课程开发与实施的实际效果，为后期的完善与改进提供一定参考。组织课程评价不仅仅局限于构建一个静态的课程评价体系，更为重要的是根据评价所获得的反馈信息对课程进行实时、动态的完善与改进。

一方面，构建一个合理、完善的评价体系是组织课程评价的基础。基于不同的评价需求、评价对象、评价手段构建的评价体系多种多样，不同的评价体系所具有的功能与目标也有所不同，而评价的功能与目标是影响与评价活动相关的每一步决策的关键，它决定了应该收集、分析哪些资料，由哪些人参与，以及做出什么结论、提供什么建议。^① 因此，组织课程评价首先是建立一个能适应课程评价需求的、合理完善的评价体系，确保课程评价活动的有效性与科学性。

另一方面，在建立了评价体系的基础上根据评价所获得的反馈信息对课程进行完善与改进显然是更为重要的。组织课程评价最根本的目的并不在于开展评价本身，而是期望通过开展科学、合理的评价，在课程动态开发与实施的过程中不断对课程加以完善与改进，推动课程不断发展，呈现出一种螺旋式上升提高的状态，这样才能保证课程发挥出最大的育人功效。

第二节　基于载体迭代的课程培育机制

金华职业技术学院持续深化课堂教学创新，积极创设课程培育建设的系列载体，重点开展校、院、专业三级"示范课堂"，课堂教学"六个一批"项目，优质教学资源建设与应用的"五个一百"计划，"五个一批"新技术课程群，"四新"活课堂等课程与教学创新载体的建设，截至 2021 年 5 月，建成各类网络课程 1 485 门，服务 1 224 所院校，共 20 余万人。

一、校、院、专业三级"示范课堂"培育计划

自 2013 年以来，金华职业技术学院开展了校、院、专业三级"示范课堂"评选，由"学生投票、学院推荐、推门听课、专家审核"遴选出在教学资源应用、教学组织与教学方法、教师教学风范、双语教学、教学课件等方面各具特色的示范课堂，发挥优秀教师的示范作用，引领和带动优质、高效课堂的建设。该评选活动共有 700 多位教师参与，经过两年 4 个轮次的分层分类遴选，实际评选出校级示范课堂 98 门、院级 200 门、专业级 500 门。

（一）指导思想

围绕学校"立德树人、提升内涵"的工作主线，强化"三风建设"，坚持以学生需求为中心，以人才培养质量提升为根本，以课程为基础，着力提高课程教学的有效性，培育和遴选一批教学方法新颖、教学手段先进、教学特色鲜明、教

---

① Seyfried, E. Ewaluation of quality aspects in vocational training programmes[M]. European Centre for the Development of Vocational Training, 1998.

学过程规范、教师教学艺术高超、受到广大学生欢迎的示范课堂。积极发挥示范课堂的示范和引领作用，引导全校教师聚焦课堂，牢牢抓住课堂教学主渠道，全面提升教学质量。

（二）计划目标

通过分层分类遴选、分批分期实施，计划推动校（100门）、院（300门）、专业（500门）三级示范课堂建设，在专业和学院培育的基础上，两年内完成校级100门示范课堂的遴选。

（三）建设要求

1. 基本要求

（1）课程目标具有鲜明的职业导向，符合专业人才培养目标的要求。课程教学内容进行系统优化，教学单元结构编排和课时分配科学合理。

（2）教学内容适应行业、职业和岗位需求，符合时代性、科学性和先进性，充分体现现代职业教育思想，遵循教育教学规律，能够促进学生全面发展。

（3）授课教师师德高尚，能有效调动学生的学习积极性；实践环节设计合理、安排有序，学生参与度高。

（4）课程教学文件齐全、规范，教材针对性强；积极创新课程评价方式，能充分体现课程教学目标的达成情况。

（5）体现优良学风，学生学习状态良好，学生对课堂教学的评价良好。

2. 主要特色

在下面一个或一个以上方面具有鲜明的特色和示范作用。

（1）特色鲜明的教学组织形式与教学方法。遵循以学生为主体，以教师为主导的教育理念，充分运用行动导向等具有职业教育特征和自身课程针对性的教学组织方法并形成鲜明的特色。

（2）精致生动的教学课件。以PPT为主体的教学课件精致、灵活、生动、互动性强，并有效运用到课堂教学，发挥良好的辅助教学作用。

（3）良好的教师教学风范。注重管教管导，课堂管控能力强；语言规范、讲解生动，具有较高的课堂教学艺术和讲演技巧。

（4）有效的课程资源。建有丰富的课程教学资源（如网络课程或专题网站、教学软件、技能包等），并能有效运用于教师教学过程和学生自主学习中。

二、课堂教学创新的"六个一批"课程培育计划

2015—2017年，金华职业技术学院组织开展了一轮课堂教学创新的"六个

"一批"项目建设，即：一批优质平台课程、一批优质实训课程、一批示范微课、一批精品资源共享课、一批创新课堂、一批课堂教改项目，累计培育290项，立项国家精品在线开放课程1门、省级19门，探索形成了一批典型课堂教学模式。具体建设内容如下：

（1）一批优质平台课程。重点围绕团队建设、教学内容优化、教学资源体系化、完全教考分离（由教务处组织考试）和课堂教学改革，培育和建设辐射面广的专业群内平台课程30门。

（2）一批优质实训课程。围绕规范实训教学组织，推行学生操行评定，提升实训课程教学效果，遴选与培育"既重素养、又重管理"的优质实训（实战）课程40门。

（3）一批示范微课。每年组织校级微课竞赛，从课程内容、教学资源、教学方法、教学风采、互动活动等方面，培育与建设示范微课100个。

（4）一批精品资源共享课。以省、校级精品课程为基础，重点培育与转型校级精品资源共享课50门，并积极组织申报国家、省级精品资源共享课。

（5）一批创新课堂。重点探索行动导向教学、分层分类教学、小班化教学、信息化教学、空中课堂等方法创新，通过试点实践形成可借鉴、可推广的新型课堂教学范式的课程30门。

（6）一批课堂教改项目。继续开展校级课堂教学改革项目遴选，立项青年项目和一般项目40项；重点围绕学分制及培养方案优化、创新班教学、教学评价改革等领域，设立专项招标课题5~8个，一个课题2~3个组同时开展研究，通过研究推动实践和应用。

三、优质教学资源建设与应用的"五个一百"课程培育计划

自2018年以来，金华职业技术学院重点实施优质教学资源建设与应用的"五个一百"项目培育计划，即培育百门精品在线开放课程、百项"互联网＋教学"教学改革案例、百堂"互联网＋教学"示范课、百项虚拟仿真实验教学项目、百种新形态教材。实施至今，学校共在智慧职教云平台上开设课程578门、超星云平台上开设课程432门、蓝墨云班课开设课程353门，占学校开设总课程的54.5%。

（一）计划目标

实施优质教学资源建设与应用的"五个一百"计划目标：完成国家职业教育学前教育专业教学资源库升级改进项目和康复治疗技术专业教学资源库建设项目教育部验收；积极承担在建国家专业教学资源库的子项目建设；加强文化传承与

创新、传媒与策划、早期教育等领域或专业教学资源库建设，牵头申报国家专业教学资源库1~2个。在此基础上，推进建设校、省、国家三级优质在线开放课程建设，并鼓励师生通过线上教学或线上、线下相结合等方式应用在线开放课程，提高在线开放课程开设率和使用率。到2020年，省优势特色专业的在线开放课程开设率不低于20%，其他专业不低于10%；各专业30%以上的课程使用在线开放课程进行线上线下混合式教学。

（二）建设内容

在学校课堂教学"六个一批"项目建设基础上，基于国家级、省级、校级、学院、专业五个层面，推进"互联网＋教学"优质教学资源建设与应用，实施校级"五个一百"培育计划，并给予建设经费资助。各学院制定相应的培育计划与实施方案，按附件中的校级项目建设与考核目标，以不少于2倍的数量进行学院、专业级建设项目的培育，并覆盖所有专业，营造浓厚的"互联网＋教学"氛围。

1. 百门精品在线开放课程

发挥学科专业优势和现代教育技术优势，重点围绕大学生文化素质教育课，受众面广、量大的公共课和专业核心课程，遴选与培育100门内容质量高、教学效果好的校级精品在线开放课程。鼓励跨专业或跨校通过协同创新、集成创新的方式建设满足不同教学需要、不同学习需求的在线开放课程或课程群。结合传统学习方式和网络化学习优势，推行线上、线下混合式教学，建设小规模在线课程（SPOC）。

2. 百项"互联网＋教学"教学改革案例

加强基于问题、项目、现象、案例的线上线下相结合的混合式教学方式，推广翻转课堂等教学方式。鼓励教师开展"互联网＋教学"改革研究，积极探索适应现代信息技术发展要求的课堂教学新方法、新模式，遴选与培育100项"互联网＋教学"校级教学改革案例。

3. 百堂"互联网＋教学"示范课

鼓励专业通过"互联网＋"改造课堂，推动教师利用微课、慕课等在线开放课程资源创新课堂教学；加强"互联网＋教学"设计，合理安排教学内容，优化教学组织形式和教学过程，强化师生互动，遴选与培育100门"互联网＋教学"校级示范课。

4. 百项虚拟仿真实验教学项目

推进各专业建设教学效果好、受益面广、开放共享度高、技术先进、运行管理有序的虚拟仿真实验教学项目，遴选与培育100项校级虚拟仿真实验教学项目。

5. 百种新形态教材

鼓励教师通过移动互联网技术，以嵌入二维码的纸质教材为载体，嵌入视频、音频、作业、试卷、拓展资源、主题讨论等数字资源，将教材、课堂、教学资源三者融合，开发线上线下结合的新形态教材。重点开发建设与浙江省"八大万亿"产业、金华市"五大千亿"产业相关专业的数字化教材，认定 100 本校级新形态教材。

四、"五个一批"新技术课程群培育计划

从 2020 年开始，金华职业技术学院以习近平新时代中国特色社会主义思想为指导，贯彻全国教育大会精神，根据教育部《国家职业教育改革实施方案》《教育信息化 2.0 行动计划》和浙江省教育厅《关于加快推进普通高校"互联网 + 教学"的指导意见》等文件精神，积极落实"双高"建设任务和目标，深入推进高水平专业群建设和"三教"改革，充分发挥"互联网 +"在人才培养过程中的重要作用，制定并开展了"五个一批"新技术课程群的建设。

（一）指导思想

立足专业与课程实际，有目标、有研究、有设计、有步骤地布局建设任务，制定从整体到局部、从长远到阶段的建设方案，做到"一专业群一方案""一课程一计划"。通过树理念、探路径、建机制、立制度、出标准的方式，因院制宜、因课制宜创新多种应用模式，推进教师、教材、教法"三教"改革，着重培育省级及以上标志性成果，形成具有引领和推广价值的建设成果，以点带面全面提升教育教学质量。

（二）计划目标

适应新技术、新产业、新业态对新时代人才培养提出的新要求，按照模块化、结构化的课程逻辑，将相互影响、前后有序、具有课程间互动的相关课程以集群的方式重新集合并重构课程体系。以新技术课程建设为统领，按课程群组建教学团队，优化教学设计、教学组织与教学过程，完善教学资源，开发活页式、工作手册式教材，深化"三教"改革。重点培育"五个一批"新技术课程群 50 个，涵盖课程 180 门，计划分三年开发完成，2020 年 50 门，2021 年 80 门，2022 年 50 门。

（三）建设内容

1. 一批专业群平台课程群

注重夯实新技术知识基础，以产业技术进步驱动专业基础课教学内容、教学方式改革，按照科技发展水平和职业资格标准设计课程，优化课程结构，培育和建设专业群共享的专业平台课程群。

2. 一批 1+X 配套课程群

对接 1+X 职业技能等级证书，配套开发基于职业标准、职业能力标准、专业教学标准及考核评价标准的课程体系和课程群，按职业能力高低分层分级，培养学生综合职业能力。

3. 一批创新型项目化课程群

充实和挖掘各类专业课程的创新创业教育资源，深入推进创新创业教育与专业教育紧密结合，建设依次递进、有机衔接、科学合理的创新型项目化课程群。

4. 一批虚拟仿真实训课程群

广泛应用现代信息技术和智能技术，引进、开发相结合，建设受益面广、开放共享度高、技术先进的虚拟仿真实训课程群，使实践课程教学更加系统化、形象化。

5. 一批赛教融合课程群

对标行业标准和专业技能标准，将工程项目、竞赛项目进行教学化改造，选取赛项的典型工作任务和载体，按照从简单到复杂、从单一到综合的逻辑主线开发教学项目，形成课程群。要求每门课程建成"在线开放课程（MOOC）+ 教材 + 优秀教学改革案例"的复合型课程形态。注重教学内容开发，要求体现职业教育课程特征、新技术发展要求、课程思政内涵和自身专业教学特色；每门课要按省级及以上课程建设标准建成在线开放课程，在国家精品在线开放课程评审中具备资质的平台上开课，平台包括但不限于中国大学 MOOC 学院、学堂在线、智慧职教 MOOC 学院、浙江省高等学校在线开放课程共享平台、人卫慕课平台等；教材可为新形态教材或活页式、工作手册式教材，并要求正式出版。

优秀教学改革案例要结合省级及以上教学成果奖、省级及以上竞赛获奖、省级及以上优秀案例、省级及以上"互联网 + 教学"项目、厅局级及以上课题、核心期刊论文、专著等显性成果转化，不断创新和提炼课程建设与应用模式。

五、"四新"活课堂培育计划

金华职业技术学院为深入推进学校"双高"建设，以立德树人为根本任务，坚持课堂教学的基础地位，深入实施"新理念、新载体、新方法、新形态"的活课堂建设，学校于 2021 年 3 月组织开展了第一轮"四新"活课堂的申报工作，经所在学院申报、组织校内专家随堂评价（含学生评价）、说课评价，共评选出"四新"活课堂 29 门。获评"四新"活课堂有效起到了示范引领作用，形成了一批典型的课程教学改革创新模式，有效提升了教师教学能力和课堂教学效果。

第二章　高职教育课程开发的模式与机制

（一）指导思想

以立德树人为根本任务，坚持课堂教学的基础地位，聚焦课堂教学创新，树立"活资源、活课堂、活学习"职业教育课堂教学理念，多层面深入实施"新理念、新载体、新方法、新形态"活课堂建设，通过试点培育、创新实践和示范引领培育形成一批典型的课程教学改革创新模式，大力提升教师教学能力和课堂教学效果。

（二）计划目标

通过总体部署、分步实施，计划在2021—2022两年时间内，在专业和学院培育的基础上，每学期培育遴选一批校级"四新"活课堂。着重培育新的改革亮点课程，已获得教学能力比赛省级一等奖以上的课程不再纳入培育建设和遴选。

（三）建设要求

1. 基本要求

（1）坚持立德树人，注重课程思政。注重课堂与思政相结合，德育与智育相结合，寓价值观引导于知识传授和能力培养之中，有机融入劳动教育、工匠精神、职业道德等内容，充分发挥课堂"主渠道"的作用。

（2）教育理念先进，课程目标准确。对接产业发展新业态、新模式，积极落实职业教育国家教学标准和职业技能等级标准，课程定位准确、结构优化，根据项目化、案例式等教学需要，内容选择科学严谨、容量适度，衔接有序、结构清晰。

（3）教学手段多样，教学安排合理。教学实施注重实效性，根据教学重难点合理选择教学方法和策略，教学资源丰富，教学环境满足需求，教学活动安全、有序，不断探索完善线上线下混合式教学方式。

（4）教学文件规范，教学素养良好。课程教学文件齐全、规范，教材选用符合国家文件规定和要求。授课教师具有新时代职业院校教师良好的师德师风、教学技能和信息素养。

（5）课程特色鲜明，师生互动充分。积极创新教学模式，示范引领性强，应用效果好，能有效促进师生、生生之间教学深入互动，教学气氛生动活泼，学生对课堂教学评价良好。

2. 主要特色

在以下方面具有鲜明的特色和示范作用。

（1）新理念。适应新时代对技术技能人才培养的新要求，体现先进教育思想和教学理念，遵循学生认知规律，符合课内外教学实际，落实德技并修、工学结合，以产业技术进步驱动专业课程教学内容、教学方式和评价方式改革。

（2）新载体。对接新技术、新材料、新工艺、新方法，落实职业教育国家教学标准，对接职业标准（规范）、职业技能等级标准等，从需求导向、问题导向出发，注重引入真实生产案例、任务、项目和流程为学习载体。

（3）新方法。以学生为中心，深入挖掘课程思政元素，结合课程特点有机融入劳动教育内容，根据项目式、案例式等教学需要，基于工作任务进行模块化课程组织与重构，系统优化教学过程，采用强化能力培养的行动导向教学方法。

（4）新形态。灵活使用新型活页式、工作手册式教材，配套建设并使用在线开放课程，合理运用云计算、大数据、虚拟仿真等信息技术及数字资源、信息化教学设施设备改造传统教学与实践方式，有效创新、完善线上线下混合式教学方式，更好地适应"互联网+"教育生态。

第三节　基于技术迭代的课程开发典型模式

金华职业技术学院以项目化、学习领域等工学结合课程建设为重点，深入开展基于工作过程的课程建设与改革。以技术迭代带动工作任务和教学资源迭代，推进职业导向的课程改革。

一、课程综合化：高职学前教育专业课程改革与实践

金华职业技术学院学前教育专业以"课程综合化"改革为抓手，深化人才培养模式改革，引领建设多项国家级项目，标志性成果丰富，主持国家级职业教育学前教育专业教学资源库项目，立项国家精品在线开放课程1门、国家级精品资源共享课程2门、课程思政示范课程1门，并通过改革实践，形成系列配套教材和数字化教学资源，学生连续四届获全国职业院校技能大赛一等奖（全国唯一），教师团队三次获全国教师教学能力竞赛一等奖，提供了职业教育与教师教育有效交集、可借鉴的课程建设与实施范式。

（一）改革缘起

近十年，我国学前教育事业发展迅猛，社会对学前教育的需求从"有园上"逐步向"上好园"转变。要满足社会期待，关键是培养高质量的幼儿园教师。但学科体系的专业课程设置制约了学生面对真实工作情境时知能转化能力的养成，这与对接"幼有优育"的高素质幼儿园教师培养要求还有差距。自2012年以来，

学校学前教育专业以"厚基础、能运用、强技能、会组织"的培养理念，遵照《幼儿园教师专业标准（试行）》，对接幼儿园教师工作岗位任务，进行了课程综合化的改革与实践。

该模式立足高职学前教育专业课程体系建设，以"对接 Ks 的学前教育专业课程综合化改革研究"等 6 项省级教改项目为基础，以综合化课程改革为突破口，以一体化实施平台为支撑，以结构化教学团队建设为关键，以多元化教学创新为路径，给出了面向新时代高职院校学前教育专业高质量人才培养的整体解决方案（见图 2-2 所示），并开展了长达 5 年的实践及推广。该专业也成为国家"双高"计划高水平学校建设单位（A 档）的高水平专业群核心专业。

该模式基于"真岗位"，重构了由 4 个模块组成的综合化课程体系，形成对接职业标准与岗位的学教新模块、新内容；凸显"真情境"，搭建由附属幼儿园、区域学前教育"学教研"共同体、儿童发展研究院、家长学院组成的一体化"虚实结合"育人实施平台，夯实了围绕综合化课程改革的"园校"融合育人环境；立足"真协同"，组建高水平、结构化专业教学团队，适应综合化课程群，优化课程组间协同、园校专兼协同的基层教学组织；面向"真主体"，着力创新以学生为本的多元化教学方式，形成了课程"走园"、思政"融入"的教学模式，全方位、立体化支撑高水平教学和高质量培养。

该模式有效解决了以下教学问题：学用脱节，课程学习与实践应用的脱节，表现为"学的用不上、用的没有学"；院园脱节，传统课程知识扁平化与幼儿园教师职业能力综合化要求的不匹配，表现为五大领域课程的分科教学与幼儿园活动综合化要求之间的不匹配。

（二）主要内容

1. 基于"真岗位"，开发以岗位任务为载体的综合化课程

根据幼儿园保教和活动设计与组织等工作任务需要，构建三大类综合化课程，如图 2-3 所示。

案例综合课程：针对教育理论基础课程过于学科化的问题，以案例先导、知识运用为主线，对其进行课程内"小综合"，开发了"学前儿童教育支持及其策略"等学科素养课程。

情境综合课程：针对单项技能训练缺乏岗位针对性的问题，以情境引领、技能运用为主线，对技能类课程进行课程间"中综合"，开发"声乐＋钢琴"的"幼儿教师音乐技能"等技能素养课程。

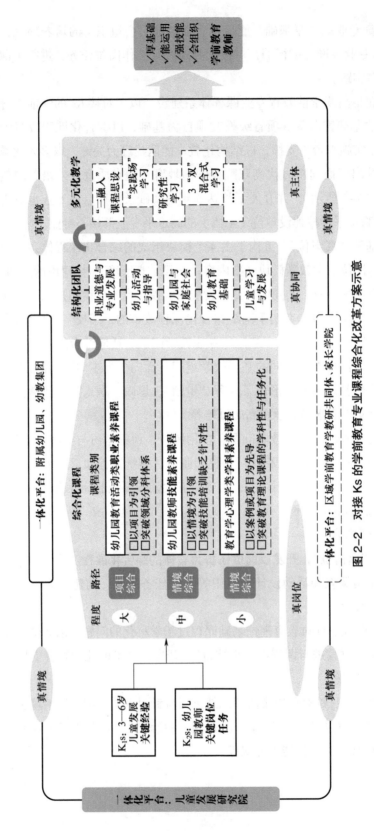

图 2-2 对接 Ks 的学前教育专业课程综合化改革方案示意

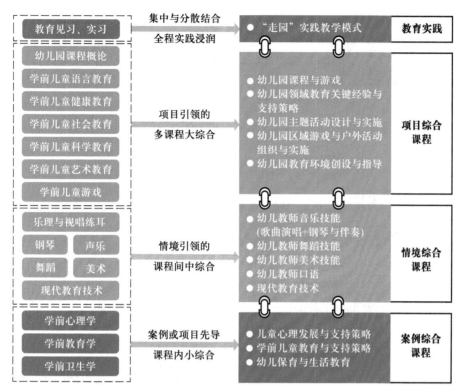

图 2-3 高职学前教育专业课程综合化改革前后比较示意

项目综合课程：针对学科知识独立性与任务综合化脱节的问题，以项目主导、幼儿园活动为主线，对活动设计类课程进行多课程"大综合"，将五大领域分科活动课程转化为"幼儿园领域教育关键经验与支持策略"职业素养课程，如图 2-4 所示。

2. 凸显"真情境"，打造 221 虚实结合的一体化实施平台

运营两个"实体"——金华职业技术学院独资开办的附属幼儿园和合资办学的幼教集团，运作两个"虚体"——区域学前教育学教研共同体和服务家庭教育的家长学院，组建一个对接行业和区域的智库——儿童发展研究院，创设园校资源融合的真情境，架构了支撑专业教学创新和师资发展的儿童教育综合体。

3. 立足"真协同"，建设高水平的结构化教学团队

组建"儿童学习与发展""幼儿教育基础"等 5 个课程组，形成组间、组内有效的内部协同；整合儿童教育综合体资源，通过人员交流互派、合作研究等途径夯实专兼协同；实施新教师"驻园"跟岗——骨干教师"攀峰"培养——专家型教师"尖峰"引领的阶进式教师成长计划，团队入围国家级教师教学创新团队。

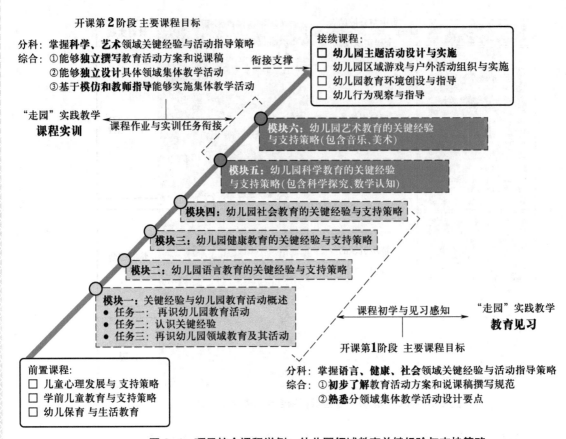

开课第**2**阶段 主要课程目标

分科：掌握**科学、艺术**领域关键经验与活动指导策略
综合：①能够**独立**撰写教育活动方案和说课稿
　　　②能够**独立设计**具体领域集体教学活动
　　　③基于**模仿和教师指导**能够实施集体教学活动

衔接支撑

接续课程：
☑ **幼儿园主题活动设计与实施**
☐ 幼儿园区域游戏与户外活动组织与实施
☐ 幼儿园教育环境创设与指导
☐ 幼儿行为观察与指导

"走园"实践教学
课程实训

课程作业与实训任务衔接

模块六：幼儿园艺术教育的关键经验与支持策略（包含音乐、美术）

模块五：幼儿园科学教育的关键经验与支持策略（包含科学探究、数学认知）

模块四：幼儿园社会教育的关键经验与支持策略

模块三：幼儿园健康教育的关键经验与支持策略

模块二：幼儿园语言教育的关键经验与支持策略

模块一：关键经验与幼儿园教育活动概述
● **任务一**：再识幼儿园教育活动
● **任务二**：认识关键经验
● **任务三**：再识幼儿园领域教育及其活动

课程初学与见习感知

"走园"实践教学
教育见习

开课第**1**阶段 主要课程目标

前置课程：
☐ 儿童心理发展与 支持策略
☐ 学前儿童教育与支持策略
☐ 幼儿保育 与生活教育

分科：掌握**语言、健康、社会**领域关键经验与活动指导策略
综合：①**初步了解**教育活动方案和说课稿撰写规范
　　　②**熟悉**分领域集体教学活动设计要点

图 2-4　项目综合课程举例：幼儿园领域教育关键经验与支持策略

4. 面向"真主体"，创新"活教育"的多元化教学模式

借鉴陈鹤琴"活教育"思想，着力开展以学生为主体、融入课程思政和新技术背景的专业教学创新（如图 2-5 所示）。

"三融入"课程思政教育：以"德育典范融入通识教育 + 专业伦理融入专业课程 + 师德养成融入培养全程"为路径，构建师德养成教育体系。

双学双做双析"混合式"学习：开展课前线上"初识学"与课中线下"解惑学"互补的"双学"，课程走园"尝试做"与课中学习后"提升做"结合的"双做"，尝试做后"解惑析"与提升做后"增值析"叠加的"双析"，实现双主线、螺旋式的深度学习。

"实践场"研究性学习：开展"教育见习—课程实训—跟班实习—毕业实习" 4 个螺旋递进的"走园"实践教学，学生在实践中发现思考问题、课上探究解决问题，校内"学"和实训场"训"贯通。

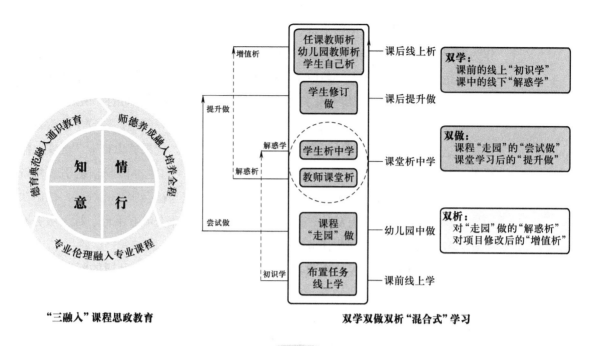

"三融入"课程思政教育

双学双做双析"混合式"学习

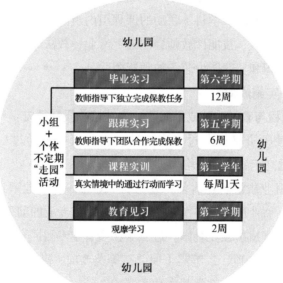

"实践场"研究性学习

图2-5　匹配课程综合化改革多元化教学模式创新示意图

（三）创新价值

1. 随变而变：课程综合化打破了职业教育与教师教育的体系"隔阂"

对接岗位任务的课程综合化改革打破了原有教师教育课程的学科体系，以幼儿园一日活动组织实施的序列岗位任务为课程框架，对教育基础类、技能类、活动设计类三类课程进行体系重构、内容重组，探索出了高职教育类专业以岗位工作为逻辑起点、以工作任务为线索的课程改革路径，为高等职业院校同类专业提供了理论方法和实践样本，回应了新时期同类专业在内涵建设中的群体困惑。

2. 适岗强岗：课程综合化打通了专业培养与岗位任务之间的"最后一公里"

幼儿园存在行政主导性高、产教融合内生动力较弱等问题，导致学前教育专业在推进产教融合中长期处于高校"一头热"的状态。成果着力打造"虚实"结合的一体化儿童教育综合体，针对这一难题提出了"自主办园与辐射引领相统一、专业内涵建设和学前事业发展相统一、教育研究与社会服务相统一"的解决思路，保障了课程建设有载体、学生实践有情境、专兼交流有平台、社会服务有依托，专业人才培养与岗位任务实现了无缝对接。

3. 由综转综：课程综合化打造了学科知识与工作过程融通的教师成长新路径

对照岗位任务，根据模块化课程组建结构化团队，重塑基层教研组织，依托"走园＋驻园"课程实施模式，实施进阶式专业教师培养模式，通过"院园"互动、"新老"带动、"学科"联动的课程组内组间协同成长机制，实现了理论课教师会"评"实践、技能课教师会"融"专业、教法课教师会"通"理实，培养了一支学科知识和实践能力兼备的师资团队。

（四）实施成效

1. 课程与教学改革成果显著，人才培养质量领先

（1）教师资格证通过率高。学生教师资格证通过率逐年提高，目前已达95%，远远高于浙江省平均42%的通过率。

（2）就业质量名列前茅。近三届毕业生一次就业率达98%以上，广受用人单位欢迎，就业质量核心指标均位于同类院校专业的前列。

（3）竞赛成绩领先全国。近三年在全省本专科同台竞技的师范生教学技能大赛中获一等奖1项、二等奖1项、三等奖5项（高等职业院校第一）；在已开展的两届长三角师范生教学基本功大赛中，获一等奖1项、季军1项、三等奖1项（高等职业院校第一）；2017—2020年连续四届获全国职业院校技能大赛一等奖（全国唯一）。

2. 主持建设多项国家级项目，标志性成果丰富

主持研制两项国家教学标准，规范了全国学前教育专业建设。学校分别于2012年、2017年主持研制了《高职院校学前教育专业教学标准》《中高职衔接学前教育专业教学标准》，2020年主持研制了《浙江省中高职一体化学前教育专业教学标准》，规范和引领了全国的学前教育专业建设。主持建设并升级了国家级职业教育学前教育专业教学资源库，注册应用人数达 39 万余人，覆盖含中西部在内的 1 000 余家职业院校。立项国家精品在线开放课程 1 门、国家级精品资源共享课程 2 门、教育部首批课程思政示范课程 1 门。优质资源的共享助力全国学前教育专业办学质量的提升。

3. 引领国家级职教团队建设，专业品牌效应凸显

专业领衔入围"双高计划"高水平专业群建设。团队立项为首批国家级职业教育教师教学创新团队，为本领域国家级职业教育教师教学创新团队协作共同体牵头单位，并主持团队建设配套的重点课题研究。团队成员理论研究成果丰硕：成员在《教育研究》等期刊发表论文 100 余篇，10 余篇论文被中国人民大学《复印报刊资料》等转载；主持国家社会科学基金等省部级及以上项目 20 余项。团队成员教学水平高："儿童发展心理学""幼儿言语发展与指导""幼儿园教育活动的设计与实施"教学团队在全国职业院校技能大赛教学能力比赛中获得一等奖；在各级各类教学比赛和改革成果中获奖 20 余项。

4. 服务区域和中西部学前事业，社会服务贡献卓越

"高职学前看金华"成为业内一定范围的共识。学校在实施专业内涵建设课程改革以来，在全国职业院校技能大赛的同期会议等平台作专题报告 100 余次，300 余批次院校来校取经，20 余所学校先后安排 30 余位专业教师来院进行为期 1~3 个月的学习。近 3 年吸引全国 100 余所院校 200 余专业教师和全省 80 余个县市幼儿园教师参与培训，培训量达 26 000 余人次。对口帮扶新疆阿克苏地区长达 10 年之久。2018 年又被教育部指定帮扶西昌民族幼儿高等专科学校，为 5 所教育部指定高校中唯一的高职院校。《中国教育报》等媒体先后 10 余次报道相关成果。

二、"院中院、课中课"：医教协同培养复合型高职护理类专业课程的改革与实践

由金华职业技术学院护理专业主持开展的"院中院、课中课"医教协同培养复合型高职护理类专业课程的改革与实践，共立项国家首批精品在线开放课程 1 门、国家级精品资源共享课 2 门和省级精品在线开放课程 5 门，拥有学生、教师及社会用户近 40 万，为职业院校护理专业人才培养改革提供了优秀的可借鉴经验。

（一）改革缘起

"健康中国"战略背景下护理业态与护理模式发生根本性变化。2010 年以

来，学校以全面接管附属医院为契机，旗帜鲜明地提出复合型护理人才培养理念，依托国家示范校重点专业、养老服务类专业示范点和省级优势专业等重大建设项目及系列高层次教改项目课题，通过创设教育与医疗资源融合的"院中院"平台，实施以项目为大课、主题为小课的"课中课"教学改革，形成了"教中有医、医中有教"的全过程医教协同人才培养体系，引领职业院校护理专业人才培养改革。

通过建设校内基地临床化的"仿真医院"和校外基地教学化的"临床护理学院"，建立"院中院"的医教协同平台，实现教学与临床之间的情境一体、资源互补和任务衔接；基于临床岗位工作过程开发系列项目课程，以临床典型案例为载体开发"嵌入式"的系列主题小课，形成专业基础课程导入"情境主题小课"、专业技术课程嵌入"综合任务小课"、临床实习课程植入"专科研习小课"等多类型的"课中课"架构；基于问题链、任务链和情感链"三链"，形成"以线上知识为主线、模拟实践，线下能力为主线、任务驱动"的混合式教学模式，提升了"知识融合、能力整合、素养综合"的现代护理人才培养质量，如图 2-6 所示。

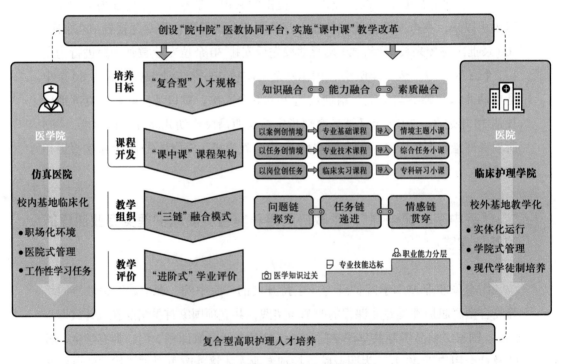

图 2-6　复合型高职护理人才培养模式

该模式经历了研究、实践和再研究、再实践的近 10 年锤炼，体现了护理职教坚持创新突破、全力服务民生的育人追求，专业教学资源库、案例库、资源共

第二章　高职教育课程开发的模式与机制

享课、在线开放课程、课程思政示范课程、规划教材及教师教学能力比赛、学生技能大赛一等奖等国家级高端成果"全囊括",帮扶中西部护理职教,引领区域护理职教发展"不缺位",充分体现了该模式的广泛影响力。

该模式有效解决了以下教学问题:批量化人才培养与临床教学资源不充分的矛盾,缺乏医教协同的有效平台和机制;课程供给与优质护理服务发展不同步,形态、资源单一;课程育人系统性不够,育人评价实效性不强。

(二)主要内容

1. 深化医教协同,创设"医学院—仿真医院、医院—临床护理学院"的"院中院"校院融通平台

(1)校内基地临床化的仿真医院。改扩建校内"仿真医院",按照医院流程布局虚拟、仿真、实境等形态的实训室,实行"医院式管理";组建"实训中心(护理部)主任—课程组长(护士长)—指导教师(带教护士)"团队,打造学习性工作任务与临床工作任务有机融合的校内实践平台。

(2)校外基地教学化的临床护理学院。依托附属医院和紧密型合作医院,创建实体化运行的临床护理学院,实行"学院式管理";实施"1+2"的现代学徒制培养,通过早临床、多临床和反复临床,打造医院与学校教学有效衔接的"一站式"平台。

2. 紧扣培养目标,开发基于"案例—主题—项目"的多类型"课中课"课程架构

(1)专业基础课程导入"情境主题小课"。以案例创情境,设置知识集成的情境主题小课,以专题讲座和线上学习的方式打破学科壁垒,提高专业基础课程的知识综合性和专业针对性。

(2)专业技术课程嵌入"综合任务小课"。以任务创情境,设置任务集成的综合任务小课和岗位拓展小课,通过实战演练、技能培训和社区服务等方式,提升专业技术课程的情境性和有效性。

(3)临床实习课程植入"专科研习小课"。以岗位创任务,设置临床"专科研习小课",开发实习导学教材,开展"床边教学",实现临床实习课程的校院协同与教学同质。

3. 临床案例贯穿,探索基于问题链、任务链和情感链"三链"融合的教学组织模式

(1)问题链探究。课前基于案例问题线上导学,课中争议问题辨析激学和解析明学,课后通过社会服务的拓展问题应用强学。

(2)任务链递进。课前情境设计任务预练,课中情境布置任务导练、演练和评练，课后通过操作实训的情境外延进行任务拓练，5个环节层层递进。

（3）情感链贯穿。以案例为载体发掘思政教育元素，以思政主题研讨"思辨课"、医患关系"现象课"、职业素养"浸润课"等，培养学生的情感、情操和情怀。

4. 对接职业成长，实施"医学知识过关—专业技能达标—职业能力分层"的"进阶式"学业评价

（1）过关考试。围绕国家护士执业资格考试高频考点开展命题，重点考查学生综合运用所学知识分析和解决问题的能力。

（2）多站式技能考核。融合临床思维、护患沟通和人文素养，覆盖专业核心能力的16个站点递进式考核，评价学生技能达标度。

（3）职业能力测评。建立基于"职业能力与职业认同感测评"模型，以典型工作任务为考题，综合评价学生职业能力发展水平。

（三）创新价值

1. 立足"院中院"双平台，突破了高职护理批量化人才培养的医教协同瓶颈

紧扣优质护理服务的行业发展脉搏，聚焦高职护理批量化人才培养面临的工学结合困境，凝聚区域政、校、行、企办学合力，在学院与医院两端同步建设"仿真医院"和"临床护理学院"，依托"院中院"双平台优势，构建专业教育与职业文化熏陶全程融合、环境适应与素质培养校院相通、教师与护师专兼团队双向流动、知识学习与技能提高整合交互的职教生态，为新时代高职护理人才培养变革提供了系统化的解决方案。

2. 立足"课中课"活课堂，打造了复合型护理人才培养的优质课程供给范式

遵循职业教育基于工作过程的课程观、基于行动导向的教学观，通过"岗位群"的课程目标定位、工作过程知识的课程内容选择和实践化的课程组织方式，创建性地开发基于"案例—主题—项目"的多类型"课中课"课程架构，采用问题链、任务链和情感链"三链"融合的混合式教学，实现"思政元素外显"和"知识技能内化"的转换，以优质课和活课堂促进复合型人才培养目标的达成。

3. 立足教学质量诊改，建立了基于人才成长规律的进阶式学业评价方法体系

根据学生从新手到熟手再到能手的成长规律，实施全面、全程的客观评价，知识维度从单一课程教考分离到参照国家护士执业资格考试的综合测试；从技能和能力维度从单项操作考核，到基于标准化病人、计算机模拟病例的多站式考核，再到基于临床典型工作任务的职业能力测评，将职业素养维度的评价融入每一个环节，促进复合型人才培养质量的持续提升。

（四）实施成效

2017年以来，该模式的应用促进了专业的高水平建设，辐射引领全国卫生职教的协同发展。

1. 全面应用，育人成效显著

（1）就业质量高。年均执业护士资格考试通过率为99.2%、就业率为98.8%、对口就业率为96.3%、用人单位满意度为98%、职业稳定度为97.2%，居全省高职同类专业榜首。

（2）技能竞赛优。获全国职业院校技能竞赛一等奖1项、二等奖5项和省赛一等奖12项，获中国国际"互联网+"大学生创新创业大赛金奖及浙江省大学生职业生涯规划大赛、思政微课大赛一等奖共3项。

（3）实践能力强。入选全国百强团队（社团）2个和省就业创业典型人物多人。

2. 广泛实践，教学成果丰硕

（1）铸就了系列国家级专业品牌。入选教育部全国高校党建工作样板支部、全国高校"双带头人"教师党支部书记工作室；获国家骨干专业、生产性实训基地认定；建设全国职业院校养老服务类示范专业点和省优势专业；试点教育部1+X证书制度项目2个；入选省产学合作协同育人项目2项。

（2）构建了优质资源新中心。联合主持开发国家职业教育护理专业教学资源库，主持建成国家教学案例库，入选国家首批精品在线开放课程1门、国家级精品资源共享课2门和省级精品在线开放课程5门，拥有学生、教师及社会用户近40万人；入选教育部首届课程思政示范课程1门，基于案例"五三三"的课程思政实践模式在全国推广；入选"十三五"职业教育国家规划教材3部；主编案例版实习实训创新教材10部，填补全国空白。

（3）打造了高水平教学创新团队。入选全国模范教师、国家课程思政教学名师及团队、省级教学名师多人；获全国职业院校教师教学能力比赛一等奖2项、二等奖1项及省赛一等奖3项，青年教师教学竞赛特等奖1项。获省部级科研课题30项、发明专利3件、实用新型专利21件。

（4）丰富和发展了理论创新成果。主持教育部教育督导局、全国卫生职业教育教学指导委员会等委托课题和教育厅教改项目7项，在教育类核心刊物和《中华护理杂志》等专业期刊公开发表相关研究论文20余篇。

3. 辐射带动，引领职教发展

（1）依托国培基地推广。举办面向 204 所职业院校的国培班 6 期，学员评价居教育部国培平台前茅；面向全国高职护理骨干教师开设案例教学系列高端论坛，推动模式应用。

（2）依托协作交流推广。成果主持人为全国卫生职业教育教学指导委员会护理专指委委员、全国护理专业教学资源库共建共享联盟副秘书长和护理案例教学协作组组长，引领全国护理职教的标准研制、资源开发、课程建设和案例教学；通过数百所职业院校的同行来访及跟岗学习，进一步扩大辐射面。

（3）依托职教援建推广。落实国家东西协作行动计划，结对帮扶中西部护理职业院校 8 家；落实国家"一带一路"倡议，开发的专业教学标准和实验实训室建设标准已走进肯尼亚等非洲国家。

三、四融四式：高职通识课程系统化改革与实践

由金华职业技术学院公共基础学院主持开展的"四融四式：高职通识课程系统化改革与实践"，以"名课"建设为引领，建成通识课程 300 余门，其中核心课程 20 门，建成省、校、院级在线开放课程 25 门；建设优质微课、微视频等颗粒化教学资源 1 000 多个，开发通识素养测试题库 7 套，形成了丰富的立体化课程教学资源库。

（一）改革缘起

通识课程是落实立德树人根本任务的重要载体。金华职业技术学院从 2006 年开始全面实施"职业导向、融入专业"的公共基础课改革，到 2014 年独立设置通识教育机构提出通识教育改革，并作为首批"国家职业院校文化素质教育基地"，形成改革方案，确立"德业融合、通专融合、学教融合、评管融合"的理念、方法与路径，对通识课程的体系建构、资源整合、课堂改革、管理评价等进行系统化探索，形成具有职业教育类型特色的通识课程教学体系及实施范式。

该模式立足"人"的全面发展，围绕学生职业成长需求，以学科为面、素养为体，构建"模块式"通识课程体系；以专业为基、兴趣为层，建设"集成式"教育教学资源；以课堂为根、实践为本，探索"浸润式"教学组织模式；以评价改革为牵引，多方协同搭建"闭环式"课程管理平台，有力提升了通识教育的成效，如图 2-7 所示。

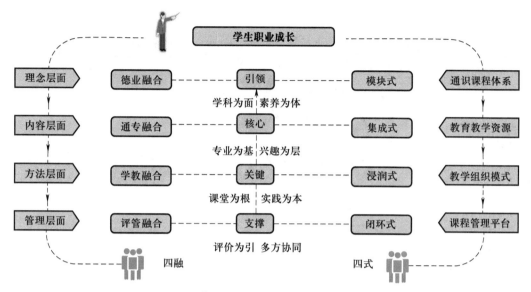

图 2-7　高职通识课程系统化改革示意

通过十余年的改革实践，建成通专融合的结构化通识课程 300 余门，每年 2 万余学生受益，实现了课程功能从侧重知识传授向素养提升转变，教师角色从"知识传播者"向"道德引路人"转变，学习主体从接受型向主动型转变，教学评价从"单一"向"多维"转变，教学阵地向课堂外延展。《中国教育报》先后以《通识教育课改须强化类型特色》《通识教育如何飘出"思政香"》为题进行专题报道，形成广泛的影响力。

该模式有效解决了以下教学问题。

（1）课程功能单一、不成体系、资源零散，缺乏职业院校学生素质教育的针对性。

（2）课程的基层教学组织分散、教学管理松散，缺乏协同育人的平台与机制。

（二）主要内容

1. 德业融合，构建"模块式"通识课程体系

（1）"六模块"架构。呼应学生职业成长需求，整合原公共必修课、公选课及部分专业基础课，突出素养主线，确立课程价值目标，构建思想政治、体育健康、职业职场、跨文化交流、科技工程、人文艺术六大模块通识课程，如图 2-8 所示。

（2）"套餐式"选学。对接不同专业（群）人才培养目标，合理分派模块学分。对应国家规定课程、专业定制课程、个性志趣课程，实行"必修 + 分布式限选 + 自选"的"套餐式"课选模式，兼顾基础性、全面性和选择性。

第三节　基于技术迭代的课程开发典型模式

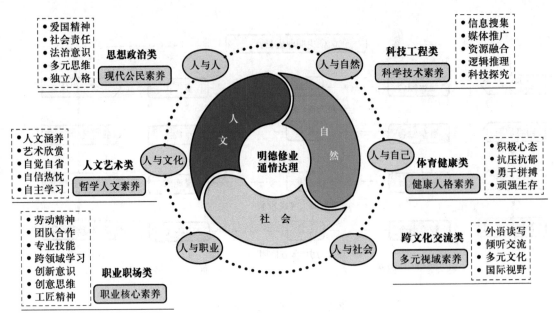

图2-8 "六模块"通识课程架构

2. 通专融合，开发"集成式"通识教育资源

（1）融入专业开发通识课程。将"知识点""思政线"与"专业面"融合，围绕政治认同、文化素养、职业责任、意志锤炼等价值要素，优化课程内容供给。选取专业案例，开发主题化的心理健康课程；结合职业岗位，开发基于情境的职场教育课程；融入传统文化，开发专题式人文、美育课程。建设国家、省级规划教材，开发精品在线课程，集成优质教育资源。

（2）专兼结合组建教学团队。聚合公共课、专业课教师力量，增强"五育并举"协同力。金华职业技术学院有承担通识教学的教师200多位，其中专业教师50余人。树名师、建名课，打造标杆课程，如专业骨干教师现身说法，采用"项链模式"开发"你我职业人"系列通识课，帮助学生树立职业意识、坚定专业认同。

3. 学教融合，探索"浸润式"教学组织模式

（1）以学定教，推进"课堂革命"。以案例、主题、情境、活动等为载体"活化"课堂，如思政课实行"借故传道、三思后行"模式，跨文化交流、科技工程模块开展分层分类教学，体育课采用"选项＋俱乐部"制，职场类课程采用体验式教学。

（2）实践育人，拓展教学阵地。创新"思政实践课堂""人文湖边课堂""外语展演课堂""师生竞赛课堂"等文化浸润课堂；线下、网络课堂互补，第一、

第二课堂联动，形成"大课堂"育人氛围。

4. 评管融合，搭建"闭环式"课程管理平台

（1）评价闭环。实施《通识教育课程管理办法》，打破一考定成绩的痼疾，注重形成性、增值性评价，对"点击率、点头率、点赞率"进行量化测评，将实践、活动、作业计入总评，形成评价闭环。

（2）管理闭环。建构横向到边、纵向到底"学评"管理，形成教务处、公共学院、专业学院、班组长、网络平台支持企业"五方协同"，选课开课→面授指导→线上学习→考核评价→成绩评定"五步贯通"，实现管理闭环，如图2-9所示。

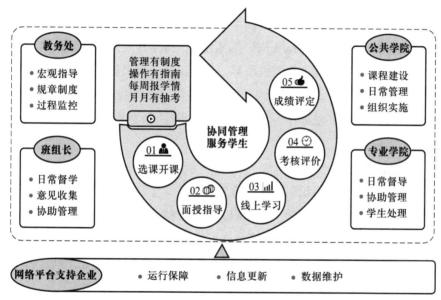

图2-9 "五方协同、五步贯通"网络学管模式

（三）创新价值

1. 将思政教育、职业素养贯穿通识教育，确立了具有职教类型特色的通识教育理念

立足人的全面发展，以"德业兼修"为"核心"理念，紧扣当代公民素养、身心健康素养、职业核心素养、多元文化素养、科技基础素养、人文艺术素养等，建构"模块式"课程体系，寓价值塑造于知识传授、能力培养中，着力解决"知物理""明事理""通人情"等通识教育基本问题，为全人筑基、为职业助力，达成"明德修业、通情达理"的培养目标。

2. 将教师发展与课程建设协同一体，形成了具有全面质量内涵的通识课程改革机制

"名"字引领，加强典型示范，夯实通识课程的基层教学组织，吸引优秀专业教师参与通识课程建设，教研互长，推进课程与教师协同发展；"优"字导向，推动立体化优质课程资源建设，以"主题活、载体活、资源活"实现"课堂活"，如思政课教学通过"导思、寻思、启思"层层解惑提升课程实效，借"故"传道：思想之旗聚合精神系列微课获全国职业院校技能大赛教学能力比赛一等奖。

3. 将显性教育与隐性教育相统一，打造了具有浓厚人本与文化氛围的通识教育环境

课选改革立足"人本性"，根据学生职业成长需求，实行试听试选，优化"套餐式"课选改革；课程活动讲求"文化性"，持续开展人文经典诵读、英语文化活动月、通识素养大赛、金职悦跑等，营造良好的通识教育文化环境，学生通过践行体悟提升素养；教学评价追求"成长性"，将通识教育的课程成绩、实践参与度纳入学生综合素质测评，实现"五育并举"。

（四）实施成效

1. 实践成果显著

（1）育人成效优。通识引领学生成长，夯实学生知识基础，赋予技能学习以灵魂。金华职业技术学院的学生全国职业院校技能大赛一等奖数和获奖数连续三年获"双第一"。学校培养的学生深刻认同社会主义核心价值，精神风貌体现时代新人气质，获评全国百强暑期实践团队 30 多支（次），涌现了一批志愿服务西部计划志愿者，毕业生受到用人单位好评。

（2）教学团队优。以"名师"带动队伍建设，积极孵化课程建设团队和教学改革团队，获浙江省"思政名师工作室"2 项（人）；教师获国家级奖项 3 项；全国教学能力比赛一等奖 1 项、二等奖一项，省级教学能力比赛一等奖 6 项；省高校微课教学比赛一等奖 2 项。

（3）课程品质优。以"名课"建设为引领，建成通识课程 300 余门，其中核心课程 20 门，建成省、校、院级在线开放课程 25 门；建设优质微课、微视频等颗粒化教学资源 1 000 多个，开发通识素养测试题库 7 套，形成了丰富的立体化课程教学资源库。

2. 理论成果丰富

截至 2021 年 6 月，围绕该项目，在《江苏高教》《黑龙江高教研究》等教育类核心期刊发表论文 20 余篇；主持各级课题 50 余项，其中省部级 14 项；出版各类教材 50 余部，其中国家规划教材 8 部；累计完成校本配套教材、教辅用书逾百本；形成通识教育配套文件 10 余个。

3. 推广应用广泛

近五年，金华职业技术学院在全国各类会议上做专题报告 20 余次，分享推广通识教育改革成果，受到同行充分肯定和赞誉；向来访的职业院校推介金华职业技术学院通识教育改革经验 30 余次。为同类院校提供借鉴，通识文化品牌效应凸显。

4. 社会反响强烈

金华职业技术学院被评为首批"国家职业院校文化素质教育基地"，入选高等职业院校"育人成效 50 强""教学资源 50 强""教学管理 50 强""服务贡献 50 强"等。近年来，《中国教育报》、人民网、中国教育网、中国高职高专教育网等国家主流媒体先后报道 20 多次，其中《通识教育课改须强化类型特色》《通识教育如何飘出"思政香"》在《中国教育报》刊载，"金职院打造通识教育金课"入选省教育厅"今日择报"，相关改革成果多次在"学习强国"推送，引起社会广泛关注。

第四节　高职教育课程开发的典型案例

金华职业技术学院历来十分重视高水平课程开发工作，十几年来，学校建成了一批具有代表性的高水平高职教育课程。2006—2010 年，学校共立项国家级精品课程 15 门，立项总数位居全国高职院校第三名。这一时期，学校基于"职业导向的课程开发与建设"理念，全面推进"基于工作过程、定于工学结合"的专业核心课程建设。2013—2017 年，学校共立项国家级精品资源共享课 17 门（原来的 15 门精品课程升级改造，加上 2 门教师教育类课程），立项总数位居全国高职院校第二名。2017 年，国家启动精品在线开放课程建设，学校共立项 3 门，总数并列全国高职院校第六名。以下选取各个阶段部分典型案例进行分享。

一、蔬菜生产技术课程开发案例

金华职业技术学院胡繁荣教授主持开发的蔬菜生产技术课程，根植企业，共商共建，以蔬菜生产的工作过程为导向，以培养学生职业能力为中心。曾荣获国家精品课程立项、第二届全国农业职业教育教学成果二等奖，相关论文获第五届全国农业职业教育优秀论文一等奖。

（一）课程建设

1. 课程的性质与作用

蔬菜生产技术课程源于蔬菜产业的发展，对接蔬菜生产岗位需求，是园艺技术专业的核心课程。

（1）行业分析。园艺产业是一个正在高速发展的朝阳产业，已成为浙江省农业结构调整中最活跃的产业。到"十五"期末，浙江省园艺产业总产值超350亿元，蔬菜产业作为园艺产业的三大支柱之一，蔬菜播种面积已突破66.7万公顷，位居全国第10位，蔬菜年总产值超200亿元，占浙江省种植业总产值的32.8%，位居种植业的首位，蔬菜从业人口达250万~300万人，约占全省农村劳动力的50%，蔬菜出口创汇突破3亿美元，位居全国第3位。然而全省从事蔬菜生产的技术人员只有354人，只占全省农技人员的0.3%，技术人员的缺乏已成为制约浙江省蔬菜产业发展的瓶颈。针对行业和产业的发展，金华职业技术学院于2000年开设了园艺技术专业。

（2）职业岗位（群）任职需要。通过专业人才需求调查、园艺企业走访，明确了园艺技术专业岗位群主要包括蔬菜园艺工、花卉园艺工、果树园艺工、园艺技术员、植保工、种子繁殖工等。园艺职业岗位群要求学生具有蔬菜产品生产、蔬菜种苗繁殖、蔬菜技术管理、果树种苗生产、果品生产、果树技术管理、花卉生产、花卉种苗繁殖和花卉技术管理的能力，会熟练进行蔬菜、果树和花卉植物播种育苗、整地定植、田间管理、采收及采后处理等农事操作；同时能组织、实施年度生产计划，制定技术操作规程。

（3）专业培养目标。通过和园艺行业企业的技术专家、生产一线技术人员、课程开发专家一起召开园艺专业工作任务与能力分析会，对园艺专业人才培养目标进行论证，对园艺技术专业领域职业岗位进行工作任务分析，归纳出典型工作任务，在此基础上形成行动领域，构建园艺专业基于工作过程的课程体系，形成了"生产过程式"园艺技术专业人才培养方案。

园艺技术专业培养目标是培养德、智、体、美、劳全面发展，具备蔬菜、花卉和果树生产、管理的基本知识与基本技能，适应蔬菜、花卉和果树生产、良种繁育、采后处理、产品营销、技术开发与推广和休闲园艺开发等一线岗位工作需要的高技能人才。

通过分析岗位群核心能力，确定蔬菜生产技术课程为园艺技术专业的核心课程。

第二章　高职教育课程开发的模式与机制

从上述分析可以看到：蔬菜生产技术课程前导课程有植物生长与环境、植物生物技术、普通园艺学（浙江省 2005 年精品课程，主持人：胡繁荣）、植物保护技术。学生已经掌握了园艺植物的生长发育规律、园艺植物生产的一般原理、病虫害防治基本方法、园艺植物生物技术等。学生通过学习该门课程，掌握蔬菜生产技术之后，可学习后续课程顶岗实习、毕业设计／论文，毕业后能胜任蔬菜生产开发和管理岗位的工作，为通过高级蔬菜工等职业资格鉴定起到支撑作用。

（4）课程目标。通过对蔬菜生产工作岗位所需能力和素质分析发现，仅培养学生单项技术的娴熟操作远远不能满足这一岗位的要求，还应培养学生技术的综合应用能力和将单项技术进行组合创新的能力，以及组织、协调、协作、语言表达和良好职业道德等职业素质。

2. 课程设计的理念与思路

蔬菜生产技术是一门培养学生蔬菜生产能力的课程，对学生掌握播种育苗、整地定植、环境调控、肥水管理、植株调整、采收及采后处理、技术管理等方面的知识和技能有着较高的综合要求，为有效地完成课程培养目标，其课程设计遵循以下几点。

（1）根植企业，全程共建。课程组依据蔬菜产业发展与蔬菜职业岗位的需求，针对课程目标与特点，从专业规划、课程设置开始，全程与地方行业龙头企业（金华市绿野农业高新园区有限公司、金华绿园蔬菜专业合作社、金华土飘香蔬果专业合作社、金华市菜篮子有限公司等 16 家蔬菜生产企业）密切合作，进行课程内容设计、教学模式设计、实施方案设计和评价体系设计。

学校毕竟不是生产单位，企业也无法承担全部的教育任务，因此，本课程的实施由学校与企业共同承担。企业技术人员和学校"双师型"教师以职业素质、职业能力及行业企业要求为标准共同构建课程内容体系，以学校"双师型"教师为主、企业技术人员为辅实施教学，以校内具有真实企业环境的园艺技术实训基地和校外紧密型基地为多元化的教学场所，以职业能力为课程考核的主要标准。

（2）以"蔬菜生产"的工作过程为导向开发课程。教师到地方行业龙头企业相应岗位工作实践，结合浙江省"十一五"蔬菜产业发展目标，与蔬菜生产一线技术骨干充分讨论共同确定了蔬菜生产的典型工作任务和工作过程，遵循"以职业行动获得知识"的认知规律，得出适合教学的 10 个"学习情境"，从而实现了传统学科体系的解构与工作过程系统化的重构，每个学习情境都以完成工作任务为导向，有机地组织相关知识及技能的学习。

（3）以职业能力培养为中心设计课程，实行"过程考核、综合评价"的学生评价方式。在蔬菜生产的实际工作过程中，除了具体的蔬菜生产实践，团队合作、与农民的有效沟通、吃苦耐劳精神的培养等都是重要的工作内容，为此，全面的职业能力培养是课程设计的中心。

① 专业能力的培养。通过提供良好的实训条件、设计合理的学习情境，以及基于工作过程的知识学习，使学生在完成具体的蔬菜生产工作任务、解决蔬菜生产中遇到的问题的过程中培养专业能力。

② 方法能力的培养。重点通过在各种载体查找信息资料完成设计修改生产方案和作业等来培养学生的方法能力。

③ 社会能力的培养。在工作中讨论、计划、分工、协作、总结等是培养学生社会能力的主要方式。

注重学生综合素质的提高、岗位技能的掌握、专业知识的综合运用，设计"过程考核、综合评价"的课程评价方式。

另外，学生跟随教师定期与农户开展"1+1"科技结对，担任村科技助理，以及进行暑期下乡社会实践等活动，都是培养其职业能力的重要途径。

（二）课程内容

1. 课程内容的针对性与适用性

根据基于蔬菜生产工作过程的课程开发思路，本课程针对职业岗位能力的要求，教学内容的选取满足三个维度的要求，将蔬菜生产工作岗位中的典型工作任务整合成为 10 个学习情境，在不同的学习情境中融合了不同的专业能力、社会能力和方法能力的培养。

（1）第一个维度，满足完成蔬菜生产典型工作过程能力的要求。学生毕业后在蔬菜行业从事蔬菜生产开发、蔬菜生产管理等工作，为满足完成蔬菜生产典型工作过程能力的要求，使课程内容与蔬菜生产职业岗位实际工作内容一致，学生要学会面对生产蔬菜如何采取适当的工作步骤组织生产。

（2）第二个维度，满足浙江省蔬菜产业发展趋势的要求。以浙江省"十一五"期间蔬菜产业重点发展地方特色、市场优势和发展潜力的优势产品目标为依据，设计了"水生蔬菜生产"学习情境，选择茭白、田藕、菱角等水生蔬菜作为教学内容。

（3）第三个维度，以当前主流蔬菜生产技术组织教学内容。当前蔬菜生产已从露地生产开始转向设施生产，从无标准生产全面转向无公害、绿色、有机蔬菜优质高产标准化生产，课程内容要以当前主流蔬菜生产技术为主，反映蔬菜生产领域的新知识、新技术、新品种和新方法，从而保证"现在学"和"未来用"的零距离对接。例如，在"茄果类蔬菜生产"学习情境中，番茄生产教学内容我们设计为"设施番茄标准化生产技术"。

2. 课程内容的具体表现形式

（1）教材的使用与建议。主编《蔬菜栽培学》《植物组织培养》《园艺植物生产技术》《设施园艺学》教材 4 部，其中《植物组织培养》是普通高等教育"十一五"国家级规划教材。另外，与行业专家共同编写了配套的《蔬菜生产技术教学指导书》《蔬菜生产技术学习指导书》《蔬菜生产技术学习和生产手册》，引导帮助学生自主学习和自我评价。

目前使用的主要教材有：胡繁荣主编的《蔬菜栽培学》，韩世栋主编的《蔬菜生产技术》，周克强主编的《蔬菜栽培》。

（2）教学相关资料的建设。在"蔬菜生产技术"网站上专门开设了网络课程，包括学习指南、自主学习、生产在线、蔬菜识别、拓展学习、番茄花园、互动专区、考工习题、教学进程安排等栏目。自主学习栏目中有金华高效生态农作模式，10 个学习情境的学习标准、学习要点、电子课件、课堂练习、课外思与做、电子讲义等小栏目，构建了学生自主学习的平台。

（三）教学方法与手段

1. 教学模式的设计与创新

蔬菜生产技术围绕课程目标，坚持"行动导向"原则。丰富课程内涵，以学生为主体、教师为主导，形成"真实生产，模拟经营，学做相辅"的教学模式，综合运用分组讨论、角色扮演、项目驱动、引导文教学、四阶段教学等方法，采用多媒体、课程论坛、在线答疑、网络课程、蔬菜识别、模拟公司等手段，提高学生的学习积极性和学习效率，增强学生的动手能力，如图 2-10 所示。

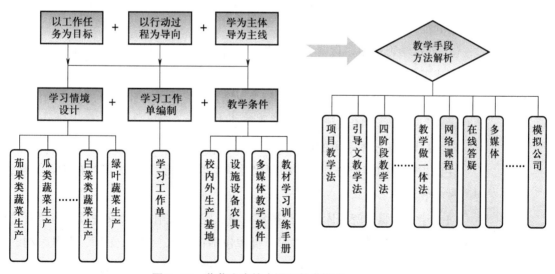

图 2-10　蔬菜生产技术课程教学模式

2. 多种教学方法的运用

围绕核心培养目标，创设情境教学环境。采用符合学生认知水平的教学方法，激发学生求知欲。教学活动从以"教"为中心转向以"学"为中心，学生成为教学活动的主体，学习活动成为教学活动的中心。学生及学习小组通过自主式学习、角色式学习、协作式学习进行具体生产活动的策划、组织与实施。教师的作用从以课堂讲授为主转向以教学设计与组织、创设情景、提出问题、指导、监控（激励、答疑、纠错）评估学生的学习活动为主。

（1）教、学、做一体法。我讲你听，我做你看，你练我看，你做我评，充分调动学生学习的积极性、主动性，培养学生的自学能力。

（2）项目教学法。在学习蔬菜生产技术过程中，学生带着任务在探索中学习。紧紧围绕一个任务，通过对学习资源的积极主动应用，进行自主探索和互动协作的学习，在完成既定任务的同时，引导学生开展一种学习实践活动。目前，项目驱动教学法已经在本课程的教学实践中形成了"以任务为主线、教师为主导、学生为主体"的特征。

（3）引导文教学法。学生以小组的形式在学习工作单的引导下，通过"了解信息→设计过程，事先设计整个工作过程→做出决定→实施过程→检查过程→评价工作"六个步骤完成学习。

（4）四阶段教学法。

① 确定任务要求。聚焦于学习者现有的主要学习障碍，学习小组确定学习任务，寻找相应的工具。

② 小组生产。激发并连接原有经验；小组自行组织解决问题的过程；在实际行动和经历中进行学习。

③ 展示学习成果。以具体的工作产品来表现学习成果；深入讨论工作产品以及完成工作/学习的过程。

④ 反思学习过程。借助产品评价学习结果；检查并评价学习过程中的体验；原有经验和新的经验的重新组合，形成行动能力。

3. 现代教学技术手段的应用

在课程教学中，充分利用各种现代教学手段，有效地激发学生的学习兴趣，提高教学效果。

（1）建立多媒体资源库。广泛搜集素材、资料，制作了图文并茂、有声有色的多媒体课件，建成了网上素材库。资源包括：录像、Flash 短片、光盘、动画等，视、听、做、用并举，加深、加快概念的理解、技能的领悟。

（2）开发网络蔬菜识别和病害识别系统。在课程网站上设置了虚拟实训栏目，学生可以随时随地登录网站进行相关实训。学生利用仿真软件对蔬菜种类和蔬菜病害进行识别，有效提高学习的效果，不受时空的限制，能够解决蔬菜生产的季节性和区域性的问题。

（3）利用网络技术搭建自主学习平台。在课堂教学的基础上，课程组开发的蔬菜生产技术网络课程为学生提供了学习指南、自主学习、互动专区（在线练习、在线测试、在线答疑、网上讨论、网上作业和作业提交）、业界动态、拓展学习等，让学生通过网络获得更多的学习信息和知识，并在网站上为每个班级建立虚拟班级，建立师生互动交流平台，网络提供作业提交、在线答疑、论坛讨论，在线测试，加强了学生和教师的联系，使学生能够在课下进行自主性学习、测试和交流。

4. 网络教学资源和硬件环境

（1）学校的网络教学环境及资源

① 校园网。主干网络带宽 4 000M，2.8 万个信息点，2 个 100Mbps 外部互联网接口，网络节点遍布教师办公室和学生宿舍。

② 多媒体教室。理论课教室全部安装多媒体系统和网络系统，学生实训室有移动式多媒体设备。

③ 多媒体教学资源。总容量达 3TB，目前校园视频点播系统有数字视频节目 18 889 部，多媒体数据库有信息 11 万余条，课件 3 008 部，自主学习型网络课程 200 门，讲授型网络课程 300 门，电子图书 70 多万种，图书数据光盘 17 623 盘。引进中国期刊网、维普科技期刊、万方数据库、超星电子图书数据库、人民日报图文数据库、方正 Apabi 电子图书资源库、共享工程数据库等电子数据库。

④ 精品课程。国家精品课程 3 门，省级精品课程 12 门。

良好的网络环境和丰富的数字化教学资源为网络教学提供了优越的物质基础。

（2）本课程网络教学环境及资源。

① 多媒体教案和课件。在全教学过程中使用。

② 课程网站。可实现自主学习、生产指导、虚拟实训、在线练习、在线测试、在线答疑、网上讨论、网上作业和作业提交。

③ 教学资源。包括参考资料、课程资源、番茄花园（蔬菜养生、蔬菜讲坛、媒体关注、教学掠影、蔬菜病虫预报、当前农事、天气预报）、拓展学习（学法林苑、职业资格标准、动画库、DV 库、蔬菜图库、网络链接、文献资料、政策法规）。

（四）实践条件

1. 校内实训设备与实训环境

农业与生物技术实训中心面积约 1 270 m²，分为植物生理、植物组织培养、栽培育种、显微解剖室、植物保护、植物标本、环境检测、土壤肥料及农业技术推广培训站等实训室，拥有 TPS-1 型便携式光合作用测定仪、叶绿素测定仪、PCR 仪、凝胶成像系统、荧光倒置显微镜、CO_2 测定仪等先进的实验仪器，实验仪器设备资产达 165 万元。

建成占地约 5.3 hm² 的校内园艺生产性实训基地，其中智能玻璃温室 600 m²，镀锌钢管塑料大棚 6 240 m²，基本上能满足园艺技术专业学生技能实训的需要。在教学实训基地专门配备有教学辅助管理人员，形成开放式的实践教学环境，学生在课中因季节差异尚未完全掌握某种蔬菜植物的特性或操作技能还不熟练的，课后即可再到实训基地进行观察和操作练习。课外实践性教学条件良好，基本上能保证课程教学实训的试材和操作。为促进学生主动学习的积极性，在采用项目教学法时，采用"模拟公司制"，以管理水平作为学习成绩评价的依据。

2. 校外实习基地的建设与利用

与校内实训基地统筹规划，布点合理，功能明确，为课程的实践教学提供真实的工程环境，能够满足学生了解企业实际、体验企业文化的需要。

校外实习基地的建设与校内生产性实训基地统筹规划，分为紧密型校企合作基地和校外实习基地两个层次，在双赢、诚信、融通的基础上，通过创建紧密型校企合作基地，学校与企业的关系由松散转变为紧密，由"邻居"变为"亲戚"，由单一到多体，使校企成了"一家人"。从 2002 年开始，金华职业技术学院先后建立了金华市绿野农业高新园区有限公司、金东区江东镇涉农专业综合实践基地、金华市植保站、浙江森禾种业集团股份有限公司 4 家紧密型校外实训基地。企业的实验设备向学院开放，学生的实验和实训拓展到企业，将学生岗前实训与就业有机地结合起来，满足了学生生产实训、顶岗实习与就业的要求，实现了学校与企业的无缝连接。

金华市植保站基地主要承担蔬菜病虫害识别与防治的教学任务；金东区江东镇涉农专业综合实践基地主要结合农事季节，学生和教师一起到结对农民指导生产，提供技术服务，除掌握蔬菜生产最新动态外，重在培养学生的方法能力和社会能力；金华市绿野农业高新园区有限公司主要承担"水生蔬菜生产"和"瓜类蔬菜生产"两个学习情境的教学任务；浙江森禾种业集团股份有限公司主要承担蔬菜种苗生产的教学任务和顶岗实习。

另外，学校十分重视校外实习基地的建设，以弥补校内基地生态条件的多样性、种类、规模等方面的不足。学校与浙江勿忘农集团有限公司、金华市农科院、浙江省农科院园艺所、杭州市农科院、金华市菜篮子食品有限公司、浙江爱斯曼食品有限公司、义乌农贸城秀禾农业有限公司等等建立了生产实习合作机制，主要满足学生毕业实习的需要。通过以上两个层面的实践与教学相互结合，把学生的职业能力和素质培养落到实处。

（五）课程评价

1. 专家评价

（1）辽宁科技学院温景文教授的评价。

① 金华职业技术学院与蔬菜行业企业合作，建设基于工作过程的蔬菜生产技术课程，科学设计学习性工作任务，将蔬菜生产工作岗位中的典型工作任务整合成为 10 个学习情境，以学习团队组建"模拟公司"从事蔬菜生产为主线，以实战训练为中心，使学生在"做事"中学习知识、积累经验，从而培养学生的专业能力、方法能力和社会能力。

② 该课程项目资料和蔬菜生产技术网络课程资料齐全，内容翔实可靠，课程建设成绩突出。课程配套有《蔬菜生产技术》教学指导书、学习指导书、学习和生产手册等。上述资料体系符合课程设计要求，能满足网络教学的需要。网站运行良好，在教学中发挥了积极作用，为学生提供了一个良好的自主性学习平台，突出了学生在教学过程中的主体地位。

③ 蔬菜生产技术课程围绕课程目标，坚持"行动导向"原则，灵活运用角色扮演、分组讨论、引导文教学等方法，采用多媒体、网络课程、模拟公司等手段，有效地提高了学生学习积极性和学习效率。通过学生与教师一起定期与农户开展"1+1"科技结对等途径，让学生提前进入岗位角色，在工作中学习，在生产实践中提高学生职业能力。

④ 该课程拥有一支知识、年龄、学缘结构合理，专业素质高，专兼结合的"双师"结构教学团队，专任教师都具有企业工作经历；教学团队中来自行业企业的兼职教师比例合理。课程负责人系金华市专业技术拔尖人才，教学科研成果显著，获多项省市级科技成果奖励。主讲教师事业心强、治学严谨，与企业联系密切，并能及时地把产业发展趋势和行业动态纳入教学内容。注重学生职业能力培养，教学能力强，教学特色突出。

根据各项指标的审核，该课程对其他院校有很好的示范和借鉴作用，达到了国家级精品课程建设的要求，同意推荐国家级精品课程的申报。

（2）华中农业大学赵正洲教授的评价。

① 基于蔬菜生产工作过程的课程开发思路，该课程满足完成蔬菜生产典型

工作过程能力和浙江省蔬菜产业发展趋势的要求，以当前主流蔬菜生产技术为依据，科学设计学习性工作任务，将蔬菜生产工作岗位中的典型工作任务整合成为 10 个学习情境，在不同的学习情境中融合了不同的专业能力、社会能力和方法能力的培养，以真实的蔬菜生产任务及其工作过程为依据整合、序化教学内容。

② 该课程项目资料和蔬菜生产技术资料齐全，内容翔实可靠，课程建设成绩突出。网站资源能经常更新，运行良好，在教学中发挥了积极作用，为学生提供了一个良好的自主性学习平台，突出了学生在教学过程中的主体地位。

③ 蔬菜生产技术课程围绕课程目标，坚持"行动导向"原则，以学生为主体，以教师为主导，形成了"真实生产，模拟经营，学教相辅"的教学模式，综合运用项目教学、引导文教学等方法，采用多媒体、网络课程、模拟公司等手段和技术，有效地提高了学生的学习积极性和学习效率，增强了学生的动手能力。

④ 该课程拥有一支知识、年龄、学缘结构合理，专业素质高，专兼结合的"双师"结构教学团队。

根据各项指标的审核，该课程对其他院校有很好的示范和借鉴作用，达到了国家级精品课程建设的要求，同意推荐国家级精品课程的申报。

（3）金东区农林局经济特产站刘旭宇高级农艺师的评价。

胡繁荣教授主持的蔬菜生产技术课程是一门以蔬菜生产工作过程为核心内容的系统化课程，能以浙江省"十一五"期间蔬菜产业重点发展地方特色、市场优势和发展潜力的优势产品目标为依据，选择蔬菜种类组织教学，从而保证学生"现在学"和"未来用"的零距离对接。课程网站内容丰富，设立了当前农事、作物病虫预报、蔬菜行情、天气预报、业界动态等栏目，不仅为学生提供了蔬菜生产的新知识、新技术、新品种和新方法，也为农民种植蔬菜提供了一个学习平台。

（4）金华职业技术学院成军教授的评价。

① 针对职业岗位能力要求，该课程将蔬菜生产工作岗位中的典型工作任务整合成 10 个学习情境，以学习团队组建"模拟公司"从事蔬菜生产为主线，以实战训练为中心，使学生在"做事"中学习知识、积累经验，从而培养学生的专业能力、方法能力和社会能力。

② 围绕课程目标，坚持"行动导向"原则，灵活运用角色扮演、分组讨论等方法，采用多媒体、网络课程、模拟公司等手段，有效地提高了学生的学习积极性和学习效率，增强了学生的动手能力。

③ 该课程项目资料和蔬菜生产技术资料齐全，内容翔实可靠，课程建设成

绩突出。网站资源能经常更新，运行良好，在教学中发挥了积极作用，为学生提供了一个良好的自主性学习平台，突出了学生在教学过程中的主体地位。

④ 该课程拥有一支专兼结合的教学团队，专任教师都具有企业工作经历，具备双师素质。

2. 学生评价

在2018—2021年间，学生普遍反映课程组教师教学认真，行为规范，对学生要求严格，评价公正，教学内容丰富，重视实践教学，具体评分如表2-1所示。

表2-1　学生对本课程任课教师评教平均得分

评教教师	18/19学年		19/20学年		20/21学年	
	第一学期	第二学期	第一学期	第二学期	第一学期	第二学期
胡繁荣	93.93	93.96	94.18	95	95	95
李真	—	93.98	93.70	94.85	94.92	94.97
郭子卿	—	—	95	—	95	—
周秦	94.90	95	—	—	—	—

园艺技术17级学生汪佳静评价：老师讲课内容新颖，理论联系实际，信息量大，积极与学生交流，注重培养学生分析、解决内容的能力。

园艺技术17级学生董方豪评价：老师上课精神饱满，充分有效利用课内时间，讲课纯熟，思路清晰，重点突出，认真解答学生提问，认真负责。

园艺技术17级学生陈江评价：蔬菜生产技术是我喜欢的课程之一，老师注重知识传授与技能培养的结合，能有效掌控课堂气氛。特别是采用模拟公司制教学，充分调动了我们的积极性、主动性，我们既学得轻松，又掌握了知识与技能。

（六）特色与创新

1. 课程的特色与创新点

（1）创新适用于农业生产类课程的"真实生产、模拟经营、学教相辅"教学模式。以蔬菜生产工作过程为导向，以学习团队组建"模拟公司"从事蔬菜生产为主线，以实战训练为中心，将课程内容置于蔬菜生产职业岗位实践情景中，使学生在做事中学习知识、积累经验，从而培养学生的自主学习和自我发展能力。

（2）实施"1+1"科技结对，使学生提前进入角色，在生产中学习，在实践中提高。课程通过学生跟随教师定期与农户开展"1+1"科技结对，担任村科技助理等途径，让学生提前进入岗位角色，在生产中学习，在生产实践中提高职业能力。

2. 课程与国内外同类课程的比较

本课程是园艺技术专业核心课程和校级精品课程，教学改革和研究深入，教学设计理念先进、思路清晰，教学内容和教学方法具有明确的专业针对性和鲜明的高职特色。"真实生产，模拟经营，学教相辅"的教学模式，项目教学、引导文教学、四阶段教学等方法，多媒体、虚拟实训、网络课程、模拟公司等手段，提高学生的学习积极性和学习效率，增强学生的动手能力。这种教学模式，创造性强、教学效果好、适应性广，在园艺技术专业高职教育中具有推广价值，对其他涉农专业的专业课程有一定的借鉴作用。

教学团队整体"双师"素质高，技术服务、研究开发能力强，教学质量优，配套实训室与行业现有技术水平相适应，仪器设备先进，配套教材、教学资源、在线学习和在线实训资源丰富，共享性高。

本课程建设在国内高职同类课程中处于领先水平。

3. 课程改进的方向与途径

本课程基于工作过程的教学过程设计，其理论依据和实践案例更多地来源于德国的双元制教学，积累的教学经验还没有形成完整的理论，很多教学项目的设计还需要在教学实施过程中进一步检验并修正。

我国目前还没有相关的政策和法规引导企业更深入地参与教学，如何将国外成功经验与国内的现实紧密结合起来，形成自己的工学结合的教学模式，探索职业教育的本土化实践效果，还需要大家一起努力。

有些教学内容的选择和教学过程的安排与我国蔬菜产业的发展、教师的教学能力、用人单位的要求没有完全匹配，还需要进一步提炼教学内容，使之更具有普遍适用性。本课程今后将进一步研究、充实各学习情境的内涵，改进实施方案，真正达到行动导向教学的要求，提高人才培养的质量和水平。

进一步充实蔬菜生产技术网络课程内容，使其不仅是学生自主学习蔬菜生产技术的平台，也是广大菜农学习蔬菜新技术、推广蔬菜新品种的重要窗口。

（七）课程建设规划

1. 课程建设目标

以蔬菜生产过程为出发点，对课程进行整体规划和设计，依靠校企紧密合作的优势，利用信息技术手段，对课程内容进行优化和完善，将蔬菜生产技术课程建设成蔬菜行业企业积极参与、资源丰富、可供校内外学生开放学习、在国内有较强的辐射和示范作用的精品课程。

2. 课程建设步骤

（1）师资队伍建设。完善"1+1"科技结对，提升教师解决生产实际问题的能力，进一步加深对行动导向教学理论内涵的学习，提升教师队伍的职业教育理论水平和教学实施能力。

（2）网站建设。完善多媒体教学体系，扩大知识容量；不断更新和充实网络课程资源，方便学生提供解决生产实际问题，提升实践操作水平与专业技能；加强师生网上互动，帮助学生自主学习。

（3）实训条件建设。与企业合作，全面建设基于工作过程的"教、学、做"一体化的全真实训基地，选择具有地方特色的产品作为课程教学内容的载体，探索与各个情境相适应的教学方法与手段，编写情境教学教材。

（4）完善"真实生产、模拟经营，学教相辅"的教学模式。

（5）建立课程质量评价机制。逐步完善以学校为核心、政府引导、社会和企业共同参与的教学质量控制与保障体系。对教学工作实施全过程的控制，强化师生自我监控意识，充分发挥广大教师的积极性、主动性和创造性，激发学生发展的内在动力，调动学生自主学习的积极性，全面提高教学质量。

二、电动工具检验与测试课程开发案例

由金华职业技术学院戴欣平教授主持开发的电动工具检验与测试课程基于电动工具检测工作过程，以检测岗位能力的要求为中心，充分利用区域产业、行业、企业资源优势进行课程设计，于2009年立项国家级精品课程。

（一）课程建设

1. 课程的性质与作用

（1）机械制造与自动化专业定位。

① 区域产业的岗位人才需求。

1998年，金华职业技术学院设置了机械制造与自动化专业，主要培养具备机械设计制造知识与应用能力，从事机械制造领域内的设计、制造、检测及生产管理等方面工作的工程技术人才。2007年，机械制造与自动化专业入选国家示范院校重点建设专业。

金华区域的产业与人才需求调查结果表明：金华区域的机械制造业以电动工具、电动自行车、汽车配件、五金产品为特色，其中，电动工具的产量占全国总产量的近 1/3，防盗门的产量占全国的 70%，电动自行车的产量占全国的近 20%，这些行业在全国处于领先水平，同时也是技术密集型产业，对人才需求量较大。

为充分体现高职教育服务区域经济的特性，从 1998 年起，金华职业技术学院针对区域经济的特点，将区域主导产品引入课程教学，作为专业课程教学的载体，如将电动工具设计引入机械设计课程，作为案例分析与课程设计的内容；将电动工具典型检测项目引入机械测试课程，作为实验内容；将高精度汽配零件的加工引入数控加工课程，作为课程案例等。通过这些典型的教学载体，不仅加强了学生的实践能力，而且以就业为导向，学生毕业后上手快，深受企业的欢迎。

② 开展电动工具企业订单班教学。

金华市是全国电动工具规模最大的制造基地，据不完全统计，金华市范围内职工数在 100 人以上的电动工具生产企业共有 400 余家，从业人员十余万人，销售额、出口额均占全国的 30% 以上，并具有生产历史悠久、产业规模大、专业人才集中等优势，已形成较为完备的产业链。

引入电动工具作为教学载体，学生培养有针对性，学校得到了行业企业的认可。从 2002 年开始，浙江金美电动工具有限公司、浙江皇冠电动工具制造有限公司、金华诺王机电产品开发有限公司等多家电动工具企业主动与金华职业技术学院合作，开设本专业的企业订单班，学校与企业技术人员有针对性地开设了电动工具设计、制造、检测方面的课程，学生毕业后深受订单企业欢迎，在行业中反响较大。开设"电动工具检验与测试""电动工具结构设计"等课程，校企合作编写校本教材，教学效果良好。

③ 设置以电动工具为平台的专业课程体系。

电动工具是一种典型的机电一体化产品，"麻雀虽小，五脏俱全"，其涉及了材料、机械设计、外观设计、电气设计及产品的机械电气检测等多方面内容。而且，作为一种外向型产品，必须满足国内、国际上严格的标准要求。因此，以电动工具设计、制造、检测为专业的教学平台，不仅能满足电动工具行业的人才需求，也能满足机械制造业的人才需求。我们通过对毕业生的跟踪调查，发现学生毕业后即使不从事电动工具行业，也能很快适应其他机械制造业的工作岗位。

2006 年下半年至今，金华职业技术学院确定了以电动工具为机械制造与自动化专业的教学平台，通过专业人才需求调查、行业协会调研、企业走访及召开专业教学指导委员会，明确了机械制造与自动化专业的主要就业岗位，包括产品设计技术员、制造工艺员、检测技术员、品管技术员。通过岗位的工作任务与职业能力分析，明确了专业核心能力，包括 CAD/CAM 软件应用、电动工具结构与外形设计、产品检验与测试能力、机械加工操作能力、机械加工工艺编制能力，确定了电动工具设计、制造、检测三条能力培养主线，如图 2-11 所示。

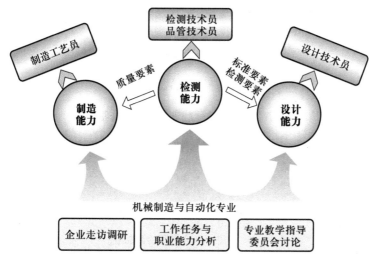

图 2-11　机械制造与自动化专业主要就业岗位与核心能力

根据岗位典型工作任务和职业能力分析，构建了以电动工具检测、设计、制造能力的培养为主线的专业课程体系。电动工具检验与测试为检测主线的主要课程，直接面向检测技术员和品管技术员岗位。

因此，电动工具检验与测试是机械制造与自动化专业的一门专业核心课程，也是专业必修课程。

（2）课程的工作任务与职业能力分析。产品检验与测试的工作任务与职业能力分析结果如表 2-2 所示。

表 2-2　工作任务与职业能力分析

任务领域	工作任务	职业能力
产品检测与测试	产品检测	• 熟悉产品检测标准
		• 能进行产品检测操作
		• 具备一定的英文阅读能力
		• 具备一定的信息检索能力

任务领域	工作任务	职业能力
产品检测与测试	检测设备的保养、维护、校准与中间检查	• 熟悉设备的计量要求
		• 熟悉设备的性能
		• 能读懂设备的使用说明书
		• 会撰写设备的操作规程
	检测质量控制	• 熟悉检测的流程
		• 能进行基础的数理统计
		• 能进行不确定度分析
	检测结果报告编写	• 能对检测结果进行分析判断
		• 熟悉文件编制的方法
		• 会撰写检测报告
	检测计划的编制	• 能根据用户的要求编写检测文件
		• 能根据企业标准编写产品生产的品质管理计划
		• 能根据企业标准编写产品检测规程

产品检测不仅是对产品元器件及整机的安全与性能的测定，也是产品设计及生产过程质量的综合体现。因此，从事电动工具设计与制造岗位的技术员也要掌握电动工具检测标准、检测内容及质量要素，才能在保障产品安全与性能的前提下进行设计与制造。

（3）前后课程的关系。首先，应通过英语课程的学习，掌握一定的专业英语词汇，能阅读使用说明书之类的常用专业英文资料；其次，通过电工电子技术应用课程的学习，掌握电工电子基础知识，并具备一定的电工测试能力；再次，通过典型零件测量与计算机绘图课程的学习，具备一定的识图制图能力及机械测试能力；之后，通过质量管理课程的学习，掌握质量管理的基本知识，熟悉质量管理规范与方法。这些知识与能力，是学习电动工具检验与测试课程的基础。在完成电动工具检验与测试课程的学习后，到企业进行岗位实习，适应岗位工作，并完成毕业设计，适应检测技术员、品管技术员岗位能力的要求，如图 2-12 所示。

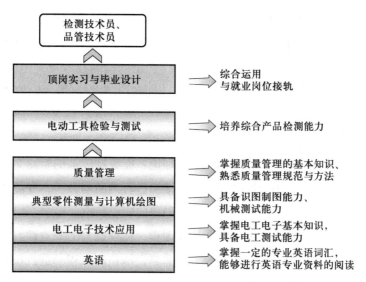

图 2-12　前导与后续课程

2. 课程设计的理念与思路

（1）以检测岗位能力的要求确定课程的能力培养目标，注重课程的可拓展性。在产品的检测工作过程中，不仅需要较强的检测操作能力，也需要较强的学习能力与团队协作能力，同时要有严谨、科学的工作作风及公正、诚信的职业素质。因此，电动工具检验与测试课程基于学生全面检测能力和质量意识、工作态度的培养而进行设计。

① 专业能力。

a. 标准的理解与应用能力。理解相关国际标准（IEC 60745、UL 745）、电动工具国家标准（GB 3883 GB 13960 等）和企业标准内容，并能根据标准的要求确定检测环境要求、检测方法步骤及合格判定要求。

b. 检测操作能力。能够编制科学、规范的检测流程，避免检测项目间的相互干扰；能够进行项目的规范检测，得到准确的检测数据和结果，并对检测数据进行数理统计与修约；能操作检测设备并进行规范的维护保养与中间检查；能进行标准规定以外的性能检测方案设计，制订检测要素。

c. 质量判断与分析能力。能根据检测结果进行合格性判定；分析检测过程的误差因素，进行检测不确定度分析；根据检测结果进行产品性能、质量及安全性进行分析，并向制造商提出合理化建议，编写检测报告。

② 方法能力。电动工具的新品种、新功能在不断出现，标准也在不断更新中，因此，要求检测岗位的技术员能针对不同的电动工具检测工作，具备分析、判断与决策的能力，同时还应具备学习新标准、新技术及查阅资料的能力。

③ 社会能力。对于电动工具的各个项目检测，不可能由一个人来完成，需要有项目主管领导下的合同评审、检测操作、设备管理、报告编制及审核等组成的团队在相互配合与协调下才能完成。一个合格的检测技术员，还应具备严谨、细致的工作作风，具备维护检测过程的规范性和检测数据的原始性的职业品德，才能做到检测结果的公正与诚信。

④ 课程目标。通过基于工作过程的项目检测活动，熟悉电动工具质量与安全相关标准内容，掌握电动工具检测基本理论，能编制规范的检测文件、设计检测方案，能规范进行检测操作，能对检测结果进行判断与分析，并能提出产品的改进意见，同时培养严谨、公正、诚信、沟通的职业品质。

（2）基于电动工具检测工作过程构建课程，体现课程的职业性。通过对电动工具检测岗位典型工作任务的深入分析，并与资深检测工程师进行反复讨论，归纳总结出电动工具检测的工作过程。电动工具检验与测试课程的设计、内容选择及教学实施均基于电动工具的检测工作过程进行，有利于学生综合职业能力的培养，充分体现课程的职业性。

（3）利用区域产业、行业、企业资源优势设计开发课程，体现课程的开放性。金华区域内聚集500余家电动工具整机制造厂，检测与认证机构也有10余家，聚集了大量的电动工具专业人才。利用这一区域的产业、行业、企业、人才的资源优势，在电动工具检验与测试课程的开发建设中，全面融入行业、企业元素，实行全程共建。课程的设计循环如图2-13所示。

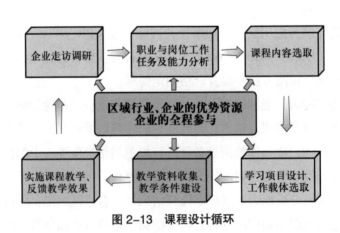

图 2-13 课程设计循环

在电动工具检验与测试课程开发初期，金华职业技术学院广泛走访生产企业、检测机构及行业管理部门，企业行业提供了翔实的数据及建设性意见。行业专家与企业工程师参与课程的工作任务与培养能力分析，并协助确定课程的内容。在课程设计阶段，选择金华诺王机电产品开发有限公司电动绞盘测试和浙江金磐机电实业有限公司电圆锯测试为教学案例，收集了企业标准、品质计划、检测过程技术文件等材料作为教学素材，并与金华市出入境检验检疫局电动工具国家重点实验室资深检测工程师共同编写教材。在课程实施阶段，由企业提供200余台不同种类的检测样机，聘请企业及检测机构工程师担任兼职教师，共同承担课程教学任务，企业的检测实验室作为学生校外实训与教学的基地。在课程实训条件建设上，电动工具国家重点实验室在技术上提供了大量的帮助，并协助建立管理体系，提供检测任务，切实让学生在真实的工作环境中进行真实的工作过程，培养职业能力。由检测机构与企业参与课程建设，优化了课程实施的条件，可及时获得行业的相关信息和发展状况，及时掌握新标准、新方法、新设备及新政策法规，并以此改进教学内容，使课程内容更贴近实际工作，更能适应行业发展，也更有利于人才培养。

（4）依托校企共建的开放式检测实训室实施课程项目教学，体现课程的实践性。学校与金华市出入境检验检疫局技术中心在校内共建了电动工具检测实训室，并成为金华市出入境检验检疫局技术中心的合作实验室。实训室的主要功能是满足学生的实训教学，同时承担企业委托的产品摸底测试以及共建方分配的出口产品的测试任务。实训室引入 ISO/IEC 17025 实验室管理体系，实行对学生与对企业的双重开放式管理。

实训室分为产品陈列区、教学区、讨论区和实训区，电动工具检验与测试课程校内教学部分均在该室完成。教学过程按项目和工作任务的形式开展，将理论知识和实践知识融入整个教学过程，实行全程现场教学，教、学、做交替。学习的过程与真实操作结合，可使抽象的问题具体化，并以具体的成果进行展现，大大提高了学生的学习兴趣，提高了教学效果。

在课程考核上，不仅要对学生检测能力、检测规范、检测设备操作维护能力、检测结果分析判断能力、检测报告编制能力进行评价，同时也要对工作态度及严谨、公正的职业素质进行评价。机电产品检测工是与电动工具检验与测试课程紧密联系的职业，其考核标准不仅融入了课程教学内容，也与课程考核评价融为一体。学生学完本课程后，要求通过该职业资格的考核。

随着电动工具技术水平的提高，新品种、新功能的开发，检测技术、检测设备也在不断进步中。电动工具检验与测试课程的设计过程是基于实际检测的工作过程，可根据检测技术和设备的进步改进教学内容。

课程资源已上网，并汲取行业资源进行经常性地添加和完善，同时实现远程共享。

3. 课程的历史沿革

电动工具检验与测试课程的发展经历了如下三个阶段。

第一阶段：1998—2003年。课程名称：机械测试技术。

在这一阶段，高职教育刚刚起步，专业的课程体系基本借鉴本科的课程设置，专业课程多为学科型的教育，机械测试技术课程主要介绍机械工程测试的理论与技术，内容枯燥、计算复杂，高职学生学习该课程较为困难，教学效果不明显。

第二阶段：2004—2006年。课程名称：机电产品检测技术。

电动工具企业订单班出现后，本课程依照企业对人才的培养要求进行改革，保留机械测试技术的温度、力、压力、振动等常见物理量的测量和应用方法，去掉了计算机测试系统及频谱计算等较深的知识内容，补充了电量测试、绝缘测试、发热测试为主要内容的电动工具检测章节，变更课程名称为机电产品检测技术。课程内容组织上仍为学科性体系，但加强了实训教学与企业实习过程。

第三阶段：2007年至今。课程名称：电动工具检验与测试。

2007年，机械制造与自动化专业设置了以电动工具为平台的课程体系，经过工作任务与职业能力分析，确定了本课程以电动工具检测项目为主线，重构了原有的机械与电工检测内容，进行了项目导向、任务驱动的项目化课程设计。课程经过多年的建设与实施，从起步、完善到成熟，实现了从学科性课程到职业性课程的转化。

（二）课程内容

1. 课程内容的针对性与适用性

（1）基于检测岗位典型工作任务，融合电动工具标准，确定课程内容。电动工具产品具有两个特点。其一是该类产品与作业者紧密接触，多数电动工具由作业者手持操作，这样的使用方式对工具的质量与安全有较高的要求，因此，国家制定了电动工具的通用标准及针对不同类型工具的专业标准，以保障操作者的人身安全、周围环境的安全及使用的可靠性。对于国家标准未曾涉及的电动工具产品，生产企业也制定了企业标准，规范产品的设计、生产、检测过程。其二是该类产品为外向型产品，90%的产品出口，出口到175个国家与地区，遍及全球各大区域。因此，电动工具产品必须满足各大区域相应的国际标准、指令和认证要求，如IEC、EN、UL等标准。电动工具的各类标准是电动工具设计、制造、检测、销售的依据与准则。随着技术的发展，标准也在不断改进、完善，同时也引领着电动工具产业的技术进步。

电动工具检测分两种类型：一种是按国家标准或国际标准进行的试验，叫型式试验;另一种是按企业标准或用户要求进行的试验,叫特定性能试验。

型式试验是基础,但其不能完全覆盖电动工具的性能与安全试验,特定性能测试是型式试验的补充。而且针对一种具体的电动工具产品,依据标准规定与用户要求选择检测项目与内容、制定检测规程也是检测岗位的工作内容。

对电动工具产品检测工作内容进行分析,结合相关标准内容,是课程内容选择的缘由。

(2)基于检测大类项目设计综合性学习项目,选择量大面广的电动工具典型产品为教学载体。电动工具检验与测试课程将电动工具检测项目中相关性较强的项目进行组合,基本按照电动工具标准的章节顺序来确定大类检测项目,并以此设计学习项目。在型式试验部分,结合专业标准与国际标准,设置了8个学习项目;根据常见的用户要求或企业标准要求,制订产品的品质计划及检测规程,设置特定性能检测内容为第9个学习项目。

在教学载体的选择上,尽量选择比较常见的、量大面广的、具有典型机械与电气结构的电动工具,电动工具检验与测试课程选用了电钻和型材切割机为型式试验的教学载体,选用企业的产品——电圆锯、电动绞盘为特定性能测试教学载体。

(3)基于学生职业成长和可持续发展的需求,设计拓展性学习内容。从某一种类型的电动工具检测或按一种电动工具标准进行检测,具有单一性和独立性,但学生毕业后从事的检测岗位,会接触到多种多样的电动工具及多种检测标准,因此,电动工具检验与测试课程在内容上注重可拓展性。具体表现在三个方面:第一,以一种电动工具产品为学习载体,对其他常见种类电动工具检测进行比较,说明差异;第二,将国家标准与国际标准的差异进行分析说明,使学生掌握不同标准的检测要求;第三,将家用电器产品的检测原理和方法与电动工具产品进行比较与说明,达到融会贯通、举一反三的作用。同时舍弃了一些深奥无实用价值的理论知识和复杂的计算内容,如复杂的检测设备电路工作原理按照学生的职业成长和可持续发展的规律与需求来设计拓展性学习内容,使学生注重方法的学习及能力的培养,为学生毕业后的职业迁移打下基础。

2. 课程内容的组织与安排

(1)以型式试验测试顺序来序化学习项目。判定一批电动工具是否合格,是以一台样机能否承担型式试验的所有项目来确定的。因此,型式试验的测试顺序是按一台样机完成所有的测试项目来安排的,这样可以避免测试项目之间的相互干扰和应力累加而造成的测试结果不准确。这个顺序是先进行整机测试,再拆解后进行元件测试,完成从整体到细部的测试。从内容的难易程度看,也是一个从易到难的过程。因此，按型式试验的测试顺序来序化学习项目，既使学生的认知与操作技能逐步加深，也可以在教学过程中，实现每个检测小组完成一个电动工具全套检测项目，出具一份完整的检测报告。特定性能测试是以企业标准和用户要求进行的试验，包括品质计划和检测规程的制订，考虑可将1~8个学习项目的试验项目与内容运用到品质计划和检测规程的制订上，实现从模拟操作到方案设计能力的递进，我们将这部分内容设置为第9个学习项目，是对1~8个学习项目内容的综合运用。学习项目的序化如图2-14所示。

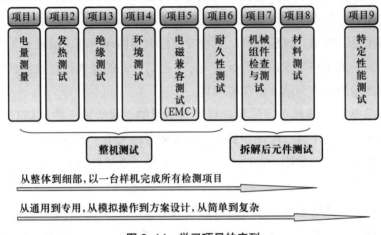

图2-14 学习项目的序列

（2）每一项工作任务为一个完整的工作过程。每一个学习项目分为若干项工作任务，每项工作任务完成程序为：任务评审（标准内容的适用与理解、环境与设备的评价）→检测方案制定→检测准备→检测操作→检测结果分析与判断→检测报告编制，构成一个完整工作过程。

（3）职业能力逐步提升的工学结合过程。工学结合途径从三个方面开展。首先，在项目化课程教学过程中，使用真实产品，在真实的工作环境中进行真实操作，培养职业能力。校内实训室引入ISO/IEC 17025实验室管理体系，使学生在真实的工作环境中进行学习实践，并按操作实绩考核，将职业道德与职业素质训导融入整个教学过程中，充分体现职业教育的特点。其次，将承担的金华市出入境检验检疫局出口检测任务及电动工具企业产品摸底检测工作纳入教学过程。教师主检、学生辅助，使学生参与真实的产品检测，在此过程中强化检测能力培养。再次，到相关企业单位进行项目5与项目9的教学活动，以及在本课程后的电动工具检测顶岗实习，在实际的工作环境中获得检测经验，锻炼工作能力。

（4）课程考核。本课程考核采用项目考核、理论考核和职业资格考证考核相结合的多层面考核方式，项目考核占 60%，理论考核占 30%，考证考核占 10%。项目考核由小组互评与教师评价组成，小组评价分为小组互评和小组项目主管对组员的评价，教师评价是根据学生在教学过程中的操作正确性、规范性，检测报告与习题成绩、小组协调及考勤进行考核。理论考核为课程学习结束时进行的理论性考试；考证考核为在学习结束时进行的机电产品检测工职业资格考证，通过考证的该项满分。

3. 课程内容的具体表现形式

（1）教材。电动工具检测课程为金华职业技术学院首开，相关的教材是吴国平主编的《家用电器检测技术》和范茂兴主编的《家用电器测试技术》，这两本是本科用教材，可以用作教学参考书。几年来，电动工具检验与测试课程一直使用项目化校本教材《电动工具检验与测试》，该教材是金华职业技术学院教师与金华市出入境检验检疫局电动工具国家重点实验室技术人员共同编写的。教材收集了电动工具检测各方面的资料，进行教学化改造，并经国家电动工具标准编委会和上海电动工具研究所资深检测专家多次审稿、修改而成。教材根据电动工具检测标准与设备的发展进行修改与补充，经 3 年使用，教学效果较好，学生反映良好。该教材由科学出版社正式出版。

（2）教学资料。

① 电动工具标准。国家标准为：电动工具综合类标准 GB/T 9088、GB/T 8910.1 等，电动工具电磁兼容标准 GB/T 4343.2、GB 17625.1；国际标准 IEC 62841、IEC 60335、UL 60745 等。

② 检测报告。检测报告分为工况检测报告与学生参与企业产品检测的全套报告。工况检测是模拟电动工具在实际工作环境中，用实际材料进行作业的一种检测方式，是能综合反映工具的质量与耐用度的检测方法。每种电动工具的工况检测条件、作业内容与方式均不相同。课程收集了 29 种常用电动工具实际使用的工况检测报告。不同产品的检测报告也是课程学习很好的参考资料，课程收集了学生在企业产品检测服务时完成的检测报告，作为学生自主学习的素材。

③ 教学与培训课件。课程收集了国内外电动工具检测、认证的教学培训课件 20 余个，这些资料均为电动工具与电器检测行业资深专家所作，内容前沿，专业性强，为学生拓展性学习提供了帮助。

④ 教学视频与动画。课程十余个主要的试验已制作成教学视频，可供课堂授课之用，也为学生的自主性学习提供帮助；同时制作了多种电动工具使用与装配动画，加深学生对电动工具的认识。

⑤ 认证信息材料。课程收集了国内外与电动工具相关的 24 种认证材料，介

绍了认证标志与内容。

⑥ 电动工具图片。课程收集了不同种类电动工具图片及图片资料介绍 100 余种，并且还在不断添加中，方便学生认识新型电动工具，了解其结构。

⑦ 检测设备。课程收集了近 30 种常用电动工具检测设备的图片资料及使用说明书，方便学生自主性学习。

上述资料均已上传到课程网站，学生可自由下载使用。

（3）教学文件。为了保障基于工作过程的教学设计有可操作性，体现检测工作的严谨、科学及规范化，提升教学效果，课程按检测工作程序，设置了系列的精细化的教学文件。许多教学文件为检测机构的实际工作文件经教学化改造而成，这使学生在学习期间就直接使用实际岗位的工作文件，更能适应今后的工作岗位。教学文件融合了学习的知识点，相互间具有关联性，做到精细化和规范化。

（4）参考资料与学习网站。金华职业技术学院的严济慈图书馆已建设成为一个适应高职院校教学和科研需要，并具有与社会共享、共建特色的大型图书馆，完全能满足教学需要。各二级学院的资料室也能为学生的自主性学习提供有效的文献资料。课程网络共享资源平台已初步建立，学生可从课程网站上下载各类标准、学习指南、教学文件、教案、课件、习题等进行自主性学习，任课教师在此进行网上答疑。另一个学习网站为金华职业技术学院主办的电动工具技术交流网站，其中有电动工具检测专门栏目，学生可通过该网站与行业、企业从业人员进行沟通交流，了解实际工作和行业动态，并可通过该网站链接到其他相关网站或论坛进行学习。

（三）教学方法与手段

1. 教学模式的设计与创新

电动工具检验与测试课程是操作性很强的课程，以往通常采用教师先讲解，再指导学生试验的教学模式，这种模式存在的弊病是：教师讲解时，学生无兴趣听，一知半解；学生操作时，只知表象，不解内涵，更无法举一反三。经数年的摸索，金华职业技术学院得出了"小组 + 个体，教、学、做交融，课内外结合，多层面考核"的教学模式，切实提高了教学效果。

（1）以检测小组为单元，以学生个体为主体，引导自主性学习，激发学习的主动性。

① 以检测小组为单元实施项目任务。每一项检测任务，均由学生组成检测小组负责完成。接到测试任务后，在教师引导下，学生组成由项目主管负责制的检测小组。每位组员确定相应的岗位，并在不同的项目上进行岗位轮换，使每个

学生都能经历不同的角色，熟悉各岗位的职责。检测过程中，组员轮流操作，相互讨论、咨询，确定检测方案，相互协作完成检测；检测完毕后，小组相互讨论分析结果，编写检测报告并进行汇报。同时，小组之间、组员之间进行相互评价。教师在此过程中，起着引导、解惑、纠错的作用。以小组合作方式开展学习，有利于培养学生的团队合作精神，促进相互沟通交流，共同学习提高。

手持式与可移式电动工具的检测内容有一定的差异，不同的小组采用不同的教学载体，在讨论时进行小组相互交流，明确两者之间存在的差异，并在汇报时说明这种差异性，扩展了学习的内容与效果。

② 学生个体为学习的主体。学生个人在完成一个检测项目的活动过程中，应处于主体位置。以学生为主体，积极激发学生的自主性和创造性，给学生以自主学习的空间和机会，使强制性、死板的教学转变为生动活泼的教学，从而培养学生学习的积极性和主动精神。

（2）教、学、做交融，使教学更直观有效。采用教、学、做交融的教学模式，教师可对教学内容采用现场和分段的方法进行讲解，对教学重点和难点可采用多次讲解的方式，使学生对所学的知识点通过具体的操作，迅速得到掌握，使教与学更直观、轻松，也更具教学效果。设施条件完备的电动工具检测室，使本课程的教、学、做交融的教学模式实施成为可能。

（3）课内课外教学相结合，以校内学习、企业学习、社会服务的实践环节实现课程的工学交替。本课程需要学生利用课外时间进行自我学习，把学生的课外学习时间纳入教学管理范围，加以组织与引导，并与课堂教学相结合，可明显提高课程的学习效果。

在进行项目教学前，先提供学习资料或资料收集途径，引导学生进行课外自学，了解所学项目的内容与外延，为课堂学习打下基础。

在课内，学生在校内进行项目1~4、项目6~8的学习，采用项目导向、任务驱动，以典型电动工具为教学载体的教、学、做交融的教学模式，使学生掌握型式试验项目的内容，培养一定的检测能力。项目5的教学到浙江金磐机电实业有限公司进行；项目9采用了浙江金磐机电实业有限公司和金华市诺王机电产品开发有限公司的典型案例，到该两公司完成教学，并由企业检测工程师承担课程教学任务。企业学习过程可以让学生适应企业产品检测的工作氛围及工作规范，进一步提升检测能力。

在课外，学生参与企业产品的摸底测试及承担出口检测任务，协助主检教师完成产品的检测任务，要求每组学生至少参与一个企业产品的检测服务，使学生在真实产品的检测过程中，强化职业技能，培养职业素质。

第四节　高职教育课程开发的典型案例

（4）小组互评、组员互评、教师评价、考证评价的多层面考核方式，保障了课程的教学效果。考核是课程教学效果的保障，某种意义上，是学生学习的指挥棒。本课程的考核贯穿教学的始终，在小组检测方案制订、检测操作过程、总结汇报及课后练习等环节，教师均设置多个考核节点，把重要的知识点、操作要点、操作规范通过具体问题、结果汇报、习题及观察等方式进行考核，并在课程结束时进行理论性综合考试；检测小组的配合性、协调性及各组员对知识与检测要点的掌握程度，小组之间及组员之间是最了解的，因此，将小组互评和组员互评纳入考核组成成分，是对教师考核的补充。本课程的理论考试与机电产品检测工职业资格应知考核相融通，实践技能考核与职业资格应会考核相融通。将职业资格证书获取作为课程考核的组成部分，可使学生学习的目标更加明确，更能激发学习的主动性。

实践证明，本课程教学设计符合高职学生的认知规律，学生学习兴趣高，教学效果良好。

2. 多种教学方法的运用

（1）自主性学习。学生可通过课程网站上的学习指南、学习资料、教学课件、教学视频、习题集等多媒体资源进行在线学习，也可通过下载的各种标准、检测设备使用说明书、试题库等资源进行离线学习，并可通过专业技术网站与企业技术人员进行交流。

（2）主题帖引导。教师在项目教学前，通过课程网站将该项目中关键的、不易理解的、容易误解的内容以主题帖形式发布出来，引导学生思考，开展相互交流，教学时引入相关知识进行讲解；在项目完成后，将学习过程中存在的问题、知识拓展内容也以主题帖形式发布出来，引导学生思考学习。主题帖引导形式，增强了学生的学习兴趣，学生参与性强，教学效果明显。

（3）典型案例教学。在教学设计流程中，选取电钻、型材切割机等典型电动工具作为教学载体，示范其检测过程，使学生学习具有一定的针对性，并能举一反三。项目9选取校外基地的企业标准、产品品质计划、检测规程、工况试验等案例素材，并在校外基地实施课程教学，使学习更具直观性与具体性。

（4）检测小组教学。学生组成检测小组，以小组为单位先进行讨论，再分工合作，轮流操作，完成检测任务。在讨论中，各抒己见，互相启发，取长补短，集思广益，加深对学习内容的理解；在操作中，相互协作，相互观摩提醒，养成操作的规范性，并培养合作精神。最后以小组汇报形式，对检测工作过程做总结。这样可以很好地激发学生的学习兴趣，培养学生钻研问题的能力，提高教学效果。

（5）角色扮演。项目小组成员仿照企业检测人员的岗位角色，分别扮演项目主管、检测操作员、仪器管理员、试验记录员、报告编制员及报告复核员，并由指导教师担任报告审核员。在教学活动时，各种角色各司其职，相互配合，并以完成岗位职责的优劣进行个人评价考核。项目小组成员在不同的工作任务中进行角色轮换，以熟悉各种岗位的职责。

3. 现代教学技术手段的应用

（1）多媒体教学。在电动工具检测实训室配置多媒体教学设备，利用多媒体进行教学，进行电子课件、操作视频等的展示，使学生能够直观了解教学内容，提高学习效率和学习兴趣。

（2）网络教学。建立课程网络教学资源平台（包括学习指南、学习资料、教学课件、教学视频、试题库等资源），课程网站除提供本课程相关的教学信息、学习交流功能外，还提供大量的国内外标准文件、国内外认证资料、产品图片资料等资源，并介绍国内外检测设备、检测方法的动态信息，便于学生自主性学习。

（3）网络技术交流。利用电动工具专业技术网站搭建师生之间、学生与企业技术人员之间的互动平台，将课堂教学延伸到课外，学生可通过网络进行学习与交流。

4. 网络教学软件资源和硬件环境

（1）学校的网络资源。金华职业技术学院校园网主干网宽 4 000 M，2.8 万个信息点，2 100 Mbps 外部互联网接口，网络节点遍布所有教室、办公室和学生宿舍，教师与学生可方便地进行网上教学交流。电动工具检测实训室配备有多媒体教学设备，与校园网和外网接通，可方便利用课程网站和其他网站进行教学。

学校现有多媒体资源总量达 3 TB，包括电子图书 70 万册，图书数据光盘 17 800 盘，并能方便连接中国期刊网、维普科技期刊、万方数据库、超星电子图书数据库、方正 Apabi 电子图书资源库、共享工程数据库等电子数据库。

学校网络资源与硬件配置为本课程的网络教学、教师与学生的资料收集提供了良好的条件。

（2）课程网络教学资源与环境。

① 课程网站。本课程网站包括学习指南、学习资料、教学方案、电子课件、作业指导书、原始记录单、试题库、检测报告、检测视频、实训基地、在线交流等内容，具备在线学习、在线练习、在线交流、网上作业、网上讨论、网上答疑、实训指导等功能，方便学生的自主性学习与交流。开通以后，学生经常上网学习、下载相关内容等，效果良好。

② 教学资源。教学资源包括国内外电动工具标准 50 余种、教学与培训课件 30 个、认证信息及介绍 24 种、各种电动工具检测全套报告 38 个、工况检测报告 29 种、各种电动工具图片 100 余幅、相关参考书籍 20 余本、检测设备图片及使用说明书 40 余种。目前上述资料还在不断添加中，为课程教学提供大量来自生产一线的资源。

③ 技术交流网站。电动工具技术联盟是机械制造与自动化专业主办的面向行业的技术论坛，论坛由电动工具检验与测试课程负责人戴欣平老师和电动工具结构设计与制作课程负责人张建荣老师负责，设置了电动工具设计、电动工具制造、电动工具检测、电动工具认证、机械设计与软件应用等技术交流版块，由校内外教师与行业技术人员担任版主，包括机械制造与自动化专业学生的注册会员达 11 000 多人，讨论主题数量达 8 000 多个，帖子数达 3 万多条，是目前国内最具规模与水平的行业技术网站论坛。以此为平台，学校与行业的交流更为广泛，学生不仅可以直接与企业技术人员交流，提高很快，还结识了行业朋友，及时了解行业动态与信息，不少毕业生通过该论坛得到了企业技术人员的推荐就业机会。

（四）实践条件

1. 校内实训设备与实训环境

电动工具检测实训室是电动工具检验与测试课程的校内实训基地。实训室占地面积 720 m^2，投入 200 多万元，购置各类主流的检测设备近 200 台（套），常规检测项目按 8 台（套）配置，以满足学生实训的需要。实训室设置有产品陈列区、教学区、讨论区和实训区，教学区配套了多媒体教学设备，采用现场教学，实现教、学、做一体化。在管理方面，引入 ISO/IEC 17025 实验室管理体系，使实训环境更具职业化和真实化。

电动工具检测实训室是金华职业技术学院与金华市出入境检验检疫局电动工具国家重点实验室共建实验室。共建方利用技术与资源优势，在实训室建设规划、设备采购、管理体系建立等方面提供帮助，并提供实训用样机及出口检验任务。目前，实训室具备课程教学、机电产品检测工技能考证、企业产品检测、电动工具企业检测员与品管员培训等功能，并承担电动工具检测类课题研究任务。

实训室制订了学生课余开放制度，学生除了完成课程规定的检测工作任务外，如需掌握其他的检测内容，可提出申请，并在指导教师的指导下完成测试。

电动工具实训室在进一步完善设施与制度的基础上，加强对外合作，力争在 2 年内成为全球认证机构认可的实验室，更好地为课程实训服务。

2. 校外实习基地的建设与利用

目前为止金华职业技术学院已与8家企业签订了校企合作的协议书，建立"示范性"和"紧密型"校外实训基地，其中包括金华市出入境检验检疫局、浙江皇冠电动工具制造有限公司、浙江金磐机电实业有限公司、浙江华丰电动工具有限公司等单位，已完全能满足学生的校外实训要求。

由于电动工具检测项目多、内容广，校内的检测实训室不能满足所有的检测内容，如缺少EMC测试室、缺少专用标准规定的检测设备。建立校外实训基地，一是可以让学生在真实的工作环境得到锻炼，二是可以弥补校内基地在设备设施及检测项目上的不足。选择何种电动工具企业为校外实训基地，考虑因素之一为地域因素，目前的校外基地均在金华市区，学生方便前往；另外还要考虑企业的产品结构，如浙江金磐机电实业有限公司以生产电圆锯为主，浙江皇冠电动工具制造有限公司以生产电钻为主，浙江华丰电动工具有限公司以生产园林工具为主。学生到不同的校外基地，可学到不同种类电动工具的检测内容。

（五）课程评价

1. 专家评价

（1）中国计量大学张洪军教授的评价意见。电动工具检验与测试以电动工具检测工作过程设计课程，融合国家电动工具行业标准，汲取电动工具国家重点实验室和生产企业的相关资源组织课程内容，以检测项目为教学单元，学生职业能力培养的目标十分明确。依托校内电动工具实训室，以教、学、做一体的教学模式设计教学流程，以学生为学习的主体实施课程教学，有利于全面培养学生的职业能力。该课程团队师资结构合理，行业技术经验丰富的技术人员参与课程建设和教学，有助于提高课程的教学效果。课程设计了完善的师生互动和行业交流平台，网站内容完整，资源丰富。

产品检测是一项科学、严谨、规范的工作，从课程内容、教学实施文件到课程网站风格，正是体现了这种思想。课程内容的实践性、教学环境的职业性，以及教学过程的开放性，能充分体现该课程在电动工具行业高技能人才培养中的独特作用和地位，对其他相关课程具有较好的借鉴作用。

（2）浙江工业大学赵文宏教授级高工的评价意见。电动工具检验与测试课程针对电动工具行业人才需求设立开发，满足区域性经济发展的要求。课程根据企业相应的岗位要求确定课程的培养目标，并基于工作过程的知识与技能的需求进行课程内容及教学过程的设计，具有明显的职业性与实用性。利用教、学、做交融，企业服务与课程教学相结合的教学方式，切实培养了学生的动手能力和职业素质，使学生更适合日后的工作岗位。该课程在内容选择上具有很强的针对性，又考虑到了学生的职业发展和职业迁移。课程资源丰富，网站设计实用，有利于学生的自我学习与交流。课程师资团队结构好，教学与科研能力强，保障了课程的教学质量。从整体上看，该课程特色明显，对其他课程有很好的参考作用。

（3）浙江三锋工具制造有限公司总工程师、国家电动工具与园林工具标准委员会委员卢云峰高工的评价意见。电动工具检验与测试课程的内容是电动工具设计、检验、品质人员必须掌握的，对电器行业也有很好的借鉴作用。

课程以电动工具标准的学习、理解、应用为主线串接学习内容，所选择的检测项目是电动工具常用的、有代表性的，总体设计科学、合理，符合相应工作岗位的知识与能力要求，也体现了高职教育的特点；电动工具检测操作性较强，教学交替的教学方式有利于学生的理解和掌握。金华职业技术学院有功能较齐全的电动工具检测实训室，是课程实施的保障；利用校外实训基地补充校内条件，又可使学生在实际的工作实践中得到锻炼，保证了在工学结合的教学模式下实现职业技能培养目标。通过学生参与企业的检测服务，保证了课程教学的开放性，是该课程较为鲜明的特色。课程教学团队结构合理，教师中有多名是经验丰富的专家，是课程的教学质量的保证。课程充分挖掘行业资源建设教学资源库，网站设计新颖，内容丰富，为学生自主学习和行业交流提供了较好的互动平台。

（4）金华职业技术学院成军教授的评价意见。电动工具检验与测试是机械制造与自动化（电动工具）专业的一门主干课程，以培养学生电动工具相关标准的应用能力和电动工具检测职业能力为课程目标。该课程以电动工具国家标准为主线设计了9个项目化教学单元，以来自校企紧密合作的校内外基地生产线、国家重点实验室的检测项目为教学载体，构建基于电动工具检测工作过程的工作任务；采用教、学、做一体，企业服务与教学一体的教学方式，并实行小组考评、组员考评、教师考评及考证考评多层面的课程考核方式，工学结合、课证融合特征明显；教师队伍结构合理，多人具有电动工具行业背景；网站资源丰富，栏目设计合理。该课程在学生中很受欢迎，教学效果明显。

2. 学生评价

学校建立学生评教制度，每学期学生要认真填写评教卡（或网上评教），对该学期内每位教师的教学质量进行评价。校内学生评教项目如下：

（1）以身作则、为人师表，工作认真负责。

（2）教书育人，严格要求学生，课堂组织管理好。

（3）备课认真，准备充分，讲解熟练。

（4）善于吸收本学科的研究成果，信息量大。

（5）讲课条理清楚，重点突出。

（6）理论联系实际，培养基本能力和技能。

（7）教学方法灵活多样，重视运用现代教学手段。

（8）启发学生思维，培养学生兴趣，课堂气氛活跃。

（9）指导学生方法，提供阅读（参考）书目。

（10）作业适量，批改认真，耐心辅导答疑。

每学期学生通过网络进行评教活动，近3年对戴欣平等5位主讲教师的评价结果如表2-3所示。

表2-3　学　生　评　价

教师姓名	2019 年度	2020 年度	2021 年度
戴欣平	优	优	优
俞悦	优	优	优
吕群珍	优	优	优
郑一平	优	优	优
金波	—	—	优

3. 社会认可度

经过近年来的教学改革与实践，电动工具检验与测试课程在教学研究和学生培养等方面均取得了较好的教学效果，得到了校教育督导处、校内外专家、同行和企业用人单位的一致好评。在教务处组织的学生评价中，学生对本课程任课教师的评教结果均为优良。

通过学习课程教学内容，学生参加机电产品检测工职业技能工种鉴定，一次性通过率为95.2%。

在近几年参加的全国高职高专发明设计、浙江省大学生机械设计等技能竞赛或学科竞赛中，获得三等奖以上学生超过30人次。

2019—2021年，机械制造与自动化专业毕业生一次性就业率保持在98%以上，企业用人单位对本专业学生的生产实习、顶岗实习和工作能力都给予了高度评价。

（六）特色与创新

1. 课程的主要特色

（1）与金华市出入境检验检疫局及电动工具企业紧密合作，融合电动工具标准，基于企业典型检测任务及检测过程设计课程。

（2）依托校企共建开放式电动工具检测实训室，结合企业产品检测服务，以典型电动工具产品为教学载体，通过完成真实检测任务实现教、学、做交融。

（3）开发了大量的电动工具检测技术资料与文件，建设学生自主学习及与行业技术人员互动交流的平台，以课程建设和实施为纽带，促进了校企合作的深度。

2. 课程与国内外同类课程比较

（1）基于工作过程设置课程教学内容。通过工作任务与职业能力分析确定课程的目标与职业能力，以检测工作过程为主线，融合电动工具标准，以电动工具检测项目为教学项目，结合机电产品检测工职业资格考核标准，确定教学内容；选用典型电动工具检测为载体，采用教、学、做一体的教学方法实施教学，教学效果良好。

（2）教学条件良好。电动工具检验与测试课程拥有一支一流的教学团队，主讲教师均为"双师型"教师；校内拥有本课程专门的检测实训室，设备种类与台（套）数满足学生实训及对外服务要求。实训室根据现场教学要求设有教学区、讨论区与实训区，布局合理，管理制度完善、先进。拥有足够数量且满足要求的校外实训基地，可满足学生顶岗实习的需要，与学生就业岗位实现零对接。

（3）教学方法和手段先进。采用项目导向、任务驱动的教学模式，以教、学、做一体化实施教学，强调学生的主体地位，并采用多媒体、网络等手段开展教学，学生自主学习性得到了很大提高，通过多层面考核，突出学生职业素质的培养，特色鲜明。

电动工具检验与测试课程在教学内容选择、教学设计、实训条件、工学结合、校企合作等方面与国内同类课程相比，处于优势地位。

3. 课程的改进方向

（1）根据国家标准的更新和检测项目的扩展，进一步完善教学项目。电动工具国家标准不断在完善、更新，电动工具检验与测试课程内容应根据国家标准的变化进行必要的改进。ROSS检测项目目前不作为教学内容，随着环保要求的提高，应逐步纳入课程内容。另外，电动工具性能与工况检测正逐步得到重视，在此方面有待进一步完善。

（2）课程网站资源有待进一步完善。进一步加强与行业企业的联系，收集课程资源，不断补充与完善教学网站资源，便于学生自主性学习。

（七）课程建设规划

电动工具检验与测试课程的建设目标、步骤及5年内网络课程资源更新情况如下：

第二章 高职教育课程开发的模式与机制

1．课程建设的目标

（1）重视青年教师的培养和企业兼职教师的建设，构建同时具有很强的理论和实践教学水平，并在国内领先的教师梯队。

（2）与行业发展、企业需求接轨，不断更新充实课程教学内容。

（3）努力探索创新教学手段和教学方法，进行教育教学改革和研究，争取每年有与本课程相关的教育教学研究课题立项或论文发表。

（4）在已建成的网络课程的基础上，将全部教学录像上网，并扩大、补充教学资源库，方便学生的自主性学习。

2．课程建设的步骤

（1）校内和校外相结合，加强教师队伍建设。

（2）与生产企业及检测机构紧密结合，强化校企合作。

（3）深化教育教学研究与改革，积累教学经验，形成具有自身特色的教学方法，不断提高教学质量。

（4）完善网络课程，对网络资源及时更新和扩充。

（5）完成教材的编写工作，争取拥有优秀的省级自编教材。

3．网络课程资源更新情况

目前，本课程网络基本框架已经完成，课程组将进一步完善，每学年将对网络课程教学资源更新 25% 以上。

三、电子商务实务课程开发案例

由金华职业技术学院胡华江教授主持开发的电子商务实务课程以校企合作为切入点，以培养职业能力为核心，以项目教学为主要手段进行课程设计，积极探索教学方法与评价方法的创新，保证课程目标的实现。2007 年被评为省级精品课程，2008 年被评为国家精品课程，2012 年立项为国家级精品资源共享课。

（一）课程建设

1．课程的性质与作用

市场营销专业人才培养目标：培养适应社会主义市场经济和现代化建设事业需要，具有较扎实的经济学、管理学和营销学知识，掌握现代市场营销的操作流程、基本技能、技巧和方法，能应用经济学、管理学、营销学的观点、原理、方法依法从事市场营销、管理、策划和商品销售的实用型人才。专业核心能力：商品推销能力与营销策划能力。

电子商务实务课程是市场营销专业的一门必修课，是专业核心课程。课程与市场营销、商品推销、国际市场营销等课程构成培养商品推销能力的核心课程。其目标是培养学生的网络推广与销售能力，使学生能够根据企业及产品的特点，通过互联网开展网络信息的收集、发布、推广、商品销售及客户管理等活动，是商品推销能力在互联网上的延伸。在掌握专业能力的同时，提升方法能力和社会能力。

2. 课程设计的理念与思路

（1）以职业能力培养为核心。在重视学生专业能力的同时，重视方法能力与社会能力的培养。学生通过课程学习掌握网络信息收集能力、网络信息推广能力、网上商品交易能力和网上客户管理能力（专业能力）。通过引导学生由传统营销思维延伸到互联网营销、由课堂学习发展到网络课程学习，提升学生的市场开拓方法能力和自主学习能力（方法能力）。通过合作学习及对企业实际问题的思考提升学生的团队合作能力与创新能力（社会能力）。

（2）以校企合作为切入点。通过邀请行业企业专家来校指导（或到企业征求意见）、向一线营销人员了解工作任务与工作流程、毕业生反馈交流等形式，进行岗位职业分析与课程内容选取。通过企业高管来校举办讲座或行业企业骨干直接参与课程教学、教材编写，教师服务企业，学生顶岗实习等形式深度合作开发课程，以充分体现课程的职业性、实践性和开放性。

（3）把握3个关键点，提高教学效果。一是教学组织项目化，把课程内容设计为5个教学项目、29个教学任务，教学要求具体且可操作；二是教学方法强调启发引导法、合作学习法、真实体验法、循序渐进法等多种方法的灵活运用；三是考核体系由教师、学生、企业共同参与的多元考核，鼓励学生不断追求完善的动态考核，重视平时学习过程的随机考核构成。

3. 对专业建设与发展的定位和作用

市场营销专业是国家示范建设的重点专业，本专业的核心能力是商品推销能力与营销策划能力，电子商务实务课程的目标是培养学生的网络推广与销售能力，是商品推销能力在互联网上的延伸。因此，该课程对培养学生形成专业核心能力具有重要的支撑作用。同时，该课程在专业课程建设中起着引领与示范作用，具体体现为3个"标杆"。

（1）课改研究的标杆。该课程从2000年起，先后进行模块课程、项目课程、工作过程系统化课程3个阶段的改革，完成了校、市、省三级5个教改课题的研究，被认为是起步早、举措多、成效大的课改课程，成为市场营销专业及相关专业课程教改的榜样。

（2）课堂教学的标杆。针对实际操作课堂组织难、教学效果不理想的普遍现象，提出并实施五化教学模式（项目背景企业化、学习内容工作化、教师指导精细化、学生操作规范化、成绩考核动态化）、五步教学流程（教师提出具体要求→学生实践训练→教师示范操作→典型错误分析→优秀作业展示），教学效果好。

（3）推广辐射的标杆。课程建设经验先后在校内的经济管理学院、建工学院、旅游学院交流，并在省内6个高职院校、全省高职专业内涵建设研讨会及全国高职院校课程建设培训会中做过12场专题报告。

4. 持续建设和更新情况

（1）教学模式改革。2009年，将原来的"四化"教学模式完善为"五化"教学模式，并提出5个控制点（教学项目背景材料是否为教师深入企业调查或实际运营的第一手资料；学习内容是否与企业真实项目或工作任务一致；学生操作是否以文字加配图的形式记录操作过程；操作指南是否包括操作目的、操作步骤、操作提醒、操作与思考、课后阅读等要素并发布在网站上；学生成果是否经过不断完善，有详尽的过程考核记录），提高了教学模式的可操作性。2011年，提出实践操作课堂组织5步教学流程，大大提高了课堂教学的有效性。

（2）教材建设。2010年初与国家精品课程配套的《电子商务实务》教材由高等教育出版社出版，年末与教材配套的电子课件由高等教育出版社制作出版。

（3）资源建设。每年资源更新达到20%以上，其中网络信息推广内容更新90%以上，完成全程教学录像（60课时）上网，教师课程培训全程录像（14课时）由教育部全国高校教师网络培训中心录制并发布，课程建设动态新闻由60条增加到112条。

5. 转型升级为资源共享课情况

（1）更新教学内容。教学内容伴随着电子商务的发展而更新，融入电子商务运作的新方法、新手段，使学生掌握适应社会企业需要的技能和知识；更新教学案例，选取教师社会实践的典型网络零售企业的实际项目或本校学生创业实际项目，进行教学化改造，具有较强的可操作性和实用性。

（2）梳理完善教学资源。在完善教学内容构建的基础上，重新梳理教学大纲、教学日历、教学要求、教学设计、演示文稿、习题作业及相关资源，并与全程教学录像一致；基本资源提供了质量较高、面向学生及社会的60课时全程教学录像，实现共享资源的系统性与完整性。

（3）重视课程建设交流。围绕"如何上好这门课"这一主题，由教育部全国高校教师网络培训中心录制了由胡华江教授主讲的14课时教师课程培训录像，并发布在"教师发展在线"上，与相关课程教师交流教学心得。课程上线不到2

个月，就有 52 名教师参加了该课程的在线培训。

（4）提交的所有课程资源符合《国家级精品资源共享课建设技术要求》。

（二）课程内容

1. 教学内容的针对性与适用性

电子商务是网络化的新型经济活动。随着网络经济的快速发展，电子商务已广泛渗透到生产、流通、消费等各个领域，成为企业拓展市场空间、获得更多信息、赢得竞争优势的必然选择。这就要求市场营销人员除了掌握传统的营销技能与方法外，还必须具有利用互联网开展网络信息收集、网络信息推广、网上交易及网上客户管理的能力。课程内容依据高级推销员完成电子商务工作任务所需的知识、能力、素质进行选取，并为学生可持续发展奠定良好的基础。

2. 教学内容的组织与安排

通过对营销人员电子商务工作任务分析，把课程内容设计为 5 个教学项目、29 个学习性工作任务，并以传统企业实施电子商务的工作过程为主线进行序化。学习性工作任务的设计以真实工作任务为依据，教学要求在做中教、在做中学，充分体现教、学、做结合，理论与实践一体化的教学理念。

3. 教学模式的设计与创新

为全面培养学生的职业能力，做到在校学习与实际工作的一致性，提出并实施如下"五化"教学模式。

（1）项目背景企业化。教学项目依据企业背景材料设计，以保证在校学习与实际工作的一致性；思考并解决一些来自企业的实际问题，培养学生的社会能力。

（2）学习内容工作化。学习任务来自工作任务，同时增加了反思、总结等要求，因此，学习任务又高于工作任务。学生获取知识的过程是在相应的学习情境中通过具体的职业实践进行的。

（3）教师指导精细化。操作步骤有主讲教师详细的配图演示，便于学生反复模仿训练、消化，培养学生的基本操作能力。

（4）学生操作规范化。要求学生完成资讯、决策、计划、实施、检查、评价6 个步骤的操作过程，培养学生的方法能力。

（5）成绩考核动态化。作品成绩不满意，学生进行修改后仍然可以得到好成绩。用动态成绩鼓励学生不断修改完善作业。以学生平时的一次随机成绩作为学生的终结实训成绩，使学生重视平时训练，保证了课程目标的实现。

4. 实践教学条件的建设与使用

设立模拟真实工作环境、具有良好职业与文化氛围的电子商务工作室，课程教学全部在多媒体教室和电子商务工作室完成。电子商务工作室配有电脑96台及扫描仪、数码相机等实验设备，配有北京得意通电子商务软件、ICRM顾客关系管理软件（企业版）及ERP软件，基本满足理论、实践一体化教学的要求，且利用率高。

金华职业技术学院建立了浙江银泰电子商务有限公司、金华市电淘电子商务有限公司等紧密型校企合作基地，为课程教学提供真实的工作环境。企业每年定期来学校举办讲座，并直接参与电子商务实务的课程教学；运用互联网将企业的真实工作环境带到学校实训室，解决了到企业实训受办公空间与电脑设备限制的困难。

（三）课程资源特色

1. 资源内容与区域企业岗位要求一致

教学内容的选取和组织以区域性企业岗位要求为依据，充分体现高职教育服务地方经济的特色。不断更新教学内容，融入电子商务运作的新方法、新手段，使学生的技能知识与电子商务行业发展保持一致。

2. 全程教师培训录像与全程教学录像配套

课程资源提供了面向学生及社会的60课时全程教学录像，同时提供了主要面向青年教师的14课时全程教师培训录像，发布在教育部全国教师网络培训中心"教师发展在线"上，与全国相关课程教师进行交流。

3. 系统、完整的课程资源须与教学内容高度匹配

教学大纲、教学日历、教学要求、教学设计、演示文稿、习题作业及相关资源系统、完整，并与全程教学录像高度匹配，充分体现资源通用性、实用性、易用性、科学性和可拓展性。

（四）课程评价

1. 自我评价

电子商务实务课程由浙江省首届高校优秀教师胡华江教授领衔开发与建设。教学内容以工作过程为主线，教学设计融教、学、做为一体，突出培养学生职业能力和职业素养，采用校企共建、项目化教学、教学与科研互动等手段有效地保证了课程目标的实现。"五化教学模式""五个控制点""五步教学流程"提高了课程教学的有效性。教学录像质量比较高。

资源内容与区域企业岗位要求一致。教学内容的选取和组织以区域性企业岗位要求为依据，并且不断更新，使学生的技能知识与电子商务行业发展保持一致。

全程教师培训录像与全程教学录像配套。课程资源提供了面向学生及社会的

60 课时全程教学录像，同时提供了主要面向青年教师的 14 课时全程教师培训录像，发布在教育部全国教师网络培训中心"教师发展在线"上。

系统、完整的课程资源须与教学内容高度匹配。教学大纲、教学日历、教学要求、教学设计、演示文稿、习题作业及相关资源系统、完整，并与全程教学录像高度匹配，充分体现资源通用性、实用性、易用性、科学性和可拓展性。

2. 同行评价

（1）浙江商业职业技术学院沈凤池教授的评价。胡华江教授主持建设的电子商务实务课程，教学理念与教学思想先进，教学设计合理，教学方法灵活多样，教学内容选取符合岗位要求与学生特点。课程主持人教学经验丰富，教学能力强，业务水平高，讲课富有激情，课堂效果好。利用课程在线教师培训与专题讲座，很好地发挥了精品课程的示范与辐射作用。课程资源系统且相互匹配，资源更新快，共享性好。

（2）浙江工商职业技术学院陈明教授的评价。金华职业技术学院胡华江教授主持的电子商务实务课程，以校企合作为切入点，以培养职业能力为核心，以项目教学为主要手段，积极探索教学方法与成绩评价方法的创新，保证课程目标的实现。抓"五个控制点""五步教学流程"，保证"五化教学模式"的实现，提高实践操作课课堂的有效性。教改落在实处，成效显著。课程资源系统丰富，具有通用性、实用性、科学性和可拓展性。

（3）江苏技术师范学院谢忠秋教授的评价。如何将校企合作落实到课程建设，这是新形势下高职课程建设的重点与难点。金华职业技术学院的电子商务实务课程，在教学内容、教学组织、教学团队、科研服务等方面的校企合作实践，无疑给我们提供了一个成功的借鉴。从课程网站的 50 多条课程建设新闻可以看出，多年来该教学团队以校企合作为切入点进行了基于工作过程的课程开发，做了大量的具体工作，成果显著。不仅课程本身具有示范作用，这种兢兢业业建设课程的精神更值得弘扬。

（4）金华职业技术学院成军教授的评价。由金华职业技术学院"十佳教师"胡华江负责的电子商务实务课程是省级精品课程。该课程教学内容以工作过程为主线，教学设计融教、学、做为一体，突出培养学生职业能力和职业素养，采用校企共建、项目化教学、教学与科研互动等手段有效地保证了课程目标的实现。课程案例大量采用教师本人对浙江及本地企业的调查研究成果或科研成果，既有利于提高教师业务水平又有利于提高学生的学习积极性，受到学生的普遍好评。课程网络资源丰富，利用率高。

3. 行业企业专家评价

（1）金华市电子商务协会陈宁秘书长的评价。金华职业技术学院营销专业学生电子商务调研能力强，《金华行业网站现状调查报告》首次对我市行业网站的现状、问题与发展对策进行了系统研究，调研成果对今后我市行业网站的健康、快速发展具有积极作用（《金华晚报》报道）。

（2）金华信息港集团虞啸华董事长的评价。金华职业技术学院营销专业学生具有较强的网上推广和网上销售能力、动手能力及适应能力。他们不仅掌握了传统的营销方法，还掌握了互联网营销技能。他们将成为我企业实施"五媒一体"经营战略的新生力量。

（3）浙江大学计算机科学与技术学院陈德人教授的评价。金华职业技术学院胡华江老师负责的电子商务实务课程，建设思路清晰，课程定位得当；基于工作过程的教学内容与教学方法，充分体现了行动导向的课程特点。特别是课程建设中的校企合作，起步早、举措多、做得实，成效显著，具有示范作用，值得推广。

4. 学生评价

主讲教师多年来从事电子商务课程教学，有丰富的教学经验，该门课程受到学生普遍欢迎，如表 2-4 所示。

表 2-4　近三年学生评价结果

教师姓名	2019 年度	2020 年度	2021 年度
胡华江	优	优	优
罗娅丽	优	优	优
王丹	优	优	优
王磊	优	优	优
金川涵	优	优	优

5. 社会使用评价

（1）教育部全国高校教师网络培训中心的评价。由胡华江教授主讲的电子商务实务课程，在"教师发展在线"平台上线后，不到 2 个月的时间内就有 52 名本专科教师参加了在线学习。胡华江教授从教学实践出发，与学员分享了优秀的教学方法、理念、技巧等，讲授深入浅出、生动活泼，使学员受益良多，为有效促进优质成果的应用和共享，起到了良好的示范作用。

（2）金华市电子商务协会孙栋的评价。由金华职业技术学院胡华江教授领军开发的电子商务实务课程，资源信息量大、架构合理，内容贴合企业岗位要求，通俗易懂，是一门引导传统企业进入电子商务的很好的启蒙课程。该课程教学团队既有教学经验丰富的资深教授，又有运营经验丰富的企业骨干，实力雄厚，服务行业企业能力强。我非常愿意向相关企业和人员推荐学习这门课程。

四、药物化学与工艺课程开发案例

由金华职业技术学院李群力教授主持开发的药物化学与工艺课程以企业工作过程为基础，以能力培养为导向，采用"项目驱动"的教学模式，以企业实际生产的产品类别设计教学情境，构建新型职业技能课。该课程于 2008 年立项浙江省精品课程，2010 年立项国家精品课程，2012 年立项国家级精品资源共享课。

（一）课程建设

1. 课程的性质、作用与定位

（1）药物化学与工艺课程简介。药物化学与工艺课程主要面向制药与药学服务类专业群，在对制药企业、医药行业相关岗位和考证要求进行分析的基础上，按照行业要求，在明确专业群的培养目标和岗位职业能力的前提下，将理论知识与实践技能融合，对原有的药物化学知识进行扬弃，将传统的药物化学由专业基础课准确导向职业技能课。

目前，药物化学与工艺课程为化学制药技术专业和生物制药技术专业的职业技能课，学生通过课程的学习，掌握各类药物的理化性质，了解化学合成药物的发展概况，掌握化学合成药物的通用技能，建立质量、洁净和安全意识，基本达到化学制药企业相关岗位群的任职要求，并为后续药物制剂技术和药物检测技术等课程的学习奠定基础。

药物化学与工艺课程同时又是药学专业和医药营销专业（依据 2019 年专业目录名称）的职业基础课，通过相关知识的学习和对典型药物合成工艺的操作，掌握药物的各种理化性质，熟悉药物的生产过程，从而为熟练进行药物调剂、用药指导和药品营销尤其是原料药的营销奠定基础。

（2）课程的性质与作用。化学制药技术、生物制药技术、药学、医药营销等专业共同组成了金华职业技术学院的制药与药学服务类专业群，其中，生物制药技术专业是浙江省示范建设专业。在经过对医药卫生行业和制药企业药学高职人才需求的深入调查研究之后，专业群的培养目标定位为"培养具备从事药物的原料药生产、药物各剂型制备及分析检验、药品调配与用药指导、药品销售能力的应用型专门人才"，并建立了"校企交互，工学融通"的人才培养模式。专业群的课程体系也随之进行了调整和融合，如图2-15所示。该课程体系是在专业建设指导委员会的指导下制定的，能科学、有效地培养学生的职业技能和职业素质，符合各专业高技能人才培养目标和专业相关领域岗位的任职要求，并具有良好的操作性，目前已培养学生三届，社会评价较高。

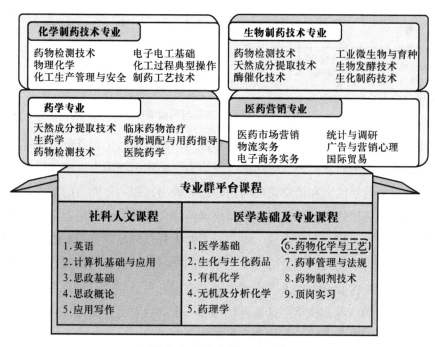

图2-15 专业群课程体系

其中，药物化学与工艺既是所有能力培养的基础课，又是培养药物合成能力、化学合成制药工的职业技能课。

药物化学与工艺课程针对不同的专业分为3个模块：药物化学与工艺A，72课时，面向化学制药技术与生物制药技术专业；药物化学与工艺B，64课时，面向药学专业；药物化学与工艺C，56课时，面向医药营销专业。课程的前导课程和后续课程如图2-16所示。课程主要以有机化学、无机化学与分析化学、生化与生化药品、药理学和天然成分提取技术等课程为基础，直接培养核心职业能力，并为药物制剂技术、药物检测技术、制药工艺技术岗位实习奠定基础，同时为医药市场营销和生化制药技术课程提供知识支撑。

前导课程		本课程	后续课程	
课程名称	面向专业		课程名称	面向专业
有机化学	专业群	药物化学与工艺	药物制剂技术 岗位实习	专业群
无机化学与分析化学	专业群		药物检测技术	化学制药技术 生物制药技术 药学
生化与生化药品	专业群		制药工艺技术	化学制药技术
药理学	专业群		医药市场营销	医药营销
天然成分提取技术	化学制药技术 生物制药技术 药学		生化制药技术	生物制药技术

图 2-16　课程的前导与后续课程

（3）课程在专业能力培养中的定位和作用。制药与药学服务类专业群要求学生具备比较宽泛的职业能力，即药物合成能力、药物制剂能力、药物检验分析能力、医药市场营销能力和药物调配与用药指导能力，每一种能力的培养均有相应的主要课程；药物化学与工艺课程主要培养药物合成能力，即培养学生掌握制药企业原料药生产过程中包括合成、中控、手性拆分、成品质量控制的全部操作技能。在培养能力的同时，也为后续专业课程的学习打下良好的基础，同时为药物制剂和药物分析检验能力提供理论和技能的支撑。另外，通过对自主学习能力和独立工作能力的培养，使学生具备再学习和一定的独立工作能力，并培养学生良好的药品生产的职业素质，尤其是安全和洁净意识。

2. 课程设计的理念与思路

（1）整合传统内容，以企业实际生产的产品类别设计教学情境，注重课程的实用性。药物化学与工艺课程是教学团队（"双师"结构）将传统的药物化学学科性内容按照制药行业的岗位需求和职业技能考证要求，在保证必需、够用的原则下，使之与药物合成工艺操作技能和职业素养相融合（见图 2-17），是一门促进学生在制药企业药物合成相关岗位群就业的、实用性强的、全新的职业技能课。

药物的种类繁多，教学过程中不可能通过一门课程使学生掌握全部药物的性质和合成，因此，药物化学与工艺课程内容的设计理念是以典型药物为载体，根据药物合成的工作过程，选取教学内容和设计教学方法，重在培养学生典型药物的合成能力和职业素养，培养学生的自主学习能力，使学生做到举一反三。

第二章　高职教育课程开发的模式与机制

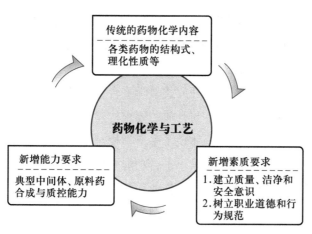

图 2-17　课程的内容选择

通过调研，明确了制药企业原料药生产的产品类别，主要分为原料药中间体、化学药物、天然活性成分和抗生素，基本上涵盖了制药企业原料药生产的全部种类。因此，以此设计教学情境，使学生所学技能具有适用性，能在多数制药企业零距离上岗（见图 2-18）。

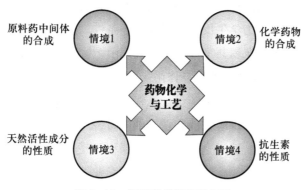

图 2-18　课程教学情境的设计

（2）以企业工作过程构建教学过程，采用"项目驱动"的教学模式，与企业实际工作接轨，体现职业针对性。课程培养的最终目标是使学生达到制药企业相关岗位的上岗要求。制药企业生产车间的工艺流程中的主要工作岗位为原料药合成、中间控制、手性拆分、成品质量控制，依据企业各种原料药生产的实际工艺流程，设计教学过程，同时论证其合理性和完整性。

药品生产的特殊性就在于其对质量和洁净度的高度要求，药物合成生产还对安全有很高的要求，课程实施中以"项目驱动"为主线，重点在于为学生创造一个企业化的工作情境或氛围。此教学模式重在提升学生在制药工艺过程中的相关技能和职业素养，培养按照《药品生产质量管理规范》（Good Manu-facturing Practice，GMP）和标准操作规程（Standard Operating Procedure，SOP）操作的能力，充分体现课程的职业针对性。

（3）构建与课程网站配套的开放式教学平台，为资源共享课程奠定了坚实的基础。按照国家级精品课程共享与开放的要求构建了开放式教学平台，在大量多种类型素材的支撑下，平台充分体现了多所学校与多家企业共享共建、师生共同参与、课程全程互动的理念与要求。平台功能多样化，可以实现即时下载、在线浏览和素材的在线评价，并有完整的作业系统、在线考试系统及电子化教材编写系统等，目前课程已经转化为资源共享型课程。

（4）开发三维全景仿真实训软件，使学生可以模拟实境，体验企业生产过程并进行仿真操作。按照企业实际生产工艺流程和 SOP，应用 3D 技术和实时场景再现技术完成了药物合成工艺和操作的虚拟仿真软件开发，并应用于实际教学过程，不仅为教师提供实习授课的良好工具，而且可以利用计算机教室或网络让学生开展自主学习，将原来繁复的现场讲解、演示，委托给了计算机，利用计算机仿真具有的可重复性与自动引导性的特点，加强了学生的学习效率，极大地扩展了学生的视野。学生通过计算机辅助仿真练习熟悉药物合成生产设备和车间生产工艺流程及相关操作，为学生反复练习提供了条件，同时也降低了实践教学的成本，目前该软件已经在课程共享平台上开放使用，取得了良好的效果。

3. 对专业建设与发展的定位与作用

药物化学与工艺课程经过全新设计，将知识学习与实践有机结合，知识学习为实践提供指导，实践在训练技能和素质的同时，反过来促进知识的巩固，因而成为一门专业核心课程。经过全新设计，本课程既是所有能力培养的基础课，又是培养药物合成能力、培养化学合成制药工的职业技能课，本课程对专业群的培养目标定位、课程体系构建均是有力的支撑。

因而，本课程作为支撑未来学生就业能力培养的专业核心课程，在教学内容与行业企业的接轨、教学模式改革、专兼团队建设、师资水平提升、校内外实训基地建设等方面均对专业其他课程产生了良好的促进作用。

另外，课程资源共享平台的开放与使用，仿真实训系统的投入运行，有效地促进了学生对行业的了解，学生在校时就可以实境体验企业的全部生产工艺过程，了解企业车间的布局，熟悉药物生产的 SOP，对提升专业的内涵，扩大专业社会影响起到了良好的作用。

在课程与行业要求不断接近的过程中，专任教师不断提高教学水平，尤其是实践教学能力，并且对专业的发展方向，学生未来的就业岗位、职场生涯设计和发展有了更深的了解；兼职教师通过参与课程及资源建设，对高等职业教育有了深层次的了解；校外基地在专业学生实训、实习、就业等实践教学中提供师资和基地，从而深化了校企合作，真正实现了工学结合。课程在与相关院校的合作过程中，以讲座、共编教材、共建资源库、互派师生取经等形式，有效沟通与交流，丰富了资源内容，实现了资源共建、共享。

4. 持续建设和更新情况

从 2010 年入选国家精品课程以后，药物化学与工艺课程的建设持续进行，两年就圆满完成了申报时承诺的建设目标。本课程主要的更新和建设情况如下。

（1）根据行业标准和人才需求的变化，逐步更新课程知识与实践教学内容。例如，2011 年 3 月，我国执行了新的《药品生产质量管理规范》，课程相关教学内容也随即进行了更新。如新版《药品生产质量管理规范》对悬浮粒子的静态、动态监测，对浮游菌、沉降菌和表面微生物的监测都进行了详细的规定，课程中涉及的内容全部及时进行了更新，使学生的知识和技能能够与生产实际同步。

医药行业是一个发展很快的行业，新的疾病和药物不断出现，药物合成方法不断创新，新药物、新工艺、新技术不断涌现。课程根据企业培训的要求，新增加了一些与行业前沿接轨的内容，如抗丙肝新药特拉匹韦、平喘药罗氟司特、抗艾滋病新药 Edurant、抗血栓药达比加群酯等。根据执业药师继续教育的需要，增加了抗血小板和抗凝药、良性前列腺增生治疗药、抗尿失禁药、性功能障碍改善药等。

（2）课程非常重视资源的开放与共享，配合国家职业教育药物制剂技术专业教学资源库的建设，进行了大量资源的开发，并建设了课程配套素材资源开放平台。课程以素材资源创建平台为核心，以网络开放教学为目标，以更多的学校教师和企业技术人员的参与为支撑，达到面向全国所有院校开放课程的最终目的，持续进行了以下多方面的工作。

① 搭建了资源共享与开放平台。通过资源共享开放平台的植入，使原来的国家级精品课程顺利转化为资源共享课程，平台分为 5 个模块，包括管理员区、教师区、学生区、开放素材区和互动区。平台以金华职业技术学院为核心，目前有全国多所院校的教师和 5 家企业人员参与建设。在网络技术的支撑下，形成了创建素材资源的群，来自各院校、企业的素材，内容丰富、形式多样，创建的素材包括文本、图片、动画、视频仿真实践、演示文稿、参考资料和教学日历、教学大纲等，创建的素材可供在线浏览、下载、编辑修改、创建电子化教材等，便于创建出更加符合各专业教学和企业培训的针对性很强的电子化教材，体现了素材资源和教材内容的开放性。学生区的教材浏览、在线作业、在线考试，使学生

可以随时学习，随时检测自己学习的效果，拓展了课程学习的空间和时间，弥补了课堂学习的不足，深受学生的欢迎。

② 创建了 4 332 个多种类型的素材。目前共享平台创建的素材类型多样，包括文本素材 1 215 个，图片素材 736 个，动画素材 166 个，视频素材 36 个，实验实训项目 37 个，演示文稿 25 个，参考资料 81 个，教学日历、教学大纲 3 个（针对 4 个专业）、试题 2 033 道，素材总数量达到 4 332 个。

共享平台建设有作业系统、在线考试系统等，并在不断增加中，教师可以通过系统根据需要组合试卷，学生或社会学习者可以利用系统进行考试。充分满足教师授课、学生学习、企业员工培训、社会相关人员在线自学的要求。使用者还可以对素材进行在线评价，以促进素材内容的完善。

（3）开发三维仿真实训软件系统，使学生可以实境体验企业生产工艺。在实践教学方面，为了使学生能随时实境体验制药企业的生产流程，同时又避免制药企业因为安全和洁净的要求高，不便随时安排学生实习见习的尴尬，课程组自主开发了药物合成工艺和操作的三维全景仿真软件，通过三维建模、平面渲染、3D 交互等技术手段真实再现了制药企业原料药生产车间，包括投料、酰化反应、成盐、结晶、精制、真空过滤、烘干、包装（精烘包）等工艺流程，把各个岗位的生产实景逼近真实地展现在操作者面前，给予其直观的现场感受。

这些场景帮助学生实现在真实的工作环境中的模拟，提高了动手能力，学生操作该仿真系统可以置身场景中漫游，自行控制视角，从多个角度清晰观察各车间和设备，并点击设备、管道等学习相关知识。

（4）教学基本资源的更新与建设。

① 课程的全程教学录像录制完成，已经上网，并将随时更新。

② 全部 PPT 演示文稿在经过多年的锤炼后，也已经全部实现了网上更新。

③ 与浙江尖峰药业有限公司合作编写的《药物化学与工艺实训讲义》《药物化学工艺实践操作手册》，已连续 3 年用于课程实践教学。

（二）课程内容

1. 课程内容的针对性与适用性

根据医药行业和制药企业药物化学合成相关岗位所需的知识、能力和素质要求，课程组与行业专家主要选取与浙江省制药企业生产品种相对接的典型药物合成工艺技术，促进学生的上岗和就业，同时兼顾学生的知识容量，从而对后续课程有良好的支撑作用。

（1）教学内容选取的依据。

① 必需、够用，满足岗位工作所需要的药物化学合成知识，并对后续课程

药物制剂技术、药物检测技术有支撑作用。

② 选取企业的真实任务，即典型原料药的合成，经过统筹整合设计为学习情境；所选项目能代表某类工艺的主要操作技能，使学生做到举一反三，如通过对阿司匹林合成工艺技术的训练，学生可以拓展到大部分的药物酯化工艺。

③ 对化学合成制药工、药物制剂工、药物分析工和药士、药师、西药药剂员等资格证书的考核有支撑作用。

（2）教学内容的选择。根据制药企业的生产流程，将企业真实生产的产品种类作为载体进行项目训练，设计为教学情境中的训练项目，通过训练使学生掌握这些工艺技术。知识和技能覆盖了制药企业原料药生产的全部类别和生产流程岗位中的关键工艺技术。

（3）内容层次设计。不同专业根据后续课程和专业岗位需求的不同，构建不同层次的药物化学与工艺课程，工艺实践既可选择工艺流程的单元，也可选择具体工艺技术。目前有3个层次的药物化学与工艺课程，具体如表2-5所示。

表2-5　课程内容层次设计

课程层次	情境 1	情境 2	情境 3	情境 4	服务专业	课时
药物化学与工艺课程 A	√	√	√	√	化学制药技术 生物制药技术	72
药物化学与工艺课程 B	√	√		√	药学	64
药物化学与工艺课程 C		√		√	医药营销	56

2. 教学内容的组织与安排

（1）教学内容的组织。教学内容选定后，对课程内容进行了教学设计，将其组织为科学序化的教学内容。在设计的过程中，金华职业技术学院充分考虑了岗位知识、技能、素质的要求，并紧密结合学生技能考证的需要，以实现学生在掌握操作技能的同时，牢固记忆必需的知识内容的目标。设计的组织过程从感性到理性，从简单到复杂，基于企业的工作过程构建教学内容。

药物化学与工艺的教学通过学习情境展开，设计有4个学习情境和9个学习单元，每一个学习单元都是一个完整的工作过程。

本课程的每一个实践项目都是精心选择的，均详细地分析了学生学习的重点知识，以确定培养的能力是实用的和典型的。

（2）教学过程的实施。本课程将实践必需的知识，在工艺实践过程中穿插进行讲授，确保知识为工艺实践服务，工艺实践是课程目标的最终回归。

① 学习的内容从简单到复杂。教师从第一个学习单元开始，对学生进行必要的知识传授、技能训练和素质培养，并逐步培养学生自主学习的习惯，使学生在技能操练的过程中自行补充必要的知识。

② 学习情境的实施。以完成实际药物合成工作任务的逻辑顺序来组织教学，教学场地根据不同工作任务的需要而改变，在教室、校内基地、校外基地等多个环境展开。

3. 教学模式的设计与创新

（1）"项目驱动"的教学模式。根据培养目标，课程教学中主要采用"项目驱动"的教学模式。实施中以"项目驱动"为主线，重在为学生创造一个企业化的工作情境或氛围，在对以企业实际工艺流程为依据而设计的实训项目进行训练后，真正做到工学结合。实训中，将教师和学生的角色转变为车间主任和员工，培养学生的工作责任感和职业道德，同时通过对实训项目结果的评价，培养学生的职业能力、独立工作能力和团队协作能力。

实施过程为"布置项目→协作分工→课堂学习→自主策划工艺流程"等，写出预习报告→教师在学生预习策划的基础上讲解→学生修订策划→按策划进行训练→记录工作状态、数据，以及训练中出现的问题→教师巡回指导→学生撰写实训报告→教师批改，师生对出现的问题及时讨论和总结→学生根据反馈对工艺加以改进。

（2）遵循工作与学习规律的项目实施过程。实践教学中，遵循"策划→资讯→决策→实施→检查→评估"的过程，对每一个工艺实践情境进行细致策划。

（3）多种形式并举的实践教学的考核方法。经过多年的摸索和探讨，已建立了一套过程考核和终末考核、学生自评与教师测评相结合的考核制度。多方面对基本知识、基本技能及职业素质进行考核。

① 平时考核。从实训过程、实训效果及职业素质等方面进行多元过程考核评价，形式上有学生自评、教师评价和学生互评。完成每个项目后，各小组对工艺操作和成品进行互评，小组成员互评；教师结合学生小组工艺设计创新能力、团队合作精神、工艺操作能力、药事法规的熟悉程度、工作态度、洁净和安全素质等情况，综合评价学生成绩，并对有创新想法和工艺改进的学生加分鼓励。

② 技能操作考核。每个学生从相应的实操技能考核工业题库中抽题（目前已有5套题库），独立完成，教师严格按照评分标准评分。为职业工种的鉴定、考核奠定基础。

（4）网络共享平台极大地补充了原有的教学模式。教师每年在课程网络共享平台与学生的交流时长达 100 小时以上，充分实现了师生间的互动，同时观察学生的学习过程；学生在被关注的同时，也通过教学内容和拓展资源，对相关内容进行在线浏览、下载，并在网络上进行作业的提交、测试、考试，体现了教学组织安排的科学性、高效率、及时性和互动性。从而用现代网络技术对原来的教学模式进行了极大的补充，学生也有了相对的自主性，提升了学习兴趣。

4. 实践教学条件的建设与使用

（1）校内实训基地的建设与使用。

① 药物化学与工艺课程配套有药物化学与工艺校内实训基地，分为药化工艺基本技能实训室、仪器室、药化工艺综合技能实训室、校内模拟生产线，全天向学生开放，为学生训练药化工艺技术和教师带领学生进行科研和创新设计提供了良好的条件。

为了使学生在校时就在模拟场景下实训，以确保在顶岗实习时做到"零距离上岗"，实训室按照《药品生产质量管理规范》的要求建造有小型精烘包车间，全部模拟企业实际工作环境，为学生的实训提供充分的保障。

实训室有专兼职教师 10 人，有 2 位教师专门负责学生的实践指导教学，另有实训准备人员 2 人。

② 3D 仿真实训软件系统和网络资源共享平台也成为现场实践教学有力的补充。网络资源共享平台给学生提供了实践方面的多种信息，包括企业、行业的信息，岗位要求的信息，技能培训的信息等，并展现了很多岗位一线工作的方式和情境，让学生身临其境，在任何时候都能够体会现场工作的状态，对其职业素质的培养、未来的就业都有很大的帮助。

3D 仿真实训软件系统对学生实践能力的提升也有良好的促进作用。仿真软件内容丰富，实境体现了企业的药物生产工艺过程，包括酰化工艺、分离纯化工艺、压滤、重结晶、精烘包工艺等，学生可以在线进行模拟操作，如临其境，对其技能提升、职业素质的培养有良好的促进作用。

（2）校外实训基地的建设与使用。

① 金华职业技术学院非常重视校外实训基地的建设，坚持与设备先进、生产工艺先进、生产管理先进的企业合作。每届学生在合作企业进行不少于 18 周的毕业实习或生产实习，实习中以严格的实习制度规范管理，确保教学质量。

② 药物化学与工艺课程充分利用借助制药专业群各专业建立的近 20 家实习实训基地，经与企业协商，在企业生产任务相对较少时，穿插安排学生至少 2 周的校外实训，强化学校所学知识，增强实践能力和职业意识。

（三）课程资源特色

1. 课程资源的共享开放性强

课程除了原来的申报网站之外，另配套创建了全新的资源开放共享平台。资源共享平台由几个模块组成：管理员区，对教师、学生、社会学习者进行管理，审核素材，并开放一定的权限；教师区，进行课程创建、素材创建、教材编写、试题和作业的创建；学生区，进行教材浏览、完成作业、参加考试等；素材区，创建素材和查询素材。

素材资源由很多人共同参与完成，并及时更新，任何新素材可以随时上传和查询，审核通过就可以使用；任何人经注册批准后都可以在线浏览、下载素材资源，也可以在线创建自己适用的课程和教材。

目前参与课程资源建设的有天津医学高等专科学校、浙江药科职业大学、上海健康医学院、山东医学高等专科学校、福建卫生职业技术学院、广东食品药品职业学院、沈阳药科大学高等职业技术学院等院校的教师。各院校师生边建设边共享资源建设成果，充分体现了资源的共享和开放。

2. 课程资源具有全面性和原创性

目前共享平台创建的素材类型多样，总数量达到 4 332 个，全部为原创。包括文本素材 1 215 个、图片素材 736 个，动画素材 166 个，视频素材 36 个，实验实训项目 37 个，企业实训工艺案例 10 个，行业规范 10 个，SOP 22 个，演示文稿 25 个，参考文献资料 81 个，教学日历、教学大纲 3 个（针对 4 个专业），试题 2 033 道，并建设有作业系统、在线考试系统等。

另外，原创一个内容全境体现企业生产车间和工艺流程的 3D 仿真实训系统，充分满足教师授课、学生学习、企业员工培训、社会相关人员在线自学的要求。

3. 课程资源的针对性和实用性较强

素材资源的内容充分体现高职药物化学课程教学的需求，将理论与实践融为一体，素材资源融入了大量职业岗位的工作要求，图片、动画、视频和仿真等素材主要体现实际工作内容，拓展了教学内容的可视化与直观性。

目前建设的素材资源，包括实验实训、演示文稿、参考资料和教学日历、教学大纲、试题、作业、企业实训工艺案例、企业生产设备等，在相关院校教学和企业培训中应用广泛。

相关院校的教师在线创建自己适宜的教材，并创建适宜自己专业和学生的课程。多家企业也为自己的员工在线制定培训内容，员工可以随时学习，随时测验。未来卫生培训部门、执业药师继续教育也可以在线选择素材内容，组建培训课程。

资源不仅能够满足中高职在校学生的自主学习和高职院校教师课程开发、课程教学、知识更新的需要，同时也能够满足医药行业在岗人员的培训和广大民众药物知识科普学习的需要，充分显现了资源的实用性和针对性。

4. 资源的可操作性强，使用范围广

目前的素材资源可以在线浏览、下载、组合成电子化教材、在线评价，作业系统和考试系统包括习题和试卷组创、发布、评卷、统计等功能，使用者还可以对素材进行在线评价，以促进素材内容的完善，体现了强大的可操作性。

（四）课程评价

1. 自我评价

药物化学与工艺课程自立项建设以来，已完成了申报时承诺的所有建设点。除了基本资源全部上网外，在拓展资源方面做了大量的工作，构建了资源共享平台，将素材创建与共享、学生作业与考试、教师点评有效整合；并自主开发了3D仿真实训系统；建设的资源类型丰富，数量庞大，具有自主性和原创性，实用性、针对性强，并有良好的可操作性，课程已具备资源开放共享的条件。

2. 同行评价

原天津医学高等专科学校校长刘斌教授的评价。药物化学与工艺课程对传统药物化学的学科性内容进行了扬弃和重构，课程组教师在教学实践中能灵活运用多种形式的教学方法，以制药企业完整的工作过程对教学进行组织，课程实施中以"项目驱动法"为主线，重在为学生创造一个企业化的工作情境或氛围，再对以企业实际工艺流程为依据而设计的实训项目进行训练，真正做到工学结合。课程在实施中，从内容选取、教学设计、考核方式等多方面凸显了对学生职业能力和职业素养的培养，获得了良好的教学效果。

3. 行业企业专家评价

（1）浙江尖峰药业有限公司江南制药厂沈泉厂长的评价。药物化学与工艺课程设施、设备先进齐全，开展的实践教学内容以企业实际工作流程为依据，科学可行。构建的实践教学体系将职业理念和职业能力的培养贯穿于实践教学的全过程，充分体现了基于工作岗位教学的特色。

（2）浙江金华康恩贝生物制药有限公司刘旭东副总的评价。药物化学与工艺课程组的教师致力于药物化学与工艺课程的教学改革，教学内容系统性强，教学模式先进，考核形式多样，充分调动了学生的学习积极性，教学效果优良。该校的毕业生具有较好的实际动手能力，能根据所学理论知识解决实际问题，特别是在实际操作方面，学生到岗后立即显示出了动手能力强的优势，目前已有相当一部分毕业生成为本企业的骨干员工。

4. 学生评价

药物化学与工艺课程组分别对正在学习和已经完成学习的在校学生进行问卷调查，并对毕业生也进行了意见征求。结果显示学生对本课程认可度较高。学生对所学课程任课教师综合评价平均得分为96.16，累计5人次获评"我最喜爱的授课老师"，有2人次获得校"十佳教师"。

5. 社会使用评价

从2010年开始，药物化学与工艺课程组对金华康恩贝生物制药有限公司进行了两期的员工培训，培训内容、授课模式、授课效果广受好评。同期课程组对金华市卫生技术人员、执业药师继续教育培训显示，经过重构后的课程内容更加符合行业的需要。在课程资源共享平台创建相应的培养教材，并进行网上培训，已经得到认同和好评。

五、急危重症护理课程开发案例

由金华职业技术学院胡爱招教授主持开发的急危重症护理课程基于岗位工作任务，以培养学生的职业能力为核心，运用线上线下相结合的混合式教学方法进行课程组织，满足学生多元化的学习需求。该课程于2009年立项国家精品课程，2012年立项国家级精品资源共享课，2017年立项国家精品在线开放课程。

（一）课程简介及课程特色

1. 课程体系满足对专业培养目标、规格的支撑

信息化应用能力是护理人员的岗位能力之一。因此，在课程体系的构建中，更强调在专业课程的实施过程中融入对学生信息化能力的培养。急危重症护理课程在教学过程中全程运用信息化手段，从开课前的课程导学、课程自学和预测到课堂教学管理、教学重难点突破，直至课后网络互动，知识拓展和复习等。

2. 基于岗位工作任务的教学内容选择

目前临床上针对危重症患者的急救、监测和管理等新知识、新技能不断出现，纸质教材落后甚至脱节于临床实际是不争的事实。为了让教学内容随时更新、紧跟临床，本课程在选择和组织教学内容时打破了学科体系的框架，从工作岗位出发，分为"救"在身边——院前急救、生死时速——急诊室救护和仁心仁术——ICU监护四大教学项目16个学习任务。每一个学习任务的内容不同但工作流程相同，任务之间是平行关系。教师可以根据临床新进展将相关新知识、新

技能以新任务的方式整合在教学项目下，不影响课程的整体性和系统性。在教学过程中，不同学校的教师可以根据教学条件和区域性疾病分布特点自由选择教学任务，通过重复的工作过程培养学生的临床思维能力，不同的工作内容可以网络自主学习的方式进行。

3. 线上线下的混合式教学满足学生多元化的学习需求

随着信息化手段的普及，在教学过程中利用网络平台课前布置作业、案例导入激发学生的学习兴趣，也可以通过网络进行简单、快速的调研，了解学生的知识技能储备，明确教学重点和难点；课堂上利用微课视频强化重点，突破难点；课后学生利用课程网络资源复习、巩固、拓展知识，通过网络实现和教师、同学之间的随时互动，教师也可了解学生的学习效果，得到反馈信息，改进教学。

（二）课程应用情况

（1）在金华职业技术学院基于人卫慕课平台的课程微课资源，护理3+2的学生实施基于案例演变的情境模拟教学改革，通过3轮的教学改革，不仅在数据上显示学生对课程教学的满意度提高，更重要的是通过信息化教学，提升了学生信息化能力、提高了护士生整体性临床思维能力，提高了岗位适应能力，得到了用人单位的好评。具体的教学过程如下。

① 案例导入自学阶段。教师设计并发放案例任务单，提供各种学习资源。学生根据任务单，以小组为单位，制定学习进度，通过教师提供的人卫慕课学习资源完成自主学习并制定解决方案。

② 案例演变知识内化阶段。在课堂上重现案例，让学生展示任务解决方案，教师点评方案、进行重点知识的讲解，并结合案例进行规范化操作的演示，学生修正方案、进行模拟训练，掌握重点知识和技能操作，同时培养学生的团队合作和人文精神。在学生练习过程中通过微课视频的反复播放满足重复学习和随时学习的需求。

③ 知识巩固、拓展阶段。课后学生根据自身的学习情况，选择对应的知识点和技能点微课视频进行查漏补缺，巩固知识。同时课后通过课程平台进行学生、教师之间的互动，并完成教师布置的作业。

（2）对于一些教学条件尚不能满足课程教学需要的学校，该课程平台可以起到部分替代教学的作用。急危重症护理的实训项目多、实训设备要求高、价格高，如呼吸机、除颤仪、监护仪等设备昂贵，有些院校在原来的教学中只能以理论讲解为主，但教学效果差。现在可以利用课程资源播放视频的方式让学生获得一定的感性认识。目前该课程还在大庆医学高等专科学校和漯河医学高等专科学校使用，获得教师和学生的好评。

（3）急危重症护理的专业性较强，服务群体相对集中，目前使用该课程资源的社会学习者主要是医院的临床护士和院校的专业教师，尤其是低年制的护士和急诊科、ICU 的专科护士，通过对课程的学习提升专业能力。

（三）课程建设计划

（1）课程今后 5 年继续面向高校和社会开放，在出版配套教材的基础上，供更多的高校和医院医护人员使用。

（2）课程在今后 5 年持续更新和增加学习资源。

① 随着临床上针对危重症患者的急救、监测和管理等新知识、新技能的出现，制作并上传相关的学习资源，如休克患者的容量管理、多发伤的急诊救护新进展等。

② 随着灾难救护的迅速发展，增加有关灾难救护的相关资源。

③ 为了培养学生的临床思维能力，增加将知识点和技能点融合运用的临床案例库学习资源，并持续增加案例数。

④ 增加趣味性较强的过关考核系统，将学习和游戏融合，提高学生的学习兴趣。用案例和情境的方式将课程的院前急救、院内急诊室救护和 ICU 监护分为 3 个关卡，首先提供一个情境，通过分析提出问题，只有答对前面的问题，才可以进入后面的问题，只有将所有问题全部答完，并且正确率达到 90% 以上，方可将病人救活并进入下一关卡。用案例发展、情境演变的方式将课程的所有知识点和技能点串联，提高学生的学习兴趣，强化学习效果。

六、幼儿教师音乐技能——歌唱与声势课程开发案例

由金华职业技术学院吴春瑛教授主持开发的幼儿教师音乐技能——歌唱与声势课程以提升学生的音乐素养为核心，以线上学习为主要方式，并辅以丰富的碎片化学习资源，搭建个性化课程体系。该课程于 2019 年立项为国家精品在线开放课程。

（一）课程简介及课程特色

1. 课程简介

幼儿教师音乐技能——歌唱与声势课程由国家级精品资源共享课升级为在线开放课程，已开设四期，学习者 8 351 人，近 20 所高校师生、幼儿园教师参与学习，学习合格者 5 810 人。该课程是学前教育专业的核心课程，旨在提升幼儿教师综合音乐素养。课程以幼儿歌曲歌唱与声势学习为主线，有机融合音乐理

论知识，从而提高学生的演唱、声势、指挥技能及声势律动创编、歌曲分析等能力。课程不仅服务在校生，也适合幼儿园教师及音乐爱好者学习。线下课程32学时、2学分，线上课程32学时，开设12周。

2. 课程特色

（1）以提升音乐综合素养为目标，优化以技能学习为主线、理论学习为辅线的课程体系。传统的声乐课程教学以歌唱技能习得为目标，很难满足幼教岗位能力需求。本课程充分利用在线开放课程平台学习不受时空限制、海量资源选用等优势，拓展学习目标，丰富学习内容，构建了以"歌唱与声势"技能学习为主线、音乐理论知识学习为辅线的课程体系。

（2）探索教学资源呈现与使用方式，打破音乐类技能课的面授依赖，提升线上学习的有效性。针对技能类课程线上学习的局限性和困难，该课程从以下三方面入手予以破解。

① 以师生互动的呈现方式设计技能学习视频，学习者在观看教师示范和学生练习中探究问题，提升训练效果。

② 开发优质的课程辅助材料，如演唱、伴奏、歌表演音视频，让学习者学有范本，练有伴奏。

③ 作业中设置视频作业提交端口，学生上传学习成果、教师在线点评，实现技能学习的即时反馈。

（3）实施多元化考核方式，弥补线下技能学习中难以及时、有效监测音乐理论知识学习情况等缺陷。利用网络学习过程监控功能强化课程考核。通过查看模块中的讨论题、作业题、测试题等完成情况，能及时、全面地了解学习效果。线上侧重知识性测试和技能要点习得情况测试，线下注重技能性考核，使学习测评更全面。

（4）提供丰富的碎片化资源，为搭建个性化小规模限制性在线课程（Small Private Online Course，SPOC）创设良好条件。课程资源中有多类系列化资源，如"歌唱与声势""音乐理论知识""幼儿歌曲表演"等，资源间相互联系，但又以碎片化呈现，这为个性化SPOC搭建提供了多种选择和丰富的资源。

（二）课程考核情况

1. 实施知识与技能并重的在线考核

针对音乐技能类课程的教学特点，建立知识与技能评价相结合的在线考核方式。

在线单元测试、期末考试主要设置知识性题库，如幼儿歌曲创作、声势编配等方面的考核点；在线单元作业中设置了学生技能自我训练的视频上传端口，既便于教师考查学生演唱、律动、指挥等技能掌握情况，又可通过教师反馈促进学生开展自我溯评和自我纠错；讨论题重在考查学生知识技能的灵活运用，"课程讨论"根据学生参加由教师发起的讨论帖（主帖和回帖）数量给予评分，满分者发表有效帖子不少于 7 个。

2. 针对两类学习者设置不同的成绩评定方式

（1）在校生的成绩评定方式。采用线上、线下结合的评价方式，考核通过获得学分。充分发挥线上考核对线下教学的反馈作用，优化线下教学。

课程总分（100 分）= 形成性成绩 60%（线上成绩 35%+ 线下技能测试 25%）+ 期末实践考试 40%。

（2）社会学习者的成绩评定方式。按照 MOOC 考核要求进行考核，考核通过者可申请证书。

课程总分（100 分）= 参与度 40%（课程学习 30%+ 课程讨论 10%）+ 单元作业 35%+ 单元测试 10%+ 期末考试 15%。

证书等级要求：证书等级分为合格（60 ≤ 得分 <85）、优秀（得分 ≥ 85）两个等级。

（三）课程应用情况

幼儿教师音乐技能——歌唱与声势课程于 2018 年初在智慧职教 MOOC 学院开课至今，已连续开课四期，学习者共达 8 351 人。平台互动频繁，教师发公告 63 次、发帖 44 533 个，学生参与互动人数 6 241 人、师生互动 161 232 帖，每期互动都排在平台"最热互动"之列。学员参加考试 5 945 人，课程学习合格者 5 810 人，学习有效人数约 70%。

1. 服务于本校学生学习，提升学生专业综合素养

音乐素养是幼儿教师必备的专业综合素养。金华职业技术学院近 3 700 多名学生参与学习。"任务引领的慕课学习 + 问题导向的面授学习 + 线上线下结合的巩固测评"的混合式学习方式，使学生理论掌握更系统、技能学习层次更深，有效提高了学生的综合音乐素养。学生成绩合格率近 90%，优秀率为 67%。

2. 服务于西部及民族地区院校学生学习，为全国学前教育师资培养提供优质资源

累计有近 20 所兄弟院校约 4 000 人参加慕课学习。其中，广西幼儿师范高等专科学校、内蒙古师范大学、兴安职业技术学院、锡林郭勒职业学院、宁夏民族职业技术学院等西部及民族地区院校 1 300 余人参与了学习，有力支援和促进了欠发达地区学前教育师资的培养。大规模参与学习的高职院校还有宁波幼儿师范高等专科学校、济南幼儿师范高等专科学校、丽水学院、东营职业学院等；中职院校有金华市第一中等职业学校、金华实验中学、温岭市职业技术学校、普陀区职业技术教育中心、衢州中等专业学校、嵊州市职业教育中心、杭州市闲林职业高级中学和宁波古林职业高级中学等。5 所高校把慕课学习成绩纳入线下课程的形成性成绩中，课程团队与学校课程负责人建立"微课学习群"，基于学分制的有组织在线学习大大提高了学习效率，合格率约为 72%。

3. 服务于社会学习者，为在职幼教从业人员的专业成长提供路径

幼儿教师音乐技能——歌唱与声势课程受到了一线幼教工作者的青睐，430 余名幼教工作者参与了课程的全程学习。一批社会学习者自发参加学习，东阳市横店幼教集团、义乌市福田鑫苑幼儿园、锡林浩特市学苑幼儿园等单位组织开展了学习活动，还有一批省培、市培的学员加入学习。在职教师学习目的性明确，学习效果好，合格率近 95%。此外，课程也受到了全国学前教育专业人士的关注，四期累计有 400 多人加入课程浏览。

（四）课程建设计划

1. 更新资源，为慕课高质量开设及个性化 SPOC 课程的组建创设更好的条件

（1）不断更新课程资源，选取更多积极向上、有利于弘扬社会主义核心价值观的音乐作品进入课程，每年资源更新率不少于 15%。

（2）出版活页式新形态教材，参评职业教育国家规划教材。

（3）每年开设不少于 2 期的在线课程。

2. 加强课程推广，推动西部及全国学前教育专业的发展

以金华职业技术学院学前教育专业与西昌民族幼儿师范高等专科学校、川北幼儿师范高等专科学校、新疆阿克苏职业技术学院等西部学校建立的对口支援为契机，加快该课程的推广，加入该课程学习的院校不少于 30 所，受益学生不少于 2 万人。

3. 利用国培、省培、市培等窗口，进一步吸引社会学习者

充分利用金华职业技术学院主持的国家职业教育学前教育专业教学资源库平台及学院多层级的培训平台，进一步推广课程，吸引更多幼儿园教师进入课程学习，拓展受众面。

4. 打造高水平、服务型的课程建设团队

加强对专业知识与技能学习，提高教师的专业能力及服务品质，保质、保量地做好在线课程中的在线服务，形成良好的平台互动学习氛围。

七、手绘构造——产品手绘设计课程开发案例

由金华职业技术学院赵娜老师主持开发的手绘构造——产品手绘设计课程以提升学生的综合设计素养为核心，以企业真实案例为课程内容载体，运用线上教学手段构建开放互通的课程体系。于2019年立项国家精品在线开放课程。

（一）课程简介及课程特色

1. 课程简介

手绘构造——产品手绘设计课程是工业设计和产品造型设计等专业的基础课，旨在提升学生手绘设计技法与素养，也适合工业与产品设计岗位新进人员、设计爱好者学习。课程以产品手绘技能学习为主线，有机融合绘画原理知识和设计创新思维，提高学生产品形态分析构造、创新思维等能力。课程的课堂教学为64学时、4学分，慕课教学为8周、32学时、2学分。教学内容分为3个模块、8个任务，手绘基础模块，着重绘图原理与技能学习；案例实训模块，包含6种平行创意手法及应用；创意思维综合模块，着重色彩与材质的综合表现，是后期CMF渲染的基础。

2. 课程特色

（1）以提升设计综合素质为目标，构建以技能实战为主线的手绘课程结构。针对传统手绘课程缺乏实战环节的问题，课程依托在线平台优势，构建了"基础原理—综合实训—手绘创作"的课程结构。学校教师与中国美术学院教授和杭州热浪工业产品设计有限公司、义乌木马工业设计有限公司设计总监共同授课，通过设计理论讲解、绘图方法示范、真实案例分析方式，传授手绘创作经验技法，融入工匠精神，使手绘构造原理与真实岗位技能及创新思维有效结合，实现从零基础到手绘创作的跨越。

（2）以企业真实案例为教学载体，还原设计工作情境，建设教学资源。针对传统课程中学生会临摹不会创作的问题，课程模拟岗位实战提炼出50多个主题教学案例，并形成教学视频，强化手绘技巧的讲解与示范，建立配套课件及题库，形成了碎片化、分级化和系统化环环相扣的在线教学资源体系，成为在线自学与SPOC教学的有力支撑。通过在线传授经验与技法，即时高效的远程评画、改画、答疑，提升在线学习的有效性，实现学习者自主设计创作的目的。

（3）以在线开放课程为交流平台，引导教师、学生与从业人员互动交流。依托国家工业设计专业教学资源库，联合兄弟院校和业界设计部门，将课程引入企业培训，将企业从业人员引入线上课程，打破时空局限、发散思维，建立学生与

从业人员的交流通道。利用线上平台开展作品展示与投票、技法讨论与答疑，并通过互评引导学生与业界人员学习交流，共同进步。

（二）课程考核情况

1. 社会学习者的成绩评定方式

成绩评定由单元作业、单元测试、课程讨论和考试四部分组成，评分结构如下。

（1）完成4个单元作业和学生互评（占30%）。单元作业采用学生互评、教师督评的方式作为作业分数的评定，主要考查学生对手绘技能的掌握，未完成互评的将在单元作业中扣除20%~40%的分数。

（2）完成单元测试（占30%）。单元测试精选了关键知识点和技能点形成习题库，精准考查学生对手绘透视原理和光影原理知识及应用的掌握情况。

（3）参与"课程交流区"的课程讨论（占10%）。课程讨论由教师发帖提出问题，学生通过头脑风暴进行思考并给出回答，分数由教师置顶肯定和获得赞赏的票数决定，主要考查学生的创新思维、设计分析和应用的能力。

（4）期末考试（占30%）。期末考试采用绘图实战方式，学生根据要求画出相对应的手绘效果图，教师通过远程改卷，考查学生对手绘技法的综合应用、创意思维的综合表现及精益求精的原创精神。

2. 在校生的成绩评定方式

采用线上、线下结合的评价方式，其中线上评价同社会学习者，考核通过获得学分。充分发挥线上考核对线下教学的反馈作用，改进优化线下教学。以金华职业技术学院为例，该课程形成性成绩占70%（线上成绩50%+线下成绩20%），期末考试成绩占30%。

（三）课程应用情况

课程总学习人数7 185人，发帖总数为5 358帖，其中，教师发帖数为710帖，参与测验和作业人员总计3 916人，考核通过人数708人。

1. 本校应用情况

手绘构造——产品手绘设计作为工业设计和产品造型设计专业的必修课（32时、2学分）、其他设计类专业的选修课（16时、1学分），现已在线开课三期，每期线上资源更新率达30%以上，校内选课总数为2 480多人。实行"在网络课程预习中完成跟画+带着问题在课堂面授中内化+课后线上自学巩固线下创作提升"的混合式教改后，本专业学生平均成绩提高了11%，不及格率减少了50%，优秀率提高了47%。学生对课程教学满意度不断提高，通过在线课程学习，有效提升了学生的自学能力、创意思维与表达能力、岗位适应能力。

2. 其他高校学生应用情况及效果

手绘构造——产品手绘设计课程上线后，得到了设计类专业师生的高度认可，其他高校学习者总数达 3 500 余人。其中，将本课程纳入考核运用较好的高职院校有 7 所：义乌工商职业技术学院、浙江工业职业技术学院、杭州万向职业技术学院、无锡职业技术学院、常州机电职业技术学院、四川交通职业技术学院、宝鸡职业技术学院，尤其是中西部地区，使用慕课资源的高职院校均反映对其信息化教学改革的推动效果明显，师生满意度高。无锡职业技术学院和四川交通职业技术学院的专业教师通过使用该门慕课获得学生的高度好评，并主动要求加入教材的编写工作。除此之外，据平台 ID 显示，还有 41 所本科院校的学生注册参加了学习。

此外，手绘构造——产品手绘设计课程也是金华职业技术学院与常州机电职业技术学院、深圳职业技术学院联合申报的工业设计专业国家教学资源库主干课程之一，受到全国机械教学指导委员会工业设计类专业指导委员会的点名表扬和"十三五"职业教育国家规划教材的重点推荐。

3. 社会学习者应用情况及效果

手绘构造——产品手绘设计课程的社会学习者达到 1 200 余人，并作为杭州热浪工业产品设计有限公司、义乌木马工业设计有限公司、金华铁锤工业设计有限公司、金华首创五金设计有限公司等多家企业的内部培训课程，获得了业界的高度认可。

（四）课程建设计划

基于不断更新发展的设计理念和人才培养的需要，今后 5 年的课程建设目标与进度具体如下。

1. 打造共享型金课，面向中西部推广应用

（1）面向其他高校联合开展 MOOC 和 SPOC 的教学研讨，联合兄弟院校共同建设，共同深化混合式教学改革，打造共享型金课。

（2）扩大助教团队面向社会学习者提供更加深入的讨论区答疑、作业点评和纠错服务。

（3）积极联系中西部地区职业院校，进行课程推广和信息化教学的重点帮扶，课程推广不少于 20 所中西部地区院校。

（4）每年开课不少于 2 期。

2. 坚持校企"双元"共建，持续更新资源

（1）坚持校企共建，紧跟业界步伐，持续跟踪企业最新案例，关注新产品的造型语言与表现形式，不断总结新理念、新技能和新手法，每年完成基本资源更

新率 15% 以上。

（2）引入行业企业专家，不断优化教师团队结构，构建名师课堂，进一步完善课件，分享教学经验，加强线上指导，每年完成 10 个以上教学视频的更新。

（3）出版《手绘构造——产品手绘设计》工作手册式新形态教材，并参评职业教育国家规划教材。

（4）完善手绘原理知识的试题库建设，每年完成试题更新 10% 以上。

高职教育教材建设的时代使命与实践特色

　　"教材是联结课程标准与教学的纽带，是课堂教学实施的主要媒介，是教学质量的重要保证。"[1] 它也是落实立德树人根本任务的重要载体，直接关系着党的教育方针的落实和教育目标的实现。近年来，党和国家越来越重视教材建设，以习近平同志为核心的党中央明确提出教材建设是国家事权，标志着国家对教材的重视进入了前所未有的历史高度。教材建设工作是整个高职教育教学工作的重要组成部分，是提升高职教育人才培养质量的关键环节，也是加快推进高职教育教学改革创新的重要抓手。学校教学改革与建设是教材建设的基础，学校是教材建设的主阵地。因此，金华职业技术学院不断加强对教材工作的建设力度并取得了积极成果：教材建设全面加强，目标性、规划性、规范性更加凸显，教材更具职业教育类型特点，更加适应现代职业教育发展的要求，育人功能显著增强，管理水平显著提升。

---

[1]　徐国庆. 职业教育课程、教学与教师 [M]. 上海：上海教育出版社，2016：139.

第一节　高职教育教材建设的使命与方法

中国特色社会主义进入了新时代，高职教材建设工作也面临着新使命、新任务。然而，目前关于高职教育教材的研究特别是教材的理论方法研究相对滞后，不利于新形势下高职教育教材的实践发展。因此，必须高度重视对高职教育教材建设的方法理论研究，为加强高职教育教材的改革和建设提供依据。

一、高职教育教材建设的重要性和紧迫性

教材建设是高职教育工作的一项战略性、基础性工程，是国家事权，也是育人育才的重要依托，决定国家的下一代学什么、信什么，事关中国特色社会主义事业兴旺发达、后继有人。加强高职教育教材建设，首要任务就是要充分认识其重要性和紧迫性。

（一）加强教材建设是立德树人和为党育人、为国育才的重要保障

加强教材建设，是最根本的铸魂工程。2021 年，中华人民共和国国务院副总理孙春兰在全国教材工作会议暨首届全国教材建设奖表彰会上强调，要深入贯彻习近平总书记关于教材工作的重要指示，落实李克强总理重要批示要求，以促进学生全面发展、增强综合素质为目标，以全面提高教材质量为重点，创新教材建设理念，增强教材育人功能，不断提升管理水平，打造更多培根铸魂、启智增慧、适应时代要求的精品教材。她指出："教材是教育教学的关键要素、立德树人的基本载体。教材建设要充分体现党和国家意志，坚定文化自信，深入推进习近平新时代中国特色社会主义思想进教材，用中国理论解读中国实践，形成中国特色的话语体系。要坚持统筹为主、统分结合，加强教材系统规划和建设，根据不同学段学科、不同类型教育的特点，推动大中小学教材、不同学科教材有机衔接，既要传承经典、保持课程内容相对稳定，也要与时俱进、体现新知识新思想新观念。要加强教材全过程管理，只要进入校园、进入课堂、进入书包的教材必须严格把关，规范选用机制，形成高质量教材有效普及、劣质教材加速淘汰的机制。各地各部门和学校要加大经费、人员、项目等支持，加强教材队伍建设，加

快形成中国特色高质量教材体系。"[1]

（二）加强教材建设是提升高职教育人才培养质量的关键环节

教材是教学内容的集中体现，是"培养学生职业道德、职业技能、就业创业和继续学习能力的重要载体"[2]，在提高人才培养质量中具有基础性作用。教材是高职课程实施的第一层面，是沟通课程与教学的重要纽带和桥梁[3]。它不仅是教师执教的重要依据、学生学习的主要内容，也是人才培养目标的基础性依托，更是教学质量生成的最基本要素。邓小平曾经明确指出，编好教材是提高教学的关键。教材质量在教材建设中处于核心地位，直接影响到教学活动的开展效果和人才培养质量，是衡量院校办学水平高低的重要标准之一。正如徐国庆所提到的，"有了好的教材，学生学习的目的性也会强很多，其对知识点的理解也会清晰很多，为了提高学习质量，我们也需要教材"[4]。加强教材建设已成为当前高职院校提升办学质量和人才培养质量的切入点，也是不可忽视的关键环节。特别在高职教师队伍水平亟待提升的形势下，加强教材建设的意义更为重大。高质量发展是"十四五"乃至更长时期我国高职教育发展的主题，是职业教育适应经济发展新常态的主动选择，也要求我们必须构建起与之相匹配的教材体系。

（三）加强教材建设是加快推进高职教育教学改革创新的重要抓手

教育教学改革是高职教育改革的核心，而"三教"改革是高职教育教学改革创新的"牛鼻子"。"教材"改革是"三教"改革的核心组成部分，也是深化高职教育教学改革的有效途径。改革开放以来，我国高职教育教材建设工作取得很大成就，主要表现在：开发了一批反映产业升级和结构调整对技术技能人才新要求、体现职业教育课程改革新理念的高职教材；不断规范高职教育教材管理工作，教材编写、审定及评价机制进一步完善，教材质量不断提高，为促进教学改革、规范教学秩序、保证教学质量提供了有力支撑。但是，高职教育教材建设也存在以下问题：职教特色不鲜明，质量良莠不齐；教材内容与职业标准对接不紧密、更新缓慢、与企业生产实际脱节；中高职教材衔接不紧密或重复；教材选用不规范，教材建设管理制度、服务体系不够健全等。因此，从解决突出问题入手，加强对教材工作的建设力度，是今后一段时间内高职教育教学改革工作的重点之一，也是紧迫任务。

---

① 孙春兰.加快建设高质量教材体系　服务学生全面发展，健康成长[N].人民日报，2021-10-12（04）.

② 崔青峰.高等职业教育教材建设创新[J].科技与出版，2014（2）：51-53.

③ 马云鹏，李哨兵.德智体美劳培养体系下的教材体系建设[J].教育研究，2019，40（2）：25-28.

④ 徐国庆.职业教育的教材建设[J].职教论坛，2015（18）：1.

二、高职教育教材的分类与特点

教材是个不断发展的概念，无论从内容到形式，还是从结构到功能，都随着教育理论、教育技术的不断发展而不断发生变化[①]。目前，我国高职教育教材结构多样，品种丰富。从不同的角度，用不同的标准进行分类，高职教育教材可以有不同的分类方法。从教材形态来看，可以分为传统纸质教材与新形态教材；从教材内容逻辑来看，可以分为学科本位教材和能力本位教材。

（一）传统纸质教材与新形态教材

传统纸质教材与新形态教材是目前最为常见的两种教材形态，两者之间既有继承，又有发展。

1. 传统纸质教材

传统纸质教材在教材使用中长期占据着主导地位，一直以来都是教材的主体形态。传统纸质教材作为教学中传授课堂知识、进行人才培养的重要载体，在高职教育教学中发挥了重要作用。但是，随着现代信息技术的应用，知识更新不断加快，传统纸质教材的弊端日益显现，最为突出的就是"固化的形式、承载知识的封闭性和静态性与现代教育情境的多样性、开放性和动态性之间的冲突和矛盾"[②]。传统纸质教材发展到今天，已经逐渐进入瓶颈期。一方面，传统纸质教材的表现形式主要是"静态图文，多采用单色或双色印刷"[③]，阅读过于枯燥，导致学生阅读兴趣低下。另一方面，传统纸质教材的内容更新较为缓慢，更新的成本也比较高。传统纸质教材的修订期要经历修订、印刷与出版等过程才能完成，需要较长的时间，而现在高职院校的专业教学内容要随着企业和行业信息变换而变化，这就使传统纸质教材与最新的行业发展动态产生时滞。因此，仅仅以传统纸质教材为媒介的课堂教学载体已不能适应当前高职教育的需要。

2. 新形态教材

新形态教材与传统纸质教材相对应，既保留了传统纸质教材的特色，又适应了新的形势和变化，较好地处理了传承与创新的关系，突破了时间与空间的限制。"教材形态是教材内容的载体和呈现方式，建设职业教育新形态教材是新

---

① 邓泽民，侯金柱. 职业教育教材设计 [M]. 北京：中国铁道出版社，2006：97.

② 谢存德，谭荣华. 对高校使用电子教材的可行性思考 [J]. 阜阳职业技术学院学报，2014，25（1）：34–36.

③ 齐志刚. "互联网+"数纸融合新形态教材建设与应用的思考 [J]. 中小企业管理与科技（下旬刊），2018（7）：98–99.

时代对职业教育教材建设的基本要求。"[1] 高职教育新形态教材主要包括活页式教材、工作手册式教材和融媒体式教材，它们具有不同的内涵和特征，极大地丰富了教材的呈现形式。

（1）活页式教材。活页式教材是指教材采用活页的方式进行装订，但其本质是教材内容组织模式的变革。[2] 活页式教材的"活"不仅体现在装订形式上，还体现在内容上。内容的"活"主要是指不断将新知识、新技术、新工艺、新标准、新规范纳入教材。一方面，活页式教材可以增加、减少、修改教学知识与教学内容；另一方面，可以根据技术发展和产业升级情况灵活地对所涉及的工作任务进行更新和优化组合，解决传统教材修订周期长的问题，有助于提高教材的时效性。教师不仅可以根据课程设计自主定制活页式教材，还可以在教学过程中对教材进行二次开发。活页式教材以使用者为中心，既可以满足教师教学和学生学习的个性化要求，也能适应职业岗位能力培养和发展的需要，具备结构化、形式化、模块化、灵活性、重组性等诸多符合高职教育教学和自主学习的特征。学生可以将过程性学习资料加入活页式教材中，如课程笔记、实训作业等。可以说，活页式教材是一种以灵活的模块组合与装订形式呈现出的适合学生学习的"学材"。[3]

（2）工作手册式教材。工作手册式教材是将企业工作手册的编写方式（工作任务、工作步骤、工作场景、工作要求等）引入高职教育教材建设中，它具有工作手册和教材的共同特征。工作手册式教材要满足学生在工作现场学习的需要，反映企业真实的岗位活动和生产流程，提供简明易懂的"应知""应会"等现场指导信息；同时按照技术技能人才成长的特点和教学规律，对学习任务进行有序排列。[4] 工作手册式教材主要有以下特征。

① 学习内容体现工作任务导向。这是工作手册式教材最基本的特征。学习内容选择和编排以工作任务为导向，重点在于对职业岗位活动及工作过程的完整呈现。因此，工作手册式教材并不适用于所有课程，主要适用于工作流程明确、工学结合紧密的生产性实训基地实施的项目化专业核心课程。

② 教材使用体现学生本位。工作手册式教材的基本作用是为学生提供完成学习项目的指导信息和工作任务，基本使用方式是"做中学"。一般情况下，由

① 丁喜纲.职业教育新形态教材的比较与建设探析 [J].中国职业技术教育，2021（2）：67–71.

② 李政.职业教育新形态教材：内涵、特征与编写策略 [J].职教论坛，2020（4）：21–26.

③ 黄河，杨明鄂，旷庆祥.职业教育"新型活页式教材"的内涵及建设路径 [J].教育与职业，2021（2）：99–103.

④ 崔发周.工作手册式教材的基本特征与改革策略 [J].教育与职业，2020（18）：97–103.

学生在生产性实训基地完成教材规定的工作任务，然后由教师对学生如何根据教材进行职业岗位活动进行组织、引导和评价。

③ 编写主体体现双元组合。工作手册式教材的编写主体由企业一线专家、职业院校专业教师、职教课程专家等共同组成，是一种取长补短、优势互补的协同化工作方式。

（3）融媒体式教材。融媒体式教材是将传统纸质教材与新兴数字媒体相融合的新形态教材[①]，是随着教育信息化水平的不断提升而发展出来的教材形态。融媒体式教材实质在于利用不同媒体的互补优势，充分展示教材内容，服务教学过程，满足信息化和个性化的教学需要，主要有以下特征。

① 教材内容呈现方式多样。融媒体式教材依托现代教育技术，综合利用文字、图片、声音、视频、动画、增强现实（AR）、虚拟现实（VR）等多种方式呈现教材内容。

② 教材使用交互性强。通过不同媒体的优势互补，能够多层次、立体化地展示设备仪器的立体结构和动态的生产过程，与教材使用者之间具有较强的交互性，可以为学生提供友好的、沉浸式的工作情境模拟和职业岗位活动体验。

③ 教材使用方便。教师可以根据实际教学需要自主选择教材内容，为学生提供个性化的教学设计方案；学生在教室、实训车间及各种学习或生活场景中都可以随时学习教材内容，检验学习效果，并能够与教材开发者及使用教材的教师和其他学生进行实时交流。[②]

（二）学科本位教材和能力本位教材

从学科本位教材向能力本位教材转变，是高职教材的大势所趋，也是我国高职教育教材的未来发展方向。学科本位教材与能力本位教材具有不同的内涵和特征。

1. 学科本位教材

在我国普通高等教育领域内，从课程到教材都存在以学科为本位的倾向。普通高等教育对高职教育有着深厚而强大的影响，我国高职教育从诞生之日起就是在模仿普通高校办学模式下发展壮大的，尤其是在 1999 年高等教育扩招之前，高职教育一直没有开展实质性的类型化探索，无论是在办学模式、教学形式与管理方面，还是在课程建设与教材开发等方面都是参照普通高校开展办学，没有形

---

① 唐天赋，夏君玫 . 媒体融合在教材出版领域的创新应用实践——以中南大学《大学体育》"金课"教材课程出版为例 [J]. 中国传媒科技，2020（8）：112–114.

② 丁喜纲 . 职业教育新形态教材的比较与建设探析 [J]. 中国职业技术教育，2021（2）：67–71.

成自身鲜明的办学特色。①学科本位教材一般围绕学科门类、依据学术体系逻辑来编写，强调教材内容的"理论完整性、结构系统性、逻辑严密性、知识深度性"②。因此，按学科本位开发的高职教材注重学科知识的系统化和完整化，具有繁、难、复杂甚至晦涩的倾向，而且关联教材之间的内容存在一些重复的现象。随着我国高等教育的大力发展，高职教育教材建设逐步向能力本位转变，但目前学科本位的教育理念在高职教材建设中的表现仍然比较顽固，学科本位的教材仍然存在。

2. 能力本位教材

能力本位强调以职业能力培养作为教育基础、培养目标和评价标准，按各项职业技能的难易，有序安排教学和学习计划，是国际上流行的一种职业教育思想，也是目前国际职业教育改革发展的方向。能力本位教育强调以培养职业技能为基础来设计课程、教材及相关教学环节，强调以学生为中心，着重培养学生的自我学习能力和自我评价能力，强调严格科学管理和教学灵活多样。能力本位教材以职业能力培养为核心，打破了传统以学科为本位、以学科门类为基础的教材建设逻辑。

（1）任务驱动型教材。任务驱动型教材有别于传统教材，是把"任务驱动"教学模式有机结合在教材编写过程中的一种新型教材。它基于建构主义的教育思想，打破了重视学科体系、过度追求知识传授的系统性和逻辑性的思维模式，强调以能力为本位，突出"任务驱动、行动引导"。"任务驱动型教材最显著的特点是以任务为载体，以任务实施的过程为主线，将知识点穿插到任务实施的过程中，在教师的指导下，由学生自主完成任务，从而构建知识体系，并完成能力目标和素质目标的教学。"③任务驱动型教材巧妙地把教学内容隐含在每个任务之中，在任务中蕴含要学习的基本概念和要求。针对学生应掌握的知识和技能，设计出贴近生活和生产实际的任务，其意义在于能够激发学生的学习兴趣，让学生在具体任务的驱动下，在教师的引导下，在完成任务的过程中边做边学，在实践中学习理论知识，又通过学习理论知识提高实践技能。

（2）项目化教材。项目化教材是"项目化课程由理念向现实转化的载体"④，是以项目课程为基础的。项目化课程是依据岗位工作任务需求，以项目为纽带整

① 李漪.从"示范"到"双高"：高职教育类型化探索的政策逻辑及未来路向[J].职教论坛，2020（3）：56-68.

② 阳征保，肖淑葵.对高职教材开发的思考[J].职业技术教育，2005，26（32）：76-77.

③ 刘新燕，赵朝，李轩.任务驱动型教材编写的实践与探索[J].中国职业技术教育，2010（14）：17-19.

④ 张龙，黄陈.基于职业能力的高职项目化教材结构设计[J].黑龙江畜牧兽医，2015（18）：192-193.

合课程内容，并以项目活动贯穿课程实施全过程的课程模式。项目课程的理念要想"落地生根"，对课程实施产生现实的影响，项目化教材是非常有效的抓手。项目化教材以一个一个项目的形式来规划全书内容结构，一个项目完成以后一般可以产出一个与现实工作中相对应的真实工作产品或部件。[1] 项目化教材开发的关键是项目的选取，项目不是由纯粹的知识点和习题的罗列而成的，而是一个个兼容理论和实践的活动项目。项目的确立是项目化教材总体结构形成的基础，而项目的序化是使这些确立的项目形成逻辑，更好地发挥其教学功能。[2] 项目化教材内容不是系统性的学科化知识，而是具有活动特征的项目，需要按照岗位工作过程和学生职业能力构建教材结构。

（3）工作过程系统化教材。工作过程系统化教材是在工作过程系统化课程的影响下产生的，其建设以工作过程系统化的课程开发为前提。[3] 工作过程系统化课程的核心是培养学生的综合职业能力，突出特征是课程与工作过程紧密联系。该类课程通过分析、综合，把工作过程中的各个部分归入一定的顺序（即序化），并使各个部分之间互相关联，构成一个有机的整体，从而形成一定的课程体系。工作过程系统化教材按照岗位工作流程整合、序化教材内容，以职业能力培养为重点，以工学结合为平台，以工作实践为主线，组织教材内容，充分体现工作任务过程的完整性和工作要素的全面性，并能包含工作过程的相关知识，感受结构完整的工作过程和工作环境要求。工作过程系统化教材普遍具有以下特色。

① 以工作过程序化教材内容，使教学过程与工作过程深度融合。

② 根据专业职业能力分析，以实际工作项目为依据设计"学习项目"。

③ 切实体现情境性和工作过程的完整性。

④ 在呈现方式和内容编排上避免绝对客观的描述，便于学生自主学习。[4]

（4）理实一体化教材。理实一体化是将理论知识与实践知识有目的、有组织地进行融合，从而成为一个整体，实现理论知识与实践过程的内在联系。[5] 理实一体化教材是理实一体化课程的重要载体，它不是传统的理论和实践分立的教材，而是融理论和实践为一体的教材。理实一体化教材按照职业活动的逻辑结构

① 蔡锦锦，张枝军. 职业教育项目化教材结构设计探讨 [J]. 消费导刊，2009（21）：180-181.

② 孙红艳，谢萍华. 职业教育项目化教材结构设计策略研究 [J]. 广州番禺职业技术学院学报，2011，10（1）：5-8+17.

③ 程德蓉，邢晓林，李彩霞. 基于工作过程系统化的高职教材建设 [J]. 教育与职业，2014（20）：126-127.

④ 姚成龙. 基于工作过程系统化的高职教材编写探索与研究 [J]. 中国职业技术教育，2012（29）：48-51.

⑤ 史文晴，匡瑛. 知识论视角下职业教育理实一体化教材的内容设计 [J]. 教育与职业，2020（9）：88-94.

和能力形成心理逻辑进行内容结构设计，实质在于突出职业教育教材的类型教育特征，适应产教融合、工学结合的教学改革要求，使教材整体成为构建学生职业活动思维、行为、情感、语言等的载体。理实一体化教材的教学内容具有一定质的规定性，理论和实践的比例不是完全均等的。[①] 现阶段，理实一体化教材主要是实践为主、理论为辅的教材。理实一体化教材有助于实现理论学习与实践学习、学习过程与工作过程的统一，具以下鲜明的特点：教材由教师和企业一线专家共同编写；教材为学生的做中学而设计；教材以培养学生的能力为目标。

三、高职教育教材建设的基本原则

高职教育教材的建设不同于一般教材，它必须遵循特定的要求和规则。教材建设过程中，应遵循以下 4 个原则。

（一）坚持育人为本，突出职教特色

育人是一切教育永恒不变的真谛和追寻。育人的根本在于"立德树人"，在于让教育对象成己和成人，并在成己和成人中成才、成事。[②] 高职教育教材建设要坚持育人为本，落实立德树人的根本任务，以岗位需求为逻辑起点，遵循职业教育教学规律、技术技能人才成长规律，知识传授与技术技能培养并重，强化学生职业素养养成和专业技术积累，将专业精神、职业精神和工匠精神融入教材，促进学生全面发展，适应社会需要。

（二）坚持产教融合，校企双元开发

"产教融合、校企合作"是高职教育的本质特色，也是推动建材建设的必由之路。高职教育教材建设要强化行业指导、企业参与，广泛调动社会力量参与教材建设，鼓励"双元"合作开发教材，注重吸收行业企业技术人员、能工巧匠等深度参与教材编写。紧跟产业发展趋势和行业人才需求，及时将产业发展的新技术、新工艺、新规范纳入教材，反映典型岗位（群）职业能力要求。

（三）坚持质量为先，完善教材体系

教材质量是教材建设的核心。高职教育教材建设要适应专业建设、课程建设、教学模式与方法改革创新等方面要求，保障教材质量。在教材供给充足、市场竞争充分的课程和专业领域，以组织遴选、锤炼精品为主；在市场供给不足、

---

① 杨黎明. 关于理实一体化的教材建设——国家示范院校重点专业建设之四 [J]. 职教论坛，2013（27）：1.

② 李枭鹰，郭新伟，符艺. 高职教材的整体生成：内涵、界位、要素和原则 [J]. 现代教育管理，2021（10）：98-105.

服务国家战略和经济社会发展急需紧缺的专业领域，以引导开发、组织编写为主。围绕深化教学改革和"互联网＋职业教育"发展需求，探索开发课程建设、教材编写、配套资源开发、信息技术应用统筹推进的新形态一体化教材。

（四）坚持示范引领，扩大优质供给

树立教材建设的先进典型和示范标杆，有助于更好地引领我国教材建设的方向，带动更多教材建设的精品力作不断涌现。高职教育教材建设要充分发挥国家规划教材建设的示范带动作用，引导教材建设以职业教育国家教学标准为基本遵循，针对职业教育生源多样化的特点，完善开发机制，注重满足分类施教、因材施教的需要，主动服务项目式、模块化教学等，储备一大批优质教材建设成果，夯实国家规划教材遴选基础。

四、高职教育教材建设的基本程序

建设程序是高职教育教材建设过程及客观规律的反映，是人们长期在教材建设实践中得出来的经验总结，也是教材建设顺利进行的重要保证。高职教育教材建设的基本程序主要包括教材定位与规划、教材编写与审核、教材出版与发行、教材选用与使用、教材评价与监督。[①]

（一）教材定位与规划

教材定位是高职教育教材建设过程的第一个环节。教材定位的准确性对教材的质量和教材的教学效能有着十分重要的影响。高职教育教材必须体现党和国家意志，要坚持马克思主义的指导地位，体现马克思主义中国化的要求，体现中国和中华民族的风格，体现党和国家对教育的基本要求，体现国家和民族基本价值观，体现人类文化知识积累和创新成果。要全面贯彻党的教育方针，落实立德树人根本任务，扎根中国大地，站稳中国立场，充分体现社会主义核心价值观，加强爱国主义、集体主义、社会主义教育，引导学生坚定道路自信、理论自信、制度自信、文化自信，成为担当中华民族复兴大任的时代新人。教材规划是指导和规定教材各项建设的依据，对于高职教育教材建设具有指导性意义。在我国，高职教育教材实行国家、省（区、市）两级规划制度。国务院教育行政部门重点组织规划职业院校公共基础必修课程和专业核心课程教材，根据需要组织规划服务国家战略的教材和紧缺、薄弱领域的教材。省级教育行政部门重点组织规划体现

---

① 汪忠明，何莉．夯实"教什么"的基础 把握"学什么"的方向——学习新颁《职业院校教材管理办法》思考 [J]. 中国职业技术教育，2020（8）：25–29.

区域特色的公共选修课程和国家规划教材以外的专业课程教材。高职教育教材规划要坚持正确导向、面向需求、各有侧重、有机衔接，处理好落实共性要求与促进特色发展的关系，适应新时代技术技能人才培养的新要求，服务经济社会发展、产业转型升级、技术技能积累和文化传承创新。

（二）教材编写与审核

教材编写是高职教育教材建设的基本环节，也是一项十分复杂的工作。教材编写要依据高职院校教材规划及国家教学标准和职业标准（规范）等，服务学生成长成才和就业创业。要以马克思列宁主义、毛泽东思想、邓小平理论、"三个代表"重要思想、科学发展观、习近平新时代中国特色社会主义思想为指导，有机融入中华优秀传统文化、革命传统等，弘扬劳动光荣、技能宝贵、创造伟大的时代风尚，弘扬专业精神、职业精神、工匠精神和劳模精神。要符合技术技能人才的成长规律和学生的认知特点，对接国际先进职业教育理念，适应人才培养模式创新和优化课程体系的需要。要适应项目学习、案例学习、模块化学习等不同学习方式的要求，注重以真实生产项目、典型工作任务、案例等为载体组织教学单元。教材编写团队应具有合理的人员结构，包含相关学科专业领域专家、教科研人员、一线教师、行业企业技术人员和能工巧匠等。教材投入使用后，也应根据经济社会和产业升级新动态及时进行修订。教材审核是对教材的思想性、科学性、适用性进行全面把关的关键环节。我国高职教育教材实行分级分类审核，坚持"凡编必审"，同时实行教材编审分离制度，遵循回避原则。

（三）教材出版与发行

高职教育教材的出版与发行是高职教育教材建设工作的重要组成部分，也是不可缺少的一个重要环节。教材出版与发行要经过选题、组稿、编校、排版、申报书号、确定印数和定价、印刷、发行和销售等程序。根据出版管理相关规定，教材出版实行资质准入制度，合理定价。国家出版管理部门对高职教育教材出版单位进行资质清单管理，更好地推动了高职教育教材的出版发行。《职业院校教材管理办法》明确规定职业院校教材出版单位应符合以下条件。

① 对应所出版的教材，有不少于3名具有相关学科专业背景和中级以上职业资格的在编专职编辑人员。

② 具备教材使用培训、回访服务等可持续的专业服务能力。

③ 具有与教材出版相适应的资金和经营规模。

④ 最近5年内未受到出版主管部门的处罚，无其他违法违纪违规行为。

（四）教材选用与使用

教材选用与使用是教学的重要环节，选用高质量的教材是保证教学质量、提高教学效益的一个关键因素。在我国，国务院教育行政部门负责宏观指导职业院校教材选用使用工作。省级教育行政部门负责管理本地区职业院校教材选用使用工作，制定各类教材的具体选用办法。教材选用须遵循以下原则。

① 教材选用单位须组建教材选用委员会，具体负责教材的选用工作。教材选用委员会成员应包括专业教师、行业企业专家、教科研人员、教学管理人员等，成员应在本人所在单位进行公示。

② 教材选用过程须公开、公平、公正，严格按照程序选用，并对选用结果进行公示。

教材选用应结合区域和学校实际，切实服务人才培养，要遵循以下要求。

① 必须使用国家统编的思想政治理论课教材、马克思主义理论研究和建设工程重点教材。

② 专业核心课程和公共基础课程教材原则上从国家和省级教育行政部门发布的规划教材目录中选用。

③ 国家和省级规划目录中没有的教材，可在高职院校教材信息库选用。

④ 不得以岗位培训教材取代专业课程教材。

⑤ 选用的教材必须是通过审核的版本，擅自更改内容的教材不得选用，未按照规定程序取得审核认定意见的教材不得选用。

⑥ 不得选用盗版、盗印教材。

最关键的是，高职院校要建立合理的教材选用制度，严格遵照选用结果使用教材，确保学校开设的每门课程都有"合适的教材"[1]。

（五）教材评价与监督

教材评价是以高职教育方针和课程标准为依据，运用科学的评价方法和评价技术，对教材的选材、结构、特色、教学法处理、教辅开发等方面进行科学分析，并对其教学效果进行价值判断和改进的过程。[2] 质量是教材评价的焦点。[3] 教材评价事关教材建设的发展方向，有什么样的教材评价指挥棒就有什么样的教材开发导向。目前，国务院和省级教育行政部门分别建立了教材选用跟踪调查制度，组织专家对教材选用工作进行评价、对教材质量进行抽查。高职院校主要负责定期进行教材使用情况调查和分析，并形成教材使用情况报告，报主管教育行政部门备案。教材监督是保障教材建设高质量不可缺少的环节。目前，我国高职

---

[1] 傅小芳. 职业院校教材选用制度探析 [J]. 中国职业技术教育，2012（20）：65-72.

[2] 顾京，孙燕华. 高职教材评价标准研究 [J]. 教育与职业，2016（18）：113-115.

[3] 李鹏，石伟平. 什么样的教材是"好教材"——职业教育教材评价的理论反思 [J]. 教育发展研究，2019，39（19）：59-67.

教育教材监督主体相对单一，主要由国务院和省级教育行政部门对高职院校教材管理工作进行监督检查，将教材工作纳入地方教育督导评估的重要内容，纳入职业院校评估、项目遴选、重点专业建设和教学质量评估等考核指标体系。可以说，我国的教材监督环节还并不完善，需要建立多元主体参与教材监督的反馈机制，及时将教材评价结果反馈给决策者、教材编写者与社会，保证社会公众了解、知晓教材质量，并在此基础上监督教材建设，为教材评价提供一些反馈信息。[①]

第二节　高职教育教材建设的实践与探索

近年来，教材建设在党和国家事业全局中的地位日益凸显。高职教育教材体系建设作为国家教材体系建设的重要组成部分，直接影响着我国高素质技术技能人才的培养和中国特色现代职业教育体系的构建。国家、省级和院校层面都不断提高对教材工作地位、作用的认识，加强对教材工作的建设力度，进行了许多实践与探索。

一、高职教育教材建设的推进政策：多重供给、贯通推进

为了更好地推进高职教育教材建设，国家、省级和院校层面都不断加强对教材工作的建设力度，先后出台了一系列相关政策。在政策的指引下，高职教育教材建设发生了天翻地覆的变化。

（一）国家层面：高职教育教材建设的政策演进

近年来，党和国家越来越重视教材建设，颁布了一系列关于高职教育教材建设的政策文件，引领和规范着我国职业教育教材的建设和发展。本书通过搜集2000—2021年国家有关高职教育教材的政策，采用政策文本分析法，分析了我国高职教育教材政策的特征，挖掘了我国高职教育教材政策的演进逻辑。

1. 政策文本选择

为更科学、全面地搜索、提取和分析高职教育教材的政策文本，研究遵循以下遴选原则：一是权威性，政策发文单位是国务院、中央各部委及直属机构等国家层面的权威主体；二是公开性，政策以公开发行或出版的形式面向公众发布；

---

① 刘学智，段立鑫.新时代教材治理现代化的路向转变 [J]. 现代教育管理，2021（10）：77–83.

三是关联性，政策既包括直指"高职教育教材"的专门政策，也包括虽标题没有明确标注"教材"字样，但文本实际内容中有涉及"高职教育教材""职业教育教材""职业院校教材"等的相关政策。基于上述原则，最终选取政策文本34个，构成本书研究的基础数据。

2. 政策内容归纳

基于选取的政策文本，根据内容将其分成两类，即关于高职教育教材的专门政策（7个）、关于高职教育教材的间接政策（27个），进一步梳理和审视我国的高职教育教材政策。

（1）关于高职教育教材的专门政策。通过梳理发现，目前关于高职教育教材的专门政策相对较少，主要有如下几个。

①《关于加强高职高专教育教材建设的若干意见》（教高司〔2000〕19号）。该文件明确提出"加强对教材工作的建设力度，是今后一段时间内高职高专教育教学工作的重点之一"，为高职教育教材建设指明了方向。

②《教育部关于"十二五"职业教育教材建设的若干意见》（教职成〔2012〕9号）。该文件分为5部分："充分认识加强职业教育教材建设的重要性和紧迫性""'十二五'职业教育教材建设的总体思路、建设原则和工作目标""打造精品教材，服务现代职业教育体系建设""提升建设能力，推动教材开发可持续发展""创新体制机制，强化教材建设规范管理"。对"十二五"期间高职教育教材建设具有重要指导意义，教材建设在提高人才培养质量中的基础性作用日益凸显。

③《关于加强和改进新形势下大中小学教材建设的意见》。该文件从党和国家长治久安的高度提出了教材建设的指导思想和基本原则，强调了加强和改进新形势下大中小教材建设的重要意义，并提出编写、审查、修订、选用等方面的具体要求，从科学制定规划、提升教材质量、强化教材研究、健全国家教材制度等方面，为新时代教材建设指明了路径与方向。

④《全国大中小学教材建设规划（2019–2022年）》。该文件是国家教材委员会印发的建设规划，这是新中国成立以来首次对各学段、各学科领域教材建设做系统设计的文件。该文件提出了推进大中小学教材建设的指导思想、基本原则、建设目标、重点任务和保障举措等，第四项任务聚焦职业教育教材建设。

⑤《教育部关于印发〈中小学教材管理办法〉〈职业院校教材管理办法〉和〈普通高等学校教材管理办法〉的通知》（教材〔2019〕3号）。《职业院校教材管理办法》针对教材管理职责、规划、编写、审核、出版与发行、选用与使用、服务与保障、评价与监督等方面作出了具体规定，对于落实国家事权、规范和加强

职业院校教材管理、切实提高教材建设水平具有重要意义。

⑥《关于组织开展"十三五"职业教育国家规划教材建设工作的通知》（教职成司函〔2019〕94号）。该文件明确指出，"'十三五'期间，分批遴选、建设1万种职业教育国家规划教材，其中2019年遴选3000种左右，2020年遴选、建设7000种左右"，为"十三五"期间职业教育国家规划教材建设工作明确了任务目标，也为"十三五"期间高职教育教材建设指明了方向。

⑦《教育部办公厅关于印发〈"十四五"职业教育规划教材建设实施方案〉的通知》（教职成厅〔2021〕3号）。该文件指出，"'十四五'职业教育规划教材建设要深入贯彻落实习近平总书记关于职业教育工作和教材工作的重要指示批示精神，全面贯彻党的教育方针，落实立德树人根本任务，强化教材建设国家事权，突显职业教育类型特色，坚持"统分结合、质量为先、分级规划、动态更新"原则，完善国家和省级职业教育教材规划建设机制。并提出要求：要"分批建设1万种左右职业教育国家规划教材，指导建设一大批省级规划教材，加大对基础、核心课程教材的统筹力度，突出权威性、前沿性、原创性教材建设，打造培根铸魂、启智增慧，适应时代要求的精品教材，以规划教材为引领，高起点、高标准建设中国特色高质量职业教育教材体系"。该文件对于"十四五"期间的职业教育教材建设具有重要指导意义，也为新时期高职教育教材建设明确了"施工图"、绘制了"作战图"。

（2）关于高职教育教材的间接政策。随着教育教材建设的日益深入，政府也出台了一系列关于高职教育教材的间接政策（见表3-1），推进高职教育教材的政策体系不断完善。

表3-1　2000—2021年国家关于高职教育教材的间接政策

序号	政策名称及文号	相关具体内容
1	《教育部关于加强高职高专教育人才培养工作的意见》（教高〔2000〕2号）	要切实做好高职高专教育教材的建设规划，加强文字教材、实物教材、电子网络教材的建设和出版发行工作。经过5年时间的努力，编写、出版500种左右高职高专规划教材
2	《国务院关于大力推进职业教育改革与发展的决定》（国发〔2002〕16号）	积极推进课程和教材改革，开发和编写反映新知识、新技术、新工艺和新方法，具有职业教育特色的课程和教材
3	《教育部关于以就业为导向深化高等职业教育改革的若干意见》（教高〔2004〕1号）	教材内容要紧密结合生产实际，并注意及时跟踪先进技术的发展

序号	政策名称及文号	相关具体内容
4	《教育部等七部门关于进一步加强职业教育工作的若干意见》（教职成〔2004〕12号）	推进精品专业或特色专业、精品课程和精品教材的建设；逐步扩大职业院校在办学、招生、专业设置、学籍管理、课程开发与安排、教师聘任、教材选用等方面的自主权
5	《国务院关于大力发展职业教育的决定》（国发〔2005〕35号）	合理调整专业结构，大力发展面向新兴产业和现代服务业的专业，大力推进精品专业、精品课程和教材建设
6	《教育部关于全面提高高等职业教育教学质量的若干意见》（教高〔2006〕16号）	加强教材建设，重点建设好3 000种左右国家规划教材，与行业企业共同开发紧密结合生产实际的实训教材，并确保优质教材进课堂
7	《教育部、财政部关于实施国家示范性高等职业院校建设计划 加快高等职业教育改革与发展的意见》（教高〔2006〕14号）	建成4 000门左右优质专业核心课程，1 500种特色教材和教学课件；统筹规划和建设紧密结合生产实际，具有高职特色的教材体系，规范教材评价选用机制，确保高质量教材进课堂
8	《教育部关于充分发挥行业指导作用推进职业教育改革发展的意见》（教职成〔2011〕6号）	要依靠行业相关专业优势，充分发挥行业在人才供需、职业教育发展规划、专业布局、课程体系、评价标准、教材建设、实习实训、师资队伍、企业参与、集团办学等方面的指导作用
9	《教育部关于推进中等和高等职业教育协调发展的指导意见》（教职成〔2011〕9号）	初中后五年制和主要招收中等职业教育毕业生的高等职业教育专业，要围绕中等和高等职业教育接续专业的人才培养目标，系统设计、统筹规划课程开发和教材建设
10	《教育部 文化部 国家民委关于推进职业院校民族文化传承与创新工作的意见》（教职成〔2013〕2号）	鼓励学校开发特色课程、精品课程和校本教材
11	《国务院关于加快发展现代职业教育的决定》（国发〔2014〕19号）	引导社会力量参与教学过程，共同开发课程和教材等教育资源
12	《教育部等六部门关于印发〈现代职业教育体系建设规划（2014—2020年）〉的通知》（教发〔2014〕6号）	有计划地学习和引进国际先进、成熟适用的人才培养标准、专业课程、教材体系和数字化教育资源

第三章　高职教育教材建设的时代使命与实践特色

序号	政策名称及文号	相关具体内容
13	《教育部关于印发〈高等职业教育创新发展行动计划（2015—2018年）〉的通知》（教职成〔2015〕9号）	支持专科高等职业院校学习和引进国际先进成熟适用的职业标准、专业课程、教材体系和数字化教育资源
14	《教育部关于印发〈职业院校管理水平提升行动计划（2015—2018年）〉的通知》（教职成〔2015〕7号）	教材开发、选用、采购等程序规范
15	《教育部关于深化职业教育教学改革 全面提高人才培养质量的若干意见》（教职成〔2015〕6号）	要把中华优秀传统文化教育系统融入课程和教材体系；鼓励开发中高职衔接教材和教学资源；健全教材建设管理制度；加快完善教材开发、遴选、更新和评价机制，加强教材编写、审定和出版队伍建设
16	《教育部 财政部关于实施职业院校教师素质提高计划（2017—2020年）的意见》（教师〔2016〕10号）	中高职衔接专业教师协同研修，共同研究开发中等和高等职业教育人才接续培养课程、教材及数字化资源
17	《国务院办公厅关于深化产教融合的若干意见》（国办发〔2017〕95号）	支持引导企业深度参与职业学校、高等学校教育教学改革，多种方式参与学校专业规划、教材开发、教学设计、课程设置、实习实训，促进企业需求融入人才培养环节
18	《教育部等六部门关于印发〈职业学校校企合作促进办法〉的通知》（教职成〔2018〕1号）	职业学校和企业可以根据就业市场需求，合作设置专业、研发专业标准，开发课程体系、教学标准及教材、教学辅助产品，开展专业建设
19	《教育部等四部门关于加快发展残疾人职业教育的若干意见》（教职成〔2018〕5号）	要加大对残疾人职业教育课程、教材建设的指导监督力度，加强残疾人职业教育教材和教学资源建设，组织开发适合残疾人的职业教育教材。鼓励职业院校开发适合残疾人职业教育的校本教材
20	《国务院关于印发国家职业教育改革实施方案的通知》（国发〔2019〕4号）	建立健全学校设置、师资队伍、教学教材、信息化建设、安全设施等办学标准；建设一大批校企"双元"合作开发的国家规划教材，倡导新型活页式、工作手册式教材并配套信息化资源。3年修订一次教材，其中专业教材随信息技术发展和产业升级及时动态更新

第二节 高职教育教材建设的实践与探索

序号	政策名称及文号	相关具体内容
21	《教育部等六部门关于印发〈高职扩招专项工作实施方案〉的通知》（教职成〔2019〕12号）	开发适用于不同生源类型的新型活页式、工作手册式等教材
22	《教育部关于职业院校专业人才培养方案制订与实施工作的指导意见》（教职成〔2019〕13号）	推动思想政治工作体系贯穿教学体系、教材体系、管理体系；高等职业学校按规定统一使用马克思主义理论研究和建设工程思政课、专业课教材；要指导教师准确把握课程教学要求，规范编写、严格执行教案，做好课程总体设计，按程序选用教材；健全教材选用制度，选用体现新技术、新工艺、新规范等的高质量教材，引入典型生产案例
23	《教育部 财政部关于实施中国特色高水平高职学校和专业建设计划的意见》（教职成〔2019〕5号）	深入推进习近平新时代中国特色社会主义思想进教材进课堂进头脑；深化教材与教法改革，推动课堂革命；设立校级专业建设委员会和教材选用委员会，指导和促进专业建设和教学改革
24	《教育部等九部门关于印发〈职业教育提质培优行动计划（2020—2023年）〉的通知》（教职成〔2020〕7号）	完善职业教育教材规划、编写、审核、选用使用、评价监管机制；加强意识形态属性较强的哲学社会科学教材建设，纳入马克思主义理论研究和建设工程重点建设，做好教材统一使用工作；对接主流生产技术，注重吸收行业发展的新知识、新技术、新工艺、新方法，校企合作开发专业课教材。建立健全三年大修订、每年小修订的教材动态更新调整机制；根据职业学校学生特点创新教材形态，推行科学严谨、深入浅出、图文并茂、形式多样的活页式、工作手册式、融媒体教材；实行教材分层规划制度；健全教材的分类审核、抽查和退出制度。到2023年，遴选10 000种左右校企双元合作开发的职业教育规划教材，国家、省两级抽查教材的比例合计不低于50%，职业学校专业课程全部使用新近更新的教材
25	《中共中央办公厅 国务院办公厅印发〈关于推动现代职业教育高质量发展的意见〉》	推进习近平新时代中国特色社会主义思想进教材、进课堂、进头脑；强化教材建设国家事权，分层规划，完善职业教育教材的编写、审核、选用、使用、更新、评价监管机制。引导地方、行业和学校按规定建设地方特色教材、行业适用教材、校本专业教材

第三章　高职教育教材建设的时代使命与实践特色

序号	政策名称及文号	相关具体内容
26	《国家教材委员会关于印发〈"党的领导"相关内容进大中小学课程教材指南〉的通知》（国教材〔2021〕5号）	明确各类课程教材融入"党的领导"的具体内容，实现中小学国家、地方、校本课程教材和职业院校、普通高等学校各学科专业课程教材及时进、有效进
27	《国家教材委员会关于印发〈习近平新时代中国特色社会主义思想进课程教材指南〉的通知》（国教材〔2021〕2号）	发挥各级各类教学指导委员会、国务院学位委员会学科评议组、全国专业学位研究生教育指导委员会、行业职业教育教学指导委员会等专家组织作用，督促指导在职业院校、普通高校学科专业课程教材中落实到位；结合各类课程教材特点，编修团队要制定习近平新时代中国特色社会主义思想进课程教材落实细则，实现中小学国家、地方、校本课程教材和职业院校、普通高校学科专业课程教材应进必进、应落尽落；职业院校、普通高校学科专业课程教材要从国家规划教材和一流课程、专业做起，探索形成符合专业教育实际和思政教育目标的落地模式，并逐步扩展到所有学科专业课程教材，促进内容体系、教学体系与课程思政体系的不断完善、整体贯通

（二）省级层面：浙江省高职教育教材建设的政策梳理

为贯彻落实党和国家关于教材建设的有关要求，浙江省不断加强和改进教材规划与管理，出台了一系列关于高职教育教材的政策（见表3-2）。建立高效率的教材建设机制，构建高质量的教材体系，也是浙江省实施教育现代化战略和高教强省战略的内在要求和重要举措。

表3-2　2000—2021年浙江省关于高职教育教材的相关政策

序号	政策名称及文号	相关具体内容
1	《浙江省教育厅关于加强我省高等职业教育的若干意见》（浙教高教〔2000〕1号）	计划先用2至3年时间，在继承原有教材建设成果的基础上，解决教材有无问题，再用2至3年时间，在实施《浙江省高等教育重点教材建设计划》的基础上，推出一批特色鲜明的高质量教材。5年内重点资助编写、出版100种具有浙江特色的高职教材，形成优化配套的高职教育教材体系

序号	政策名称及文号	相关具体内容
2	《浙江省人民政府关于大力推进职业教育改革与发展的意见》（浙政发〔2006〕41号）	根据市场和社会需求，不断更新教学内容，改进教学方法，推进精品专业、精品课程和教材建设；按照有利于学生发展的原则和强化技能训练的要求，调整课程设置和教学内容，改进教学和技能训练方法，开发校本教材
3	《浙江省教育厅关于印发〈浙江省高等职业教育中外合作办学五年发展规划（2009—2013年）〉的通知》（浙教外〔2009〕24号）	重点建设100种涉及技术领域的优质教材；鼓励有选择地使用原版教材
4	《中共浙江省委 浙江省人民政府关于印发〈浙江省中长期教育改革和发展规划纲要（2010—2020年）〉的通知》	推进中高职课程教材一体化建设，努力克服中高职课程与教材的同构、重复现象
5	《浙江省教育厅关于"十二五"期间全面提高高等职业教育教学质量的实施意见》（浙教高教〔2011〕169号）	新建精品课程、重点教材等项目原则上在优势专业和特色专业中培育产生
6	《浙江省人民政府关于加快发展现代职业教育的实施意见》（浙政发〔2015〕16号）	学校与企业等用人单位共同研究制订人才培养方案，共同策划课程和教材开发
7	《浙江省教育厅办公室关于印发〈浙江省高等职业教育创新发展行动计划（2016—2018年）实施方案〉的通知》（浙教办高教〔2016〕87号）	支持高职院校学习和引进国际先进成熟适用的职业标准、专业课程、教材体系和数字化教育资源
8	《浙江省教育厅关于开展高校"十三五"优势特色专业建设的通知》（浙教高教〔2016〕106号）	编写或选用高水平教材，及时更新教学内容；要围绕建设任务，将资金重点用于支持专业课程建设、教材建设、教学资源开发、教师专业发展和教学团队建设、实验实训条件建设、教育教学改革研究等方面
9	《浙江省教育厅 浙江省财政厅关于在高职院校实施优质暨重点校建设计划的通知》（浙教高教〔2016〕144号）	学习和引进国际先进成熟适用的职业标准、专业课程、教材体系和教育资源

第三章　高职教育教材建设的时代使命与实践特色

序号	政策名称及文号	相关具体内容
10	《浙江省发展和改革委员会 浙江省教育厅关于印发浙江省教育事业发展"十三五"规划的通知》（浙发改规划〔2016〕554号）	建立大中小学省级地方德育教材修订机制，3年一轮定期修订已有教材，同时根据省委省政府要求适时补充辅助教材，使学校德育与我省经济社会发展相适应
11	《浙江省教育厅 浙江省发改委 浙江省经信委 浙江省财政厅 浙江省人力社保厅 浙江省国资委关于开展现代学徒制试点工作的通知》（浙教职成〔2016〕31号）	创新校企共同育人模式，形成校企共同招生招工（徒）、共同制订培养方案、共同开发课程与教材、共同组织教育教学、共同建设师资队伍、共同管理与考核评价的一体化育人机制，切实提高人才培养的质量与针对性
12	《浙江省人民政府关于印发浙江省深化产教融合推进职业教育高质量发展实施方案的通知》（浙政发〔2020〕27号）	完善教材编写、审核、选用、更新和管理机制，推动学校与行业企业合作开发教材，确保教材随产业发展及时动态更新
13	《浙江省教育厅关于印发〈浙江省大中小学教材建设行动计划（2021—2023年）〉的通知》（浙教教材〔2020〕67号）	以高素质、复合型技术技能人才培养为导向，做特职业教育教材；依托高水平学校、教科研机构等，联合政府部门、企事业单位，分别建成面向基础教育、职业教育和高等教育3个省级教材建设研究中心，分类扶持建设27个专业化、特色化的省级教材建设研究基地；推动省级教材建设研究中心（基地）定期发布我省基础教育、职业教育、高等教育教材建设蓝皮书，公布教材质量排行榜，组织召开教材建设研究高峰论坛
14	《浙江省教育厅等八部门关于印发〈浙江省职业教育提质培优行动计划（2021—2023年）〉的通知》（浙教职成〔2021〕50号）	推进习近平新时代中国特色社会主义思想进教材进课堂进头脑，按照规定选用国家统编教材；加强意识形态属性较强的哲学社会科学教材建设，纳入马克思主义理论研究和建设工程重点建设，做好教材统一使用工作；注重吸收行业发展的新知识、新技术、新工艺、新方法，校企合作开发专业课教材。健全教材的分类审核、抽查和退出制度；到2023年，职业学校专业课程全部使用新近更新的教材
15	《浙江省教育厅关于印发〈浙江省中小学教材管理实施细则〉〈浙江省职业院校教材管理实施细则〉和〈浙江省普通高等学校教材管理实施细则〉的通知》（浙教教材〔2021〕12号）	职业院校教材必须服务国家和省重大战略，全面落实立德树人根本任务，体现职业教育类型教育特点，体现产教融合发展生态，体现浙江产业发展需要，为浙江省"两个高水平"和"重要窗口"建设提供高素质技术技能人才支撑

第二节　高职教育教材建设的实践与探索

序号	政策名称及文号	相关具体内容
16	《浙江省发展和改革委员会 浙江省教育厅关于印发〈浙江省教育事业发展"十四五"规划〉的通知》（浙发改规划〔2021〕246号）	实施24个专业中高职一体化课程改革，研制中高职一体化教学标准和课程标准、开发一体化教材、构建中高职一体化教研体系、统筹做好中高职职业能力大赛等，全面提升技术技能型人才培养质量

（三）校级层面："金职"教材建设的政策创新

在国家和省政府政策的引导下，学校领导及各级主管部门积极支持和高度重视教材建设，金华职业技术学院成立了学校教材委员会，还专门研究出台了《金华职业技术学院教材建设实施方案》，完善教材管理体制，创新教材建设机制，全面提升职业教育教材建设水平，开启了教材建设的全新历程。学校尤其重视新形态教材的建设，发布了《关于组织开展申报校级活页式、工作手册式教材工作的通知》。

1. 出台《金华职业技术学院教材建设实施方案》

为深入贯彻落实创新型、复合型、发展型人才培养，深化"三教"改革，推进优秀教学资源建设，切实发挥教材铸魂育人功能，促进教材工作上水平、上台阶。2021年，按照《职业院校教材管理办法》和《浙江省大中小学教材建设行动计划（2021—2023年）》要求，结合学校教材建设工作实际，金华职业技术学院制定并出台了《金华职业技术学院教材建设实施方案》。

该方案主要包括"指导思想""建设目标""主要任务""保障措施"4个部分。"指导思想"部分提出要强化政治引领，坚持育人导向，彰显学校特色。"建设目标"部分指出，学校要重点围绕职业院校公共选修课程和专业课程教材建设需求，建设一批校企合作开发的新型活页式、工作手册式教材，配套开发信息化资源、案例和教学项目，建立动态化、立体化的教材和教学资源体系。积极牵头或参与编写相关领域专业核心课程教材，校企共同开发课程、教材300门，开发活页式、工作手册式等新形态教材100部。对接"双高"建设任务，推进高层次规划教材建设，正式出版教材100部以上，立项国家级规划教材30部。凝聚各专业力量，共同研究专业（群）、课程、教材一体化教材建设，实现教材建设研究的专业化、专门化、专项化，发挥重要的研究、指导和服务功能，整体提升教材建设的水平。"主要任务"部分给出了健全教材二级管理体系、实施"五个一批"课程教材联动建设计划、建设教材建设研究基地、加大教材建设激励4大任务。"保障措施"部分，从加强组织领导、加大经费投入、促进多方协同 3 个方面，为教材建设提供坚实保障。

2. 组织开展申报校级活页式、工作手册式教材工作

为深入贯彻落实《国家职业教育改革实施方案》（国发〔2019〕4 号）和《职业院校教材管理办法》（教材〔2019〕3 号），以及《职业教育提质培优行动计划（2020—2023 年）》（教职成〔2020〕7 号）精神，进一步推进优质教材建设，深化"三教"改革，结合学校"双高"工作任务，学校发布了《关于组织开展申报校级活页式、工作手册式教材工作的通知》。

该文件对立项原则、立项范围、教材编写的基本要求、推荐申报与评选立项、材料提交等进行了明确规定。其中，提出 3 个原则：坚持正确导向，突出职教特点，创新教材形式。在教材编写方面提出如下 8 项基本要求。

（1）编写团队要坚持正确的政治导向，有良好的师德师风和职业道德。

（2）作为主编每人限报 1 项，校内参编人员一般为 3—5 人。

（3）教材内容科学先进、针对性强，选文内容积极向上，导向正确，充分体现党的理论创新成果特别是习近平新时代中国特色社会主义思想，体现党和国家对教育的基本要求，体现国家和民族基本价值观。

（4）活页式教材的编写要突出以理实一体教学内容为主体，根据专业教学特点和工作岗位需求，适时更新教材章节和案例等，充分体现活页化的特点。

（5）工作手册式教材的编写要突出以行动导向教学内容为主体，根据岗位技术更新不断开展知识更新、技能更新，提高教育教学与岗位技能点的契合度，让学生在使用工作手册式教材学习过程中通过记录、反思多种方式在理论、技能等方面得到全面提升。

（6）编写体例规范、科学，文图配合恰当、清晰，标点、符号、公式、数据、计量单位符合国家标准。

（7）教材编写者要按时完成教材编写任务，恪守学术道德，所编写教材不得侵犯他人知识产权。

（8）教材主编两年内没有退休、调离申报学校、出国一年以上等可预见的人事安排。

二、高职教育教材的管理体制：三级管理

改革开放以来，高职教育教材管理体制不断深化，逐渐从以教育部为主导的部委对口教材管理体制，向国家宏观领导下的三级教材管理体制转变。目前，在

国家教材委员会的指导和统筹下，高职教育教材实行分级管理，教育行政部门牵头负责，有关部门、行业、学校和企业等多方参与，基本形成了与高职教育整体改革相适应的三级教材管理体系。

（一）国家：统筹规划、宏观管理、综合协调、检查督导

"国家是最核心的社会治理主体，其以纷繁复杂的方式操纵和控制着从地方到国际等各个层级的事务。"[①] 党和国家成立国家教材委员会和教育部教材局，并赋予其统筹规划和管理教材建设的职能，理顺了国家教材管理的主体责权，解决了长期以来中央层面教材管理存在的政出多门、条块分割的弊端问题。从高职院校教材来看，国务院教育行政部门负责全国高职院校教材建设的统筹规划、宏观管理、综合协调、检查督导，制定基本制度规范，组织制定高职院校专业教学标准等，组织编写国家统编教材，宏观指导教材编写、选用，组织国家规划教材建设，督促检查政策落实。出版管理、市场监督管理等有关部门依据各自职责分工，做好教材管理工作，加强对教材出版资质的管理，依法严厉打击教材盗版盗印，规范职业院校教材定价和发行工作。此外，有关部门、行业组织和行业职业教育教学指导机构，在国务院教育行政部门统筹下，参与教材规划、编写指导和审核、评价等方面工作，协调本行业领域的资源和专业人才支持教材建设。

（二）省级：落实政策、统筹管理、关系协调、指导监督

省级政府是国家法律、法规、政策落实的重要执行者，处于"中观"位置，在推进高职教育教材建设过程中发挥着承上启下的重要作用。省级教育行政部门负责落实国家关于高职院校教材建设的相关政策，负责本地区高职院校教材的规划、管理和协调，牵头制定本地区教材管理制度，指导监督市、县和高职院校课程教材工作。以浙江省为例，浙江省教育厅负责统筹落实国家关于高职院校教材建设的相关政策，负责全省高职院校教材的规划、管理和协调，组织省级规划教材建设，指导监督市、县和高职院校教材工作。浙江省级有关部门、教科研机构、行业组织和行业职业教育教学指导机构，在浙江省教育厅统筹下，参与教材规划、编写指导和审核、评价等方面工作，协调本行业领域的资源和专业人才支持教材建设。

（三）学校：编好教材、选好教材、用好教材、管好教材

高职院校在教材建设中具有不可推卸的主体责任，不仅要编好教材、选好教材，还要用好教材、管好教材。在国家和省级规划教材不能满足需要的情况下，

---

① ［英］史蒂芬·奥斯本.新公共治理?——公共治理理论和实践方面的新观点［M］.包国宪，赵晓军，等译.北京：科学出版社，2018：71.

高职院校可根据本校人才培养和教学实际需要，补充编写反映自身专业特色的教材。高职院校可鼓励教师有针对性地开发和编写适合于学生学习、多元化、具有职业教育特色的校本教材，从而增强教材的有效性、适应性和可行性，更好地满足高职教育教学的要求。高职院校要严格执行国家和省关于教材管理的政策规定，健全内部管理制度，选好、用好教材。高职院校要按程序选用教材，严把政治关、学术关，选用高质量教材。《职业院校教材管理办法》明确规定，学校党委（党组织）对本校教材工作负总责。

三、高职教育教材建设的"金职"创新与实践

百年大计，教育为本；教育大计，教材为基。教材是高职教育教学活动的核心载体，教材建设是直接关系到"培养什么人""怎样培养人""为谁培养人"的铸魂工程。近年来，金华职业技术学院充分意识到教材建设的重要性，不断加强学校教材建设与管理工作，有效发挥了教材在提高人才培养质量中的重要作用。

（一）在改革中创新：教材建设的举措

在国家深化职业教育改革的大背景下，金华职业技术学院将教材建设作为育人育才的基础性工程，统筹谋划、系统推进，以管理机制改革创新为内生动力，不断深化教材改革，推动教材工作上水平、上台阶。

1. 健全"校—院"二级教材管理体系

金华职业技术学院充分发挥二级学院办学的积极性和创造性，积极探索新形势下教材建设与管理的体制和运行机制。

（1）教材编写。依据学校教材规划及国家教学标准和职业、行业标准（规范），以服务学生成长、成才和就业、创业为目标，所有教材以学校名义编写出版。二级学院党委（或职能部门所在党委）组织审核教材编写内容、编写人员资格条件，对教材编写修订工作给予协调和保障；学校党委在二级党委审核的基础上进行复审，开具教材编写、教材评优等相关文件资料。思想政治理论课教材，由国务院教育行政部门统一组织编写，学校教师不得自行编写与选用。教材编写团队应具有合理的人员结构，包含相关学科专业领域专家、教科研人员、一线教师、行业企业技术人员和能工巧匠等。教材编写过程中应通过多种方式征求各方面特别是一线师生和企业意见。教材编写完成后，应送一线任课教师和行业企业专业人员进行审读、试用，根据审读意见和试用情况修改完善教材。

（2）教材选用与审查。教材实行分级分类审查，学校层面成立教材选用委员会，二级学院（公共学院除外）成立院级教材选用委员会，具体负责教材选用审

核工作，实行二级审核机制。学校教材选用委员会对意识形态属性较强的教材进行专项审核，明确教材审核人员、教材编写人员的政治和学术要求。严格执行以下教材选用工作流程：专业讨论确定备选教材、专家审读、学院教材选用委员会审定、学校教材选用委员会复审。督导处负责教材的检查监督，相关工作纳入教学督导考评体系。

（3）教材征订。开课部门负责人在规定时限内在教务管理系统中录入选定的教材，根据学校教材选用委员会的意见及时调整选用教材。学校教材选用委员会审核通过后，教务处分学院导出教材选用数据返回各二级学院教科办，由专业主任或开课部门负责人、二级学院分管领导签字后加盖教科办或开课部门公章，送教务处确认教材征订。

（4）组建教材审核专家库。成立党委领导下的教材审核专家库。从各学院、职能部门、学术团体、行业企业遴选政治可靠、社会责任感强、学养深厚、学风优良、熟悉课程教材建设的专家学者和一线教师建立学校教材审核专家库，实行动态管理，对入库专家实行工作实绩考核，定期调整专家名单。

2. 实施课程教材联动建设计划

课程教材联动建设是成为高职教育深化教学改革、提高教材建设质量的重要保证。金华职业技术学院坚持课程教材"一体化设计、一体化建设、一体化应用、一体化推广"，实施课程教材联动建设计划。

（1）以"五个一批"新技术课程群为引领，提升教材建设水平。学校深入开展基于工作过程系统化的课程建设与改革，以项目化、学习领域课程为重点，对接职业标准、竞赛标准、国际标准，将新技术、新工艺、新流程引入课程教学内容，建设"五个一批"新技术课程群（一批专业群平台课程群、一批1+X配套课程群、一批创新型项目化课程群、一批虚拟仿真实训课程群、一批赛教融合课程群）。与之相应，教材建设与"五个一批"新技术课程群同步实施、协调发展。

（2）以"五个一百"校级培育计划为目标，推进教材建设立体化。学校实施"五个一百"校级培育计划，即培育百门精品在线开放课程、百项"互联网＋教学"教学改革案例、百堂"互联网＋教学"示范课、百项虚拟仿真实验教学项目、百种新形态教材。在计划的指导下，学校探索开发了课程建设、教材编写、配套资源开发、信息技术应用联动进行的活页式、工作手册式教材，使教材更加生活化、情景化、动态化、形象化。

3. 建设专业化、特色化的教材建设研究基地

教材研究是提高教材编写与选用质量的重要措施。金华职业技术学院按照"统筹布局、突出重点，项目引领、协同创新，分期建设、逐步推进"的原则，依托"双高"建设计划，联合政府部门、企事业单位、现代职业教育研究院，建设专业化、特色化的校级教材建设研究基地，对教材内容及体系、高等教育教材评价、选优质量指标与实施办法开展研究，更好地服务教材建设科学决策、理论创新和实践发展。

金华职业技术学院主要围绕以下方面进行了实践探索：一是聚集专业力量，金华职业技术学院充分发挥基地的聚集效应，吸引一批课程教材建设的一流专业人才，着力培养课程教材建设学术带头人和中青年学术骨干，建设课程教材研究领域的专门人才库；二是探索教材建设规律，梳理课程教材建设的已有经验、存在问题和面临的挑战，规划研究课题，围绕基础理论、实践应用、国际比较等方面，进行系统研究；三是建设教材数据中心，整合教材编写、使用、跟踪评估等各种资源，收集、分析国内外教材研究及教材建设动态信息，为教材研究、开发和管理提供参考；四是促进研究成果交流传播，搭建学术交流平台，不断拓展交流渠道，积极推动课程育人、教材建设及相关研究成果的交流共享；五是进行咨询指导服务，根据学校教材工作部署，为教材建设提供咨询服务，并参与教材编写、审查、使用、评估等工作，发挥智库作用，提升教材质量。

以机电专业教材研究基地为例。该基地以职业教育机电教材建设为核心任务，依托浙江省现代职业教育研究中心和智能化精密制造产教综合体，重点围绕聚焦课程思政、赛课证融合、中高本衔接等关键领域，结合实体化产教融合实施经验，开展产教协同建设机电类教材与教材数字化改革的研究，在基于产教融合的教材开发机制与实施路径方面取得显著成效。该基地主动对接新技术、新材料、新工艺、新方法，构建"在线课程＋系列教材＋活页手册＋教学案例"的四合一立体教学资源系统。获国家教材建设奖一等奖1项，出版"十三五"职业教育国家规划教材7本，浙江省普通高校"十三五"新形态教材4本，专著7本，主持或参与国家专业教学标准11项，1+X职业技能等级标准证书、国家标准、浙江制造团体标准等26项，编入党委政府部门要报成果27项。

4. 加大教材建设激励

金华职业技术学院建立以质量为导向的教材建设激励长效机制。首先，加大教材建设经费投入的力度，落实教材建设经费管理办法；设立教材建设专项经费，用于教材编写、出版与研究；校级教改课题中设立教材建设专项课题。其次，将教材建设工作纳入教师职称评聘、评优评先、岗位晋升的重要指标；改革教学奖励津贴和质量津贴办法，加大对优秀教材的奖励力度；坚持教材评奖制度，积极开展各级优秀教材评选；加大教材编写服务与支持，对各类规划教材的编写出版进行审查、检查和跟踪，为教师编写教材创造条件，激发教师投入教材建设的热情。

（二）在创新中发展：教材建设的成效

教材建设是建立在教学实践基础上的教材不断发展、不断深化、不断完善的过程。近年来，金华职业技术学院注重发挥教材的铸魂育人功能，积极推进教材建设机制不断创新，教材建设积极性不断增强，教材建设质量大幅度提高。截至目前，学校共有国家级规划教材 89 部，省级重点建设教材 48 部，省"十三五"新形态教材 28 部。2021 年，《机械零件数控车削加工》和《幼儿园教育活动设计与实施》两部教材获首届全国教材建设奖一等奖（职业教育与继续教育类）。

第三节　高职教育教材开发的案例分析

金华职业技术学院围绕教材建设开展了有效的实践探索，特别是在教材开发方面，涌现出一批有特色、有亮点的优秀案例。

一、《机械零件数控车削加工》教材开发案例

《机械零件数控车削加工》由戴素江、李银海共同主编。自出版以来，进行了 3 次改版，先后获评浙江省重点教材、"十二五"国家规划教材、浙江省新形态教材、"十三五"职业教育国家规划教材、首届全国教材建设奖一等奖（职业教育与继续教育类）。同时，该教材也是国家示范专业、国家双高建设重点建设专业成果教材。

（一）教材简介

1．编写理念："三个注重"彰显职业教育专业课程

第一，注重职业性。对接数控加工岗位的核心能力和职业标准，遵循岗位工作过程，构建教材的知识与能力结构体系，并依此确定教学内容以及教学项目的零件载体。设计项目导读、知识传授、工艺准备、任务实施、考核评价等教学环节，形成串接学习、训练、评价和反思等内容的标准教学流程。第二，注重适用性。面向不同生源、专业、学制的学习者，按照"模块式"思想，设计基础项目、应用项目和拓展项目及若干个工作任务，满足按需选学或分层教学的需要。设计"固定页"与"工作页"，通过固定页主体内容的学习和工作页实践表单的填写，引导学生完成工作任务，并将教学过程及成果可视化。第三，注重思政

性。融入工匠精神培育要素及精益化管理理念，从文明礼仪、安全防护、操作规范等细节着手，提高学习者的公民素质和职业素养。

2. 编写团队："专兼结合"彰显校企协同共同开发教材

该教材编写团队14人分别来自5所学校和1家企业。其中，正高级4人，副高级7人，中级3人。编写团队中来自企业或有着全职企业工作经历的有6人。所有编写人员均有着丰富的产品加工经验和突出的教育教学或教材开发能力。主编曾获全国职业院校技能大赛教师组教学设计第一名，主编的多本教材先后入选国家级规划教材和浙江省新形态教材、优秀教材。

3. 配套资源："线上线下"彰显现代交互式立体式资源

该教材配套有立体化的数字资源包，以二维码的方式嵌入教材。学习者既可以通过手机扫描二维码获取资源，也可以通过出版社网站下载。并通过手机、电脑、互联网及虚拟仿真系统，开展线上仿真与线下实操相结合的理实一体化教学。该教材相关课程为省级精品课程，通过浙江省高等学校在线开放课程共享平台既可以观看视频、课件，也可以参与讨论交流、在线练习与测试。借助宇龙数控加工仿真系统，学习者可以在课前自主学习阶段编制程序，通过课程平台开展线上仿真与交流，并在数控车间开展实操验证。

（二）教材的设计思路与内容编排

对接岗位核心能力及职业标准，确定教学内容，选取企业产品，设计"基础－应用－拓展"的模块化教学项目。教材对接工艺员、编程员、操作员等数控岗位的工艺设计、程序编制、设备操作、产品检测等核心能力要求，选取企业生产中的阶梯轴、手柄、轴套等典型零件为载体，进行教学化项目改造；对接数控车工国家职业技能标准，将机械识图、工装设计、刀具应用、编程方法及职业素养等知识结构与能力要求进行整合、分解，并融入教学项目中。同时，面向不同生源、不同专业、不同学制的学生及企业员工，按照"模块式"思想，设计了基础项目1个（"数控车床基本操作"）、应用项目4个（"轴类零件加工""成型面零件加工""盘套类零件加工""螺纹零件加工"）、拓展项目1个（"子程序、宏程序与自动编程的应用"），以满足不同学习者按需选学和分层教学的需求。

遵循职业岗位工作流程，以"化繁为简、逐个击破"编排教材项目，适配"学－训－评－思"行动导向教学实施流程。考虑到每个教学项目其内容的复杂性、综合性等因素，以"化繁为简"和"逐个击破"的策略，将教学项目细分为2—3个工作任务。根据行动导向理念，对照岗位工作流程，设计了项目导读、知识传授、工艺准备、任务实施、考核评价、课后巩固等教学环节，形成一套串接"学习""训练""评价""反思"的标准教学流程。并在"课前、课中、课后"3个时间段，引导师生按照标准流程开展教学活动，从而完成指定的工作任务，将数控岗位的工艺、编程、操作、检测等知识与能力内化。

设计"固定页+工作页"的教材版式，利用信息化工具，适应"线上仿真－线下实操"相结合的一体化教学生态。借鉴"活页式"教材的形式，设计"固定页"与"工作页"的教材版式。固定页承载的是教材的主体内容，包括项目导读、知识传授、工艺准备、任务实施、考核评价、课后巩固等，教材的数字资源以二维码的方式嵌入固定页。工作页承载的是任务单、工序卡、刀具卡、程序单、考核评分表等实践过程材料。同时，充分发挥手机、电脑及互联网的功能，借助课程平台和虚拟仿真系统，开展线上教学与加工仿真。利用数控机床实体设备进行线下实操，实施零件加工。线上与线下相结合，以适应各种新型教学方法的要求。

（三）教材的特色与创新

1. 满足多类型学习者的学习需要，创新了"按需选学"的教材项目构架新体例

教材面向机械设计制造类专业的学生及机械行业从业人员，设计了"模块化"教学项目架构——基础项目、应用项目和拓展项目。对于职业教育而言，因专业、生源、学制及人才培养方案的不同，教学目标也有所差异，教师们可以按照教学项目和工作任务，实行分层教学，体现职业教育的"因材施教"。对于行业从业人员，则可以根据自己的专业背景，结合工作岗位的知识与能力要求，按需选学。"模块化"的教学项目设置，极大地扩大教材的适用性，更好地满足多类型学习者的学习需要。

2. 满足1+X职业技能认证需要，形成了基于岗位工作过程设计教材内容新流程

教材由来自金华职业技术学院等5家职业院校和浙江汤溪齿轮机床有限公司的14位专业教师及工程师共同编写，实现校企"双元"联合开发。聚焦数控加工岗位的核心能力培养，对接数控车工国家职业技能标准，以企业产品作为教学载体，并基于岗位工作过程设计了教材内容组织的标准教学流程。既注重学生工艺设计、程序编制、设备操作、产品检测等岗位能力的培养，也注重学生自主学习、计划决策、团结协作、自我评估等方法能力与社会能力的培养，能更好地满足数控车工1+X职业技能认证的需要。

3. 满足工匠精神培育需要，探索了植入岗位素养培育要素、强化课程思政新路径

教材以"立德树人"为宗旨，弘扬社会主义核心价值观，提高学习者对"劳动教育"的理解。建立课程思政教育教学案例库，凝练案例的思政教育映射点。对接制造类岗位职业素养的要求，融入精益化生产管理理念，从文明礼仪、安全防护、操作规范等细节着手，提高学生的安全意识、质量意识和效率意识，培育学生一丝不苟、精益求精的工匠精神。将思政教育、职业素养、工匠精神与课程、教材、课堂紧密结合，满足工匠精神培育需要。

4. 满足信息化教学改革需要，建立了借助在线开放课程动态丰富教材资源新机制

充分发挥手机、电脑、互联网等信息化工具辅助教学的重要作用，开发视频、动画、案例、试题等各种形式的立体化数字资源包，嵌入到教材中，以方便学习者获取使用。同时建设"互联网＋"课程共享平台及虚拟仿真系统，开展线上交流、学习、仿真，验证加工可行性，并通过线下论证、实操、检测，检验学习成果。固定页与工作页同"书"共济，线上仿真与线下实操相辅相成，更好地适应各种新型教学方法的应用，满足信息化教学改革的需要。

（四）教材的实践应用及推广效果

1. 支撑教学改革，在赛教融合提升学生专业技能中发挥重要作用

《机械零件数据车削加工》自出版以来，累计印量超过 50 000 册。金华职业技术学院从 2008 年开始，机制专业群（含机制、数控、模具等）核心课程机械零件数控加工的教学均使用该教材。通过"赛教融合"特色教学，并借助课程平台及数字资源库，采用了模块化、层次化、培优教学等不同的对策，因材施教，以赛促教。该教材曾获学校"竞赛、企业、科技项目教学化典型案例"一等奖，数控课堂被评为校级示范课堂。"赛教融合"特色班的学生取得丰富的竞赛成果，获得了国家级奖项 8 项（一等奖 1 项、二等奖 4 项、三等奖 3 项），省级奖项 11 项（一等奖 4 项、二等奖 4 项、三等奖 3 项）。

2. 广泛推广应用，在院校人才培养和企业职业培训中发挥重要作用

《机械零件数据车削加工》被山东理工职业学院、陕西国防工业职业技术学院等 20 多所学校指定为数控课程专用教材。其中，有 10 多家用书单位与金华职业技术学院建立了联系，就教材开发、资源库建设、教学方法应用等问题进行交流，并为《机械零件数据车削加工》的改进提供了宝贵意见。2020 年，义乌工商职业技术学院、台州科技职业技术学院等 5 所职业院校的约 600 名学生通过浙江省在线开放课程平台参与了金华职业技术学院线上学习，师生们对金华职业技术学院的教材开发及课程建设工作给予了好评。《机械零件数据车削加工》也被推广到了企业员工培训，仅 2018—2020 年，金华职业技术学院面向浙江科惠医疗器械股份有限公司、浙江江天电机有限公司、浙江巴奥米特医药产品有限公司等企业，组织了 17 期约 500 名员工的技能提升培训。期间，通过分享教材数字资源库，提升了员工的素质，并帮助 484 人考取国家职业资格证书。

3. 取得系列成果，在新时期高水平专业群改革发展中发挥重要作用

在金华职业技术学院"机械制造与自动化"全国品牌专业建设的辐射下，《机械零件数据车削加工》针对教学内容的先进性、适合性和实用性，针对教学方法和教学手段的革新，针对教学资源的开发与应用，进行了多次改版、优化，内容逐渐完善，资源持续丰富。《机械零件数据车削加工》是浙江省精品课程机械零件数控加工的配套教材，也是全国机械行业指导委员会优秀教学成果"机械零件数控加工课程设计"的配套教材；本书主编在全国职业院校技能大赛数控高职教师组教学设计比赛中获一等奖，其数控课程说课获学校青年教师教学技能比赛一等奖，获浙江省高校青年教师教学技能比赛优秀奖。在高水平专业群建设期间，本书先后入选了浙江省"十三五"新形态教材、"十三五"职业教育国家规划教材，在课程教学与专业建设中发挥着重要作用。

二、《幼儿园教育活动设计与实施》教材开发案例

《幼儿园教育活动设计与实施》由成军、张淑琼主编，是专业核心课程幼儿园教育活动设计与实施的配套教材。该教材自出版以来，进行了两次改版，先后入选"十二五"职业教育国家规划教材、"十三五"职业教育国家规划教材，并荣获首届全国教材建设奖全国优秀教材一等奖（职业教育与继续教育类）。

（一）教材简介

1.《幼儿园教育活动设计与实施》是高职学前教育专业核心课程教材

该教材是金华职业技术学院国家"双高"院校高水平专业群核心专业——学前教育专业核心课程教材，帮助学生形成幼儿教师核心职业能力，主要包括：制定教育活动计划和具体活动方案；在教育活动中观察幼儿，根据幼儿的表现和需要调整活动进程，给予适宜的指导；在教育活动的设计和实施中体现趣味性、综合性和生活化，灵活运用各种组织形式和适宜的教育方式；提供更多的操作探索、交流合作、表达表现的机会，支持和促进幼儿主动学习。

2.《幼儿园教育活动设计与实施》是国家职业教育学前教育专业教学资源库配套教材

该教材注重体现"互联网+"教学新思维，对接资源库中的五大领域课程，共有 3 900 多个颗粒化教学资源，1 300 多个习题。教材配合在线标准化课程，利用 MOOC 和 SPOC 平台，搭建个性化的在线课程，学生可以打破时空界限，开

展自主学习，为师生开展线上线下混合教学、翻转课堂、移动学习等新教学模式保驾护航。

3.《幼儿园教育活动设计与实施》是专业课程综合化改革的成果

该教材转变传统学科取向的内容编排逻辑，依据幼儿园教育活动设计基本理念和职业教育理念，设计了3个循序渐进的学习情境：给完整方案的活动设计与实施、给目标和素材的活动设计与实施、仅给素材的活动设计与实施。最后，呈现第4个情境——尝试设计渗透融合的仅给主题的活动设计与实施，与幼儿园一线教学和幼儿园教师资格证考试相结合，最终真正达成与幼儿园岗位任务的完美对接。

4.《幼儿园教育活动设计与实施》是"园校协同"开发的教材

该教材编写团队包括高校学前教育专业一线教师和幼儿园教师，其中，高校教师中有5位是双师型教师，每周五带学生进入幼儿园实践，对幼儿园一线教育教学非常熟悉，在教材的编写中充分考虑了幼儿园教师所需的岗位能力的要求。书中呈现的案例都是由高校教师和幼儿园教师共同设计、拍摄的，全书充分体现了高校教师和幼儿园教师的共同努力，实现园校"双元育人"的大格局。

（二）教材的设计思路与内容编排

1. 以"学习情境、递进任务"为框架，重构教材内容体系

研究并重构"岗位任务—职业能力—课程—教材"。根据《幼儿园教师专业标准》和一线调查研究，分析幼儿园教师岗位典型工作任务及所需要的职业能力，根据高职学生"喜操作、善模仿"的学习特点，设计了由浅入深的3个部分：走进课程之门（理念与原理）、走入课程之野（方法和路径）、走上课程之岭（渗透与整合）。本书主体部分"走入课程之野"，设计出不同层次的学习情境，即先完成3个循序渐进的学习情境下若干个任务的设计与实施，最后进行学习情境4"走上课程之岭"，仅给主题的活动方案设计与实施，使学生能够实现"模仿—迁移—创新"。

2. 以"自主学习、全程实战"为指导，搭建良构教学设计

教材遵循"实践中见理论、实践中知理论、实践中提升理论"的教学思路，按照"六步教学法"来设计教材，使教师的教学过程更为直观，学生的学习目标更加明确。一是线上线下结合强化自主学习，课前，通过网络平台下达学习任务、提供学习材料、设置互动专区，学生提前了解学习内容，课后，通过答疑解惑和学习交流，深度分享课堂及实训中的感想和体会；二是依托"走园"全程实战，将课程学习放置于真实的行动情境中，让学生获得真实意义上的身份——"幼儿园教师"，形成"教学行动共同体"，帮助学生获得实践性知识，沿着旁观者—参与者—成熟实践者的路径前进，提高学生学习的有效性。

3. 以"案例教学、师生对话"为特征，开发配套数字资源

一方面，教材中根据各个情境任务的需要，配套建设了以数字化教学辅助资源和保教案例资源为主体的海量数字化、案例化资源，为广大教师用户提供了系统、直观的备课参考资料，也为学生自主学习提供了丰富的选择。另一方面，教材编排过程中，鼓励高校教师、一线幼儿园教师、学生等多元主体开展有效对话和多维互动，将校内的专业课程教学与基地幼儿园的实践教学结合，将体验的"对话"理念与模式迁移到工作中，能与幼儿进行充分"对话"。同时，随着校园教师的互动不断加深，学校与幼儿园建立了"亲如一家"的关系，形成了智力资源互换和技术资源互换的"双赢"关系。利用"走园"教学实践，挖掘幼儿园教学案例及专题素材，既促进了"走园"教学为导向的紧密型教学基地建设，又丰富和充实了课程及其配套教学资源，为学生的自主学习和实践演练提供了坚实的后盾。

（三）教材的特色与创新

1. 对接上位标准，适应新时代高职专业"三教"改革需求

立足学前教育专业特点，在教材中融入教师教育、学前教育、职业教育3个领域的上位标准要求。一是紧扣《教师教育课程标准》，按照课程开设相关要求，涵盖相应的建议开设模块；二是紧紧对接《幼儿园教师专业标准》，将对幼儿园教师相关专业知识、专业能力的要求融入教材内容；三是将《国家职业教育改革实施方案》《教育部关于职业院校专业人才培养方案制订与实施工作的指导意见》等文件要求，落实到教材的模块设置、体例编排、资源配套等方面，通过模块化内容设计，便于专业教学团队按照能力开展结构化教学；丰富的保教案例资源，方便了案例教学、研讨式教学、理实一体教学等教学新方式的实施；教材体例与时俱进，以大量二维码将书面教材与数字资源联结起来，建成了学前教育专业新形态教材的范本。

2. "课赛证"融通，有力支持学生获得"适岗"能力

编写团队在充分考虑职业院校学生学习特点的基础上，认真研究了幼儿园教师资格证考试大纲、全国职业院校技能大赛大纲等，将相关要求融入教材内容，设计了4个与幼儿园实际工作岗位无缝对接的教学情境。同时，在情境编排与实施中，将教师资格考试、技能大赛的相关任务、评价要求融入教学全过程，先采用以模仿为主的"给完整方案"，然后逐步过渡到仅给主题的活动设计系列活动，循序渐进地提升学生的"适岗"能力。

3. 园院有效协同，助推学前教育专业落实"产教融合"

一方面，团队成员充分利用"走园"实践教学契机，深入幼儿园一线，将幼儿园优秀教育活动案例融入教材编写和资源建设，累计征集了50人次幼儿园一线教师的100余条建议，有利于保证教材与幼儿园教育工作的匹配；另一方面，倡导在教学的组织上按照"六步法"来设计教材的内容，主张在教学过程中营造师生对话、生生对话、师幼对话等多角度对话情境，鼓励师生在幼儿园实际保教情境中，按照教材设计开展各类型教育活动的示范观摩、模拟试教、说课评价等活动，既促进了学生在实践中成为理实一体、具有职业胜任力的"准幼儿园教师"，同时也为幼儿园引入了较多的教育改革新思想，更新了基地幼儿园教师的教育教学理念。

（四）教材的实践应用及推广效果

《幼儿园教育活动设计与实施》充分利用编写团队所在的金华职业技术学院在高等职业院校中的影响，通过"双高"建设、国家级职业教育教师教学创新团队建设、国家级资源库建设等路径，积极在全国范围内推广使用，被全国各地20余所院校相关专业选用，并获得一致好评。

1. 在推动全国职业院校学前教育专业教学改革中起到重要作用

该教材的编写理念与《幼儿园教师专业标准（试行）》中强调重视幼儿园教师的反思与自主专业发展能力非常吻合。教材中试图体现"互联网＋"教育新思维，统筹线上、线下两种教育形式，课上、课下两种教育时空，自学、导学两种教学模式，实现信息技术与教育教学的深度融合。通过国家级资源库中的五大领域课程，使该教材倡导的理念和模式得到广泛推广和借鉴。此外，每年三四十所院校来学校访问交流，也为教材的推广提供了实质性助力。

2. 在学前教育专业人才培养的东西协作、对口支援中发挥重要作用

该教材编写与就业岗位对接，突出了"能力本位、实践导向"的理念。该教材被云南、贵州、甘肃等地的多所学校选用，如贵州铜仁幼儿师范高等专科学校、黔南民族幼儿师范高等专科学校等。资源库网站上配套的资源，可以帮助教师较好地理解和把握课程的重点。该教材还被西昌民族幼儿高等师范专科学校、磐安县职业教育中心等金华职业技术学院对口支援的学校选用，被普遍认为是一本既有助于教又有助于学的好教材。

3. 在提升学前教育专业学生的岗位能力和资格证考试中发挥重要作用

在研读《幼儿园教师专业标准（试行）》，认真对照幼儿园教师资格证考试大纲的基础上，深入了解幼儿园教育教学一线，重构内容。在完成18个典型工作任务后，进行仅给主题的活动设计，与全国职业教育学前教育专业学生技能赛项

中网络图绘制、幼儿园教育活动设计与说课等内容对接，助力国赛；也与幼儿园教师资格证考试的活动设计题对接，助力考证。金华职业技术学院毕业生在毕业前幼儿园教师资格证持证率超过95%，位于全国前列。

4. 在提高幼儿园教师教育教学组织能力的职后培训中发挥重要作用

编写团队积极在省、市、县级幼儿园教师专业发展培训中使用本教材。近3年来，团队成员累计承办幼儿园教育活动设计培训项目20余项次，覆盖区域幼儿园教师2 000余人次，学员反馈教材中融入的幼儿园教师所需核心岗位能力内容，如网络图绘制、教学活动方案设计、说课等，对提升他们的专业素养起到了重要作用。

三、《基本护理技术》教材开发案例

《基本护理技术》是由章晓幸、邢爱红主编的一本新形态教材。该教材紧跟高职教育发展趋势，遵循护理专业人才的成长规律，坚持知识传授和技能培养并重，突出线上线下充分耦合、课堂临床合理融通、基础专科连接贯通，是一本使用方便的融媒体教材。

（一）教材的设计思路与内容编排

教材根据临床护理工作任务分析情况，设置了15个项目、56项任务，并基于护理典型工作任务来组织教学内容，涵盖了护士执业考试基础护理的全部知识点，和执业护士基本护理操作项目的基本理论、基本知识和基本技能。

《基本护理技术》的内容编排注重课上课下结合，课堂临床融通，基础专科贯通。教材以临床思维为主线，在保持系统、严谨和连贯的基础上，体现生动、活泼。教材的编写思路为"项目引领、任务驱动"。每项任务前以相关的医学基础知识作为铺垫，然后以临床案例作为引导，通过案例设疑引出编写内容，激发学生的求知欲，以案例情境发展或假设引出任务单，根据任务单完成教材知识学习，期间可通过扫描书中二维码进行网上知识的学习，体现基础—专科—临床的充分结合；每项任务后以思维导图展示任务内在的逻辑关系和知识点，便于学生复习和形成临床思维，再配以知识链接和知识拓展。案例、操作流程、操作关键点都可以与"智慧职教"平台充分耦合，帮助学生理解和应用，提升学生的能力。

（二）教材的特色与创新

1. 线上线下充分耦合

《基本护理技术》编写团队把知识点充分颗粒化后拍摄了百余个微视频和微

课，以任务为单位绘制了思维导图，制作了相应的 PPT，编写了所有相关操作的流程及评价标准，并在智慧职教平台建设了基本护理技术数字课程。学生和教师随时随地都可以通过手机 App 或扫描纸质教材上的二维码找到相关内容，线上线下呼应，成为真正意义上的一体化新形态教材。

2. 院校双元合作开发

《基本护理技术》的纸质教材聘请了 4 位临床护士参与编写，网上资源聘请了 32 位护士参与拍摄，紧跟临床护理发展现状，展现临床一线的新技术、新规范，真正体现教材与临床的一致性。数字课程资源的不断更新，弥补了纸质教材不能及时更新的缺陷。

3. 嵌入思政、渗透人文

护理专业是为人服务的专业，基础护理课程充分体现护理照护的理念，操作视频的拍摄选用临床优秀护士，在操作中充分体现对病人的人文关怀，有意识地把思政教育融入其中，使学生在观看视频的同时接受到职业熏陶，培养符合现代护理事业要求的护理人才。

4. 连接基础、贯通临床

该教材既重视学生基础医学知识的掌握，也强调临床实践能力的培养，具有基础与临床相结合的特点。不仅教材的每个项目前设置了需要复习的基础医学知识点，通过二维码扫描还可以看到临床护士完成工作任务的真实过程。

（三）教材的实践应用及推广效果

《基本护理技术》第一版于 2013 年出版，第二版于 2018 年出版。教材使用地覆盖北京、天津、河南、内蒙古、江苏、上海、陕西、四川、云南、贵州、浙江、湖南、湖北、宁夏、西藏、新疆、重庆等 22 个省、自治区、直辖市的近 50 所学校，如金华职业技术学院、宁波卫生职业技术学院、浙江舟山群岛新区旅游与健康职业学院、重庆医药高等专科学校、山东医学高等专科学校、江苏卫生健康职业学院、商丘医学高等专科学校、新疆昌吉职业技术学院、乐山职业技术学院等，每年有近万名学习者受益。

教材项目选择符合临床工作实际与临床工作过程，图文并茂，逻辑清晰，并用二维码与线上课程连接，方便教学，效果良好，深受广大基础护理教师、学生及临床护士的欢迎。除学校外，不少医院选择该教材作为入职护士培训教材和护理技能比赛参考教材。该教材第一版入选"十二五"国家级规划教材、国家职业教育护理专业教学资源库配套教材，第二版与"智慧职教"平台上的基本护理技术数字课程配套，被评为"'十二五'浙江省高校优秀教材"，并入选"十三五"职业教育国家规划教材。

（四）教材进一步完善的思路

1. 融入 1+X 证书的内容

在充分调研的基础上，对项目内容做适当调整，如在纸质教材和数字课程上设立一个相关证书的模块，以适应 1+X 证书教学。

2. 增加活页的辅助教材

该教材以基本护理技术（学生必须掌握的操作技能）为主体内容。为方便学生学习和考核，将教材中的操作流程及评价标准制作成活页的方式作为辅助教材，便于学生操作练习。

3. 设置更多的临床情境

为适应现代护理教学改革的需要，在教材中设置更多的真实的临床案例，并把案例的相关情境拍摄成视频，让学生能真正体验到临床真实的情境。在拍摄过程中增加更多的思政元素，设置相关的问题，使教材更加活泼、生动。

4. 持续更新临床护理技术

根据临床护理的发展和护理教育改革的需求，增加新的护理技术材料，删除旧的已经不用的操作，保证教学与临床的一致性，体现护理的新进展。线上内容增加护理技能综合运用模块，训练学生的临床思维能力。

四、《企业形象设计》教材开发案例

《企业形象设计》由华玉亮、胡鼎婕主编，是企业形象设计、CIS 设计、VI 设计、品牌策划与设计课程的配套教材。该教材将知识点和设计实践融入项目设计，注重对学生能力的培养，先后入选"十二五"职业教育国家规划教材、"十三五"职业教育国家规划教材等。

（一）教材简介

1. 工学结合，适应专业发展

随着当前艺术设计学科综合化的发展趋势，以及突出职业能力培养的需要，针对目前众多教材内容单一、程序化的情况，《企业形象设计》以《国务院关于印发国家职业教育改革实施方案的通知》《职业院校教材管理办法》等文件精神及全国最新版规划教材为依据，根据岗位复杂性、多样性的需求，结合编者多年的教学实践经验概括总结而成。教材突出"项目教学、任务驱动"的特点，强调了工学结合的原则。

2. 重建知识结构，适应学生认知规律

《企业形象设计》以最简单的结构方式——概念、设计、欣赏组成。第一章

将企业形象的社会功能、历史与发展、构成、开发程序清晰地做了解读；第二章依据企业规模、经营范围和企业特征，以及设计范围、项目任务的不同，精心挑选出 3 个典型教学项目，一是商品品牌形象设计，二是 IT 行业形象设计，三是地产企业形象设计；第三章从企业、品牌、城市和奥运等形象设计剖析企业形象设计不同领域、时空、地域的特点，贯穿向传统文化学习、向生活学习、向国际大师学习的教学理念。

3. 构筑配套资源立体化，实现线上线下教学信息化

编写团队共有 5 名教师，其中高级职称 2 名、讲师 3 名，均拥有广告设计师资格。5 名教师毕业于 5 所不同的大学，均具有项目设计工作经历。教材编写团队有丰富的教学经验及实践经历，同时都参与国家精品课程、国家级精品资源共享课程的建设；完成了同步教材的录像 26 个、案例库 100 个、试题库 25 个、配套课件 26 个等配套资源库；将资源嵌入该教材各章节，学习不受时间、空间的限制，为学生自主性学习提供强有力的保障；提供教材同步学习的精品资源共享课程——VI 设计和"爱上淘课"平台上的企业形象设计课程。

（二）教材的特色与创新

1.《企业形象设计》是国家精品课程和省优势专业建设成果，体现高等职业教育能力本位的特点

该教材结合艺术设计专业的人才培养改革、国家精品课程和国家级精品资源共享课建设的经验进行编写。同时教材突出"项目教学、任务驱动"的特点，以工学结合为原则。教材内容由校企共同讨论确定，针对高职教学特色、企业岗位要求和学生学习特点设计教学情境，从简到繁，针对性强，体现了高职能力本位的特色。

2.《企业形象设计》拓展了限于 CI 的范畴，以不同类别企业形象设计为内容

该教材跳出了学科体系的框架，打破了 CI 设计只停留于操作程序、格式的解释，将 CI 设计从僵化的手册制定转变为以品牌塑造为主导的整体视觉设计。依据企业规模、经营范围和企业特征，针对企业对设计范围、项目任务的不同，该教材精心挑选出商品品牌、IT 行业、地产企业 3 个典型教学项目。

3.《企业形象设计》编写理念先进，体现了"学中做、做中学"的特色

该教材将理论知识学习和职业能力实践融入项目设计，学生兼有"学习者"与"设计者"的双重身份，不仅有助于学生深刻理解理论知识，懂得理论知识在实践中的作用，还可以大大提高学生的设计能力和创新能力。教材注重知识和技能的实用性，引入国内知名企业案例，并将学生典型案例的设计项目和企业实际设计项目相结合，让学生融入案例中，对比发现自身设计存在的问题与不足，从而激发学生的探究性、反思性思维，不断提高学生的设计能力。

（三）教材的实践应用及推广效果

《企业形象设计》自 2013 年出版以来，发行逾 35 000 册，现已修订重印。使用该教材的院校遍及江苏、四川、山西、山东、安徽、陕西、河南、江西、湖南、福建、湖北、黑龙江等地。选用学校有赣南师范大学科技学院、河南工程学院、浙江同济科技职业学院、四川天一学院、豫章师范学院、四川托普职业学院、江西财经大学、莆田学院、南昌交通学院、海南省商业学校、江西陶瓷工艺美术职业学院、重庆第二师范大学、江西财经大学、江苏航运职业技术学院、牡丹江师范学院、黄山学院、攀枝花学院、上海行健职业学院、达州职业技术学院、西安思源学院、天津工程职业技术学院等。

金华职业技术学院艺术创意学院依托省级特色专业及优势专业建设项目，对企业形象设计课程进行改革，实施项目化的教学并使用该教材，效果显著。该校先后有 50 多位学生参与完成了社会项目 100 余项，学生参与技能竞赛获省级以上奖 27 项，其中省一等奖 6 项，学生作品入选教材案例，学生参与完成"十二五"职业教育国家规划教材《企业形象设计》，版式设计受到出版社的好评。浙江艺术职业学院广告设计与制作专业选用该教材，教师叶峰泉还依据该教材建设了浙江省在线开放课程企业形象设计。

《企业形象设计》得到广大使用院校的肯定与好评。它具有理念新颖，结构简明，案例、资源丰富的特点，适合项目化教学需求，对学生项目实践指导很有帮助，是一本很好的职业教育教材。该教材集合经典的企业品牌案例，让学生直观了解有关企业形象的重要因素，让学生知其然，也知其所以然；在案例中引用大量具有民族特色的优秀设计作品及实践操作流程，有助于激发学生的学习热情，增强文化自信。该教材的教学资源主要来自教师、设计师和学生的作品，贴近专业需求；还提供线上学习平台，满足"互联网 +"教学需求。教材版式设计美观、灵活，纸张规格好，印刷清晰，色彩饱和度高，阅读体验佳，深受学生喜爱。

高职教育课程教学设计与实施

　　当前高职院校学生的学习表现出许多问题，如学习无目的、无规划，学习积极性不高、自控能力弱。针对这些问题，不同学者根据自身的研究视角与学术旨趣，提出了不同的理论解释框架。有学者从课程的角度阐述，认为当前的课程模式仍然延续了传统的"三段式"学科课程模式，这种课程模式将理论学习与实践操作人为分割，很难激发出学习者的学习兴趣。有学者则从教学论的角度探讨，认为教师难以摆脱传统"经师"角色的羁绊，仍然将"空对空"的学科理论知识传授作为课堂教学的主要内容，造成职业院校学生因为难以适应以理论学习为中心的教学模式而产生厌学情绪，甚至弃学。高职院校课程教学设计是提升高职院校学生学习积极性的关键抓手，传统的学科课程、理论导向的课程教学模式已经难以适应高素质技术技能人才培养的需求。要实现高职教育课程教学模式的转型，必须从知识论、学习论及教学论多个视角出发，重新找到高职教育课程教学设计与实施的逻辑起点。本章内容从知识论的视角出发，基于技术知识学习的内在规律，明晰高职院校课程教学改革的理念导向和行动路径，并基于金华职业技术学院课程教学设计与实施的典型经验，提出高职院校课程教学设计与实施的实践策略。

第一节　基于行动导向的课程教学改革理念

高职院校学生学习的是何种知识，其结构、性质与学习规律如何？对这些问题的回答将直接决定高职院校学生的学习应采取何种范式，即厘清职业院校学生学习的主要知识类型，是探究高职院校学生学习的理论逻辑起点。而基于对前人相关研究的文献梳理分析和对职业院校办学实践的实然把握，高职院校传授的主要知识是以工作中所需要的，以工作任务为逻辑纽带而组织起来的技术知识。高职院校课程教学改革的推进必须从技术知识学习的内在规律出发。技术知识建构的内在规律决定了高职院校必须采取行动导向的课程教学改革理念。"行动导向教学是根据完成某一职业活动所需要的行动及产生和维持行动所需要的环境条件及从业者的内在调节机制来设计、实施和评价职业教育的教学活动。"[①] 从行动导向教学方法的实施过程来看，行动导向教学是通过有目的、有计划地组织学习者在实际或模拟的职业情境之中，让学习者通过参与资讯、计划、检查、实施、评估完整的职业活动过程，通过解决教师所涉及的职业问题，从而体验并反思行动过程，最终建构学生完整的职业能力。行动导向教学的实施具有自身的内在逻辑，行动导向是核心、精髓，是推动学生职业能力形成与发展的关键，行动导向理念直接决定了高职院校课程教学重心、内容、组织及教师和学生都同传统学科课程教学论中的角色有着根本的不同。

一、课程教学重心：从"理论理解能力"向"反思实践能力"转变

根据我国经济社会发展的现状和劳动力市场对于人才类型的需求，高职院校的人才培养目标应定位于应用型技术型人才的培养，即那些能够将科学家和工程师所设计的构思、设想付诸实践的人才。因此，与研究型大学培养理论理解能力较强的研究型和工程型人才这一培养目标不同，高职院校应当注重学生的技术

---

① 姜大源. 当代德国职业教育主流教学思想研究 [M]. 北京：清华大学出版社，2006：54.

实践能力的培养，但同中职重点培养学生在工作岗位上的熟练操作能力不同，高职院校应重点培养学生在工作实践中的反思实践能力，这是技术知识建构规律使然。高素质技术技能型人才既需要掌握扎实的技术实践知识，同时也需要掌握与技术实践相关的技术理论知识，但两者并不是机械的叠加，需要学生在参与技术实践的过程中，通过自主反思，实现两者在其大脑内的有效整合，形成可迁移的、不仅适应当前工作需求，更能够培养个体在面对未来工作转换时的技术适应能力。

技术知识是学习者积极、不断地在学习过程中通过反思而最终获得建构的。相较于学科知识的建构，技术知识的建构同样需要学习者在学习中通过不断地反思来实现，但两者在反思的内容与方式上有着根本的不同。学科知识的反思主要依靠个体的抽象思维并借助一定的实验手段对概念、符号、原理等学科知识的构成要素进行一系列前人未有过的排列与重构，试图从中发现新的知识与原理去解释自然界和社会；而技术知识的反思则主要依靠个体的形象思维并借助一定的技术设备、工具，对技术实践过程中所产生的问题作出最优解，在这一过程中并不一定需要技术理论知识的介入，只有当学习者难以解决问题或者需要认识技术实践过程中的原理时，才需要理论知识的介入，从而实现两者在个体头脑中的有效整合，这一过程就是个体对技术知识的自主反思过程。

学科知识往往是由概念、公式、命题按照一定的逻辑关系所组成的知识体系，技术知识的内容却非常复杂，不仅包括已经"情景化"的技术理论知识，还包括大量的技术实践知识，这些实践知识往往具有默会性质，学习者只有在技术实践中将这两者有机地结合起来，才可能形成稳定的技术实践能力。传统的课程观认为，技术理论知识是技术实践知识的基础，基础越牢固，学生学习的技术原理越深厚、掌握得越透彻，技术实践知识的掌握便会"水到渠成"，技术实践能力也会自然而然地形成。然而，事实并非如此，技术理论知识和技术实践知识只有通过学习者在技术实践过程中不断地练习、反思，才可能真正地获得整合。这种反思的建构不仅包括了学生背景知识和当前学习知识间的整合，亦包括了技术理论知识和技术实践知识的整合，唯有如此，才有可能促进技术理论知识的情景化，形成稳固的技术实践能力。

学生要建构完整的技术知识必然要通过工作实践才能够形成，行动导向的教学目标就是要帮助学生通过完整职业知识的学习建构完整的职业能力。完整的职业能力不仅包括胜任某一特定职业领域的专业能力，同时还包括团队合作能力、交流沟通能力、解决问题的能力等多个方面，正如德国人对职业能力的理解，完整的职业能力应包括专业能力、方法能力和社会能力 3 个层面。方法能力特指学生要掌握学习的能力，掌握各种方法、工具的能力，能够在新的环境中不断适应发展的能力。社会能力主要是指个体能够较好地与周边同事、社会环境友好相处的能力，能够与他人形成良好、协调的社会关系。但具体到教学过程中，专业能力、社会能力、方法能力的形成不能完全割裂，它们是融入学生的专业学习之中的，专业能力的形成与发展不能离开方法能力与社会能力的支撑，同时，方法能力与社会能力的形成也绝不能离开专业能力发展的土壤，三者之间具有十分紧密的内在逻辑关联。因此，行动导向教学的实施是一个综合的、系统的过程，方法能力及社会能力的培养绝不是通过传统地开设特定的课程来实现的，它需要融入专业课程之中，需要在专业学习过程中通过引导学生"做"来发展其完整的职业能力。

二、课程教学内容：从"知识中心"向"工作中心"转变

课程内容的组织对学生知识意义的建构具有十分重要的影响，因为人所建构知识的意义不仅与其知识背景有关，也与其以什么样的方式、什么样的顺序掌握这些知识密切相关。回溯过往课程内容的组织方式，无外乎心理学逻辑、学科逻辑、学生兴趣和背景知识等。大部分高职院校的课程模式是按照学科逻辑进行组织的，按照这种方式所组织的课程中最具代表性的要数"三段式"课程模式，它将课程机械地划分为文化基础课、技术理论课和专业实践课，让学生按照从理论到实践这一逻辑顺序分别学习这些课程。这种课程观虽然重视了知识的系统性、逻辑性，却忽视了知识和工作任务的紧密联系，人为地割裂了技术理论知识和技术实践知识，最终造成学生无法将技术理论知识和技术实践知识进行完整的意义建构，以形成稳固的技术实践能力。这是由于技术实践能力的形成不仅跟学习的内容有关，还与学生所学的内容结构密切相关，即学生要想掌握在真实工作场域中的技术实践能力，就必须按照工作过程中知识的排列和组合方式学习这些知识，只有当学习顺序和工作过程中知识的排列顺序相一致时，个体才有可能去掌握真实的技术实践能力，而不是虚假的、悬空的、一些难以运用到工作实践中的抽象符号。技术知识的表征方式与学科知识存在着根本差别，将学科知识应用到技术实践过程中并不是轻而易举的，需要技术实践者打破学科知识的内在逻辑关系，重新对其进行符合技术实践需求的排列、组合，使之能够契合学生在技术实践过程中的需要。技术知识本身的特性也决定了技术理论知识同技术实践知识只有在工作实践中才能够得到有效的整合，"无论是在技术活动中，还是在个体认知结构当中，技术知识都是以工作任务为中心而组织的，那么，在编制课程时，

就应当以工作任务为核心来组织技术知识"①。唯有如此，学生才可能在头脑中建构出真正符合现实工作需要的技术知识，而不是一些零散的、依据学科逻辑组织的脱离实践情景的抽象符号。

技术知识必须按照工作过程中的逻辑顺序获得建构。知识不能够零散地呈现在学习者的面前，必定具有一定的顺序性，学科知识的组织原则依据的是自身知识的内在逻辑，无论是自然科学还是社会科学，基础科学还是应用科学，都是如此。所以，学科专家尤其强调学生对学科基本概念和基本结构的掌握，并认为这是探究本学科高深学问的基础。而技术知识产生于工作情境之中，以职业为载体，是为了实现生产目的或服务目的而产生的，同学科知识的组织原则有着根本的区别。"一个职业之所以能够成为一个职业，是因为它具有特殊的工作过程，即在工作的方式、内容、方法、组织及工具的历史发展方面有它自身的独到之处。"② 这一独到之处决定了学生要想形成完整的技术实践能力，其技术知识的学习顺序必须同其在工作过程中的排序相一致，否则将会影响其建构完整的技术知识。所以，这些知识唯一能够联系、组织起来的只有如同汽车维修项目的一个个工作任务，这些工作任务将这些零散的、性质各异的知识有机地结合在一起，赋予其意义和功能。所以，我们可以说，职业给了人们生活所遵循的方向与原则，职业赋予知识以目的和意义，以工作任务为逻辑原则来组织知识是技术知识建构的主要特点。

三、课程教学实施者：从"独角戏演员"向"导演"转变

由于"教师"一词已含有太多学科话语的意蕴，为避免词不达意，选择用"课程实施者"一词指代传统教师。传统的学科课程观认为，教师是课程的主体，知识的可传递性可以使知识从教师向学生传递。所以，在课程教学中，教师更多的是扮演一名"演员"的角色，通过演示、讲授等传统教学方法，将知识从教师这里传递到学生头脑中去，学生成了"接收器"，通过死记硬背的方式将教师传递的知识接收过来。建构主义理论则对这一传统的课程观提出了激烈的批判。学习在本质上是一种"意义建构"，以"建构"观念取代传统的学习是一种"反映"的观念，这更能体现学习的本质特征，更强调学生的"学"是教师"教"的前提。他们认为，学习者应是积极主动的，在"学"的意义上，学生是教学的主

---

① 徐国庆. 职业知识的工作逻辑与职业教育课程内容的组织 [J]. 职业技术教育，2003，24（16）：37-40.

② 赵志群. 职业教育与培训新概念 [M]. 北京：科学出版社，2003：97.

体，离开了学生的积极参与，任何学习都是无效的；而在"教"的意义上，教师应成为教学的主体，教师应明确学生在学习过程中的主动性，通过积极地利用现有的教学资源来构建能够激发、引导学生主体性发挥的教学环境，所以，教师的角色就应该从过去忽视学生的兴趣、学力、需要，一个人自话自说的"独角戏演员"转变为能够将工作的需要与学生的需求紧密结合起来，创设能够激发学生学习兴趣的"课程导演"。

众所周知，当下的工作世界已经发生了很大的变化，技术知识绝不仅仅是简单的技术操作，技术理论知识的大量融入，使得工作世界变得弹性化、智能化，对"智慧型技术应用型人才"的需求亦越来越大。所以，培养学生的反思实践能力，实现技术理论知识和技术实践知识整合的能力，是高职院校课程转型发展的重点。这就要求课程实施者实现从"知识灌输者"向"学习情境创设者"的角色转变，通过创设适宜的教学情境和实践性问题，激发学生的学习动力，逐步引导学生学会积极主动反思，实现技术理论知识和技术实践知识在反思实践的过程中逐步整合，形成不仅适应当时工作需要，更能适应未来工作岗位的技术实践能力、学习能力。

在行动导向教学过程中，教师的角色发生了根本的改变。在传统的教学中，教师处于绝对的主体地位，是知识的传授者和教学过程的绝对主导者；但在行动导向教学中，教师的角色需要向促进者、引导者进行转变。教师在课堂教学中将不再占据绝对的统治地位，而是要起到一个情境的创设者、引导者和指导者的作用，让学生在自主行动中建构完整的职业知识，形成完整的职业能力。教师角色转变有着深厚的知识论、课程教学论的学理基础，因为技术知识的完整建构最终需要学生通过行动去实现，在行动中的学生需要将理论知识、工作知识、默会知识等多种知识以工作任务为逻辑主线进行完整的学习，缺乏了任何一种知识，学生都无法形成完整的职业能力。过去教师作为一个"经师"的角色，将理论知识的传授作为课堂教学的重点，学生不仅缺乏将理论知识应用到实践的机会，也无法找到将知识应用到工作实践的路径，因为在教学的过程中，学生是完全的被动者、知识的接受者，而不是知识的建构者，缺乏个体自主行动的实践过程是无法建构完整的职业能力的。因此，在行动导向教学过程中，教师的角色是职业情境的创设者、学习氛围的掌控者、教学运行的引导者，通过紧凑、科学、严谨的教学设计来帮助学生在实践过程中，在同其他同学的互助合作中形成职业能力。

四、课程教学实施：从"课堂本位"向"工作本位"转变

技术知识必须在真实或仿真的现实工作情境中，通过学习主体不断的技术实践和操作，才可以获得真正的建构，这是由技术知识的本质属性所决定的。尽管科学知识建构主义同样重视情境在知识建构和学习迁移中的价值，并认为所有的知识都是情境性的、具体的，不存在绝对抽象化的知识。但在科学知识的建构语境之下的情境学习只具有工具性的价值，而非学习的最终目的，其只是为了使学生进一步地深化理解所学到的学科知识，使所学到的知识更加灵活地应用到更多的情境中去，所以，教师可以设计许多不同的情境来为学生建构知识服务，最终目的只是为了使学生获得知识的意义。相反，高职院校所培养的学生在真实或仿真工厂中的实习，具有非常明确的目的，工作情境往往具有固定性，操作过程和环节亦非常明确，学生只有通过真实地在工作情境中去实践，才能真正地掌握技术知识。

技术知识不仅包括技术理论或原理，更包括了大量难以言说的默会知识，亦可称为个人知识。这个层面的知识更多的是经验形态的技术知识，如技能、诀窍等，它们的存在更多的是依附于技术实践者的大脑和身体的感知、运动，通常只能够在行动的过程中表现出来，而这一行动又十分依赖于特定的情境，因此，无法对其进行准确地编码和呈现，由此便构成了难言知识。科学知识在技术实践过程中的运用日益广泛和深入，也并不意味着难言知识即将消亡，反而更加促进了默会知识在技术实践过程中的不可替代性。因为将任何科学原理、技术原理运用到实践过程中，都需要人将这些知识、工具、方案、意志等所有的要素结合起来，形成真实的技术。所以，这种知识很难通过脱离了技术所真实发生的情境场域获得建构，而只能通过师徒传授这一"干中学"的方式获得建构。

在学校本位的课程实施模式中，学生主要在课堂环境下接受技术知识的学习，并没有相应的真实或仿真的工作场所来帮助学生形成技术实践能力，仅可作为对技术理论知识进行补充、验证的一种辅助手段，并没有形成以工作本位学习为主导的课程实施模式。这种模式人为地将技术理论知识和技术实践知识的学习分割为两个阶段，与工作情境毫无关联的传统课堂成了学习的主要场所，造成学习者难以通过学习过程实现两者在个体层面的有效整合，最终造成技术实践能力的培养流于形式。

高职院校课程的革新应该将工作本位学习作为课程实施的主导模式，强调将真实的工作过程转变并设计为学习过程，并在工作实践的情境中开展学习过程，学生必须在真实或仿真的工作现场进行学习，重点培养"做"的能力，让学生在做的过程中，培养对于技术实践过程的反思能力，通过反思实现技术理论知识和技术实践知识的有效整合，以此来使学生掌握较为稳固的技术实践能力。这是由技术知识建构的独特逻辑所决定的，由于技术知识中包含有大量的默会知识和经验规则，就算是作为科学知识的应用技术理论知识，也需要在技术发生的真实或仿真场所中，才能获得其完整的意义，否则脱离了技术发生情境的技术知识学习必然是一种低效的、事倍功半的学习。因此，高职院校应该加强能够进行理实一体化专业实训的基地建设，培养并引进擅长实践教学的教师队伍，重点改革其传授技术实践知识的课程，并把其作为课程革新的重点来抓。当然，这并非完全否定学校本位学习的价值，首先，学校本位学习可以包含一部分工作本位学习的内容，如某些建在学校的教学实训工厂从根本意义上而言，仍然是工作本位学习向学校的延伸；其次，学校本位学习可以作为工作本位学习的一种必要的补充，某些课程内容通过这一方式的传授，效果可能会更好，但这并不意味着学校本位学习应成为课程实施的主导模式。

五、课程教学学习者：从"被动个体"向"学习共同体"转变

在传统的学科课程语境下，学习者往往是指单一的个体，个体之间在学习活动中联系很少，或根本没有联系，无论是课程学习过程还是课程学习结果的评价，都营造出浓厚的竞争氛围，教师成了知识"权威"的代名词，负责对学习者的学习成果进行评判和指正，并不参与到学习者知识建构的活动中。事实上，这一现象不仅在研究型高校，在一向强调团队合作能力培养的职业院校亦是如此。但是，"在建构主义教学过程中，学生的学习并不是像传统课程观认为的那样，是一种比较'孤立'的个人竞争行为，而主要是通过师生之间、生生之间相互合作逐渐完成的。在教师的指导帮助下，学生从这种相互合作中主动、积极地开发自己的思维品质，并完成对知识意义的建构"[①]。所以，为了促进学生对知识意义进行更加深入的建构，也为了使学生适应未来工作世界的变化，应实现课程学习者从"个体"向"学习共同体"的转变。

技术知识是在社会主体间通过不断地交流、对话等交互活动共同建构的。

---

① 陈琦，张建伟. 建构主义学习观要义评析 [J]. 华东师范大学学报（教育科学版），1998（1）：61-68.

"主体间性"这一名词来自社会科学研究中对"研究者"和"被研究者"之间关系的一种描述和认知。由于客观实证主义日益受到现象学和阐释学的挑战，社会学界对传统"研究者"和"被研究者"的关系进行了深入的反思，认为"研究者"从"被研究者"所获得的研究结果不是从对方那里直接收集过来的，而是双方在一定社会情境下相互"建构"的，因此，在对双方关系的认识上，我们应打破"客观主义"的虚假意识，认识到集体建构社会现实的"真实"。建构主义学习理论同样认为这个世界不存在绝对的、普遍的和放之四海而皆准的"真理"，而是认知主体之间和作为学习促进者的教师之间进行的一个意义建构的过程，这一意义建构的过程不是学生单独完成的，而是在不同主体之间通过视域融合、意义沟通而最终形成的。相对于学科知识的建构，协作、对话、沟通与交流对于技术知识的完整建构有着更为重要的认识论意义，这是由技术知识的本质特性所决定的。

"学习共同体"是指由课程学习者（学生）和课程实施者（教师）共同组成的，以完成共同的技术学习任务为载体，以促进成员形成技术能力、团队合作能力为目标，强调在学习过程中以相互作用式的课程观作指导，通过人际沟通、交流和分享各种学习资源而相互影响、相互促进，共同建构知识意义的基层学习组织。它与传统教学班和教学组织的主要区别在于强调人际心理相容与沟通，在学习中发挥群体动力的作用。技术知识的学习是以一个个工作任务为中心组织起来的，是一个包含了"资讯、计划、决策、实施、检查和评估"的完整实践过程，这一特性决定了学习主体之间的沟通、交流对于完成以工作任务形式呈现的学习任务的重要性。

如前所述，由于技术知识包含大量的难言性知识，这种知识很难通过明确的语言、书本、公式等符号来呈现，只能通过师徒式的"传帮带"来实现建构，这就决定了同学之间及同学与教师之间的意义沟通和建构是以技术实践中所遇到的问题为导向的，而不是以脱离了实际情境的、抽象的理论问题为导向的，这一特殊性决定了技术知识的建构对主体间的意义沟通和交流提出了更高的要求。除上述原因以外，高职院校所培养的学生将要面对的工作世界正发生着巨大的变化，工作范围的扩展，工作性质的智能化、弹性化，工作组织的团队化都对学生的人际交往合作能力提出了更高的要求。因此，学会与不同的主体进行沟通和交流，学会在团队中学习的技巧，以此来解决在技术实践过程中所遇到的问题，就成为其必备的素质。

第二节　基于行动导向的课程教学改革路径

基于行动导向的课程教学改革的主要理论基础是行动理论和教育学理论，强调基于团队合作，在真实工作过程中融合理论学习和实践经验。行动导向的教学改革力求突破知识导向自上而下的学习模式，主张以学生为中心、以行动中的问题为先导、以行动知识的习得与转化为内核、以行动实践及其反思为主要路径、以行动智慧及其思想为落脚点，是一种螺旋上升的学习过程。在教学过程中充分发挥学生的主体作用和教师的主导作用，注重培养学生分析问题、解决问题的能力，通过引导学生反复实践完成"任务"，从而实现教学目标。根据行动导向教学的主要特点，教师采取"咨询、计划、决策、实施、检查、评价"的整体行动，在教学中与学生互动，学生通过"独立地获取信息、独立地制定计划、独立地实施计划、独立地评价计划"，在自己"动手"的实践中，掌握职业技能、习得专业知识，从而构建属于自己的经验、知识或能力体系[①]。与高职教育工作过程课程体系相适应，在培养技能型人才方面有着独特的优势。

一、以学生兴趣与经验为出发点

知识导向模式遵循的是知识体系，重视知识传授过程自上而下的权威性，从理论传授到实践应用的知识迁移方式是纵向且不可逆的。学生常常作为知识灌输的承载者，容易陷入被动疲乏的境地，学习的主动性和创造性被压制。而行动导向的学习观要求"改造学生的学习方式"，即把接受式学习方式转变为建构式的学习方式，可以从学情把控、团队组建方面入手。

（一）精准分析，科学绘制学生成长多维画像

高等职业教育的主要生源是参加高考的普通高中毕业生，在基础教育阶段受"应试教育"的影响，主动探索、自主学习、分析解决问题的能力较为匮乏，他们在应试能力以外的长处容易被忽视和低估。进入高等教育阶段正是他们从不成熟走向成熟的人生转折时期，表现出半幼稚半成熟的心理矛盾，在学习中主要存

---

① 姜大源. "行为" "活动" 与 "行动" 辨—— "行动导向" 教学管见 [J]. 职教通讯, 2003 (1): 42–43.

在着独立性与依赖性的矛盾冲突。根据多元智能理论，造成人与人之间存在差异的不仅是他们拥有的智能，而且是他们的智能结构，也就是人们智能中相关的强项与弱项的差异。因此，教师开展准确的学情分析，帮助学生获得科学的定位，是引导学生获得自信心的第一步。

学情分析是研究学生的实际需要、能力水平、认知倾向及社会对人才的需求分析。传统的学情分析主要分析学生的入学成绩、前导课程、出勤率、作业完成率和考试成绩等结构化数据，很难处理大规模、复杂结构、多维度的教育数据。随着信息技术的发展，基于大数据开展学情分析的手段越来越普遍。可以在基础数据系统，如教务管理系统、学生管理系统获得个人基本情况数据信息，个性化捕捉在线资源平台学习数据、诊断改进预警分析系统等过程性、生成性、富媒体数据获得学生学习偏好和偏差信息，实时获取基于智能手机、可穿戴设备的各类传感器数据得出学生时空学习环境和生理状态信息。综合以上数据，挖掘数据隐含价值，抓取融合在数据中的知识、能力和素养信息，生成学生成长多维画像。

教师根据画像获得学生的认知水平和已有知识、技能、经验与兴趣，分析学生的普遍和特殊需要，不断更新自己的课程内容，开发新的教学案例，有针对性地选择教学内容、设计教学组织形式和教学方法。学生也能根据画像数据在教师指导下制定适宜的学习目标，选择合适的学习进度、学习资源和学习方法，并评价自己的学习成果。学生在由接受者到参与者的转变过程中，学会主动学习。

（二）分层分类，科学推动学习型组织的建立

班杜拉的社会学习理论认为学习是一个社会交往过程，不仅需要个体经验，还需要成员之间的相互观察和仿效行为。行动导向的学习，要求学生组成小组以互动方式进行学习，通过相互间的支持与质疑激发反思和创新，培养团队精神和合作能力。分组教学能有效克服班级教学制"整齐划一"的特点，在统一规格、统一编排的情况下灵活有效地进行差异化调整，适应学生的个别差异，使学生的个性得到充分的发展。目前常见的分组方式有大分层和小分类。

大分层就是在一个年龄段或年级范围内，通过有目的的水平能力测试，根据学生的成绩重新编组的形式。以公共基础课计算机基础为例，通过入学计算机水平测试，按生源类别和学生成绩分类、分层实施教学，在省内生源学生或愿意参加省计算机等级考试的外省学生中，从高分到低分取一定比例的学生划到 A 班，通过短期授课参加省计算机一级考试；其他省内生源学生编入 B 班，通过正常授课参加考试；其他省外生源学生编入 C 班，通过正常授课参加全国计算机一级考试。根据学生个人特点、意向和行业发展，进行差异化培养目标定位和个性化教学手段应用，能更好地引导学生自主规划学习和工作目标。

小分类就是在课表编排的班级内，根据教学内容的需要以学生的能力、兴趣或特长划分成同组同质、同组异质等不同类型的学习小组，开展个体学习和团队协作相结合的方式。以国际市场营销课程为例，根据课前学生独立学习任务完成情况分三级下达差异化项目说明书，课中同级别学生组建学习小组，对照不同层级的具体任务分阶段达成目标，期间根据阶段达标情况动态调整学生级别重新建立小组。按同质原则组建的小组很好地克服了低层次学生自卑、高层次学生自满的心理。通过组内成员在学习过程中的互动，能够形成互相学习、各尽所能、共同进步的良好氛围，提高沟通能力和学习热情。

二、以行动产品为教学目标引导

行动导向的教学目标就是要帮助学生通过完整职业知识的学习建构完整的职业能力，包括专业能力、社会能力、方法能力，三者有机融合、紧密联系，传统教学方式下的教学目标不能体现三者交融的综合性、协同性和系统性。行动导向教学不同于知识导向模式，不强调知识的学科系统性，注重"参与"和"解决实际问题"，因此借由行动产品为媒介，在培养学生动手能力、自学能力、分析解决问题能力的过程中，有助于 3 种能力目标的共同实现。

（一）陈述性知识为主的课程教学目标借助思想行动连接达成

陈述性知识也叫描述性知识，是个人能用语言进行直接陈述的知识。这类知识主要用来回答事物"是什么""怎么样"的问题。学生主要跟着教师的讲授学习，其思路和行为完全受教师操纵。这种知识具有静态的性质，如果不与原有知识形成联系和碰撞，就无法生成新的认识而只是孤立的记忆。需要引入思想活动和实践活动，通过问答、交谈、辩论等方法来表达个人观点，从而使学生在与自己的思想交锋活动中"自我生成"正确的、可衍生的认识。以最为典型的思想政治理论课为例，将思政小课堂融入鲜活的社会大课堂，针对教材知识的疑点和道德判断的难点，设置自由辩论；创设基于生活的主题思辨，引入时事热点故事，让学生基于变迁视角，开展思辨推理。通过主题讨论、小组互评、头脑风暴、实时讨论、在线测试、作品展示等方式，全方位激发学生的思辨力，让理想信念厚植学生头脑。

（二）程序性知识为主的课程教学目标借助工作流程直接达成

程序性知识也叫操作性知识，通过固有程序的各种变式练习，将陈述性知识转化为以产生式系统表征和储存的程序性知识，最终依据线索被提取出来，解决操作类问题。这类课程生产操作特征明显、程序范式清晰，直接借由工作流程的不断强化练习，产生自动化的信息变形，由刻意行为变成下意识行为，最终达成教学目标。如 Web 前端开发课程，不同页面开发流程一致，都是基于需求分析、框架搭建、程序编写、软件测试的基本工作流程，在项目设置上通过不断进阶的主题式典型网页开发案例为主线，以立体化的教学资源为支撑，并通过相同功能网页，不同布局、编码习惯引起的不同呈现、阅读体验，环环相扣提升规范编程技能。

（三）策略性知识为主的课程教学目标借助产品载体间接达成

策略性知识是学习者在学习情境中对任务的认识、对学习方法的选择和对学习过程的调控性知识。最重要的是反省认知成分，要学会监控自己的策略执行情况，并了解不同策略适用的条件或情境，是"学会学习、学会创造"的核心。需要借助复杂产品的典型问题进行逐层逐项的判断，多角度的分析，长期、反复练习与应用，在不同条件下通过大量间接对比研究，最终获得分析问题、解决问题的能力。如儿童发展心理学课程，要求在理解学前儿童个性与社会性发展特点的基础上，能针对不同儿童运用科学的方法解决实际岗位任务。通过陈述性知识的学习，学生对各阶段儿童的心理发展特点有了基本认识，但这样的知识是孤立于行动之外的，同一现象在不同年龄段儿童有不同的解读，同一年龄段儿童又有不同的表现。借助岗位真实案例引导学生入境，用虚拟实践和现场实践支持学生在境，用 M-PBL 思维导图整理问题解决策略，从现象理解到探究原因，寻方法、成策略，发现、分析、解决问题，抽丝剥茧层层推进，在团队成员的合作探究中达成教学目标。

三、以工作过程为教学组织逻辑

基于工作过程的教学组织强调将真实的工作过程转变并设计为学习过程，并在工作实践的情境中开展学习过程，使学生形成在实际问题情境中独立发现问题和解决问题的能力，最重要的就是创设真实的生产学习环境和重构教学内容。

（一）创设校企融合的生产实践场所

基于行动导向的情境式学习鼓励在真实或仿真的情境和场域环境创设中，激发学习者的学习积极性和学习热情。因此，高职院校要围绕高职教育的办学理念、办学目标和办学条件，通过校企合作引进企业生产要素、经营理念和管理文化，促进校园文化与企业文化的有效融合，创造有利于树立职业意识、培养职业道德和训练职业技能的环境，建设具有企业特色的，突出职业特点的技术型教学实践场所。

高职院校首先应当按照现代企业的生产模式建设或改造实训场所，其设备配置与布局尽可能真实化或仿真化，可适当引进企业标准和生产线，营造实训环境的职业文化氛围，并通过张贴规章制度、操作流程图、实训规范及揭示企业管理理念的励志标语警句，摆放具有专业、行业特色的构件、获奖产品、名人肖像等，使学生在学校能够感受和体验企业文化。学生进入实训场所统一着装、挂牌上岗，按照企业实际生产顶岗实训、生产产品，发挥"实训基地＋生产车间"的双重功能。如施行"校内基地生产化、校外基地教学化"，对校内基地进行企业化改造、引进企业标准和生产线、组建项目部、建立工作室等形式，实现"校内基地生产化"；通过政府支持引导、紧密型基地提升，在企业开辟教学场所、将科技合作项目引入课程、将教学要素引入企业文化建设、联合开发实训教材等方式，实现"校外基地教学化"。

另外，注重校企文化共融共通。一方面，与行业、企业密切联系，通过举办"校企联姻、文化融通"为主题的科技文化节、开设企业家论坛、开展师生企业文化调研等活动，向师生传递企业文化、创业理念、职业精神和职业道德。另一方面，在校园文化建设中巧妙配置既融入地方特色文化元素又能体现专业职业核心技能特征的水榭亭台、花草树木、艺术品，根据地方文化特色和学校办学理念进行道路、楼宇、桥梁命名，给人以多元文化的熏陶。通过多种途径、多管齐下的方式引导学生认识自我，认识职业，增强职业认同感，提高学习兴趣。

（二）引入典型生产案例重构课程体系

遵循具体（specific）、可衡量（measurable）、富有挑战（ambitious）、结果导向（result-driven）和时间界限（time）的 SMART 原则。课程体系重构的一般过程是根据人才培养方案和课程标准确定职业关键能力，按照生产实际和岗位需求设计模块化课程，强化工学结合、理实一体，实施项目教学、案例教学、情境教学等行动导向教学，帮助学生达成新的知识体系的建构。

按照生产实际和岗位需求设计模块化课程，可借鉴师范类专业认证课程矩阵，梳理通过课程学习所获得的与毕业要求指标对应的能力，将课程目标与教学内容、教学方法、考核内容、考核方式、评分标准关联，教案与主要教学环节活动方案能够体现教学内容和方法对课程目标的支撑。根据课程目标的梳理得到的能力点按简单到复杂、单一到综合的顺序进行项目模块的优化重构。

在优化重构时教师引导学生通过头脑风暴、焦点讨论等方式确定问题，问题需聚焦真实需求和急需解决的真实问题，并以这些问题的解决或破解作为设置项目和任务的重要参考依据。结合典型工作过程的要求，整合传统学科中包含专业平台、专业核心理论、专业选修课和实训实习课的相关内容，组成一个个独立的行动产品模块，让学生进行整体学习，这样不但提高了学习效率，更重要的是让学生在学习中加速了知识内化为能力的过程，还有效拓展了教学内容的深度和广度，体现产业发展的新趋势、新业态、新模式。例如，药品生产技术课程以企业生产案例问题为主线、以开发药品常见剂型为载体设置课程项目，按先易后难原则编排溶液剂、注射剂、片剂等 8 个教学项目。其中，项目四《片剂的制备及使用》教学子项目根据职业岗位工作任务从一般到特殊、从简单到复杂为逻辑主线架构，有效实施工作情境下的知识传授、技能演练。

四、以学生自主行动为课堂形态

在传统教学中，学生除了被动学习以外，是没有主动权的。行动导向教学将"做"作为主题，并将"做"与"学"整合在一个完整的工作过程中，这给学生自主行动提供了广阔的空间。在课堂教学过程中，师生互动、生生互动的形式呈现多样化发展，在这种开放式的课堂活动中，赋予学生选择权既是对学生个性差异的尊重，又是对学生主体性的充分肯定。

（一）注重资源建设，满足学习者个性化需求

随着现代信息技术在教育教学领域的普遍应用，学习资源的种类越来越丰富。特别是在"互联网+"教育环境下，学习内容、学习时间、学习方式甚至指导教师都成为可供选择的对象，学习者可以按自己的意愿选择并进行个别化学习，也可以进行共享式学习。课堂教学的空间不再受传统物理场所的限制，逐渐变成学习资源和人际关系的组合。这就要求教师注重资源建设，会制作文档类、图像类、音频类、视频类、动画类和虚拟仿真类等媒体资源，会设计教学软件、数字媒体、教学空间、移动终端、网络平台、信息通道等资源，会操控可视化、虚拟仿真术、3D 打印术、全息成像、增强现实、人工智能等设备，能重构多媒体教室、视听教室、网络教室、增强多媒体教室、混合教室、智慧教室等的使用[①]。如机械设计基础课程，教材选用自编的"活页式"教材，依托浙江省在线开放课程平台，学生在课程平台完成课前自测。针对课程中理论性强、理解难度大的知识点，运用动画、Adams 等虚拟工具，探求原理；学生搭建"慧鱼"机

---

① 姜丽萍. 职业院校信息化教学的误区与对策——由全国职业院校信息化教学大赛参赛作品谈起 [J]. 中国职业技术教育，2017：26.

构模型，验证方案的有效性，"活学真做"。课中互动沟通利用云班课 App、QQ 群、智慧教室投屏，实现互联共享。又如教师语言技能课程，资源库提供针对性强、内容丰富的专业教学资源，如经典素材资源库，学生朗读、讲故事、演讲及微剧表演视频资源库，实习生语言技能训练资源库，包括选择、填空、判断、简答和案例分析等多种形式的习题库等。职教云平台和云课堂 App 提供线上线下混合教学的管理、展示、互动、评价工具。"三地一体"的教育空间为有效教学提供了有力支持，包括校内智慧教室、教师技能实训中心、教师发展联盟等。

（二）交替中心地位，满足学习者平等性需求

行动导向倡导师生之间关系平等，因为学生要自主开展活动，必须获得和教师在课堂中的平等地位。只不过是在教学过程中，教师和学生的中心地位不断转换。教师在知识经验提供、学习环境创设、学习活动组织的过程中处于中心地位；在活动中和学生共同探索和成长，尽最大努力为学生自主学习创设条件、提供帮助时，学生处于中心地位。但学生始终处于核心、主体地位，始终是积极、主动的活动者，教师处于咨询、辅助的地位，在学生请求帮助时，提供中肯的意见和方法上的建议，而当学生提出问题时，教师需随时点拨并与学生共同探讨解决问题的可行方案[①]。能力没有高下之分，唐代的韩愈说过，"弟子不必不如师，师不必贤于弟子，闻道有先后，术业有专攻"，教师和学生的对话和互动本身具备强烈的互补性。教学是个学习过程，师生共同成长，通过师生间不断反复的共同探究、个体实践活动，利于默会知识的生成，进而触发责任感与创造力的生成。课堂是在教师主导下的学生自主行动形态。如果树生产技术课程采用探/练结合的真实生产教学形式，在葡萄生产基地实施"定岗定责"实践制度，实践主体由个体变团体，组内分工明确，权责清晰，将葡萄管理分配到每一个学生，结合组内、组间互评，有效提高学生的实践参与度。"智慧果园"系统实时记录学生课中、课后实践训练过程，实现全过程劳作管理，师生沟通零距离。学生体验环环相扣的农业劳动模式和丰收的喜悦，养成用心劳作的职业素养。

五、以能力发展为教学评价依据

高职教育实施个性化的评价，要从多角度来看待学生的知识、素质、能力特

---

① 状国祯. 高职教育"行动导向"教育体系研究 [D]. 华东师范大学，2007：148–150.

质，强化过程评价，探索增值评价，健全综合评价，充分利用信息技术，提高教育评价的科学性、专业性、客观性。

（一）积极探索历程化学习档案管理

钟启泉教授介绍的"档案袋评价"[①]是职业能力评价的典型方法，针对某学生从事的学习活动，旨在用于其评价、信息与表彰及回顾学习过程而收集的"收集物"——作品与工作案例。"档案袋评价"的实施主要包括7个步骤：确立明确的评价目的、内容、主题；选择广泛多样的不同类型样本并附说明；样本归类存放；师生共同确定评判标准；在教师指导下开展整体或是单项评价；举办作品交流会；鼓励家长参与评价过程。这样的"档案袋评价"能全面反映学生掌握知识和运用知识的情况，以及个性心理品质。历程化学习档案管理，是基于现代信息技术发展通过大数据技术开展的档案袋评价方式，通过各种数据采集系统收集学习者的过程性、结果性和生成性数据，数据清洗并通过学校、企业、家庭和个人四方参与的分析后，生成阶段学习全景式评价结果。如电子信息类专业项目中心课程，针对综合职业能力培养缺乏过程画像和精准过程指导的问题：采用学生自评、同学互评、双导师评价等形式，根据项目实现的功能、技术、工艺、经济等要素，对学生完成的规定和自选项目进行量化评价；对学生在完成项目过程中的"学习负荷"，如工作日志、技术报告、汇报演示、团队协作、朋辈指导等进行质量评价；开发信息化评价系统，动态采集和分析评价数据，根据学生职业能力成长雷达图进行增值评价。学生通过项目成果实现、职业能力进阶提升获得感，激发学习内驱力。

（二）尝试探索增值性评价管理

增值性评价是目前较为前沿的教育评价方式，不以学生的考试成绩作为评价学校和教师的唯一标准，以学生学业成就为依据，追踪学生在一段时间内学业成就的变化，并将客观存在的不公平因素的影响分离开来，考察学校对学生学业成就影响的净增值的评价。其公式是：增值 = 输出 − 输入。[②]在实施过程中遵循3个原则：尊重学生差异、注重学生起点、关注学生发展过程。虽然我国目前还存在班级人数众多，教师评价工作量巨大，统计模型和分析方法要求高，教师水平不足以支撑的困难，但在局部设计上仍然进行了有益的尝试。如急危重症护理课程，结合课前、课中、课后进行分阶段、递进式考核，通过职教云学习轨迹、学习活动和理论测试生成系统数据，运用智能化考评系统技能考核，强化过程评

---

① 钟启泉. 建构主义"学习观"与"档案袋评价"[J]. 课程·教材·教法，2004（10）：20–24.

② 刘尧. 教育困境是教育评价惹的祸吗[M]. 北京：学苑出版社，2017：10.

价；以案例为载体，培养学生在准确评估判断、规范操作的同时融合护患沟通、关爱伤员、时间控制和团队合作等职业素质，实现综合评价；将学生参与疫情防控、应急救护志愿服务、制作疫情防控短视频及急救微课开展科普宣教等作为增值评价指标，促进学以致用。

第三节　课程教学改革案例

金华职业技术学院近年来以立德树人为根本任务，聚焦课堂教学创新，树立活资源、活课堂、活学习的"三活"职业教育课堂教学理念，通过试点培育、创新实践和示范引领培育形成一批典型的课程教学改革创新模式，大力提升教师教学能力和课堂教学效果，2018—2021 年全国职业院校技能大赛教学能力比赛共获一等奖 10 项，其中连续三年（2019—2021 年）一等奖获奖数位居全国第一。比赛作品对接新技术、新材料、新工艺、新方法，在重构教学内容、创新学习环境、优化教学过程、依据数据及时评价反馈等方面均有突出表现，下面以学校 5 件国赛一等奖作品为例进行展示。

一、2018 年国赛实训教学组一等奖作品《认知症老人气道异物梗阻的急救》

【基本信息】

本内容选自高职护理专业核心课程老年护理，教材选用"十二五"职业教育国家规划教材《老年护理学（第 3 版）》，参考《2011 国际急救与复苏指南》，根据学生认知规律，对接《养老护理员国家职业标准》，结合岗位典型工作任务分析，将原来的知识体系重整成项目驱动的行动体系。

【学情分析】

授课对象：高职护理专业 3+2 学生（已经完成 3 年中职护理课程学习）。

知识基础：具备相关解剖生理知识，已经学习了老年期认知症相关理论，能根据护理程序初步制定护理计划。

技能基础：具备基础护理操作技能，会心肺复苏技术，但急救意识和职业素养有待提高。

个性特征：经过 3 年中职学习，有一定知识储备和操作能力，但对原理理解能力弱；擅用信息技术，是"95 后"数字原住民。

课前调查：大部分学生对于气道异物梗阻较为陌生，即使预习了也存在原理不清、操作不明的情况；忽视认知障碍老人群体中气道异物梗阻护理的重要性。

【教学目标】

知识目标：

1.描述气道异物梗阻的临床表现。

2.解释气道异物梗阻的急救原理。

3.说出气道异物梗阻的预防措施。

技能目标：

1.能正确识别气道异物梗阻。

2.能根据认知症老人病情，采取正确的海姆立克急救法。

3.能准确判断急救效果。

素质目标：

1.养成时间就是生命的急救意识。

2.树立尊重生命、关爱老人、健康养老的职业素养。

【教学资源】

环境资源：仿真医院实训中心。

设备资源：SimMan 急救综合模拟人、多媒体教学系统、实时摄像系统、电脑、智能手机等。

信息化资源：3D 虚拟仿真、职业教育老年服务与管理专业教学资源库、职业教育护理专业教学资源库、护理专业教学案例资源库、"智慧职教"云课堂等（见图 4-1）。

【教学方法】

（1）临床案例导入、任务驱动教学。选取临床典型案例导入，创设认知症老人气道异物梗阻急救情境展开教学，激发学习兴趣，培养临床思维能力；学生通过完成学习任务提升分析问题、解决问题的能力，培养主动探究精神。

（2）小组合作探究、情景模拟演练。根据个性特点、学习能力、性别差异，按照"组内有别，组间相似"的原则进行分组，以小组为单位通过分工合作、角色扮演获得模拟临床工作的真实体验，组内取长补短、共同学习、共同进步。

(a) 职业教育老年服务与管理专业教学资源库

(b) 职业教育护理专业教学资源库

(c) "智慧职教"云课堂

(d) SimMan 急救综合模拟人

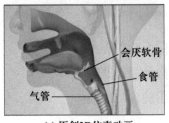
(e) 原创3D仿真动画

(f) 美国心脏协会教学视频

图 4-1　信息化资源

（3）线上线下混合、虚拟现实融合。依托"智慧职教"云课堂、专业教学案例库开展辅助学习，利于学生自主学习能力的提高；将 SimMan 急救综合模拟人、自主开发的 3D 仿真动画、美国心脏协会教学视频等信息化资源融于实训教学，有效突破教学重难点，达到教学目标。

【教学策略】

基于建构主义教学理论，以案例为载体，以救护方案为主线，以问题为导向，科学设计课前启化、课中内化、课后转化三大教学环节，设置三大任务，环环相扣。实施"教、学、做、评一体"的教学模式，践行"做中教，做中学"的职教理念（见图 4-2）。

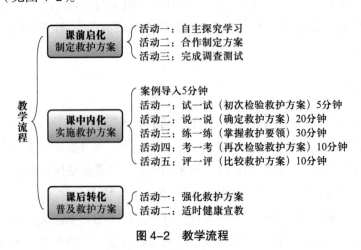

图 4-2　教学流程

【教学设计】

课前制定救护方案，教师将信息资源整合到"智慧职教"云课堂学习平台，发布任务单（经教学化改造后的临床典型案例：一位轻度认知症老人吃汤圆发生呛咳、呼吸困难的危急情况，启发学生思考 3 个问题，即老人发生了什么？该如何急救？如何预防？），布置学生以小组为单位依据护理程序制订救护方案；学生根据任务单要求进行在线学习，以小组形式研讨后制订救护方案上传平台，并进行角色分配（老人、护士、家属），准备在课上情景模拟展示救护方案；完成课前调查问卷和预习效果测试。根据数据和文本反馈，教师掌握学生的预习情况，同时发现教学难点，调整教学策略。

课中实施救护方案先通过"课前任务课内呈现"的案例视频导入教学主题，激发学习兴趣，接着以完成模拟救护过程为主线，设计"试一试、说一说、练一练、考一考、评一评" 5 个教学环节，环环相扣，训练学生临床思维和实践技能，真正实现"做中学，学中做"的职教理念，并借助各种信息化资源支撑重点、化解难点。同时全程渗透健康养老的职业意识、关爱老人的职业情怀，发挥实训教学的课程思政功能，实现教学目标。

课后普及救护方案，学生借助预约实训系统、案例库平台对重点技能进行强化拓展；各小组制作认知症老人气道异物梗阻急救与预防的宣传材料，深入社区、养老机构开展健康宣教，提高学生社会实践能力（见图 4-2）。

【教学特色】

1. 以临床案例为载体创设教学情境，问题预设层层引导教学过程，培养学生临床思维和老年护理岗位工作能力

以认知症老人发生气道异物梗阻的典型案例导入教学主题，激发学生学习兴趣，建立"任务驱动、项目导向"的教学模式，通过角色扮演、情景模拟增进知识与技能的综合应用，突出教学过程的实践性、开放性和职业性，强化医教结合，提高学生的岗位职业能力，注重培育学生的关爱精神。

2. 从制订救护方案、实施救护方案到普及救护方案的学习过程，在"学、做合一"中实现教学目标

课前围绕教学重难点设计任务单，引导学生制定认知症老人气道异物梗阻救护方案，课中创设老年护理工作情境，"试一试""说一说""练一练""考一考""评一评" 5 个活动环环相扣，训练学生临床思维和实践技能，真正实现"做中学，学中做"的职教理念。全程渗透健康养老职业意识、关爱老人职业情怀，发挥实训教学的课程思政功能。

3. 在线资源导学、辅教，虚拟仿真明理、促训，信息技术辅助与现场操作结合提升实训教学的有效性

首先，依托"智慧职教"云课堂、专业教学案例库开展辅助学习，利于学生自主学习能力的提高；其次，将自主开发的 3D 仿真动画、SimMan 急救综合模拟人、美国心脏协会教学视频等信息化资源融于实训教学，有效突破教学重难点，达到教学目标。

二、2019 年国赛专业课程一组一等奖作品《学前儿童个性与社会性发展》

【整体教学设计】

儿童发展心理学是学前教育专业继续教育的必修课，共 32 课时，第一学期开课。课程秉承"师德为先，幼儿为本"的理念，教学对象主要是学前函授及职业培训学员。

（一）教学内容：对接幼师岗位，聚焦儿童个性与社会性发展

以课程的项目三"学前儿童个性与社会性发展"为例（见图 4-3），该课程教学内容对接《幼儿园教师专业标准（试行）》中包含的 3 个岗位任务，分为"儿童个性发展"与"儿童社会性发展"2 个子项目，按照"从整体结构到具体内容""从个别差异到后天教育"的逻辑设置教学任务（见图 4-4），共 16 课时。

（二）学情分析：探究儿童心理的兴趣浓厚，但专业认同和能力有待提高

问卷结果显示，学员学习特点可概括为 3 个矛盾：一是热爱学前教育专业，对幼儿园岗位工作认同，但也存在许多工作中的困惑；二是有探究儿童心理的兴趣，但大多是来自生活中对儿童自然的喜欢，依赖于生活经验；三是有支持促进儿童发展的愿望，但所需的方法尚处于空白。

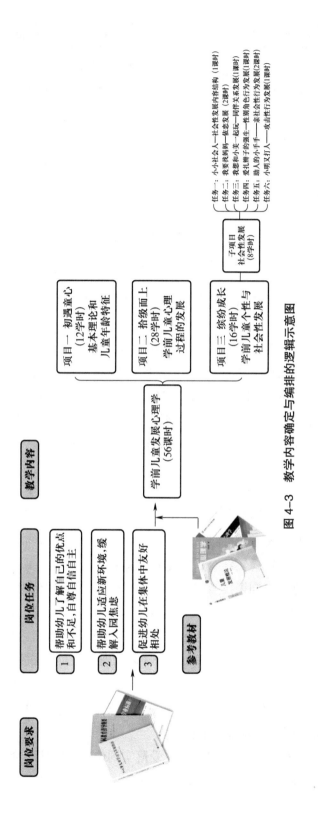

图 4-3　教学内容确定与编排的逻辑示意图

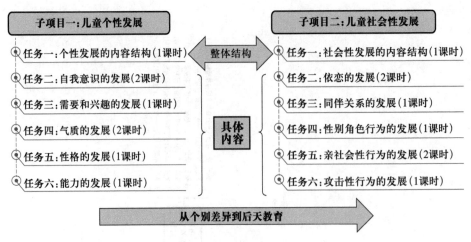

图 4-4　教学任务示意图

（三）目标定位：强调"因为懂所以爱"的幼师情怀，突出"有情怀、能分析、会运用"全面发展

本项目教学目标概括为 3 个方面：帮助学生深入理解学前儿童个性与社会性发展特点；能够尝试运用科学方法解决岗位任务；以积极的态度对待儿童的差异性。其中，理解内涵、掌握策略为重点，策略应用为难点（见图 4-5）。

（四）策略及流程设计：面向实践运用，从"真实情境入，应用分析出"

教学突出课前、课中、课后一体设计。课前运用先行组织策略，激活学习状态，课中"导－析－研－练－理"建设层层思考的课堂，课后巩固练习，形成案例分析作业。过程中强调用岗位真实情境案例导入推进教学，通过情境教学、角色扮演、基于岗位真实问题解决的思维导图（M-PBL）等路径，化不可视之心理为可见之行为，全程有机融合贯彻"知儿童、爱儿童"的职业素养。

（五）资源建构：实现虚实结合，搭建资源体系

资源库为教学实施提供知识技能点针对性强、内容丰富的案例视频、教学课件、导图等专业教学资源；职教云平台和云课堂 App 提供线上线下混合教学的管理、展示、互动、评价工具；附属幼儿园、实践基地幼儿园和校内智慧教室构成了"三地一体"的教育空间。基于虚实结合、院园融合的教学资源体系为有效教学的发生提供了条件。

（六）学业评价：强化"知识、能力与素养"三维融合，"学员、教师与实践导师"，"课前、课中、课后"全程评测

以"现象分析正确、策略选择得当、关爱落实到位"为标准评价学习效果，从"参与活跃、作业完成度"等角度测评学习态度。过程性评价由云课堂系统自动计分和教师手动评分相结合，小组成绩与个人加分相结合，由系统加权后生成评价分数，总结性评价由教师手动给分评价。

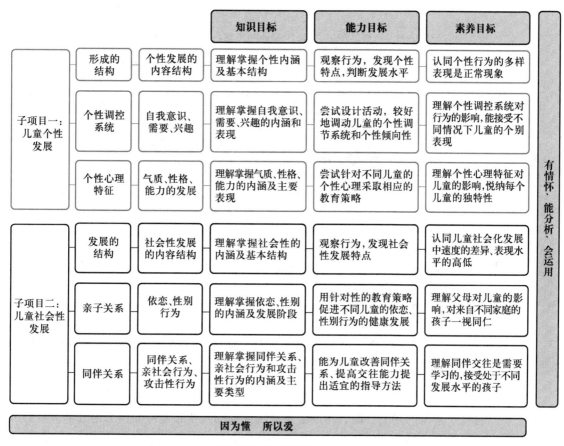

图4-5　教学目标

【教学实施成效】

教学在促进学生知识理解、能力掌握、素养提升三方面成效明显，很好地完成"有情怀、会分析、会运用"的教学目标。以下用"小明又打人——攻击性行为的发展"来进行说明（见图4-6）。

（一）营造真实岗位学习场，凸显"因为懂 所以爱"的教育情怀，提升师德素养

教学"真实情境入，应用分析出"营造真实岗位学习场，帮助学员明确准幼儿教师身份，从教育角度来解读儿童心理，从呵护促进的角度来考虑方法。如讲到儿童的攻击性行为，教学强调对于具有攻击性行为的儿童，分析行为成因同时更强调教师要有耐心和爱心。教学运用经典视频库里《成长的秘密》和《零零后》视频里大李老师和池奕阳的例子，强调教师可以成为孩子心理发展的有力促进者，带来"小明"的转变。

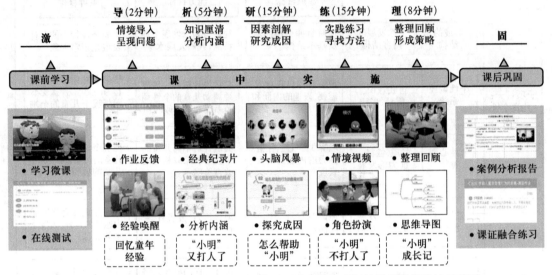

图4-6　任务"小明又打人——攻击性行为"的发展教学设计示意图

（二）运用形象化的多元教学手段，实现"化心理特点的不可视为可见"，破解教学难点

一是教学资源的可视、可见，教学中灵活调用动画、短视频知识点、微课等直观、形象的案例资源，帮助学生理解抽象的儿童心理特征；二是教学策略的可视、可见，教师运用符合专业特点的手偶演示、角色扮演等教学方法，合理运用讨论、头脑风暴、小组互评等互动策略，调动学生的手、眼、脑，实现多感官通道的知识内化，如"攻击性行为的发展"解释行为的成因时就运用自制手偶剧视频，由表及里，由现象引出本质；三是知识点的可视、可见，强调学生利用思维导图梳理知识技能点，衔接起现象层面的可见行为与抽象的心理学知识。

（三）实施"导—析—研—练—理"环节，层层探究、环环递进，掌握运用能力

课中实施5个环节：情境导入呈现问题，知识厘清分析内涵，因素剖解研究成因，实践练习寻找方法，整理回顾形成策略。围绕任务贯通学习，最后解决"怎么做"，行动导向层层思考，有的放矢。如"攻击性行为的发展"，就是用"小明又打人了—怎么帮助小明—小明不打人了—小明成长记"来推进教学过程的。

教学成效最终反映为学员专业素养的提高。学员的评教分达到 9.5 分，在学员的自我评价中，也显示出他们对自身的学习过程有较高的获得感。

【反思与改进】

（一）立足特点，发挥长处

1. 心心相融——师心护童心，树两代师表

教学中，强化"我是幼儿园教师"的定位，用师心解读童心，用师心呵护童心，更是坚持师范教育的传统，教师在教学中做学生最好的榜样，着眼集体，关注个体差异，师德传承，润物无声。

2. 环环入境——案例中教学，建情境学习场

用真实案例引导学生入境，用虚拟实践和现场实践支持学生在境，用 M-PBL 思维导图整理问题解决策略。如攻击性行为的发展，用"小明又打人了"作为情境导入，用手偶扮演虚拟实践推进，用"小明不打人了"的导图回顾整理。

3. 层层思考——现象到本质，成学习之方法

教学环节设计从导到理，一气呵成，从现象理解到探究原因，寻方法、成策略，发现、分析、解决问题，抽丝剥茧层层推进。期间个人探究，小组合作、集体共享，从个人单一角度到集体智慧共享，既学习了知识技能，又掌握了方法。

（二）反思不足，持续改进

1. 教师对岗位任务认识还不够深刻，要加强专业实践，提升双师素质

在教学中发现教师团队对幼儿园岗位任务的熟悉程度还不够，对将幼儿园岗位任务转化成教学任务的能力还需要加强。

2. 教学资源丰富，活页式教材有待进一步开发

一方面，教学过程虽然储备了一定量的动画与视频，但教学任务的重难点资源还不够丰富，特别是针对部分较难理解的学前儿童心理特征的知识点，确保科学性的同时，资源的生动性、形象性有待提高。另一方面，对应工作岗位任务和模块化教学的活页式、工作手册式教材仍是空白，有待突破。

三、2019 年国赛专业课程一组一等奖作品《绿色生产：优质葡萄栽培》

【整体教学设计】

（一）"春种夏收"：以果树生长过程与真实生产任务为主线架构教学内容

对接国家专业教学标准、课程标准和高级果树园艺工职业标准，选取区域

典型优质果树为载体，重构 5 个教学项目，共 124 课时，再以"采收"为时间节点，将项目分"春夏"和"秋冬"两季实施，以点带面掌握果树生产新技术、新方法。本次教学内容为项目二的"绿色生产：优质葡萄栽培"，围绕葡萄采前栽培的生产、管理过程架构 8 个教学任务，共 16 课时（见图 4-7）。

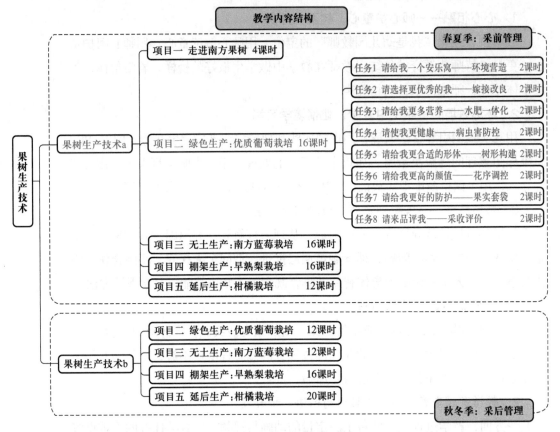

图 4-7　教学内容结构

以综合职业能力培养为导向，确立三维教学目标（见图 4-8），即培养学生能够利用现代设施为葡萄构建良好生长环境，会选善用肥料、农药，能精修枝条和花果，真正做到会种、善养、乐收。确立教学重点难点，重点即优质葡萄栽培技术流程，难点即优质葡萄栽培技术原理及操作要点。

依据学生发展核心素养体系，全程渗透"劳力劳心"职业素养教育，将"学农爱农""绿色环保""工匠精神"等思政元素融入不同教学任务中，在劳动中强化技能训练、培养职业素养与情怀。

图4-8　三维教学目标

选用"十二五"职业教育国家规划教材《果树生产技术》，同时为弥补现有教材难以及时更新的空白，参考国家及地方标准，校企合作开发对接果树产业发展新技术、新工艺、新规范的《活页式果树栽培工作手册》。

（二）"老生新手"：针对学生和"准技师"的双角色特征进行学情分析

授课对象为园艺技术专业二年级学生。作为"95后"学生，信息技术应用能力较强。通过植物生长与环境、设施园艺等先修课程的学习积累，学生对环境调控、病虫害防控等已建立初步认知，但缺少对果树全过程生产的系统化学习，对典型果树葡萄优质生产的认知及体验较为缺乏，参与劳动生产的意识还需强化。

（三）"活学真做"：行动导向教学策略设计"三段四环五度"教学模式

课前自学、课中研学、课后延学的"三段"教学流程，强调自研自探学习，通过自我体验、生产实践，实现知识内化、能力建构和素养养成。课中研学实施导（任务）-探（新知）-练（技能）-评（成效）"四环"相扣的探究式学习和生产性实践教学。创设基于真实工作任务的教学情境,小组合作探究新知,虚实结合练技能,定岗定责强管理,自评互评看成效。"五度"为教学保障,使用课前自学任务卡、课中研学执行卡与课后拓展指导卡,保障学习目标清晰、任务拓展有效、合作探究全员参与、学习成效及时反馈(见图4-9)。

(四)"智联智管":在线平台、虚拟仿真、生产基地构建立体化教学资源

依托"智慧职教"平台,完成课前任务发布、考核、学生自主学习及师生沟通交流。"智慧果园"管理系统用于完成线上管理学生实践过程与成果记录,做到学习活动及时掌握,学习过程可追可溯;虚拟仿真系统用于葡萄生长过程模拟,完成虚拟演练,百亩果园生产实训基地用于实践操作;多种手机学习软件、系列微视频用于移动学习。

(五)"多元多维":实施基于"学习成果+生产成果"实效的综合测评

以成果为导向,构建学习"多元多维"综合评价体系,设置基础知识测评和虚拟演练通关考核,达标后进入真实场景强化训练,最终以生产成果评测实练成效。

【教学实施成效】

(一)生产任务"串接"知识与技术:通过课前预设内化、课中互动强化、课后拓展深化,有效提高了学生对新知识、新技术的学习效度

课前线上发布真实生产任务,以课前自学任务卡为指导、线上信息化资源作辅助,激发学生学习兴趣,强化自主学习行为。课中以真实生产案例为主线,重在合作探究,新知识、新技术学习由片面变全面。课后全程使用实践指导卡,有效实现知识迁移、技术拓展,如在任务4中,掌握了一种病害诊断思路,就会诊断多种病害。相比传统课堂,学生的线上学习时长明显增加,课程期末考试成绩显著提高,及格率100%,良好及以上比例提升到67.53%,知识点、技术点掌握率提高到89.5%。

(二)生产过程"衔接"实践技能与管理规范:通过合作探究、虚实联动和全过程"智管",有效提升了对关键操作技能和管理技术的训练效度

采用探/练结合的真实生产教学,实现"做中学,学中做",学生对关键操作技能和管理技术流程更加清晰,如套袋操作的"一查二选三撑四套五扎六理"流程。实施"定岗定责"实践制度,实践主体由个体变团体,组内分工明确,权责清晰,结合组内、组间互评,有效提高学生实践参与度。"智慧果园"系统实时记录学生课中、课后实践训练过程,实现全过程劳作管理,师生沟通零距离。虚拟仿真有效解决植物组织"做错不可恢复"问题,虚练达标后进行实练,劳动

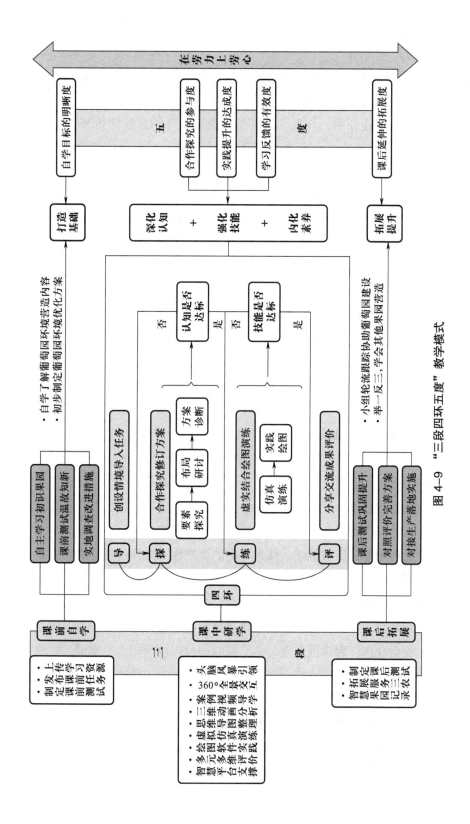

图4-9 "三段四环五度"教学模式

管理结合实践成果，实训材料损耗率减少89.4%，教师工作量减少42.5%，实训正确率提高到95.11%。

（三）生产劳动"铆接"职业素养与情怀：通过"画龙点睛"和全过程劳动教育，有效提升了职业素养与情怀的养成效度

在每个教学任务中，设置"谈感受，说想法"的自我评价环节，生产劳动全程贯穿"劳力劳心"的职业素养教育，潜移默化地培养学生"学农、爱农、为农"的职业情怀。如在病虫害防控中追求绿色植保，在水肥管理中强调药肥减施、垃圾分类意识，在花果调控中渗透精益求精的工匠精神，在定岗定责劳动中强化责任意识，考核采用赋分法。统计发现，学生每周到果园自主实践次数和每次实践时间显著增加，自愿在葡萄园勤工俭学和生产实习的学生也显著增加。

【总结与改进】

（一）总结教学范式、持续改革提升

1. "生产生长"贯穿教学，线上线下、虚拟现实结合实现教学目标

以葡萄生产过程和生长进程为主线，依托职教平台与线下信息化资源，实现全课程自主学习；使虚拟仿真与实地实践相结合，做到虚实结合，提升教学的有效性。

2. "定岗定责"融入教学，培养学生"学农·爱农""劳力·劳心"的职业情怀

实行企业化的定岗定责制度，将葡萄管理分配到每一个学生，全过程管理实践成果，在劳动过程中强化技能，让学生切身体会环环相扣的农业管理模式和劳动丰收的喜悦，养成用力劳动、用心思考的职业素养与情怀。

3. "品评溯评"评价教学，成果导向的生产性实施评价提升教学成果

以"即时成果＋生产成果"为导向，构建学习成效评价体系，通过"智慧果园"系统记录追根溯源，查找技能薄弱点，查漏补缺，提升教学效果。

4. "双师双地"支持教学，学校与基地全程对接打造"接地气"课堂

深化校企合作，课堂进企业，企业技师和校内教师同上一堂课，实现企业生产和教学过程、企业文化和校园文化等相融通，打造"接地气"的课堂，实现学生技能与岗位要求无缝对接。

（二）分析影响因素、持续完善改进

1. 适应环境变化优化教学安排

果树生长周期长，生长发育受到各种自然因素的影响，存在个别教学任务上课日期与葡萄发育不一致的问题。通过进一步合理安排上课时间，以及提升设施

条件，降低环境改变对教学的影响，确保教学与生产有机结合。

2. 针对个体学情完善教学资源

"智慧果园"系统在应用过程中发现部分学生过程记录不够严密和及时，需进一步优化管理系统功能，设置提醒功能，督促学生按时提交高质量记录。

3. 对接生产过程丰富配套教材

由于本课程教学任务对接的是生产性任务，面临具体任务变化的实际情况，需要不断更新指导书、任务单等教学资料，计划进一步完善《果树栽培技术工作手册》，形成活页式教材。

四、2019 年国赛专业课程一组一等奖作品《片剂的制备与使用》

【整体教学设计】

药物制剂技术课程在第四学期开课，共 72 学时。选用"十二五"职业教育国家规划教材《药物制剂（第二版）》，结合《药物制剂工国家职业技能标准》等相关要求，校企合作开发了对接产业发展新技术、新工艺、新规范的《片剂的制剂技术工作手册》。

（一）内容设置——以剂型为载体，序化教学项目

对接国家专业教学标准、课程标准和药物制剂工职业标准，开发以药品常见剂型为载体的项目课程，按先易后难原则编排溶液剂、注射剂、片剂等 8 个教学项目。

素片是无须二次加工的基本片，是制备泡腾片、包衣片、缓控释片等特殊片剂的基础。以职业岗位工作任务从一般到特殊、从简单到复杂为逻辑主线，架构项目四——片剂的制备及使用教学子项目，通过创设基于工作过程的教学情境，促进学习迁移（见图 4-10）。

以综合职业能力培养为导向，从知识、技能、素质 3 个方面细化教学目标，确定片剂的处方组成、制备工艺和合理使用三大教学重点和作用原理、常用辅料理化特性等教学难点（见图 4-11）。

（二）学情分析——职业工种特殊，畏难心理较强

授课对象为药品生产技术专业 2017 级学生。通过药理学、药物化学等先修课程和本课程前导项目的学习积累，学生已建立对药物制剂的辅料及处方分析的基本认知。

学生具备较强的信息技术应用能力，喜欢小组合作学习。受药企全封闭、高

洁净生产环境的限制，学生对药物制剂岗位普遍缺乏感性认识和职业体验，因此，对抽象复杂的释药机理、制备工艺心存畏惧。

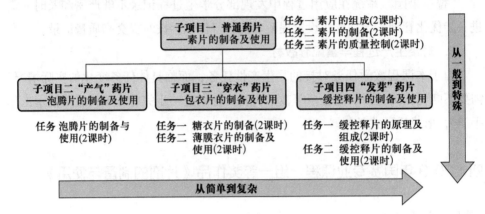

图4-10 教学内容框架图

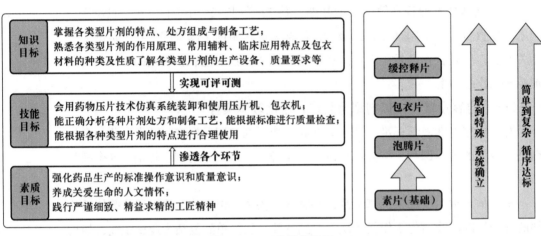

图4-11 三维教学目标

（三）教学策略——寻秘、探秘、解秘，激发探究学习

片剂的释药原理、辅料特性、工艺流程均复杂抽象，通过引入企业生产案例，借助现代教育技术构建虚拟仿真工作情境，实施寻秘（激疑）、探秘（探疑）、解秘（释疑）三环相扣的问题探究式及情境体验式教学，如基于制剂工职业能力要求开展处方工艺分析，以药师身份开展片剂安全使用宣教等。

（四）资源建构——可进、可视、可测，仿真、做真、归真

为突破生产环境"进不去"、制备工艺"看不见"等教学瓶颈，构建了"三可三真"数字化学习环境，如智慧职教云、云课堂App用于教学交互与实时评价，专业教学资源库用于课后巩固拓展，药物压片技术实训仿真系统用于虚拟仿真演练，3D 动画及视频用于机理工艺解析，闯关游戏和智能考评系统用于趣味考评。

（五）教学评价——层层通关考核，过程成果并重

在线自主学习、小组合作方案设计和社区服务全过程评价，知识通关测试、技能通关考核层层进阶，构建了过程与成果评价并重的考核方案。

（六）思政教育——塑造制药匠心，培植用药仁心

依据学生发展核心素养体系，进一步明确项目教学各阶段、课堂教学各环节具体的育人目标和任务，全过程、全方位渗透课程思政理念（见图 4-12）。

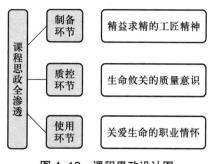

图 4-12　课程思政设计图

【教学实施成效】

（一）"案例寻秘、智慧探秘、通关解秘"达成知行合一的教学目标

围绕教学重难点，借助信息技术，以寻秘、探秘、解秘为主线构建仿真工作情境，循序达标。以子项目四任务二缓控释片的制备及使用教学实施为例进行说明（以下简称上述任务），教学策略如图 4-13 所示。

1. 案例寻秘

导入企业生产案例或典型药害事件，以情境设问，诱发学生探求各种片剂神奇释药原理（或制备工艺）的主动性，激发智慧潜能。如上述任务通过高血压患者口服硝苯地平控释片后排出不溶性外壳，因恐慌自行停药导致严重药害事件，引出药片的有效成分和辅料、制备工艺流程、遵医嘱安全使用等相关问题。

2. 智慧探秘

针对生产现场难进、工艺流程难悟、释药机理难说等教学困境，借助动画、案例视频、仿真软件等信息化资源引导学生自主探究各类型片剂复杂抽象的释药原理、辅料特性、工艺流程，虚实结合、质疑解疑、逐级推进。以上述任务为例，教师以提问引导探究："渗透泵型缓控释片与其他缓控释片制备工艺的异

同"。小组合作自主探究：通过观看 3D 动画及企业生产视频探究制备流程；通过工艺流程填图游戏验证探究；通过硝苯地平控释片的制备工艺设计完成探究；通过制备工艺的汇报和智能考评评价探究结果。

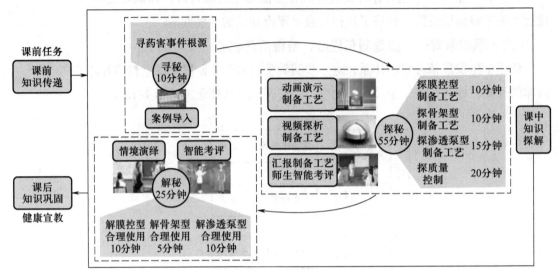

图 4-13　教学策略图

3. 通关解秘

知行合一、学以致用。解秘环节针对重难点通关破关，以培养核心技能为目标，构建片剂处方分析、制备工艺设计、制备软件操作及安全用药指导通关达标体系。以上述任务为例：创设缓控释片使用的营销及咨询场景，抽取小组现场演绎，开展智能考评。

2017 级学生开展教改后和采用传统教学法的 2016 级学生纵向比较，达标情况分析如下。

知识达标分析：2017 级学生项目知识测评全部达标，且 80 分以上占比 57%，显著高于 2016 级的 35%。子项目通关测验成绩表明该教学模式全面促进了学生对知识点的掌握。

核心技能——处方分析达标分析：以子项目一中的素片的组成为例。处方分析闯关游戏评价结果显示，2017 级学生对素片的各种辅料辨识正确率显著高于 2016 级，表明 2017 级推行课前小组合作完成辅料调研作业，导学效果显著。

核心技能——制备工艺达标分析：以子项目一中的素片的制备为例。依托片剂制备仿真软件实施达标考核，各项评价指标的优秀率（90 分以上）均为 85% 以上，表明在考核之前设置的制备工艺探究环节产生明显成效，小组合作式探究学习充分调动了学生学习的积极性，辅学效果明显。

（二）"课前导入、课中融入、课后嵌入"落实立德树人的根本任务

项目实施中全程渗透课程思政理念。以子项目—素片的制备为例，课前导入药害事件等案例，培养用药忧患意识；课中在制剂处方分析时，融入精益求精工匠精神的养成教育；课后嵌入社团服务，倡导为健康守门的职业情怀，在润物无声的潜移默化中实现立德树人教育目标。统计发现，2017级学生在周末主动下社区开展安全用药宣教的频率和每次宣教时长较2016级显著增加。

（三）"化解堵点、突破重点、解决难点"凸显优质资源促学的优势

借助现代教育技术构建虚拟仿真工作情境，破解制药岗位"进不去""看不见"的教学困境，增强了学生学习信心与自主探究欲望。统计表明项目结束后，学生对原理和工艺学习的畏惧感有所下降，而每周学生线上学习时长、参与活动次数等有明显增加。

【反思与改进】

（一）教学特色

1. 三环紧扣——探索形成"寻秘－探秘－解秘"教学范式

以企业生产案例问题为主线，以多元化的教学资源为支撑，实施工作情境下的知识传授、技能演练和实时评价，达到学以致用，构建自主、合作、探究的学习方式与启发、讨论、参与的教学方式。

2. 三智辅教——力求突破"进不去、看不见、说不清"教学困境

借助3D动画、生产实际视频、仿真实训软件等多元化优质资源，突破生产环境"进不去"、制备工艺"看不见"、释药机理"说不清"的教学困境，实现"学场"与"职场"的深度融合。

3. 三重渗透——着力打造"导入、融入、嵌入"德育生态

课前、课中、课后全程渗透思政教育，如在制备过程培养学生精益求精的工匠精神，质控过程培养学生生命攸关的质量意识，使用过程培养学生关爱生命的人文情怀。

（二）教学诊改

校企合作研发的闯关游戏App和智能考评系统实现了关键技能（制剂处方分析、制备工艺及合理使用）的科学趣味考评，但目前只能生成单次课的分析量表，无法完成对项目及课程学习的综合考评，需提档开发，以期提供更全面、更系统的教学诊改依据。

五、2020 年国赛公共基础组一等奖作品《借"故"传道：思想之旗聚精神》

【教学整体设计】

思想道德修养与法律基础是大学生的必修课。本课程面向护理专业学生开设，安排在第二学期，共 48 学时，其中，理论教学 42 学时，实践教学 6 学时，选用教育部统编教材，按照《新时代高校思想政治理论课教学工作基本要求》，将教学内容整合为五大模块，本次教学内容为模块二思想之旗聚精神（见图 4–14）。

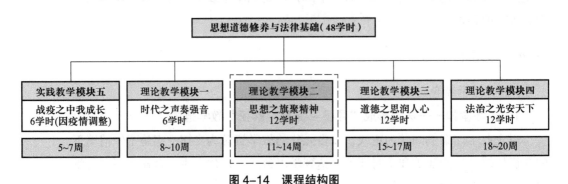

图 4–14 课程结构图

（一）因时而进，把握疫情下"准护士"的思想困惑

新型冠状病毒感染成为形塑医学生价值观的"大事件"。一方面，他们的思想认识和职业认知进一步催化与结合，职业使命感和自豪感得到提升；另一方面，也带来意识、信任、价值等思想困惑，直接影响学生的职业生涯规划、专业学习态度及职业成熟度。

本次教学抓住这一突发公共卫生事件，因时而进，精准分析学生思想困惑，积极回应社会普遍关心的热点、难点问题，将社会之需和学生之需结合，把思政理论课上得既接地气又解思想之渴。

（二）因势而新，架构战"疫"系列的教学任务

1. 教学内容

本教学模块坚持"理论性和实践性相统一"，围绕人生选择、理想信念、中国精神分设人生青春之问、坚定理想信念、弘扬中国精神 3 个专题，立足护理职业的岗位需求，把教材内容与战"疫"实践结合起来，构建战"疫"系列教学任

务。聚焦疫情下"人生选择"的敏感点，突出向"疫"逆行的教学主题。聚焦坚定"理想信念"的着力点，突出"疫"心一意的教学主题。聚焦个人发展与"爱国创新"的连接点，突出"疫"往情深的教学主题（见图4-15）。

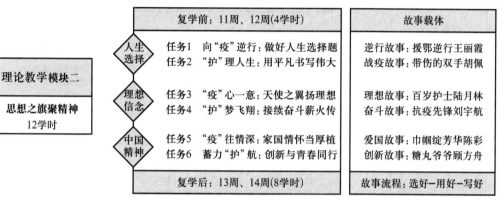

图4-15　模块二　战"疫"系列教学任务框架图

2. 教学目标

根据《思想道德修养与法律基础》课程标准、护理专业人才培养方案及学情分析，以培养"德技双馨"的时代新人为导向，制定本模块教学目标。通过教学，学生能正确认识个人与社会的辩证关系，提升思维能力，坚定理想信念，弘扬中国精神，达成"真懂、真用、真信"的教学目标（见图4-16）。

（三）因事而化，采取借"故"传道的学习策略

针对学情和目标，借用故事载体因事而化，通过"选好-用好-写好"故事，呈现"事件、事实、事理"，引导学生自主、合作、探究学习。

1. 选好故事

注重学生主体性，运用先行组织策略，向学生征集故事，师生共评，选好故事并进行教学化改造，形成兼具政治性、学理性、思想性的优质教学资源；围绕教学目标，重点布设人生信仰的选择故事、青年时期的奋斗故事、新时代的筑梦故事及当下发生的抗疫感人故事等。

2. 用好故事

注重启发性，结合职业特点，设置基于故事的问题链，开展"讲-解-析-演"故事的课堂活动，实施"导思—寻思—启思—后行"的教学流程，由趣而思到行，以递进思考的课堂来层层解惑，引导学生从感性认知上升为理性认同再到具体实践。

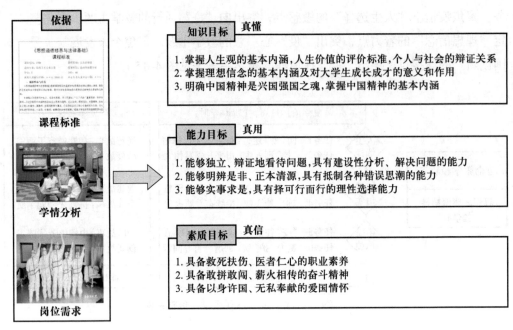

图 4-16　思想之旗聚精神模块教学目标

3. 写好故事

坚持隐性教育与显性教育相统一,结合特定时代背景及学生学习情况,开展职业榜样追寻、"医路·健行"志愿者活动、社区服务、校园提案等课后实践活动,引导学生"写"好自己的人生故事,积极践行社会主义核心价值观。

【教学实施过程】

(一)立足悟化,实施"三思后行"教学流程

在"三思后行"的教学流程中,通过选故事、用故事、写故事,引发学生经历从思考到思辨再到思迁的思想发展,从借鉴、传承思维到质疑、批判、创新思维,促使学生在体悟中启迪智慧,理性思维能力得到提升。下面,以任务一向"疫"逆行:做好人生选择题为例进行说明(见图 4-17)。

1. 课前:"析"思想之需,选好中国故事,激发思想认知

课前在学习通平台征集"逆行"主题故事,教师根据教学目标,择优选定,实现故事来源于学生。借助学习通平台词云功能确定问题的关键词,做到问题基于学生。在任务一中,通过学习通平台投票,选定此次疫情期间带教老师王丽霞逆行援鄂的真实故事作为本次课程的故事主线。

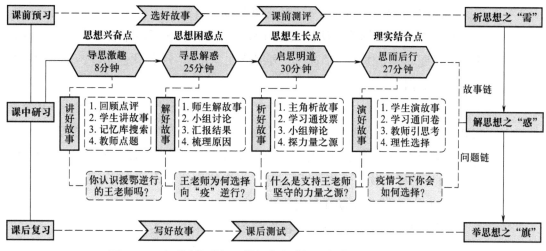

图 4-17　向"疫"逆行：做好人生选择题教学流程图

（1）寻思解惑，师生一同解好故事。找到学生思想的困惑点，面对角色冲突，王老师为何选择向"疫"逆行？通过故事对比，学生汇报结果，教师进行学理分析，梳理出王老师服务病患、奉献社会的内心追求，讲清科学高尚的人生追求的基本内涵。

（2）启思明道，主角连线析好故事。连线王老师，分享援鄂过程中不为人知的故事细节和心理感受，创设情境，请学生小组讨论并回答支撑王老师坚守选择的力量之源。了解学生的真实想法，发现问题，引导学生思辨，最终明确高尚的人生追求在人生选择中的重要意义。

（3）思而后行，学生分组演好故事。演绎推理疫情发生后，人们面临的各种选择，用情景剧的方式演绎。在学习通进行问卷调查：疫情之下，你是否会选择逆行？学生通过腾讯连麦分享选择背后的依据，教师点评。晓之以理，点明个人与社会的辩证关系，引导学生将小我融入大我，选择在服务他人、奉献社会的过程中创造有意义的人生。

2. 课后："举"思想之旗，写好中国故事，激励思想践行

课后请学生深入采访王丽霞老师，围绕抗疫主题完成微视频制作、原创诗歌表演、公益活动等自选实践项目，并将成果上传学习通平台，用自己的行动"写"出精彩故事，践行社会主义核心价值观。导思激趣，学生连线讲好故事。点评回顾，课前预习环节点击率前三的故事作品；连线学生讲好王老师"逆行"的故事。和学生一同梳理援鄂期间王老师的感人事迹，紧扣学生思想兴奋点，激发学生兴趣，将注意力投注到课堂。

（二）立足活化，运用"三库三集"教学资源

自建思想道德修养与法律基础在线开放课程，包括教学视频资源、课件教案、测试题库等立体化教学资源，开展泛在、开放、个性化的学习，采集学生全过程学习数据。

教学相长、师生共建"三库三集"教学资源。通过课前故事征集、课后自选实践项目作品提交、期中职业榜样论文撰写等活动，共建经典故事教学案例库、自选实践项目优秀作品库、思政基础课程试题库，"睿思杯"优秀校园提案集、"明德杯"榜样人物精选集、"砺行杯"微视频作品集的"三库三集"教学资源，充分调动学生的学习主动性和创造性。

（三）立足内化，开展"三率"行为指标评价

通过点击率、点头率、点赞率"三率"评价指标，开展全过程、全方位、全员参与的"三全"考核评价。"课前-课中-课后"全过程"点击率"指标评价。信息化教学平台为"全过程"点击率评价提供有效载体，全过程记录学生学习数据，全程考查学生学习参与度。

教学实施过程中，学生对平台上的资源进行点击、点赞、点评，教师对关注度较高的资源进行教学化改造，作为课堂教学案例，既提高学生参与课堂的积极性，又加强师生互动，激活同学们理论应用的热情。"全过程"点击率评价提供有效载体，全过程记录学生学习数据，全程考查学生学习参与度。

"活动—作品—测试"全方位"点头率"指标评价。针对教材知识的疑点和道德判断的两难点，设置自由辩论；创设基于生活的主题思辨，引入"抗疫"中的真实故事，让学生基于变迁视角，开展思辨推理。通过主题讨论、小组互评、头脑风暴、实时讨论、在线测试、作品展示等方式，全方位考查学生的思辨力。

"教师—同伴—自身"全成员"点赞率"指标评价。通过评教考查学生对教师的点赞率，通过互评考查学生对同伴的点赞率，通过学习通平台的学习感悟、自评分数考查学生对自身的点赞率，全面评估学生的获得感。

【学习效果】

（一）测量"点击率"，提高学生参与度

借"故"传道的学习内化策略充分调动了学生在"选—用—写"故事等环节的主动性，大大提高了学习的参与度。课前，作业提交率达99%，基本实现音频学习、图片学习、文档学习等全覆盖；课中，小组任务参与率达92%、讨论参与率超过97%；课后，学习通上学生项目作品"点击率"上升，学院公众号上作品分享参与度提高。

（二）测试"点头率"，提升学生思辨力

在导思、寻思、启思、后行各环节，学生提问的数量和质量有了相应提高。活动评价主要从认知和情感两个维度进行。在认知评价部分，学生的测试成绩随着模块教学推进而提升。情感评价部分，学生辩论的参与度、兴趣度都有较明显提升。在课后写好故事环节，学生作业完成率、合格率、优秀率均值分别为99%、87%、43%，思维能力提升明显。

（三）测评"点赞率"，增强学生获得感

本学期团队成员的教学满意度名列前茅，学生满意度从90%上升到95%。学生对同伴学习通讨论发言点赞数、学习通生生互评分数、对学院公众号上同学优秀作品点赞数等稳步上升。从实际参与"抗疫"相关志愿活动的学生人数看，期末比期初有了大幅度增加。说明课程教学对学生的实践行为产生了很好的指导性功效，学生的获得感提升明显。

【总结与改进】

（一）特色与创新

1. "配方"先进："抗疫活教材"与统编教材融合，创设借"故"传道的思政理论课内容新载体

坚持理论性和实践性相统一，将思政小课堂融入鲜活的社会大课堂，应疫情之变，融入"抗疫"元素，精准定制课程内容，更新"配方"。通过选好、用好、写好"抗疫"故事，促进学生在直观、形象的体验中受到教育，弘扬"抗疫"故事的育人价值，将统一的教材变成鲜活的个性化教案，做到"有滋有味"，以"真思政"提升教学针对性。

2. "工艺"精湛：故事链与问题链交叉递进，创新"三思后行"的思政理论课话语表达新方式

坚持灌输性和启发性相统一，注重启发性教育，一案到底形成故事链，转换话语，通过"导思、寻思、启思"层层推进解开问题链，在不断启发中让学生水到渠成得出结论。坚持建设性和批判性相统一，引导学生在"正"与"反"的比较中看清事物的本来面目，学会明辨是非，促使学生在体悟中启迪智慧，做到"有己有人"，以"活思政"提升学生思辨力。

3. "包装"时尚：教学形式与教育内容相契合，创优"线上＋线下"的思政理论课育人新环境

坚持趣味性和实效性相结合，利用线上平台，采用学生喜欢的方式进行生动活泼的呈现；采用体现时代性、学生"听得进"的话语进行生动有趣的表达；创

新模式，进行互动式、实践式教学，调动学生参与，让课堂不晦涩、教育不死板，做到"有虚有实"，以"云思政"增强思政理论课的亲和力。

（二）诊断与改进

1. 进一步增强行为化的学习效果测评

思政理论课教学学习效果测评难是一个共性问题，我们将进一步创设更为多元、更为丰富、更为积极的行为情境，从进一步注重形成性考核评价与可视化数据收集，丰富学习行为、思想行为等行为化的评价指标等方面，提升效果测评精准性和客观度。

2. 进一步完善基于问题链的教学设计

"三思后行"的教学流程，有效实现了问题链教学法。在吃透教材思想的基础上，需进一步开展问题链教学改革的研究与实践，激发学生思想兴奋点、困惑点，精准把脉，以学定教，实现学生思想的转化与转变，最终达成知行合一的教学目标，提升课堂实效性。

高职教育课程思政的改革与实践　第五章

　　学校坚持立德树人根本任务，发挥教师队伍"主力军"、课程建设"主阵地"、课堂教学"主渠道"作用，不断完善思政教育体系，强化课程思政的制度、载体、模式和条件建设，系统推进课程思政建设与改革，取得了积极成效。

第一节　课程思政的政策概要与基本内涵

　　课程思政把"立德树人"作为教育理念，构建起全员、全过程、全方位育人格局，梳理相关的政策沿革，理清基本内涵，对开展院校层面的课程思政建设具有积极的理论指导意义。

一、课程思政的政策概要

课程思政的政策体系由国家层面的方针政策指导体系和省级及以下的政策执行体系构成，国家层面主要负责顶层设计，推出重大改革项目，并指导实施，省级及以下层面主要负责政策实施，组织项目申报、遴选等。

（一）国家层面的政策概述

党的十八大以来，中共中央、国务院先后印发了《关于加强和改进新形势下高校思想政治工作的意见》《关于深化新时代学校思想政治理论课改革创新的若干意见》，从立德树人的全局高度勾画思想政治教育的整体框架。此后，教育部等八部门印发了《关于加快构建高校思想政治工作体系的意见》，要求把立德树人融入思想道德、文化知识、社会实践教育各环节，贯通学科体系、教学体系、教材体系、管理体系，加快构建目标明确、内容完善、标准健全、运行科学、保障有力、成效显著的高校思想政治工作体系。总而言之，思想政治教育是贯穿于育人全过程的系统工程。

课程作为思想政治教育的主战场，除了思政课程外，专业课同样要承担起思想政治教育的重任。2020年5月，教育部印发的《高等学校课程思政建设指导纲要》（以下简称《纲要》）明确指出，课程思政要紧紧围绕"培养什么人""怎样培养人""为谁培养人"这一根本问题展开。《纲要》提出，课程思政建设要在所有高校、所有学科专业全面推进，围绕全面提高人才培养能力这一核心点，围绕政治认同、家国情怀、文化素养、宪法法治意识、道德修养等重点优化课程思政内容供给，提升教师开展课程思政建设的意识和能力，系统进行中国特色社会主义和中国梦教育、社会主义核心价值观教育、法治教育、劳动教育、心理健康教育、中华优秀传统文化教育，坚定学生理想信念，切实提升立德树人的成效。在结合学科专业特点分类推进课程思政建设上，特别指出，高等职业院校根据高职专业分类和课程设置情况，分类推进。

2021年6月10日，教育部课程思政建设工作推进会在井冈山大学召开。教育部党组成员、副部长钟登华强调，进入新发展阶段，开启全面建设社会主义现代化国家新征程，建设高质量教育体系，必须进一步提高对课程思政建设重要意义的认识。要从全面贯彻党的教育方针、从建设高质量教育发展体系等方面，进一步深刻认识课程思政建设的重要性和迫切性，增强全面推进课程思政高质量建设的责任感和使命感。在中国共产党成立100周年之际，中共中央、国务院印发了《关于新时代加强和改进思想政治工作的意见》。

2021 年 6 月 29 日，职业教育课程思政建设工作研讨会在线上召开。本次会议深入学习教育部课程思政建设工作推进会精神，聚焦职业教育课程思政建设，与会单位和专家学者充分介绍并交流了国家级课程思政示范项目建设的经验做法，教育部职业教育与成人教育司有关处室介绍了职业教育课程思政主要特色亮点，以及下一步工作考虑。会上，黄河水利职业技术学院 GNSS 定位测量课程思政示范课程负责人何宽、天津医学高等专科学校医学影像诊断课程思政示范课程负责人任津瑶、山东商业职业技术学院市场营销基础课程思政示范课程负责人王鑫、北京市商业学校史晓鹤工作室主任田禾、浙江金融职业学院课程思政教学研究示范中心孔德兰，分别从宏观与微观、政策与理念、研究与实施等不同角度，分享了课程思政建设的经验。①

（二）省级层面的政策概述

为深入学习贯彻习近平总书记关于教育的重要论述和全国、全省教育大会精神，落实教育部《高等学校课程思政建设指导纲要》，全面推进高校课程思政建设，强化课程育人功能，提升课程育人实效，着力构建符合人才成长规律、体现时代要求、彰显浙江特色的课程思政体系，培养德、智、体、美、劳全面发展的社会主义建设者和接班人，浙江省教育厅出台了《浙江省高校课程思政建设实施方案》（浙教高教〔2020〕61 号），并成立了浙江省高校课程思政工作领导小组。方案从课程思政目标要求、提升课程思政建设质量、创新课程思政教学、丰富课程思政内涵、教师队伍建设与培训、激励机制建设等方面作了具体的架构。

2021 年 4 月，浙江省决定开展高校课程思政教学项目建设工作，2021—2025 年拟分 2 批立项建设 1 000 门省级课程思政示范课程、1 000 项省级课程思政教学研究项目、200 个省级课程思政示范基层教学组织、20 个省级课程思政教学研究示范中心和 30 所省级课程思政建设示范校，充分发挥典型示范的引领带动作用，逐步形成"课程门门有思政，教师人人讲育人"的良好氛围，形成全员、全过程、全方位育人新格局。同时，面向全省高校拟立项建设第一批省级课程思政教学项目，包括 500 门课程思政示范课程、500 项课程思政教学研究项目、100 个左右课程思政示范基层教学组织、10 个课程思政教学研究示范中心和 15 所课程思政建设示范校。在 2021 年 5 月公布的首批课程思政示范项目名单中，高职院校获批课程思政示范课 220 门，课程思政教学研究项目 204 项、课程思政示范基层教学组织 57 个、课程思政示范校 6 所。相关立项的项目一方面为

---

① 郭亚丽. 职业教育课程思政建设工作研讨会成功举办 [EB/OL].（2021-07-02）[2021-11-25]. http：//education. news. cn/2021-07/02/c_1211223710. htm.

报送更高层次项目提供依据，另一方面也为全省课程思政建设起到积累经验、引领示范的作用。

二、课程思政的内涵意蕴

课程思政的改革举措有力地回应了"培养什么人""怎样培养人"及"为谁培养人"的时代命题，分析课程思政的内涵意蕴有利于指导相关改革实践，更好地把握改革原则，让改革走正走心。

（一）课程思政的本质

课程思政的核心即课程，其本质就是专业课德育功能的开显。

过去，专业课往往基于知识体系结构的逻辑加以开发。因此，课程本身的德育功能隐含在知识体系之中，并且在外在的知识结构的遮蔽下，没有显示德育的导向。在传统专业课程结构之下，专业课往往只要解决"学什么，怎么学"的问题，对于"为什么学，学来干什么"的问题却鲜有涉及。在授课过程中，专业课任课教师大多都只讲专业知识，却忽视了专业背后的人文价值、政治方向等内容。可是，"没有正确的政治观点，就等于没有灵魂"，[1] 教育亦是如此，"自古迄今，任何国家的教育无不行使意识形态功能，担负意识形态职责，完成意识形态使命"，[2] 面对不同意识形态之间的冲突，西方某些势力采取和平演变和颜色渗透的方式侵蚀年轻一代的思想。对此，作为最重要的阵地，课程必然肩负着意识形态的教育功能。

至于"开显"之意，在于课程思政德育功能并非课程的直接作用，而是一种润物无声的教育境界。在教学内容上要求不增加，这就使得专业任课教师要深化课程内容认识，自觉、主动地把课程中的德育元素融入教学之中。在实施过程中，不能加重教学负担，只是要求教师把过去应该承担但没有担在肩上的责任重新担起来，与思政课程同向同行，形成协同效应，切实履行教书育人职责。

（二）课程思政的三对关系

1. 课程与思政的关系

它们的关系是某一专业课程内在的对立统一关系。在课程内容上，以专业知识为主体，育人内容蕴含在知识结构之中；在课程目标上，既要设立知识目标和能力目标，同时也要设立德育目标；在课程组织实施上，既要讲知识的逻辑结

---

[1] 中共中央文献研究室. 毛泽东文集（第七卷）[M]. 北京：人民出版社，1999：226.

[2] 郝德勇."课程思政"的问题指向、逻辑机理及建设机制 [J]. 高等教育研究，2021（7）：87.

构，也要在知识内容中融入思想政治教育元素。所以，课程与思政一表一里，不能简单地视作上下分层的接续关系，而是共生一体的关系，不可分离。

2. 思政课与专业课的关系

它们的关系是两类不同课程之间对立统一的关系，同时也是同一思政教育要素的普遍性与特殊性之间切换的协同关系。无论是思政课还是专业课，目标都是育人，只是在功能上，思政教育更多地在世界观、人生观和价值观上发力。因此，要将思政课中的一般性的社会原理、做人道理有机地转化到专业课的实践过程中，使专业课与思想政治理论课同向同行，其关键在于专业课教师"化"的能力。

3. 显性课程与隐性课程的关系

它们的关系是课程思政自身功能彰显的对立统一。过去思政的显性教育仅仅局限于"两课"教学活动，通过第二课堂、第三课堂的活动是实现思想政治教育当中的隐性教育。如此一来，专业课当中的思想政治教育更是处于"雪藏"的状态，这使得专业课作为第一课堂，忽略了思想政治教育的隐性教育元素。直到课程思政提出来后，专业课的思想政治教育才正式成为显性元素。特别作为高职院校，专业课程的思想政治教育同样具有显性和隐性的内容。比如，专业课教师亲口讲职业道德职业规范是显性的，在教学过程中一丝不苟、言传身授践行工匠精神的行为又是隐性的。可见，专业课的思想政治教育处于显性与隐性共存共生、相互交织的状态。

（三）课程思政的价值意义

1. 课程思政提升了"三全育人"的新高度

"三全育人"的综合改革目标在于切实提高工作的针对性和有效性，从育人主体、育人环境、育人载体一体化构建内容完善、标准健全、运行科学、保障有力、成效显著的高校思想政治工作体系。而课程思政是专业课融入思想政治工作体系的重要抓手。它聚焦到了专业课教学这一人才培养的重要过程，聚焦到了专业教师这一主体，真正实现了全员、全过程、全方位的育人。

2. 课程思政为立德树人开辟了新路径

教师在教育过程中要切实转变教育观念，将知识传授与价值引领有机结合，实现立德树人的润物无声，进而实现培养社会主义建设者和接班人，培养拥护中国共产党领导和中国特色社会主义制度、立志为中国特色社会主义奋斗终身的有用人才的根本任务。

3. 课程思政更新了传统的专业教学观

与传统把思政课作为育人主渠道的观念不同，"课程思政"将所有课堂都作为育人主渠道，这意味着所有课程的知识结构体系和能力教育体系都必须将原有隐藏着的思政德育元素发掘出来，让所有教学活动都肩负起立德树人的功能。

三、课程思政建设的主要原则、要素分析与实现路径

（一）课程思政建设的主要原则

1. 整体建设原则

课程思政建设是高职院校全面、系统落实立德树人根本任务的重要抓手，必须坚持党委的全面领导，切实发挥核心作用，强化顶层设计，系统谋划，总体部署，统筹推进。

2. 全覆盖原则

课程思政面向所有课程、所有学生实施全面的、全环节的覆盖。因此，每一位教师都必须带头实践，将专业课中的思政元素有机融入课程教材、教学大纲、教案课件、课堂教学、实验实训、顶岗实习、毕业设计等各个环节。

3. 分工协作原则

坚持阵地意识，从更高层面上巩固和深化思政课程的主导地位和重大作用，切实发挥思政课程示范效应和引领功能，建立多渠道分工协作联动机制，使思政课程与各门专业课都能各司其职，更好地推动课程思政与思政课程形成合力。

（二）课程思政建设的要素分析

1. 基础要素：课程

课程是学校育人的基础环节和主渠道。只有把课程建设好了，课程思政才能落实。因此，过去课程开发的方法和路径必须坚持，同时又要充分利用好、贯彻好课程思政建设的各项精神，通过课程思政建设，促进专业课程建设质量提升。

2. 主体要素：教师

教师是课堂教学的第一责任人。首先必须自身立德立人，做一个讲政治、重人文、讲创新、宽视域、正人格的人民教师，做先进思想文化的传播者、党执政的坚定支持者，更好地担负起学生锤炼品格、学习知识、创新思维、奉献祖国的引路人的责任。

3. 客体要素：学生

实施课程思政建设就是让学生能够全方位地认识世界和中国发展大势、时代责任和历史使命，真正把远大抱负落实到实际行动中。学生的学习可以分为主动学习与被动学习，在其接受的过程中，必须以学生的获得感、以学生成长成人成才的成效来衡量教育效果，让学生愿意学、乐于学。

4. 重点要素：教法

创新教法要在尊重原有教学方式的基础上，更加注重世界观、认识论与方法论的结合，注重理论阐释与现实热点问题分析结合，提升专业课的思想性、思辨性和创新性，与社会现实、目标岗位结合更加紧密，引导学生以自身专业的视角审视实际，在深入学习、观察、实践中思考，在实践过程中逐步深化专业的站位，摆正阶级立场，从而形成良好的思辨思维，树立正确的世界观、人生观、价值观，自觉培育和践行社会主义核心价值观。

（三）高职课程思政建设的实现路径[①]

课程思政的实施效果是内外共同作用的结果，高职院校要从课程思政实施的主体、内容、机制等层面，在实践中探索协同推进路径。

1. 强化主体协同

立足学校全教师动员、全专业参与、全课程建设、全过程落实的"大思政"新格局的建设，坚持"思想同心、目标同向、育人同力、质量同优"建设理念，全面统筹育人资源，着力构建课程思政同向同行工作模式。着重加强马克思主义学院建设，为课程思政建设和实施提供坚实的理论、学术和队伍支撑；着重发挥专业学院在不同学科和专业上的特点及优势，积极打造"一院一品""一课一训"等课程思政的专业辨识度；着重构建教学研共同体，实施思政教师与专业教师结对，学校课堂与社会课堂、企业课堂对接，基层教学组织与基层党组织融合。由专业教师、思政教师和企业家共同凝练专业精神和职业素养的核心要素与内涵，推动职业教育课堂由"思想教育灌输"向"课程思政融入"转变，不断增强课堂育人的时代性、针对性和实效性。

2. 强化内容协同

彰显职教特色，确立"知识即美德、技术即价值、技能即素养"的课程思政核心理念，紧紧围绕政治认同、家国情怀、理想信念、文化素质、职业素养等优化课程思政的内容供给。其中，公共基础课程重点建设一批提高学生思想道德修养、人文素质、科学精神、法治意识等方面的课程，打造一批有特色的体育、美育类课程；专业课程从所涉专业、行业、国家、文化、历史等角度，增强课程的思想性和人文性；实践类课程注重学思结合、知行合一，培养学生勇于探索的精神及善于解决问题的能力。

3. 强化机制协同

管理机制上，立足高职教育教学规律和管理特征，从制度上夯实以"专业

---

① 梁克东. 高职课程思政建设应厘清"三重逻辑"[N]. 中国教育报，2021-11-09（7）.

群—专业—课程"为基础架构的课程思政基层教学组织机制，建构"职能部门—二级学院—教师—学生"的四维联动课程思政管理机制，形成"课程—教材—课堂"的课程思政三位一体建设机制，切实提升课程思政教学改革实效。研究机制上，建立、健全交流共享，专兼一体，校企跨界等课程思政研究协同机制，强化问题导向、需求导向、创新导向，聚焦课程思政理念、标准、模式等理论研究，并应用于课程、课堂教学实践，推动课程思政教学创新。评价机制上，回归教育本质和初心，将立德树人等思政元素作为重要指标纳入督导评价、学生评教等课程教学质量监控与评价体系，客观量化评价与主观效度评价相结合，建立、健全教师教书育人、学生综合素养的评价体系与机制，增强教书育人的责任感和使命感。

第二节　课程思政改革的组织与推进机制

金华职业技术学院作为"双高"校 A 档建设单位，高度重视课程思政示范建设的重要性、整体性、全面性和体系化，将深化教学改革、优化育人效果、加强课程思政研究有机结合，使各类课程与思想政治理论课同向同行，用心打造课程思政的"金"字招牌。

一、聚神"立德树人"，完善课程制度和课程管理体系

金华职业技术学院首先从制度体系、管理体系、工作方案入手，做好课程思政改革的顶层设计，使育人工作常态化。

（一）整体谋划，建立"四个一"的课程思政建设制度

金华职业技术学院以习近平新时代中国特色社会主义思想为指导，全面贯彻党的教育方针，紧紧围绕立德树人根本任务，以培育和践行社会主义核心价值观为主线，以理想信念教育为核心，以"三全育人"综合改革为抓手，把立德树人融入思想道德教育、文化知识教育、社会实践教育各环节，贯通理论武装体系、学科教学体系、日常教育体系、管理服务体系、安全稳定体系、队伍建设体系、评估督导体系 7 个体系，推进思想政治工作与职业教育事业相融合、与学生成长需求相结合，建立"一纲要一方案一手册一标准"的"四个一"课程思政建设体系。学校思政工作体系如图 5-1 所示。

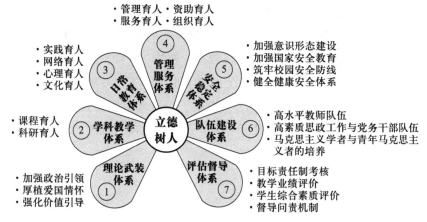

图 5-1　金华职业技术学院思政工作体系

1. "三全育人"综合改革实施纲要

坚持以习近平新时代中国特色社会主义思想为指导，深入贯彻落实全国教育大会、全国高校思想政治工作会议精神，结合学校实际，制定学校《全面深化"三全育人"综合改革实施纲要（2020—2023年）》，实施"思政教育铸魂计划""通识教育培基计划""劳动教育修身计划""职涯成长引领计划""优秀文化浸润计划"五项育人计划，推进"十大育人"工程，协同构建思政育人大体系。

2. 课程思政教育教学改革实施方案

坚持立德树人根本任务，探索知识传授、职业技能培养与价值引领同频共振的课程思政有效途径，出台《关于推行"课程思政"教育教学改革的实施方案》，明晰学校"课程思政"教育教学改革的指导思想、工作目标、重点任务、实施步骤和组织保障。

3. 课程思政教育操作手册

组建由专业教师、思政教师共同组成的研究团队，组织开发《课程思政教育操作手册》，围绕思政元素挖掘，思政元素有机融入培养方案、课程标准、教学实施全过程等，给出相应的操作程序，为课程思政教育教学改革的整体推进和落实提供依据和标准。

4. 课程思政示范课建设标准

对接教育部《高等学校课程思政建设指导纲要》要求，紧紧抓住课程建设"主战场"、课堂教学"主渠道"，建立《课程思政示范课建设标准》，明确课程思政示范课建设标准、评价标准、成果要求、案例要求，深入挖掘各类课程和教学方式中蕴含的思想政治教育资源，并将思想价值引领贯穿课程方案、课程标准、教学计划、备课授课、教学评价等教育教学全过程。

（二）系统推进，实施"十个专项"课程思政工作方案

金华职业技术学院积极推动基于"大思政"的思政课程和课程思政教学改革，切实强化课程建设基础工作，抓住教材、教学、教师三大关键要素，在"百门示范课堂""五个一批"等课程建设与教学改革的各大专项中，注重将"价值引领"作为一个重要的监测点指标，从源头、目标和过程上强化课程育人功能，系统推进课程思政改革。学校"十个专项"课程思政项目如图5-2所示。

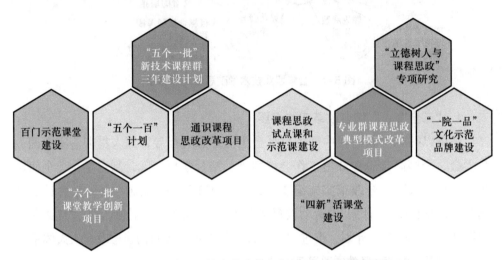

图5-2　金华职业技术学院"十个专项"课程思政项目

1. 百门示范课堂建设

通过校、院、专业三级建设，牢牢抓住课堂教学主渠道，开展德育与智育并行的"课程思政"教学设计，遴选出校级示范课堂100门、院级300门、专业级500门。

2. "六个一批"课堂教学创新项目

实施一批优质平台课程、一批优质实训课程、一批示范微课、一批精品资源共享课、一批创新课堂、一批课堂教改项目，将"课程思政"列为一种培育类型和重要的考量点，培育一批示范专业课程，发挥优秀教师在"课程思政"教学上的示范作用，校级层面共培育建设290项。

3. "五个一百"计划

基于国家级、省级、校级、学院、专业5个层级，推进百门精品在线课程、百项"互联网＋教学"教学改革案例、百堂"互联网＋教学"示范课、百项虚拟仿真实验教学项目、百种新形态教材的"互联网＋教学"优质教学资源建设与应用建设计划，为课程思政改革奠定课程整体改革的坚实基础。近三年完成项目

515 项。

4. "五个一批"新技术课程群三年建设计划

以对接产业发展新业态、新模式和职业技能标准，融入课程思政、劳动教育、工匠精神、职业道德等，按照模块化、结构化的课程逻辑，建设一批专业群平台课程群、一批 1+X 配套课程群、一批创新型项目化课程群、一批虚拟仿真实训课程群、一批赛教融合课程群，规划建成课程群 52 个，课程 200 门，首批已建设 50 门。

5. 通识课程思政改革项目

聘请知名课程思政教育专家顾骏为中心首席专家，汇集全校名师组建教学团队，采用"项链模式"，共同开发你我职业人、职场护法等系列通识课。以弘扬中华优秀传统文化、地方特色文化、职业素养的课程为建设重点，建成 30 门课程思政特色鲜明的通识课程，其中 20 门已建成慕课，全面上线，辐射全校 2 万多名学生。

6. 课程思政试点课和示范课建设

注重课程思政建设模式创新，在教学内容、教学方法、考核方式或评价方式上实践探索形成典型经验。建成校级课程思政试点课 33 门，校级课程思政示范课首批 19 门，第二批 23 门已启动建设。

7. "四新"活课堂建设

聚焦课堂教学创新，树立活资源、活课堂、活学习"三活"职业教育课堂教学理念，启动了"新理念、新载体、新方法、新形态"活课堂建设和"新四说"主题教研活动，注重课堂与思政相结合，寓价值观引导于知识传授和能力培养之中，计划分两年、四个学期遴选出 120 门左右课程，首期已申报 46 门。开展课程思政主题相关的教研活动 12 场，进一步丰富以"创新、协作、分享"为内核的课程思政教研文化，"孕育教学创新的'四四'主题教研活动"项目入选为浙江省第四届高校教职工文化品牌。

8. 专业群课程思政典型模式改革项目

立足典型引领和模式推广，以学校十大专业群为单位，探索实践专业群个性化的课程思政改革模式。如医护类专业群以习近平总书记提出的"十六字"医护职业精神为核心，以护理知识与技能习得为主线，确立"知识即美德、技术即价值、能力即素养"的课程思政理念，构建"思想之旗、天使之美、文化之韵"的课程思政育人策略。现代农业专业群立足培养"懂农村、爱农业、爱农民"的乡村振兴技术技能人才，将"知农·爱农，劳力·劳心"确定为本门课程思政育人目标，形成了"劳力劳心、耕读求真"的专业群课程思政典型模式，培养涉农专业学生的责任感与使命感，养成严谨专注、敬业专业、精益求精和追求卓越的品质。

9."立德树人与课程思政"专项研究

着力研究课程思政的内涵和外延，形成一系列运用思政教育的学科思维，提炼专业课程中蕴含的思政教育、文化基因和价值元素的课程思政典型案例。已立项校级项目40项，省和教育部"课程思政"相关课题11项，发表高水平论文18篇，开展全国高校思政理论课教学展示平台展播金课6堂。

10."一院一品"文化示范品牌建设

坚持文化建设与课程建设相携并进、学校定位与学院特色有机融合、资源整合与集成创新有机结合的原则，形成"师性"文化（师范学院）、"三仁"文化（医学院）、"精益求精"工匠文化（机电学院）等一批集"思想性、教育性、时代性、艺术性"为一体的校园文化品牌，厚植课程思政的文化沃土，助力学生的全面发展。

（三）层层压实，构建"五大机制"的课程思政管理体系

将立德树人贯穿于教育教学全过程，在课程规划上突显育人中心地位，在课程实施上打造"全员育人"教学体系，在课程评价上以育人成效作为根本标准，切实有效推进课程思政组织机制、协调机制、考核机制、评价机制和激励机制建设，构建多维度的课程思政建设管理体系。学校课程思政建设管理体系如图5-3所示。

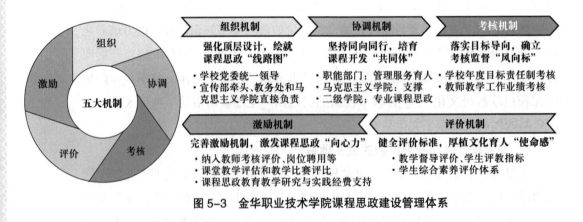

图5-3 金华职业技术学院课程思政建设管理体系

1. 构建组织机制

强化顶层设计，绘就课程思政"线路图"。建立由学校党委统一领导、宣传部牵头、教务处和马克思主义学院直接负责，其他职能部门和二级学院共同参与的"课程思政"建设组织体系，明确并强化学校党委对思想政治工作的领导权和

主导权,以"党建+专业""党建+课程"等为载体,充分发挥基层党组织和党员教师的先锋模范作用,确保课程思政建设的正确政治思想方向,确保学校始终成为培养德、智、体、美、劳全面发展的社会主义事业建设者和接班人的坚强阵地。

2. 构建协调机制

坚持同向同行,培育课程开发"共同体"。建立学校职能部门、二级学院协同机制,科学分工、各司其职、各负其责、加强合作,构建齐抓共管、全员育人的德育教育和课程思政教育新局面。各职能部门将立德树人作为其自身工作的根本遵循,在日常管理服务工作中积极发挥育人职责;马克思主义学院充分发挥其在课程建设、学科建设、师资队伍建设等方面优势,为课程思政建设和实施提供坚实的理论支撑、学术支撑、队伍支撑;二级学院结合其在不同学科和专业上的特点及优势,积极发挥专业课程所承载的思想政治教育功能,提升专业课教师课程思政建设的意识和能力。

3. 构建考核机制

落实目标导向,确立考核监督"风向标"。建立、健全全维度的课程思政建设成效考核机制,在学校年度目标责任制考核和教师教学工作业绩考核中落细落实。把课程思政建设成效作为各二级学院年度考核、优势特色专业(群)建设和优质课程建设等的重要内容,明确建设任务、建设目标与考核标准,引导各二级学院结合专业特点建设课程思政示范课,凝练课程思政建设案例与特色。将教师参与"课程思政"教学的实施、改革情况和效果作为教师教学业绩考核内容,增强教师教书育人的责任感和使命感。

4. 构建评价机制

健全评价标准,厚植文化育人"使命感"。回归教育本质和初心,将立德树人等思政元素作为重要指标纳入教学督导评价、学生评教指标等教学质量监控与评价体系中,客观量化评价与主观效度评价相结合,建立、健全对教师教书育人、对学生综合素养的评价体系与机制。制定体现评价人文性、多元性的教学质量评价标准,出台《学生综合素质测评实施办法》,构建科学的学生综合素养评价体系,提升德育、美育、劳育在考核评价中的比重,将学生的职业素养、品德修养、价值观念、劳动意识与素质等加以量化,在全面考评与优化培育中实现"德技并修"专业人才育人目标。

5. 构建激励机制

完善激励机制,激发课程思政"向心力"。建立、健全导向明确的课程思政激励机制,激发教师从事课程思政工作的主动性、积极性和创造性。将教师参与课程思政建设情况和教学效果，作为教师考核评价、岗位聘用、评优奖励、选拔培训等的重要内容。将课程思政建设纳入课堂教学评估和教学比赛评比，开展"四新"活课堂评审，选树"通识名师""学生最喜爱老师""十佳教师"等荣誉教师，不断增强教师对课程思政重要性的认识，加深教师对课程思政内涵的理解。设立课程思政示范课程建设项目、课程思政专项教改课题，给予相应建设经费支持，推动各学院、专业积极投身课程思政教育教学研究与实践。

二、聚形"德技并修"，优化人才培养方案和课程体系

金华职业技术学院坚持职业教育类型特征，适应新技术、新工艺、新职业、新岗位的要求，强化工学结合、德技并修，校企合作共同开发人才培养方案和课程体系。

（一）形成"职业导向、工作过程、德技并修"的专业人才培养方案系统设计路径

以满足职业岗位需求和学习者发展需求为导向，针对行业企业、同类院校、毕业生开展广泛深入的调研，厘清相应行业的人才结构现状，确定主要就业岗位和典型工作任务，细化职业能力和职业素养要求。在此基础上，从立德树人培养德、智、体、美、劳全面发展的职业人出发，围绕"岗位、能力与素养、课程体系、培养途径和方法、考核评价"五大要素，归纳总结出人才培养方案系统设计路径。

坚持"每年一小调、三年回头看"的工作机制，严格落实教育部《关于职业院校专业人才培养方案制订与实施工作的指导意见》，结合学校实际，每年制定《专业人才培养方案制（修）订指导性意见》。落实立德树人根本任务，对接国家教育教学标准和 1+X 证书制度，适应学生个性选择、职业发展和终身学习需求，持续动态优化专业人才培养方案。按照"通识课、专业平台课、专业课、拓展模块课、第二课堂"架设课程结构，构建全员共同参与的学生职业道德与职业素质养成的课程体系。其中，聚焦全面发展，纳入人文艺术、家国情怀等教育内容，设置强化了"公民素养＋通用技能"的通识课程模块；聚焦专业素养，设置专业基础课和专业课程，保证知识、技能、素养培养的系统性和完整性；聚焦职业发展，融入新技术、新工艺、新岗位、新精神等要求，设置专业拓展课程模块，融入职业道德和职业素质等内容，使学生的道德素养能够与专业素养同步，更好地适应各岗位工作需求。

（二）构建以德为基的"一核心、三维度、六模块"通识教育课程体系

学校建构了以"德业兼修，通情达理，生活精彩"为核心理念，以"职业生存必需、公共生活必备、个性志趣必要"三维度能力目标为引领，以"思想政治类、体育健康类、职业职场类、跨文化交流类、科技工程类、人文艺术类"六大模块课程为基础的"一核心、三维度、六模块"通识教育课程体系（见图5-4），实施社会主义核心价值观、当代公民素养、身心健康素养、职业核心素养、科技基础素养、人文艺术素养等通识教育培基工程。实践中，依托学校综合性院校的师资优势和地方文化资源，建成"对接学生、对接专业、对接地方"的近200门通识主干课程资源。同时，针对高职学生学业差异化、学习需求个性化的特点，整合课程内容，融合信息技术，优化教学设计，开展"分层、分类、多元"的开放教学模式。积极推进自主学习的理念，促进学生自主性地选课、学习、管理，建成依托通识教育网络平台的"自主选课、自主学习、自主考试"在线学习模式。扬长避短，优化通识教育的管理组织架构和配套制度，推进通识课程管理的规范化，形成"共建、共管、共享"的通识课程管理模式。

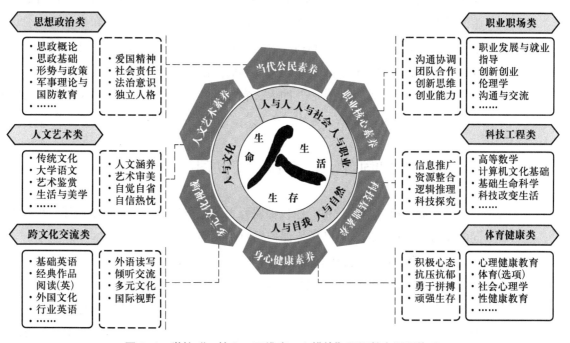

图5-4 学校"一核心、三维度、六模块"通识教育课程体系

（三）探索"三引领、三融合"的专业技能培养和专业精神培育并进的人才培养方式

坚持立德树人、全面发展，以标准引领、技术引领、创新引领为理念，立足德技融合、赛教融合和专创融合，探索"三引领、三融合"的高素质技术技能人才培养方式。在此基础上，依据不同专业的技术技能培养规律，针对不同学生的发展需求，积极探索分层分类培养、创新创业培养、复合培养、现代学徒制等专业个性的人才培养方式。如汽车制造与装配技术专业积极探索"分阶段培养、双基地轮训"的现代学徒制人才培养，建立了"招工招生同步，学习顶岗联动"的教学管理制度，确立"学生"和"学徒"双重身份，实施"双高管、双专业主任、双班主任、双课程负责人、双指导教师"的教学组织流程，优化校企双主体育人的培养机制。

注重凝练不同专业的专业精神，探索职业素养养成的有效载体。如学前教育专业群建构"德育典范融入通识教育＋专业伦理融入专业课程＋师德养成融入培养全程"的师德养成教育体系；装备制造类专业群推行"精益求精"职业素养养成教育，引入"5S"管理机制，设置贯穿培养全过程的"精益制造管理"课程；旅游管理专业实施常分类、常整理、常清洁、常维护、常规范和常教育的"六常"文化育人；外语类专业塑造"语通中外，商惠五洲"的专业文化，培养学生成为理解语言内涵、包容多元文化、尊崇商务法则的国际商务人才；农业类专业传承和发扬了"从劳力上劳心"的人文农学，针对新型职业农民的职业技能和素养要求，培养学生"学农、爱农、务农"的情怀和吃苦耐劳、甘愿奉献的精神。

三、聚力"同心同向"，打造课程思政协同育人团队

金华职业技术学院重视专业教师课程思政意识的培养，坚守专业课与思政课同向而行的课程理念，不断锤炼课程思政协同育人的团队。

（一）师德师风的机制化建设

深入贯彻习近平总书记提出的一名党和人民满意的好教师要具有"四有""四个引路人"和"四个相统一"要求，落实教育部等七部门印发的《关于加强和改进新时代师德师风建设的意见》，把政治素养、职业理想、职业道德和学术规范纳入教师引进、培养、培训和管理的全过程，引导广大教师以德立身、以德立学、以德施教。

围绕教师奖惩制定出台《教职工处分实施办法》《先进集体和个人评选表彰实施办法》《教职工高层次项目奖励实施办法》，提升教师管理制度的科学性和精

准性。出台《师德师风建设实施细则》《教师师德禁行行为》，推行师德考核负面清单制度，建立教师师德档案，对有违师德师风的行为实行"一票否决制"。积极开展师德先进个人、校园"十佳"、学生最喜欢的教师等先进典型评选，以先进教师典型引导教师践行师德规范。

围绕"师德为先、教学为要、科研为基、发展为本"的高校教师考核评价改革总体方向，立足"四有"教师要求和职教师资特点，积极探索教师的分层分类考核评价，创设教师教学业绩工作考核、"双师"能力考核、专业技术职务评聘、岗位聘期考核四项常态化、周期性考核评价项目，以及单项性、发展性或针对特殊群体的不定期、多元化的考核评价项目，构建"4+X"教师考核评价机制，2017年，金华职业技术学院入选教育部40所"高校教师考核评价改革示范校"，是仅有的2所高职院校之一。

（二）思政专题的层次化培训

1. 依托特聘专家，开展任务式培训

特聘课程思政专家顾骏教授面向全校教师进行《课程思政的理念、方法与实施》专题讲座及对多个教学团队进行辅导培训，指导示范课教师在教学理念转变、目标设计、大纲修订等方面落实好课程思政教育教学改革要求。

2. 面向骨干教师，开展专题式培训

成立课程思政工作室、讲师团，以集中培训、专题研究、承担项目、互动沙龙、考察学习等方式，校院两级共同实施任务驱动的培养培训，着力提升教师的理念与素养。

3. 覆盖全体教师，开展交流式培训

践行"以人为本、自我发展、研究引领、实践提升"的工作思路，开展"新教师、骨干教师、专业带头人、兼职教师"分层分类的课程思政团队培训项目，其中2019—2020年开展培训896场、参加者28 487人次，在培养培训、教学发展、评估考核、示范引领等方面积累了丰富经验，形成了鲜明特色。

（三）思政与专业教师的结对式交流

实施思政教师与专业教师结对工程，成立"初心讲师团"，思政名师对接专业学院，凝练专业（群）精神、深入挖掘专业（群）职业素养的核心要素与内涵，推进开展课程思政示范课程建设，推动课堂由"思想教育灌输"向"课程思政融入"转变，不断增强课堂育人的时代性、针对性和实效性。其中，学校首批19位课程思政示范课教师——与思政教师结对，合作开发案例19个，教案30份。

为深入发挥思政课程与课程思政协同育人的作用，马克思主义学院着力完善"八个一"教师任务体系，即思政理论课教师联系一个二级学院、牵头一个理论

专题备课、参与一个专业群实践项目的开展、联系一个爱国基地与专业基地、指导一个红色理论学生社团、举办一次人文素质专题讲座、承办一次全校性的学生活动、完成一篇学生思想状况调查报告。目前，马克思主义学院已在各二级学院成立红色理论社团共 10 个。成立思政课程教师初心讲师团，对接二级学院，让全校师生同上思政课，充分发挥思政课程教师的学科优势，助推思政课程向课程思政转变，指导不同专业、课程开展课程思政建设。

四、聚合"高能高效"，做实课程思政条件保障平台

金华职业技术学院教师发展中心、马克思主义学院、课程思政示范中心"三大平台"聚力协同，专业课程与思政课程同频共振、同向同行，初步形成了从思政课程到课程思政的圈层效应。

（一）高标准建设教师发展中心，促进教师教育教学能力的提升

学校树立"以人为本、自我发展、研究引领、实践提升"的教师发展新理念，建成占地 1 400 m² 的教师发展中心，以服务教师能力培训、教学咨询服务、教学改革研究、教学质量评估、示范辐射引领为宗旨，切实服务好教师职业发展。人事处出台《教师发展工作管理办法》，推行教师发展学时制，建立教师轮训制度。依托教师发展中心，对接新时期职教师资对课程思政、全员育人等的新需求，将提升课程思政教育教学改革能力纳入教师专项培养计划，不断完善、充实、升级"新教师、骨干教师、专业带头人、兼职教师"分层分类培训项目体系，满足教师个性化、专业化发展。教师发展中心每年主办或承接教师发展活动400 余场，累计参与教师达 15 000 人次以上。

（二）高质量建设马克思主义学院，搭建提升教师思政素养及能力的平台

学校设立马克思主义学院，全面落实 1:350 的思政课程教师配置标准。马克思主义学院作为二级单位统筹落实学校思政教育教学工作，协同推进全校课程思政建设。马克思主义学院现有浙江省思政名师工作室 2 个，在职专任思政课程教师 63 人。教师获 2020 年度全国职业院校技能大赛教学能力比赛一等奖 1 项，首届全国高校思想政治理论课教学展示活动特等奖 1 项、一等奖 1 项，浙江省第九届高校青年教师教学技能竞赛特等奖 1 项，省级其他竞赛一等奖 9 项、二等奖 5项、三等奖 4 项。

实行思政课程教师和专业教师结对，强化思政课程教师的课程思政指导能力，提升专业教师的思政素养和课程思政教学设计能力。建立"三集三提"素质和能力提升机制，聘请课程思政专家顾骏教授为首席专家，通过集中研讨提问

题、集中备课提质量、集中培训提素质，为教师找准思政课程与专业课程、通识课程融合点，打通思政课程融入专业课程、通识课程的难点、痛点。以课程为平台，组织观摩学习，交流互鉴，通过手把手教、多次磨合，培养课程思政名师，打造系列课程思政名课。举办课程思政专项说课竞赛、教学设计竞赛，以"竞赛模式"打造课程思政示范课堂，以赛促教、以赛促建、以赛促学，持续提升教师思想政治理论素养，锤炼课程思政教学技能。

（三）高起点建设课程思政教学研究中心，开展课程思政教学理论与实践研究

学校课程思政综合研究中心依托浙江省唯一一个由高职院校举办的社科重点研究基地——"浙江省现代职业教育研究中心"，建立由首席专家为牵头的专职研究团队，聘请职教领域知名学者、课程思政教育领域专家、行业企业专家担任兼职研究人员的专兼一体化、校企跨界融合研究团队。树立"知识即美德、技术即价值、技能即素养"的职业教育课程思政理念，贯通课内课外、线上线下、显性隐性教育，聚焦课程思政标准开发、课程建设等前沿热点问题，强化问题导向、需求导向、创新导向，开展针对性、前瞻性、储备性研究，并应用于课程教学实践，推动课程思政教学创新。

第三节　课程思政改革案例

一、跨境电子商务基础课程思政改革案例

（一）总体设计

1. 坚守家国情怀，弘扬商业精神，树立"四有"中国商人的课程思政目标

重视"有国才有商"的经世强国商业精神，结合电子商务特别是跨境电子商务的学科属性与专业属性，融合国际贸易价值塑造、跨境电商知识传授及实战运营能力培养，立足"抓住中国机遇、发挥中国智慧、做好中国商人"，通过该课程教学引导学生树立"自信担当、平等互惠"的职业信仰；推崇"务实创新、精益求精"的职业素养，助推"中国制造2025"；使学生确立"遵纪守则、诚信守则"的职业底线，维护国家利益，提升人生防线，立志成为"有道、有信、有志、有德"的新时代"四有"中国商人。跨境电子商务基础课程思政的目标如图5-5所示。

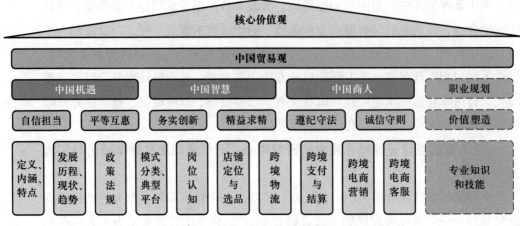

图 5-5　跨境电子商务基础课程的思政目标

2. 扎根产业土壤、传承浙商基因,打造"四进三同"的思政育人共同体

传承以"创业、创新、担当、合作、法治、奋斗"为核心的浙商精神,坚持技能培养、思政教育与创新创业相结合,把课程的思政教育"写进课本、放进课堂、带进商品、走进服务",依托办在产业集聚区的网络经济产业学院,联合行业、企业,将区域真实跨境贸易业务引入课程,将行业能手、道德楷模、思政名师等请进课堂,通过任务驱动下的实践教学,整合学校与社会两种资源、课内与课外两个课堂、线上与线下两种方式,实现教育与教学同频,思政与专业课程同步,教师与学生教学同行的思政育人共同体,其育人生态如图 5-6 所示。

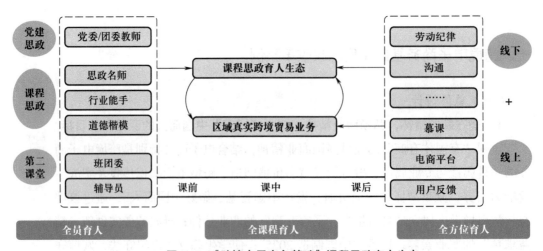

图 5-6　《跨境电子商务基础》课程思政育人生态

第五章　高职教育课程思政的改革与实践

（二）总体实践

1. 知、情、意、行合一，构建"因事而化、隐形融合"课程思政教学内容

遵循"强技成事、厚德服人"的新时代中国商人德技要求，将"既要会做事也要会做人"作为课程内容与思政内容的联结纽带，课程内容讲清跨境电子商务的原理与操作，思政内容讲透国际商贸的价值与担当。该课程分为认知篇和实践篇。具体设计内容如图 5-7 所示。

认知篇通过跨境电子商务机理帮助学生理解"人类命运共同体"的精神内核，领会"开放合作、和谐包容、互利共赢"的中国贸易观，通过国别横向和历史纵向对比，树立四个自信，培养爱国情怀；实践篇以职业能力培养为本位，工作过程为主线，选取"跨境选品及店铺定位、跨境物流、跨境支付与结算、跨境电子商务营销及跨境电子商务客服"五大工作任务，贯穿"知行合一、自信担当，务实创新、精益求精，遵纪守法、诚信守则"的价值引领。

2. 教、学、做、创结合，创设"因时而进、立体多维"课程思政教学载体

以学生为中心，强调情感和兴趣在学习中的重要作用，以既能激发兴趣又能引发思考为原则，既能传授专业知识又能承载思政元素为标准，整合"政策篇、平台篇、市场篇、时事篇、创业篇"五大主题的系列案例作为思政教学载体，用于引例、讨论及拓展学习等课程环节。

截至 2020 年，该课程已经建设成型思政教学案例 100 余个，素材内容方面收集了"时政新闻、业界动态、典型案例、人物访谈、科普宣传"五大系列，学生知识感受层面覆盖"创业优秀个案、守业经典个案、行业经典案例"等系列，学生认知感受层面涉及"学长风采、行业翘楚、业界专家"等主题，表现形式包括文本、图像、动画、视频和音频等。跨境电子商务基础课程的教学载体如图 5-8 所示。

3. 导、论、研、训一体，采取"因势而新、协同递进"课程思政教学策略

基于学生获得感来源的四个层次，设计"课前启发、课中内化、课后强化"三大教学环节：课前教师在慕课学院发布学习任务与教学视频，激发学生学习兴趣，通过在线预学、理论测试掌握新知；课中设立"导、论、研、训"四个环节，"导"入时政案例引出问题激发思考、"论"定知识技能要点解决教学重点、"研"明策略方法解决教学难点、"训"练真实任务巩固技能；课后继续完成企业项目实践与拓展资讯，巩固所学，综合应用。

教学过程贯穿思政教育主线，设计"晓之以理、动之以情、导之以行、持之以恒"四个教学环节，引导学生通过掌握知识得到价值认同，通过体验情感获得共情共鸣，在正确的认知和情感之下支配自己的行为，磨炼意志，坚定信念，最终达到知识传授与思政育人的有机统一。相应教学策略的实施路径如图 5-9 所示。

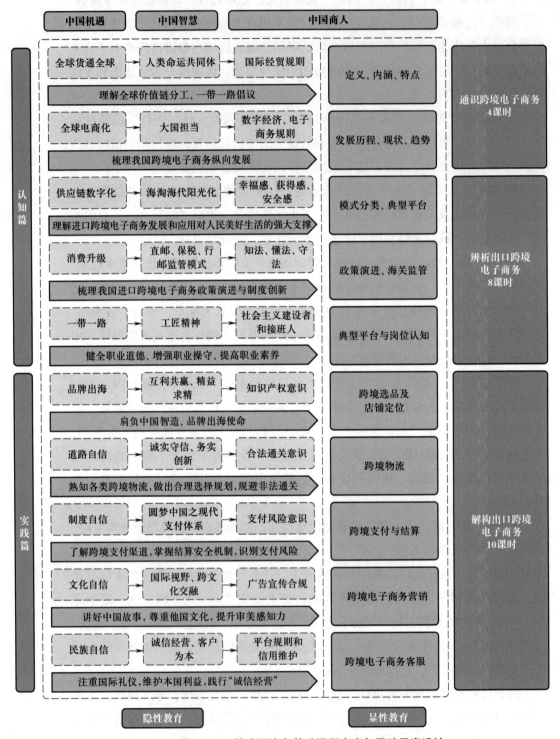

图 5-7 跨境电子商务基础课程内容与思政元素设计

第五章 高职教育课程思政的改革与实践

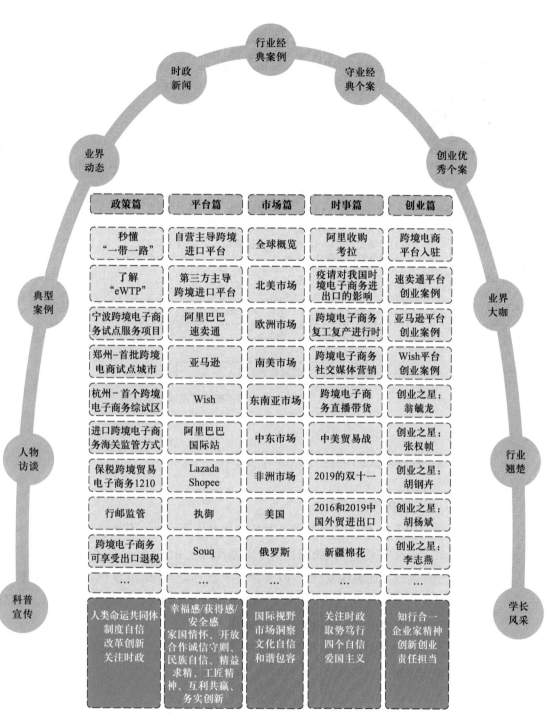

行业经典案例				
时政新闻			守业经典个案	
业界动态				创业优秀个案

政策篇	平台篇	市场篇	时事篇	创业篇
秒懂"一带一路"	自营主导跨境进口平台	全球概览	阿里收购考拉	跨境电商平台入驻
了解"eWTP"	第三方主导跨境进口平台	北美市场	疫请对我国时境电子商务进出口的影响	速卖通平台创业案例
宁波跨境电子商务试点服务项目	阿里巴巴速卖通	欧洲市场	跨境电子商务复工复产进行时	亚马逊平台创业案例
郑州-首批跨境电商试点城市	亚马逊	南美市场	跨境电子商务社交媒体营销	Wish平台创业案例
杭州-首个跨境电子商务综试区	Wish	东南亚市场	跨境电子商务直播带货	创业之星：翁毓龙
进口跨境电子商务海关监管方式	阿里巴巴国际站	中东市场	中美贸易战	创业之星：张权帧
保税跨境贸易电子商务1210	Lazada Shopee	非洲市场	2019的双十一	创业之星：胡钢卉
行邮监管	执御	美国	2016和2019中国外贸进出口	创业之星：胡杨斌
跨境电子商务可享受出口退税	Souq	俄罗斯	新疆棉花	创业之星：李志燕
...	...	...	...	...
人类命运共同体 制度自信 改革创新 关注时政	幸福感/获得感/安全感 家国情怀、开放合作诚信守则、民族自信、精益求精、工匠精神、互利共赢、务实创新	国际视野 市场洞察 文化自信 和谐包容	关注时政 取势笃行 四个自信 爱国主义	知行合一 企业家精神 创新创业 责任担当

典型案例				业界大咖
人物访谈				行业翘楚
科普宣传				学长风采

图 5-8 跨境电子商务基础课程思政教学载体

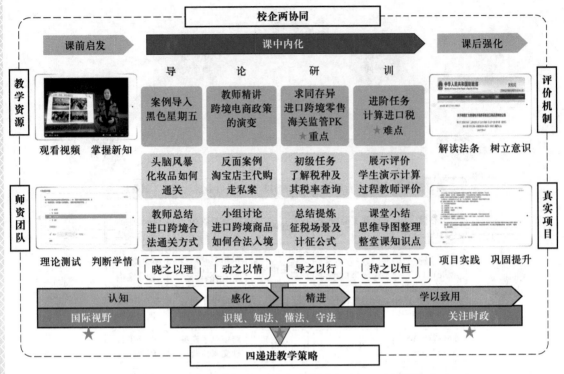

图 5-9 跨境电子商务基础课程思政教学策略

二、药学服务实务课程思政改革案例

（一）总体设计

药学服务实务是以药学理论为基础，以保证安全、有效、经济、合理用药为目的，研究并实施以优质药品服务于患者的应用性、综合性课程。随着我国医药卫生体制改革向纵深发展，"以患者为中心、以合理用药为手段"提供全方位、高质量的药学服务成为药学技术工作的转型方向，同时，精准化、个体化、信息化、专业化等要求也不断鞭策药学服务发展。

1. 以"树创新之志、植仁爱之德、培济世之心"为课程思政目标

该课程属于创新性、实践性强的综合性课程，是"医"与"药"良好融合的思政教育载体，既结合了医者济世为怀、甘于奉献的仁爱之德，又融合了药者安全至上、创新超越的德育价值，因此，课程团队将"医"与"药"所应有的职业道德、职业精神和职业规范有机融入课程教学过程中，把"树创新之志、植仁爱之德、培济世之心"确立为该课程的思政目标。

2. 以"社会热点案例、仿真技能训练、志愿公益活动"为思政培养载体

教学团队构建线上线下、课内课外两课堂，通过引入药学服务领域热点案例、优秀事迹、志愿服务活动、合理用药技能训练等载体，创设热点辨学、技能践学、公益悟学、反思明学四个层层递进的思政教学环节，着力培养学生安全至上的质量意识、关爱生命的人文情怀、甘于奉献的职业精神、创新报国的职业追求。在疫情防控时期以"抗疫"典型案例唤醒学生的担当意识和笃学意识，培养有温度、有热度、有深度的医药人。

（二）总体实践

1. 以真知课堂、行走课堂、线上课堂为阵地，挖掘思政教育资源

创设"真知课堂""行走课堂""线上课堂"三类课程思政教育主阵地，将思政教育贯穿教学全过程。课程理论教学、实训教学构成"真知课堂"，主要培植学生安全至上的质量意识、勇于超越的创新精神；而"行走课堂"主要通过公益活动激活和强化学生关爱生命、甘于奉献的职业担当。思政教育资源如表5-1所示。

表5-1 药学服务实务课程思政教育资源

类型		思政教育资源
真知课堂	热点述评	引入药学服务领域热点案例，如"倒在'抗疫'一线的药师""中药配方颗粒何去何从""药液中的小昆虫如何处置"等，引导学生在复杂的情境中进行辨析，做出正确的选择。培养学生安全用药的科学素养和严守药规的职业情操
	技能训练	在药学服务技能训练的评价环节设置药德相关的评价内容，融入思政教育。如在药品调剂中，要求学生在准确、严谨的基础上讲求效率，缩小患者等候时间，培养学生精益求精的工作态度和服务患者的职业精神
行走课堂	公益活动	课外，以专业社团为载体，分组分批组织学生利用周末时间在社区普及安全用药知识，为居民清理家庭小药箱、正确辨识药品与非药品、回收过期药品等。在培养学生大爱无疆的人文情怀的同时，融入劳动教育
线上课堂	反思感悟	作为一门创新性、实践性强的课程，在药学服务领域的发展过程中涌现出典型人物、典型事例等，如"只为一盒药，驰骋百里的药师""一场永远无法举行的婚礼"等，教师课后组织学生在线上进行反思和领悟，并进行优秀反思内容的评选，以使学生深刻领悟职业的使命和担当

2. 以行动导向教学和情境体验教学，实施课程思政教学

为了融入思政元素，积极改进教学方法，药学服务实务课程团队尝试采用以下两种方法。

（1）行动导向教学法。结合课程特色，采用行动导向教学设计，以项目驱动法作为贯穿课堂始终的教学方法，真实模拟药学服务岗位的操作并实战演练，在提升学生药学服务岗位的实践能力和专业素质的同时，培养其敬佑生命的职业情怀、严谨务实的职业操守和勇于创新的职业素养。

（2）情境体验教学法。以激发学生质量意识、人文情怀为目标，通过角色扮演的形式，培植学生关爱生命的职业情怀。例如，扮演药品仓保人员，体会如何通过体验药品保管规范，树立安全至上的质量意识。

3. 以辨学、践学、悟学、明学为逻辑主线，探索课程思政教育模式

教学团队秉承知识传授和思政教育并重的理念，将立德树人融入理论与实践教学中，并根据课程特色构建线上线下、课内课外两课堂。通过热点辨学、技能践学、公益悟学、反思明学四个思政教学环节的设计，从线下延伸到线上，从课内延伸到课外，对学生的质量意识、创新精神和职业情怀的培养贯穿全过程，将大爱精神传播校内外、课内外（见图5-10）。

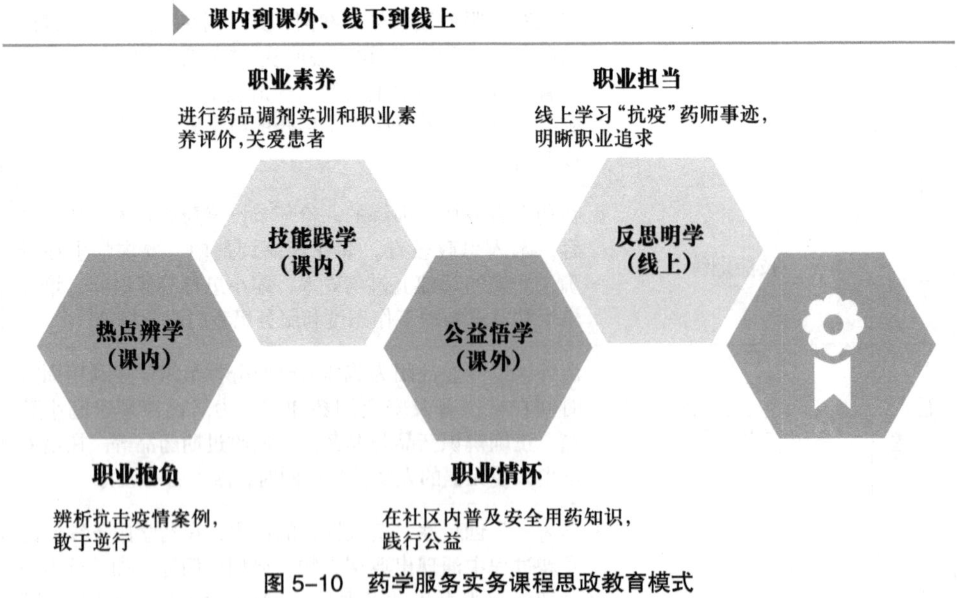

▶ **课内到课外、线下到线上**

职业素养
进行药品调剂实训和职业素养评价，关爱患者

职业担当
线上学习"抗疫"药师事迹，明晰职业追求

技能践学（课内）

反思明学（线上）

热点辨学（课内）

公益悟学（课外）

职业抱负
辨析抗击疫情案例，敢于逆行

职业情怀
在社区内普及安全用药知识，践行公益

图 5-10　药学服务实务课程思政教育模式

4. 以理论教学、技能实训和课外活动为载体，渗透课程思政育人目标

课程思政是一项系统工程，课程团队紧密围绕课程思政教学目标和教学内容，融思政教育于教学大纲、教案、课内理论教学、技能实训和课外公益活动及课后的反思作业中，培养学生安全至上的质量意识、关爱生命的人文情怀、甘于奉献的职业精神及勇于创新的职业追求（见图 5-11）。

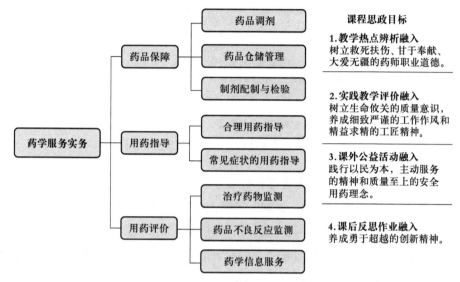

图 5-11　药学服务实务课程思政目标

三、儿童发展心理学课程思政改革案例

（一）总体设计

1. 融合学前教育事业情怀和心理教育育人情怀，树立"因为懂，所以爱"的思政目标

办好学前教育是当前党和政府高度重视的重大民生工程。该课程融合学前教育事业情怀和心理教育育人情怀，树立"因为懂，所以爱"的思政目标。"爱"是教育的本质，包含深厚的国爱、热烈的民爱、温暖的师爱。"师爱"是爱儿童、爱岗敬业，具有基本的幼儿教师职业素养，并以师爱育学员之爱。课程总体设计如图 5-12 所示。

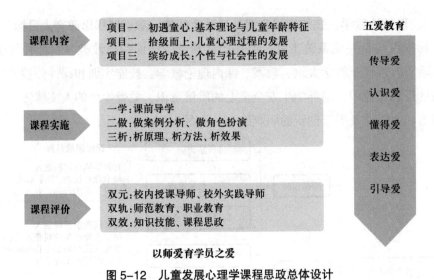

图 5-12　儿童发展心理学课程思政总体设计

2. 融合幼儿教师的职业特征和社会学员的学习特点，建构"知识、行为、情意"三合一、"标准、教材、课堂"三融入的教学模块

职后继续教育对广大幼师技能提升、保持专业热情尤为重要。金华职业技术学院学前教育专业系省幼儿园教师专业发展培训基地，并成立了服务儿童成长的家长学院，近两年每年继续教育培训学员超 3 万人。本课程融合幼儿教师的职业特征和社会学员的学习特点，建构"知识、行为、情意"三合一、"标准、教材、课堂"三融入的教学模块，通过各种类型的幼儿教育案例引导学员理解儿童的心理和行为，将凝练知识、提升能力和引领价值结合起来。

（二）总体实践

该课程面向幼儿园在职教师的学历、素养提升和家长需求，以问题或现象为先导选择项目化的儿童心理发展内容，遵循"一学、二做、三析"的教学策略，采取案例探究法、模拟表演法等主体性的教学方法，构建"传导爱、认识爱、懂得爱、表达爱、引导爱"的"五爱"教育课程思政建设模式。课程教学活动以"师爱育学员之爱"，在"传导爱"的过程中促使学员"认识爱，懂得爱"，正确"表达爱"，纠正溺爱、错爱，有效"引导爱"，进而激发学员对学前教育事业的热爱。"五爱"教育的课程思政教学实践设计如图 5-13 所示。

1. 三类案例载体融入"五爱"

对接岗位任务，从常见的幼儿认知、情绪、社会性等方面的案例入手，引导学员分析研究儿童心理发展的特点和规律。"五爱"教育的课程思政实践以本源性案例、需求性案例、病理性案例为载体。本源性案例指对知识的追本溯源，即基于书本、源于教师，关于知识是什么的案例；病理性案例指针对学员或家长的错爱、溺爱，关于怎么爱的案例；需求性案例指从学员或家长自身实践需要出发，关于怎么做的案例。

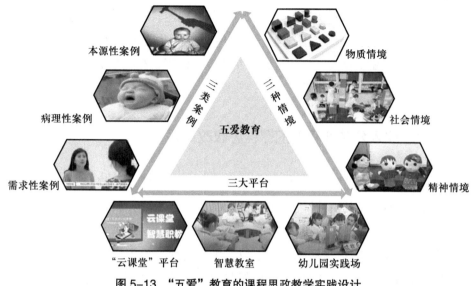

图 5-13 "五爱" 教育的课程思政教学实践设计

通过上述三类案例载体，基于真实情境真正理解儿童的心理和行为，以此树立正确的儿童观。始终保持对学前教育工作的兴趣与热爱，上升到对人民的热爱，对国家的热爱。真正做到"传导爱、认识爱、懂得爱、表达爱、引导爱"。

2. 三种教学情境实施"五爱"

情境模拟是幼师培训的最有效形式，因为它最适合幼儿的学习特点。对儿童来说，没有情境就没有教育，情境是学习发生的地方，在丰富的物质情境、社会情境与精神情境中，儿童能够更好地发挥身体机能，不断生成与建构自身丰富复杂的成长经验。物质情境、社会情境、精神情境具有不同的功能，分别面向幼儿的不同需求，也为社会学员提供了多种情境模拟机会。物质情境为学员提供认识"幼儿认知发展问题"的学习机会，在丰富的物质材料中，学员模仿幼儿做一做、练一练，感受儿童认知发展速度的差异，同时感受儿童文化，涵养师爱；情绪情感问题和社会性发展问题则在社会情境中解决，它面向社会关系，培养同理心，从儿童的角度为学员提供丰富的社会角色体验，具体形式包括娃娃家、各种社会职业角色等；精神情境面向病理性案例，提供病理性的案例剧本，让学员在此情境中按照剧本去表演，从而领悟案例中的问题，进而探究问题的解决方案，激发创新精神。

3. 三大学习平台支撑"五爱"

校内的虚拟仿真平台智慧教室、智慧职教的"云课堂"平台、幼儿园实践场平台，为学员打造了完善的学校课堂、线上课堂和实践课堂。学校课堂学习、在线网络研练、幼儿园走园实训三个"课堂"相互融通，以学校课堂为主渠道，在课堂上研讨分析案例，网络上充实分享案例，走园时观察记录搜集案例，"三个课堂"共同发挥知识育人、文化育人、实践育人作用。在感受文化中，建立文化自信，激发学员对岗位的热爱。

四、你我职业人公共课程群的课程思政改革案例

把思想政治教育贯穿人才培养全过程，全面推进课程思政建设，发挥好每门课程的育人作用，是新时代高职院校全面提高人才培养质量的重要任务，更是落实立德树人根本任务的重要课题。金华职业技术学院依托国家"双高"建设平台优势，融通国内优秀通识资源，以"思政铸魂、通识培基"为理念，创新通识课程建设，打造旨在深化职业理想和职业道德的系列通识课程——你我职业人。

（一）总体设计

1. 课程概况

你我职业人系列通识课（以下简称"系列课程"）下设职业之道、职业之德、职业之艺、职业之术四门子课程，统称"道·德·艺·术"，目前，已完成一轮线下授课，同步于"学银在线"在线开放课程平台开课。系列课程由来自13个学院的28位优秀教师讲授，分别从职业人的信念与价值观、职场活动的创新与规范等角度阐述了职业、职业人与职业教育的关系。课程总体设计如图5-14所示。课程采用"一课多师"的探究式教学模式与融入课程思政元素的浸润式教学法，为高职通识教育课堂教学生态改革提供了生动样本与典型范例，是金华职业技术学院践行教书育人使命，探索"三全育人"、建设课程思政示范课的一次全新探索。相关课程建设经验已发布在中国教育报、学习强国等高端媒体上。

2. 课程目标

该系列课程以落实立德树人为根本任务，面向不同专业的高职学生，深入挖掘专业职业素养的核心要素与内涵，充分发挥通识课的育人功能，将价值引领与知识传授相融合，旨在提高学生对职业教育的认知和认同，帮助他们树立学习职业教育的信心和兴趣，激发他们对未来职业成长的自觉性和主动性，在国家需

要、市场需求和个人发展的交汇点上，找到人生参照和努力方向，成为新时代德技并修的高素质"职业人"。

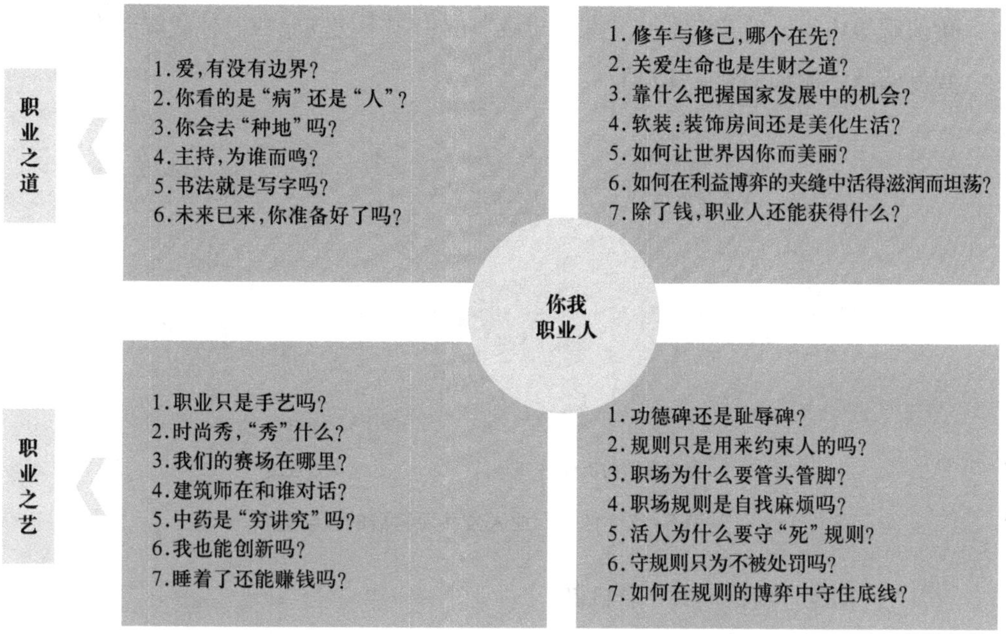

图 5-14　你我职业人公共课程群的总体设计

3. 思政元素

该系列课程立足"道、德、艺、术"四个版块，找准"课程思政"切入点，深挖职业教育和职业生涯中的思政元素，采用大量案例，展示职业风貌，指点职场机会，揭晓职业生涯的道理、前景、追求和坚守。

"职业之道"：聚焦职业人的信念，倡导职业高于个人的价值理念，帮助学生树立职业的崇高感和神圣感，确立在职业活动中奉献国家、奉献社会的精神。

"职业之德"：聚焦职业是一种市场行为的特性，使学生通过服务他人，实现自身利益的最大化，引导学生树立"认认真真做人，清清白白挣钱"的职场意识。

"职业之艺"：聚焦职业活动中的创造、创新和创业，培育精益求精、追求卓越的职业取向，激发创新精神，争取成为行业领军人物。

"职业之术"：聚焦职业活动的底线和规范，引导学生尊重规则，包括法律政策、行业准则和操作规程，明白"拙能胜巧"的道理，破除取巧心态，确立诚实守信的价值观和职业习惯。

（二）总体实践

该系列课程注重整体设计，构建"项链模式"协同育人新机制，探索形成"一课多师"的新教法，不断完善教育教学规范，强调专业伦理、社会主义核心价值观等内容，使各专业在"课程思政"的引领下实现集成。你我职业人公共课程群的教学流程如图5-15所示。

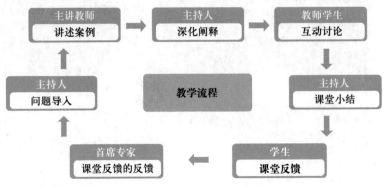

图 5-15　你我职业人公共课程群的教学流程

1. 构建"项链模式"新机制

该系列课程采取"项链模式"，由专家担任课程的整体设计和每一讲的主持人，由学校优势专业的优秀教师担任相关专题的主讲，即以基于课程思政的通识课程为"项链"，将其他学科教师的讲课像"珍珠"和"钻石"一样镶嵌在"项链"上，教师依托各自专业中的典型案例，从不同侧面，展示现代职业的基本性质和重要特征，加深学生对职业多层次、多方面的认识和体会。

2. 探索"一课多师"新教法

该系列课程每门课共7讲，每讲2课时，其中1小时为教师主讲和师生互动，0.5小时以学生提问和讨论为主。每门课计1个学分。每讲由主持人先以问题的形式引出主题，主讲教师引用本专业领域中的典型案例，对每门课相关主题做出解读。主持人对主讲内容进行进一步的阐释和总结，深化学生的认识。主持人和主讲教师共同组织课堂讨论。课程以在线作业、教师课堂反馈、探究性课堂、纸质终结性考试构成，构建课堂教学新形态。

3. 找准"课程思政"切入点

系列课程的每一讲均以问题方式，设置课程思政切入点："在我的专业中，怎样的表现称得上职业人？""职业人是如何成功的？""职业活动中有哪些方面急需创新？""有哪些是保护职业人的红线？"通过优秀教师担任相关专题的主讲，丰富职业内涵，传达职场声音，唤起职业共鸣，培养不同专业的职场精英。

你我职业人公共课程群的课程思政总体设计如图5-16所示。

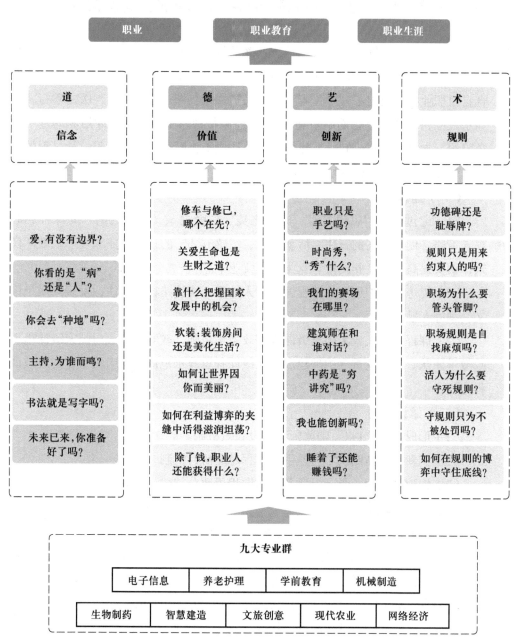

图5-16 你我职业人公共课程群的课程思政整体设计

五、"上善若水"医护文化浸润下的课程思政示范基层教学组织建设

文化作为潜移默化的育人工具，发挥了教育的浸润功能。医学院谨记"知行合一、务实创新"的校训，在"兼容并蓄、经世致用"的学校精神内核之上，结合自身职业特点析出了"上善若水"的医护文化，即"医者仁心，医之善行，当如水之品格，泽被万物而不争利"。医学院积极改革适应医学人才培养的基层教学组织，立目标、建机制、重建设，有效达成了将医德培养贯穿于教学过程的始终，专业教育与职业精神培养深度融合的目的。

（一）建设目标

（1）通过构建"思想之旗、天使之美、仁爱之亲、文化之韵"的课程思政育人策略，创新"案例三化、活动三段、情感五环"的护理专业课程思政教学模式，切实提高人才培养质量、专业学生就业率。

（2）提炼总结护理专业课程思政育人体系、实施路径和方法，发表高质量论文，举办专题研讨会。

（3）课程负责人成为国家级课程思政教学名师，教学团队成为国家级课程思政教学团队。将急危重症护理建成国家级课程思政示范课程，引领专业群思政课程建设。

（二）建设机制

（1）形成5个"1+1"师德师风建设长效机制。

（2）创新以"新四说"为抓手的课程思政研讨机制。

（3）构建"引领、骨干、普及"的课程思政分层建设机制。

（三）创新举措

1. 构建"信仰、文化、榜样、育人、践行"的课程思政育人体系

（1）信仰。以习近平新时代中国特色社会主义思想为指导，通过讲述专业人物故事，激发学生爱国情怀和专业认同。通过解读习近平总书记的五四讲话精神、对青年人的回信、寄语等内容，突出对青年学生理想、信念、价值观的引领。深化"仁心相护"党建品牌，形成"党建＋专业"发展的"专业样本"。

（2）文化。诠释"上善若水"专业育人文化的新时代内涵。从燃烧自己、照亮别人的现代护理鼻祖南丁格尔，到身边的"南丁格尔"（医学院献身护理、矢志不渝的全国志愿者服务先进个人，全国红十字会模范志愿者、百岁老人陆月林等），他们都是人道善行最高境界的代表，是护理"博爱、仁义、包容、奉献"之职业操守的生动写照。在探索实践中，医学院传承"上善若水"精神，融入

社会主义核心价值观，秉承医护行业"仁医大爱"的职业操守，凝练成了"三仁"（仁心、仁爱、仁术）互促的文化育人理念，促进学生在"三悟"（感悟、领悟、觉悟）中实现职业素养的递进式提升，以此熔铸立德树人的根基和血脉。在文化元素选取上，医学院从卫生文化历史沿革、文化理念、护理相关学科或技术的发展、南丁格尔精神、抗疫精神等方面汲取医德医风、医学素养、人文精神等内容。

（3）榜样。收集南丁格尔奖章获得者、时代先锋、行业楷模、人民英雄、各地好医生、好护士、学生先进代表等人物风采，凸显人物所展现的职业精神。

（4）育人。课程组、学工办、教科办开展育人理念、育人方式、育人文化的全面改革，推行以职业素养为主线的4个"三"育人策略。

医学院将"上善若水"文化渗透到人才培养全过程，以"三仁"为育人着力点，设立"三动"（动手、动脑、动心）的行动目标，采取"三结合"（行为管理和技能训练相结合，全方位强化以优质服务为核心的职业能力；课程教学综合改革和学业多元化评价相结合，全领域注重循证思维为目标的临床思维能力提升；学生管理和专业教学相结合，全过程渗透以上善若水为特质的人文素质养成。）举措，推行"三护"（护工、护助、护士）递进的培养策略。

① 紧扣岗位操作技能、临床思维能力和高尚职业精神"三维并重"的人才质量标尺，确立教育教学"三动"目标。

② 制定教育教学"三结合"协同举措，全领域注重以循证思维为目标的临床思维能力的提升，全过程注重以上善若水为特质的人文素质的养成。

③ 推行"三护"递进培养，即以卫生清洁为任务，引导高职一年级学生学习护工精神、提高劳动素养；以承担实训室管理为任务，培养高职二年级学生的自主管理和团队协作能力；以毕业顶岗实习为任务，提升高职三年级学生的职业能力和素质。

（5）践行。以专业实践中的思政教育元素为主要内容，实施职业岗位中的核心能力和素质及人文修养提升方案。凸显工作场景中的核心能力和素质，如担当、责任、奉献、慎独、关爱、尊重生命、敬业、生命至上、健康至上、创新精神、人文关怀等。

2. 高举思想之旗，聚焦"信念、文化、素养"的课程思政目标

设置理想、价值观引领的信念目标，尊重生命、仁心相护的文化目标，临床急救工作态度、思维和规范的素养目标。

3. 弘扬天使之美，构建"案例、问题、任务"的思政教育课内载体

聚焦学生的关注点，研究课程的结合点和着力点，建设思政素材库和案例库，串接课前"导与想"、课中"悟与练"、课后"思与用"三阶段，以案例为载体实施问题导向和任务驱动教学，通过内化于心、外化于行，实现"知识学习有理想、技能训练有情操"。

4. 体悟仁爱之亲，构建"认同、共情、实践"的思政教育课外载体

根据成长规律，开展由浅入深、形式多样的专业实践育人活动。高职一年级学生注重坚定信念、完善人格，开展养老机构的青年志愿者服务，感悟医者仁心；高职二年级学生注重专技学习和道德提升，以岗位见习、社团活动、社会实践为载体，领悟仁医大爱；高职三年级学生完成顶岗实习转型，强化技能和职业认同，觉悟医乃仁术。做强"全国百强社会实践团队""全国高校百强学生社团——陆月林'医路健行'服务队"，制定"陆式"优质服务标准，在躬身力行中领悟职业精神、担当职业使命。举办"四百讲堂"，传播榜样事迹，践行护理职业信条。

5. 涵养文化之韵，营造"亲近、走近、走进"的思政育人环境

通过"第一课"让学生"亲近仁护"，通过"模拟课堂"让学生"走近仁护"，通过"床边课堂"让学生"走进仁护"，并实施基于"仁心指数"的过程性、综合性和增值性评价，实现师生先锋考评的全覆盖、动态化管理，使育人成效更直观、学生自我成长感受更强烈。

在"亲近"阶段，依托校内资源，而"走进"阶段则依托与校外医院，实现院校融通、医教协同。医学院统筹各方资源，建设了高水平专业化产教融合实训基地，推动教育链、人才链、产业链、创新链的贯通融合和开放共享。通过院校互动和合作，实施临床导学资源、临床案例课程、智慧实践教学"三环联动"教学改革，开发数字化教学资源，拓展"线上线下学习＋管理"形式，建立进阶式的知识、能力、素养"三阶过关"考核机制，搭建了"医教协同"培养路径，在实习实训过程中，思政育人的环境更加优化。与金华市中心医院合作成立临床护理学院，健全校内导师和院内导师双向流动，建立第一学年校内通识课程、岗位平台课程＋第二学年临床护理学院岗位导向核心课程，以及第三学年分科跟岗实习课程＋"X"课证融合课程的全过程院校双元育人新机制，其中，"X"课证融合课程着重培养学生的基层健康服务能力，形成"1+2+X"现代学徒制人才培养模式，助推学生从感知、思考、抉择、训练到反思和提升的能力进阶，成长为智慧复合型的现代护理职业人。

（四）急危重症护理课程思政方案设计

1. 总体设计

以习近平总书记提出的"十六字"医护职业精神为核心，根据护理专业学

生的职业认知、共情思维和同理心有待提升等学情分析，以急危重症护理知识与技能习得为主线，确立"救死扶伤的责任感"为课程思政靶点，构建"举思想之旗、扬天使之美、品文化之韵"的课程思政育人策略（见图5-17）。

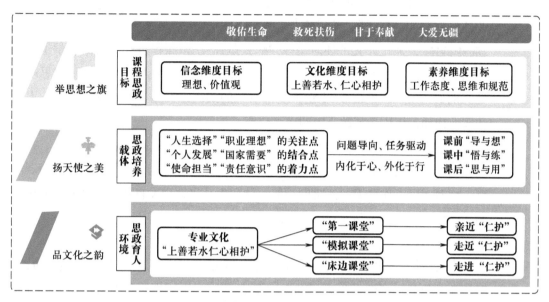

图 5-17　急危重症护理课程思政育人策略

2. 总体实践

以学生为中心，以"案例"为载体承载思政元素，以"活动"为手段实施思政融入，以"情感"为纽带实现思政目标，探索形成了"案例三化、活动三段、情感五环"的课程思政建设模式和实施路径（见图5-18）。

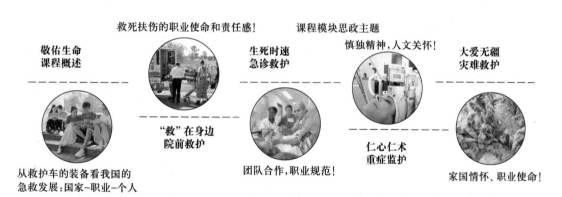

图 5-18　急危重症护理课程思政建设模式和实施路径

（1）案例"三化"——思政元素的"因事而化"。

① 主题化。该课程共 5 个教学模块，每一个教学模块确定一个思政主题。如急诊救护以"生死时速"为主题，突出医护人员的技术要求和责任担当；重症监护模块设立"仁心仁术"主题，强化医者仁心、上善若水的专业文化。

② 人物化。充分运用"人物"案例，彰显护理课程"人"的意义。传递职业使命时借用"榜样"，凸显责任担当时举例"身边人"，渗透医者仁心时关注"弱势群体"，强化人文关怀时模拟"病人是你"。该课程将社会之需和学生之需相结合，把教学内容与实际案例结合，让案例中每一个人物都有鲜明的思政意义。例如，用"医生带 87 岁病人看落日"的案例，引导学生充分理解医护人员的职业内涵，体悟平凡微光中的医者仁心。

③ 问题化。通过案例层层设疑，从案例表象的专业问题引申到价值、素养层面的争议问题，指向教学目标的重点问题，提升思维能力和情感转化的拓展问题，面对实际工作情境的两难问题等，让学生从兴趣激发自我思考到问题辨析感悟、问题明晰领悟再到问题解决情感内化。

（2）活动"三段"——教学过程的"顺势而为"。

① 课前"导与想"。课前发布真实案例和引导性问题，组织学生线上讨论，开展头脑风暴，了解学生思想动态，评估学生知识、技能学习情况和情感倾向，为课堂教学设计提供依据。

② 课中"悟与练"。课中通过以问题为导向，以辩论、解析等活动层层推进案例显性思政元素的渗透；以任务为驱动，将角色扮演、情境模拟等教学方式环环相扣实现隐性思政元素在项目实训中的融入。

③ 课后"思与用"。通过课后的反思作业和学生社团志愿活动，巩固知识技能，开展学习反思，在行动中实现内化于心、外化于行的思政目标。

（3）情感"五环"——学习行为的"因势利导"。

① 知识技能情感的同频互动。课程五大教学模块知识技能点的设计遵循从医院前到医院内，从简单到复杂，从单向到综合。情感态度领域采用"情感诱发—情感共鸣—情感激励—情感内化—情感转化"的情境教学模式，实现从职业兴趣到职业认同再到职业承诺的层层递进，全面渗透大爱无疆、家国情怀的主流思想。

② 从情绪改变到情操形成的情感五环。思政育人要先引起学生外部情绪的变化，然后通过系列教学活动最终达到学生内部情操的形成，我们设计了"导学预练（情感诱发）—激学导练（情感共鸣）—明学演练（情感激励）—验学评练（情感内化）—强学拓练（情感转化）"，使学生实现从经历、感受（职业兴趣）到反应、认同（职业认同），最后达到领悟、内化（职业情感）的思政目标。

高职教育教师发展的特征与路径　

　　教师是教育的第一资源，高职院校的高质量发展离不开高水平师资队伍的支撑，而高水平的师资队伍则依赖于完善的教师成长与发展机制。一直以来，国家和学校都高度重视师资队伍建设工作，将其摆在教育教学和高质量发展的重要位置，构建了完善的教师专业成长体系，培育了一批专业、优质、高水平的师资队伍，夯实了高职院校高质量发展的师资基础。

第一节　高职教育教师发展的理论探讨

　　高职院校教师成长是一个系统性的发展工程，既关乎教师个体，也关乎学校发展整体，特别是当下高质量发展时代背景下，厘清教师发展的内在要求，明晰教师发展的政策导向，分析教师发展的特性趋向，有助于建设高水平的教师队伍，促进高职教育的高质量和可持续发展。

一、高职教育教师发展的内涵要求

高职教育发展迈入新时代，对高职院校教师也提出了新要求，具体涵盖了教育理念、知识领域、能力结构和精神文化四个方面。

（一）教育理念：树立类型特色教育理念，形成跨界教育的价值取向

《国家职业教育改革实施方案》明确了职业教育的体系类型。作为一种类型教育，职业教育的本质和特征是"跨界"。基于对"跨界"的理解，职业教育主要跨了三个"界"：一是跨越企业和学校的界限，既要关注企业发展的需求，又要关注学校发展的需求，还要关注现代企业与现代教育的发展理念的融合；二是跨越工作和学习的界限，既要把握工作的需要，又要把握学习的需要，还要把握"做中学"与"学中做"的学习途径的融合；三是跨越职业与教育的界限，既要遵循职业成长及技能形成的规律，又要遵循教育认知及知识学习的规律，还要遵循职业发展规律与教育发展规律的融合。[①]教师作为高职院校组织机构的主体，相应地也要以职业教育的内涵要求主导其教育教学理念与价值观，形成跨界教育的价值取向，具体体现在以下方面：一是按照技术技能人才培养的目标定位，正确理解开门办学、产教融合、校企合作、工学结合，树立合作育人、合作发展的理念；二是强化对职业教育的特征和规律的认识，尤其是对职业教育的对象、专业、课程与教学过程特征的认识，树立以工学结合为核心的"为了行动而学习和在行动中学习"的教学思想；三是要树立将自身专业发展建立在学校发展基础上的职业理想，在合作办学、合作育人、合作就业、合作发展的校企利益共同体中创造跨界教育的特殊价值，展示跨界教育的魅力；四是要树立将自身人生价值的实现与学生成长成才相融合的信念，高职院校的生源要素决定了高职院校教师更需有一份爱心、耐心和信心，高职的学生更需要我们的理解、引导和关爱，帮助他们树立职业理想、做好职业发展规划。[②]

（二）知识领域：具备全面扎实的专业知识，熟悉职业工作过程

高职院校的专业同普通本科院校的专业在属性特征上存在着根本的不同。高职院校的专业不是对学科体系专业分类的简单复制，而是对真实的社会职业群或岗位群所需要的共同知识、技术和能力的科学编码[③]，是职业行动体系归纳的结

---

① 姜大源. 论中国高等职业教育对世界教育的独特贡献 [J]. 中国职业技术教育，2015（36）：10–18.
② 王振洪. 高职院校教师文化的独特性与建构路径 [N]. 中国教育报，2010–09–23（8）.
③ 姜大源. 职业教育教学思想的职业说 [J]. 中国职业技术教育，2006（22）：1.

果。这决定了高职院校教师的行动领域既涉及专业学科与职业专业工作的理论，又涉及学和教的职业实践，以及技术创新和科研成果转化的现实需求。因此，高职院校教师不仅要具备扎实的学科专业知识，还要熟悉专业所对应的主要职业领域的工作过程知识。随着经济社会发展和产业结构调整步伐的加快，新知识、新技术不断涌现，高职院校教师只有紧跟产业发展趋势，及时更新专业知识，不断完善自身的学科专业知识结构，才能有效地整合教学内容，准确地把握教学重点，保证教学的科学性、针对性和前瞻性。同时，职业教育的职业性和工学结合的开放性对职业教育领域知识内容的特殊性发挥着重要的影响，高职院校教师除了不断完善自身的学科专业知识结构外，还必须涉及职业教育学与职业教学论的知识范畴，熟悉相关职业领域里的工作过程知识，及时将工作过程内容融入教学设计与实施中，特别是与复合型技术技能人才的职业实践直接关系的知识，促进专业课程内容与职业标准对接、教学过程与生产过程对接。此外，高职院校教师还需不断加强职业教育理论学习，准确把握区域经济社会的发展特点和高职教育的发展规律，用先进的教育理念指导自身的发展和教育教学实践，增强与职业教育发展的契合度。由此可见，重构知识结构、拓展知识领域是每一个高职院校教师都必须应对的挑战。

（三）能力结构：实践能力、职教能力和科研能力的高度综合

国家产业升级与经济结构调整的新要求，高职教育办学的新定位和教育生态的新变革，对高职院校教师能力要求不断升级，实践能力、职教能力和科研能力"三位一体"是高职院校教师的目标追求。

1. 实践能力

高职院校教师应具有丰富的专业实践经历或相关的企业工作经验，掌握职业技术规范、娴熟的专业操作技能、基本的实验能力和设计能力等，能将各种知识、技能、技术相互渗透、融合和转化，具体包括产业转型升级中对岗位核心能力发展的动态预判能力，技术标准融入专业人才培养的创新能力，学科素养和岗位核心素养的融合能力等。[①] 但高职院校教师的主体大多是学科体系下培养出来的，他们所接受的职前教育在学术性、师范性、技术性的整合上不是很到位，原先所具备的知识、能力、素质结构难以适应职业性、实践性、情境性很强的高职教育。因而，从学校到学校的单一发展路径并不适用高职院校的教师。在这方面，国家高度重视"双师型"教师队伍建设，积极实施职业院校教师素质提高计划，建立"双师型"教师培养培训基地，完善教师下企业实践制度，落实教师五

---

① 徐源. 高职教师创新能力的内涵、提升背景及路径 [J]. 教育与职业，2021（4）：81-86.

年一周期的全员轮训制度等，着力提升教师专业实践能力。

2. 职教能力

高职院校教师应具备扎实的职业教育理论基础，能够按照职业院校学生学习规律正确分析、评价、设计和实施教学过程，主要包括教学创新能力、课证融通能力和创新创业指导能力等。

（1）教学创新能力。"互联网＋教育"引发了教育教学生态的深刻变革，高职院校教师要结合产业转型升级与教育创新背景，从内容、方法、评价等层面主动开展教学创新，满足新时代技术技能人才培养新需求，从封闭走向开放，从"以师为本"走向"以学为本"，从传授走向建构，从就业导向走向全面发展。

（2）课证融通能力。教师要将岗位核心素养、职业技能等级标准等创造性地引入课程设计、实施与评价，拥有基于岗位核心能力和素养的专业人才培养模式的优化设计能力，与职业技能等级证书标准对应的课程开发、实施、评价的能力。

（3）创新创业指导能力。教师要基于行业的新技术、新工艺、新规范的发展，以行业标准为先导，将"创意、创新、创业"教育融入人才培养全过程。如将专业教育、行业标准与区域特色经济发展融合，搭建创新创业平台，提升人才创新创业意识。[①]

3. 科研能力

高职院校教师应具备科学研究能力，具体表现为有一定的应用型研究和开发型研究能力，有一定的组织生产、经营、创业和科技推广能力，能够促进技术创新和科研成果转化与应用，如开展横向课题研究，帮助企业实现技术革新和新产品研发等。当下，科研和社会服务能力已经成为衡量高职院校综合实力的重要指标。对高职院校教师而言，不仅要做好教学的主体工作，更需要在科研和社会服务方面彰显专业价值，同时，通过科研和社会服务还能反哺教学，促进教学改革，实现科研和教学的双提升。在高质量发展要求推动下，各高职院校越发重视科研工作，着力补齐科研短板。

（1）加大高层次人才引进力度。学校一方面大力引进以博士为主体的高层次人才，另一方面则大力从企业、高校和科研院所重点引进具有创新实践经验的高技术技能型人才等，他们是高职院校科研的中坚力量，是高职院校科研能力提升的主力军。

（2）推进科研平台高端化建设。只有高端的科研平台才能聚集更多高层次的

---

① 徐源. 高职教师创新能力的内涵、提升背景及路径 [J]. 教育与职业，2021（4）：81—86.

人才，产出更多高标准、高水平、高质量的科研成果。

（3）完善科研成果奖励政策。引导教师朝着高质量成果的方向开展科研。在标准上，各高职院校都相应提高了各类各级课题、论文、获奖等的奖励标准，同时拉大不同层级的奖励力度，重点奖励高层次、高质量、高标准的标志性成果。在导向上，高职院校的科研奖励重点也从拥有转向应用，从数量转向效益，从个人转向团队，并向关键岗位、业务骨干和有突出业绩的科研和服务人员倾斜。

（四）精神文化：跨越校企的开放的多元融合的文化

教师文化是学校教师共同的价值体系与行为规范的综合，是学校文化的核心，优秀的教师文化是学校改革与发展的永恒动力。高职教育的人才培养目标定位，决定了高职院校必须更加开放地与行业企业共育人才；工学结合的人才培养模式，决定了企业是高职教师教育教学实践不可或缺的空间载体。这就需要高职教师主动走出校园、走进企业，行业企业的技术与管理骨干及能工巧匠走进校园、走进课堂。高职教育通过校企之间的多元合作与文化融通实现高技能人才培养目标。因此，校企合作、工学结合背景下的校企文化的融合是高职院校所特有的教师文化，正是这一独特的教师文化实现了高职院校教师教育实践的职业性、课堂的开放性及所有教育教学活动的多元合作性，并有效推动了以就业为导向、以职业为载体，以人的全面发展为宗旨的工作过程系统化课程的开发，取自企业典型产品的课程教学载体设计，基于职业工作过程情境的教学过程设计，基于产品质量要求的教学评价设计。这些都不是教师坐在学术"象牙塔"中可以研究出来的，而是依托专兼教师之间的团队合作和专任教师丰富的企业实践经验，这就是高职院校教师跨越校企的、开放的多元合作文化。[①] 此外，高职院校与区域经济之间的伴生关系或先导关系，决定了高职院校的教师要有强烈的社会责任感，要树立根植地方、讲究实际、开拓创新、团队协作的精神，并将这种意识和精神融入教师自身的价值体系。

二、高职教育教师发展的政策梳理

百年大计，教育为本；教育大计，教师为本。国家高度重视高职院校师资队伍建设，自 2000 年以来相继印发了系列专项和相关政策文件，尤其是"十三五"以来，与教师发展相关的政策出台较为密集，为高职教育教师发展提供了良好的政策依据和制度保障。

---

① 王振洪 . 高职院校教师文化的独特性与建构路径 [N]. 中国教育报，2010-09-23（8）.

高职教育教师发展主要呈现以下四方面的特点。

（一）"双师型"教师特征不断强化

"双师型"教师是培养高水平技术技能人才的关键力量。虽然当前对"双师型"教师的内涵理解不一，认定标准不同，但形成了"双师型"教师是高职教育教师特质的共识。为进一步强化"双师型"教师队伍建设，国家主要从以下方面着手。

1. 规范"双师"认定标准

2005年底，《国务院关于大力发展职业教育的决定》提出，加强"双师型"教师队伍建设，职业院校中实践性较强的专业教师，可按照相应专业技术职务试行条例的规定，申请评定第二个专业技术资格，也可根据有关规定申请取得相应的职业资格证书，这是对"双师型"教师概念的首次阐释。2006年11月，《教育部关于全面提高高等职业教育教学质量的若干意见》明确要求，逐步建立"双师型"教师资格认证体系。2015年的《高等职业教育创新发展行动计划（2015—2018年）》提出，鼓励高等职业院校制定和执行反映自身发展水平的"双师型"教师标准。2019年的《深化新时代职业教育"双师型"教师队伍建设改革实施方案》提出，建立具有鲜明特色的"双师型"教师资格准入、聘用考核制度。2020年的《深化新时代教育评价改革总体方案》提出，健全"双师型"教师认定、聘用、考核等评价标准。2021年10月，《关于推动现代职业教育高质量发展的意见》再次重申制定"双师型"教师标准。

2. 推进"双师"素质导向的新教师准入制度改革

高职教育教师入口端存在的"唯学历"倾向，使得新进教师缺乏企业工作经历，难以支撑高水平技术技能人才的培养工作。因而，为从来源上根本改变教师结构问题，国家早在2006年《教育部关于全面提高高等职业教育教学质量的若干意见》就提出要增加专业教师中具有企业工作经历的教师比例。2011年《教育部关于推进中等和高等职业教育协调发展的指导意见》也明确要求新进专业教师应具有一定年限的行业企业实践经历，建立、健全技能人才到职业学校从教制度。2011年《教育部关于推进高等职业教育改革创新引领职业教育科学发展的若干意见》提出，要积极推进新进专业教师须具有企业工作经历的人事管理改革试点。2015年《高等职业教育创新发展行动计划（2015—2018年）》要求新增教师编制主要用于引进具有实践经验的专业教师。2014年《现代职业教育体系建设规划（2014—2020年）》要求实行新任教师先实践、后上岗和教师定期实践制度。2019年《深化新时代职业教育"双师型"教师队伍建设改革实施方案》更是明确提出，自2019年起，除持有相关领域职业技能等级证书的毕业生外，职业院校、应用型本科高校相关专业教师原则上从具有 3 年以上企业工作经历并具有高职以上学历的人员中公开招聘；自 2020 年起，除"双师型"职业技术师范专业毕业生外，基本不再从未具备 3 年以上行业企业工作经历的应届毕业生中招聘。2020 年《教育部等六部门关于加强新时代高校教师队伍建设改革的指导意见》要求探索将行业企业从业经历、社会实践经历作为聘用职业院校专业课教师的重要条件。此外，还明确了高技能人才以直接考察的方式公开招聘，畅通了企业工程技术人员、高技能人才入校从教的渠道。

（二）教师培养培训体系日渐健全

职教师资培养培训体系是高职教育师资队伍建设的基础性保障，也是国家政策文件中的重要内容，健全这一体系主要从以下四方面着手。

1. 加强职业技术师范院校建设

当前职业技术师范院校培养的师资较难满足高职教育的实践需求，因而国家在政策文件中多次强调职业技术师范院校建设的重要性。2014 年《国务院关于加快发展现代职业教育的决定》首次提出，加强职业技术师范院校建设。2019 年《国家职业教育改革实施方案》提出，加强职业技术师范院校建设，优化结构布局，引导一批高水平工科学校举办职业技术师范教育。2020 年《职业教育提质培优行动计划（2020—2023 年）》在原来的基础上，进一步拓宽了职业技术师范院校的建设路径，探索有条件的优质高职学校转型为职业技术师范类院校或开办职业技术师范专业，支持高水平工科院校分专业领域培养职业教育师资，构建"双师型"教师培养体系。

2. 完善教师多元化专业发展路径

（1）鼓励学历进修提升。高职教育发展初期，《国务院关于大力推进职业教育改革与发展的决定》《教育部国家经济贸易委员会劳动和社会保障部关于进一步发挥行业、企业在职业教育和培训中作用的意见》等将学历提升作为师资队伍建设的一个重要方面加以强调，鼓励职业学校教师在职攻读相关专业学位、提高学历层次，这对于快速提升高职教育教师整体素质具有重要的意义。在当下高质量发展背景下，教师学历进修提升依然意义重大，尤其是本科层次职业教育的发展，要求本科层次职业教育专业的教师队伍中具有研究生学位专任教师比例不低于 50%，具有博士研究生学位专任教师比例不低于 15%。

（2）落实教师企业实践制度。教师赴企业实践是培养"双师型"教师的重要方式和有效途径。2005 年《国务院关于大力发展职业教育的决定》提出，建立职业教育教师到企业实践制度。2011 年《教育部关于推进中等和高等职业教育协调发展的指导意见》《关于进一步完善职业教育教师培养培训制度的意见》提出，完善职业学校教师定期到企业实践制度。2014 年《教育部关于加快发展现代职业教育的决定》提出，落实教师企业实践制度。2016 年教育部等七部门印发的《职业学校教师企业实践规定》要求，职业学校专业课教师（含实习指导教师）每 5 年必须累计不少于 6 个月到企业或生产服务一线实践。2018 年《中共中央　国务院关于全面深化新时代教师队伍建设改革的意见》提出，切实推进职业院校教师定期到企业实践。《国家职业教育改革实施方案》和《职业教育提质培优行动计划（2020—2023 年）》也都提出落实教师 5 年一周期的全员轮训制度。可见，教师企业实践制度经历了从建立→完善→落实→切实推进层层深入的过程，并提出了教师具体企业实践时间的要求。此外，教师企业实践基地和教师企业实践流动站的建立，也有利于教师深入企业联合开展技术应用、产品研发等活动，不断提升教师专业能力与实践教学水平。2019 年 9 月，国家遴选确定了中国通信服务股份有限公司、中国有色矿业集团有限公司等 102 家企业为首批全国职业教育教师企业实践基地。

3. 加强职业教育师资培养培训基地建设

1999 年 11 月，教育部下发了《关于公布首批全国重点建设职教师资培训基地名单》，天津大学等 20 所学校进入首批全国重点建设职业教育师资培训基地的榜单。为进一步丰富职业教育师资培养培训基地类型，突出职教师资类型培养特色，2011 年《教育部关于进一步完善职业教育教师培养培训制度的意见》提出，优化师资培养培训基地布局结构，完善师资培养培训基地校企合作机制，加强师资培养培训基地内涵建设等。随后，《国务院办公厅关于深化产教融合的若干意见》《中共中央　国务院关于全面深化新时代教师队伍建设改革的意见》《现代职业教育体系建设规划（2014—2020 年）》《国家职业教育改革实施方案》《职业教育提质培优行动计划（2020—2023 年）》等更加明确了基地"双师型"教师培养培训的目标指向，同时强调校企合作共建"双师型"教师培养培训基地，建立完善高等学校、行业企业联合培养"双师型"教师的机制。此外，为促进教师专业发展的常态化、规范化和长效化，《国务院关于加强教师队伍建设的意见》要求推动高等学校设立教师发展中心，为教师专业发展提供组织支撑和平台服务。

4. 系统实施职业院校教师素质提高计划

职业院校教师素质提高计划最大的特色和亮点就是分层分类培养。2011 年《教育部　财政部关于实施职业院校教师素质提高计划的意见》重点实施了职业院校专业骨干教师培训项目，组织开展职业院校专业骨干教师国家级和省级培训。2016 年《关于实施职业院校教师素质提高计划（2017—2020 年）的意见》分层分类开展了专业带头人领军能力研修、"双师型"教师专业技能培训、优秀青年教师跟岗访学、卓越校长专题研修等教师示范培训项目，很好地提高了教师"双师"素质和校长办学治校能力。2021年《教育部 财政部关于实施职业院校教师素质提高计划（2021—2025年）的通知》围绕造就一支师德高尚、技艺精湛、专兼结合、充满活力的高素质"双师型"教师队伍的发展目标，根据职业院校教师专业发展不同阶段需求，教师、管理者和培训者不同群体需要，精准分析培训需求，科学制订培训方案，同时加强过程管理与诊断改进，精准施策。

（三）兼职教师队伍建设逐步完善

兼职教师是高职教育师资队伍的重要组成部分，是支撑高职教育高质量发展的重要力量。从政策关注点来看，《国务院关于大力发展职业教育的决定》《教育部关于全面提高高等职业教育教学质量的若干意见》等2012年之前出台的政策文件，对聘请行业企业人才和能工巧匠到学校担任兼职教师提出了引导性的要求，并重点关注兼职教师的数量增加和比例提升。2012年《职业学校兼职教师管理办法》文件的印发，明确了兼职教师的人员条件、聘请程序、组织管理和经费来源等，为高职教育兼职教师管理提供了根本依据。随后，高职教育兼职教师队伍建设也从以往关注数量增长转向质量提升方面。一方面，政府支持学校按照有关规定自主聘请兼职教师和确定兼职教师薪酬；另一方面，学校积极完善企业和社会专业技术人员到校担任兼职教师的管理和举措，通过设立兼职教师特聘岗位或产业导师特设岗位等，畅通行业企业高层次技术技能人才从教渠道，推动企业工程技术人员、高技能人才与职业学校教师双向流动。如《职业教育提质培优行动计划（2020—2023年）》提出，实施现代产业导师特聘计划，设置一定比例的特聘岗位，畅通行业企业高层次技术技能人才从教渠道。《关于推动现代职业教育高质量发展的意见》也提出，推进固定岗与流动岗相结合、校企互聘兼职的教师队伍建设改革。

（四）教师评价突出能力导向

高职教育教师评价是"风向标"，事关高职教育教师队伍建设趋势。国家高度重视教师评价改革深化，主要涉及教师准入、职称评聘、绩效考核等诸多事项。

1. 以师德师风作为第一评价标准

师德师风建设是衡量高职教育教师队伍素质的重要标准。近年来，国家越来越重视师德师风建设，2014年专门印发了《教育部关于建立健全高校师德建设长效机制的意见》，坚持"四有""四个引路人""四个相统一"标准，推动师德师风建设常态化和长效化。《中共中央国务院关于全面深化新时代教师队伍建设改革的意见》《深化新时代教育评价改革总体方案》《教育部等五部门关于加强新时代高校教师队伍建设改革的指导意见》和《关于推动现代职业教育高质量发展的意见》等文件也都强调，坚持"教师为本，师德为魂"的发展理念，将师德师风建设贯穿教师管理全过程，提升教师职业道德素养，建设一支高素质双师型的教师队伍。

2. 完善资格准入严把教师入口关

高职教育师资标准化体系建设是教师分层分类发展与评价的基本依据，是高职院校师资队伍建设的基础性工作，没有标准就没有质量。其实，国家很早就意识到教师标准建设的重要性，早在 2006 年《教育部关于全面提高高等职业教育教学质量的若干意见》就提出逐步建立"双师型"教师资格认证体系，研究制订高等职业院校教师任职标准和准入制度。2011 年《教育部关于推进中等和高等职业教育协调发展的指导意见》要求各地建立职业学校教师准入制度。2017 年《国务院办公厅关于深化产教融合的若干意见》要求探索符合职业教育和应用型高校特点的教师资格标准。2018 年《中共中央 国务院关于全面深化新时代教师队伍建设改革的意见》提出完善职业院校教师资格标准，并探索将行业企业从业经历作为认定教育教学能力、取得专业课教师资格的必要条件。2021 年《关于推动现代职业教育高质量发展的意见》提出，完善职业教育教师资格认定制度，在国家教师资格考试中强化专业教学和实践要求。可见，师资标准化体系建设包含准入、任职和双师等不同的标准建设，只有健全各类标准体系，明确职业教育类型特色，严把教师"入口关"，推动教师聘用管理过程科学化，才能建设一支高水平的高职教育师资队伍。

3. 建立符合职教特点的职务评审制度

（1）明确评审序列。《教育部关于推进中等和高等职业教育协调发展的指导意见》和《教育部关于推进高等职业教育改革创新 引领职业教育科学发展的若干意见》明确了将高等职业学校教师的专业技术职务（职称）评聘纳入高等学校教师职务评聘系列。

（2）下放评审权。政府将高校教师职称评审权直接下放至高校，由高校自主制订本校教师职称评审办法和操作规程，自主组织职称评审、自主评价、按岗聘用，政府只负责宏观管理和监督。

（3）完善评审标准。高职院校教师职务评审要突出职业教育特点，《教育部关于推进高等职业教育改革创新 引领职业教育科学发展的若干意见》《国务院关于加强教师队伍建设的意见》《现代职业教育体系建设规划》《高等职业教育创新发展行动计划（2015—2018 年）》《国务院办公厅关于深化产教融合的若干意见》等都要求探索符合职业教育特点的教师资格标准和专业技术职务（职称）评聘办法。一方面，在评价标准上，针对不同类型、不同层次的教师，建立分类评价标准，引导教师分层分类发展；另一方面，在评价内容上，突出能力导向，破除"唯文凭、唯论文、唯帽子、唯身份、唯奖项"的倾向，将师德表现、教学水平、应用技术研发成果与社会服务成效等作为高职院校教师专业技术职务评聘的重要内容。

4. 强化绩效考核与评价激励作用

2002年《国务院关于大力推进职业教育改革与发展的决定》提出深化职业学校人事制度改革，建立、健全激励和约束机制。2011年《教育部关于推进高等职业教育改革创新　引领职业教育科学发展的若干意见》明确了工作绩效考核的具体内容。2015年《高等职业教育创新发展行动计划（2015—2018年）》提出了职业院校人事管理制度分类管理、分类评价的发展方向，要求制订体现高等职业教育特点的教师绩效评价标准，绩效工资内部分配向"双师型"教师适当倾斜。随后，绩效工资动态调整逐渐成为政策焦点，2019年《教育部　财政部关于实施中国特色高水平高职学校和专业建设计划的意见》提出，建立以业绩贡献和能力水平为导向、以目标管理和目标考核为重点的绩效工资动态调整机制，实现多劳多得、优绩优酬。《深化新时代职业教育"双师型"教师队伍建设改革实施方案》和《职业教育提质培优行动计划（2020—2023年）》也明确，职业院校、应用型本科高校校企合作、技术服务、社会培训、自办企业等所得收入，可按一定比例作为绩效工资来源，教师依法取得的科技成果转化奖励收入不纳入绩效工资，不纳入单位工资总额基数。《教育部等六部门关于加强新时代高校教师队伍建设改革的指导意见》提出，推进高校薪酬制度改革，完善高校内部收入分配激励机制，切实发挥收入分配政策的激励导向作用。这在很大程度上既盘活了绩效工资的存量，也扩大了绩效工资的增量，有利于激发教师干事创业的激情和活力。

三、高职教育教师发展的特性趋向

围绕职业教育高质量发展主题，高职教育教师发展也呈现出新的时代特性，具体表现在以下五方面。

（一）"双师"性

"双师"性是职业教育类型性最大的体现。高职教育是高教性与职教性有机统一的高等教育类型。因而，高职教育教师必须凸显职业教育的类型和特色，具备"双师"素质能力，既具有全面系统的专业理论知识和事高职院校专业教育教学的能力，又有较高的技能和较丰富的相关企业岗位工作经验。[①] 当前，国家越来越重视"双师型"教师队伍建设，一方面严把"入口关"，明确要求自 2019 年起，职业院校、应用型本科高校相关专业教师原则上从具有 3 年以上企业工作经历并具有高职以上学历的人员中公开招聘，特殊高技能人才（含具有高级工以上职业资格人员）可适当放宽学历要求，自 2020 年起，基本不再应届毕业生中招聘；[②] 另一方面，全面落实教师企业实践制度，与此同时，也完善了教师企业实践制度的考核管理，如具有相关企业或生产经营管理一线工作经历的专业教师在评聘和晋升职务（职称）、评优表彰等方面，同等条件下优先对待。为进一步深化职业院校教师队伍建设，培养造就高素质"双师型"教师队伍，为培养大批高素质技术技能人才提供有力的师资保障，教育部等四部门还专门印发了《深化新时代职业教育"双师型"教师队伍建设改革实施方案》，从标准制定、资格准入、师资配置、多元培养培训、校企交流协作共同体、考核评价等多方面入手，致力于建成一支师德高尚、技艺精湛、专兼结合、充满活力的高素质"双师型"教师队伍。

（二）结构性

高职教育教师队伍建设的结构性体现在年龄、职称、学历、学源、专兼等方面，其中专兼结构是最彰显职业教育类型特色的。虽然国家职业教育教师培养培训体系已基本建成，为高职教育改革发展提供了有力的人才保障和智力支撑，但与新时代高质量发展的新要求相比，高职教育教师队伍还存在着数量不足、来源单一的问题，尤其是同时具备理论教学和实践教学能力的"双师型"教师短缺，而聘请行业企业高技能人才作为兼职教师能够较好地解决这一问题。同时，加强专兼教师的交流合作，不仅有助于专业发展和能力提升，也有利于校企之间建立深度合作关系，充分整合和利用校企双方的优势资源，深化高职教育教学改革，对提升高职教育人才培养和社会服务能力具有积极的作用。[③] 当前，高职院校在兼职教师队伍建设方面，不仅仅注重完善兼职教师聘用政策，引进大批企事业单位高技能人才、能工巧匠等到学校兼职任教，还注重校企人员双向交流协作共同体的建设，通过在企业设置访问工程师、教师企业实践流动站、技能大师工作室等，建立校企人员双向流动相互兼职常态运行机制。

---

① 邵建东，王振洪 . 高职"双师结构"专业教学团队及其整合培育 [J]. 高等工程教育研究，2012（3）：167–171.

② 国务院 . 国家职业教育改革实施方案 [Z]. 2019–01–24.

③ 邵建东，王振洪 . 高职院校专兼职教师互动合作及实施策略 [J]. 中国高教研究，2011（1）：70–72.

（三）团队性

高职院校师资队伍建设由以往注重分散的教师个体向注重整合的教师团队转变。《国家职业教育改革实施方案》提出，探索组建高水平、结构化教师教学创新团队，教师分工协作进行模块化教学。2019年5月，教育部印发了《全国职业院校教师教学创新团队建设方案》，提出经过3年左右的培育和建设，打造360个满足职业教育教学和培训实际需要的高水平、结构化的国家级团队。这是职业教育领域首个关于教师教学创新团队建设的专项文件，具有重要的开创性意义。截至目前，国家已经遴选了两批国家级职业教育教师教学创新团队。其中首批面向高等职业院校工业机器人应用与维护、人工智能技术与应用、航空装备技术与应用、云计算与大数据运用、汽车运用与维修（含新能源汽车）、物联网技术、养老服务、家政服务、幼儿保育与学前教育等15个重点产业领域和民生紧缺领域专业确立了120个国家级职业教育教师教学创新团队立项建设单位和2个国家级职业教育教师教学创新团队培育建设单位。第二批面向高等职业院校（含本科层次和专科层次）、中等职业学校和全国重点建设职教师资培养培训基地确立了240个国家级职业教育教师教学创新团队立项建设单位，2个国家级职业教育教师教学创新团队培育建设单位。国家之所以重视专业教师团队建设，根本原因在于教学、科研和社会服务的高质量发展需要。从教学来看，跨学科领域的知识和跨技术领域的技能对学生能力提出了综合化和高端化的需求，单纯依靠教师个体力量已难以满足高质量教学要求。为系统解决人才培养问题，当前教学改革正朝着模块化教学的方向发展，而专业教师团队作为一种新型教学组织形式，凭借分工合作的独特优势，将成为引领教学改革的重要力量。从科研和社会服务来看，他们已成为衡量高职院校综合实力的重要指标。对于教师而言，不仅要做好教学的主体工作，还需要在科研和社会服务方面有突破、有贡献，这既是高水平高职院校建设的应有之义，也是高职院校反哺教学、服务经济社会发展的责任所在。和教学一样，高职院校科研和社会服务能力的提升很大程度上取决于团队实力，仅依赖教师个体力量很难达到预期成效，也不可持续。而通过团队这一有效的组织形式，能够增进专业教师之间的交流，改变教师长期以来"单兵作战"的窘境，促进专兼教师互动合作机制的完善，形成以合作共赢为核心的新型关系。

（四）终身性

现代职业教育体系依照终身教育理念，着眼于职业教育的终身一体，使劳动者能够在职业发展的不同阶段通过多次选择、多种方式灵活接受职业教育和培训，促进学习者为职业发展而学习，使职业教育成为促进全体劳动者可持续发展的教育。[①] 终身性是现代职业教育体系满足受教育者终身学习诉求的重要表征，同时也要求高职教育师资队伍建设体现并符合终身学习的要求。一方面，要基于教师专业发展需要，建立起完善的职前培养和职后培训一体化体系，为教师专业成长创设一个职前职后衔接、阶段性与连续性统一、可持续性与终身性协调的螺旋状进阶式成长路径。职后培训体系是教师教学、科研和社会服务保持先进性、竞争力和生命力的必要途径，必须贯穿高职教育教师发展过程的始终。另一方面，要关注教师个性需求，引导教师将自身成长与学校发展紧密结合，树立终身学习的理念。教师成长既是教师个体的需要，也是高职院校人才培养和发展的需要。尤其在信息和技术快速迭代更新的时代，教师的专业学习和自我更新尤为必要，必须激发教师自身专业发展的内在需求和动力，为学校可持续发展和人才培养提供有力保障。

（五）国际性

"一带一路"合作倡议、"构建人类命运共同体"等为高职教育国际化带来了重要发展机遇，也对高职教育师资队伍建设提出了更高要求。要建成一批世界一流的职业院校和骨干专业，形成具有国际竞争力的人才培养高地，关键在于人才支撑，高职教育教师任重道远。《现代职业教育体系建设规划（2014—2020年）》《推进共建"一带一路"教育行动》等文件，都对高职教育国际化发展提出了具体要求。《教育部 财政部关于实施中国特色高水平高职学校和专业建设计划的意见》还将提升国际化水平作为"双高建设"的重要任务。加强与职业教育发达国家的交流合作，引进优质职业教育资源，参与制订职业教育国际标准；开发国际通用的专业标准和课程体系，推出一批具有国际影响的高质量专业标准、课程标准、教学资源，打造中国职业教育国际品牌；积极参与"一带一路"建设和国际产能合作，培养国际化技术技能人才，促进中外人文交流；探索援助发展中国家职业教育的渠道和模式；开展国际职业教育服务，承接"走出去"中资企业海外员工教育培训，建设一批鲁班工坊，推动技术技能人才本土化。[②] 所有这些任务的建设与完成都离不开具有国际视野、国际水平的高职教育教师队伍的核心支撑。因而，高职教育教师队伍发展，必须学习和借鉴高水平的国际职业教育师资建设经验，鼓励支持高职教育教师进行国内外访学研修，参与国际交流合作，加速高职教育师资队伍建设"本土化"与"国际化"的衔接进程，这也是推进高职教育师资培养培训前瞻性的内在要求。

---

① 教育部等六部门.现代职业教育体系建设规划（2014—2020年）[Z]. 2014-06-16.

② 教育部，财政部.关于实施中国特色高水平高职学校和专业建设计划的意见[Z]. 2019-04-01.

第二节　高职教育教师发展的实施路径

　　高职教育教师发展是一个多维度、交互性、体系化的支持服务系统，离不开平台、机制、项目和制度的保障与支撑。金华职业技术学院在长期发展中，始终把师资队伍建设摆在突出和重要的位置，对标新时代"四有"教师标准和职业教育师资要求，以师德为先，全面加强师德师风建设。以系列化的引培计划与项目为抓手，引进培养一批专家型、领军式的高层次专业（群）带头人，打造一批精技善教、行业顶尖的高技艺"工匠之师"；以教师发展中心和"双师型"教师培养培训基地建设为抓手，培育一批"德技双馨"的结构化高水平教师教学创新团队；以深化教师考核评价、岗位聘任、绩效分配等机制为重点，形成促进教师职业能力发展的新生态。学校培育了一支高水平"双师型"师资队伍，很好地满足了高水平院校建设对师资规模、结构、能力与素质等方面的要求，形成了师资队伍建设特有的"金职模式"。

一、搭建教师发展平台

　　教师发展是专业群建设、产教融合深化的支撑，而专业群平台、产教融合平台、教师发展平台是教师发展的重要依托。

（一）以专业群发展平台为抓手，深化专业群组织结构的变革

1. 重构专业群架构

　　金华职业技术学院深度对接浙江省"一带一路"枢纽、全球数字经济创新高地、大湾区大通道大花园大都市区建设，重点对接浙江省八大万亿产业和金华市五大千亿产业布局，精准服务全省第四大都市区——金义都市区建设，大力发展智能制造、人工智能、新能源汽车、生物制药等战略新兴产业相关的专业，以及学前教育、健康管理、现代农业等重大民生相关的专业，积极发展文化旅游等专业，形成了突出重点、集群发展的区域服务型高职专业体系。在此基础上，学校立足区域实际，服务国家发展战略、服务浙江现代产业体系建设、服务金华产业转型升级、服务学生全面发展，着力推动专业向智能化、现代化、融合化、集群化发展，以专业之间的技术关联、行业关联和职业关联作为整合专业资源、构建专业群的基本依据，重点服务四大典型领域，重构了十大专业群，形成

了"4222"的专业群布局，如图6-1所示。"4"是指服务"中国制造"、对接区域先进制造业及战略新兴产业，包含智能化精密制造（机械制造与自动化）、电子信息、生物制药、新能源汽车服务4个专业群；"2"是指服务重大民生工程、引领区域社会公共事业发展，包含儿童教育（学前教育）、医养健康2个专业群；第二个"2"是指服务现代服务业、对接区域特色产业，包含网络经济、文旅创意2个专业群；第三个"2"是指服务"乡村振兴"战略、推动区域农业现代化，包含现代农业、智慧建造2个专业群。

图6-1 "4222"专业群布局

2. 新设"专业群带头人"

为更好地适应专业群管理变革，强化专业群内各专业协同，集群服务区域发展，学校以专业群为单位增设了"专业群带头人"，并印发了《专业群带头人职责指导意见》，明确了专业群带头人的岗位职责。

（1）具体负责组织开展专业群产业调研，牵头制订专业群中长期发展规划和建设计划，组织专业群内专业制订专业建设计划，包括专业（方向）发展定位、结构调整，课程建设、实训基地、师资建设规划等。

（2）具体负责组织实施"双高"建设等专业群综合性质量工程建设项目的申报、建设和管理，落实专业群标志性成果培育。

（3）指导专业群内专业开展专业内涵建设，协调专业群内跨专业及跨专业群建设任务的落实和推进。

（4）具体负责专业群公共平台课程建设，协调跨专业共同使用课程建设，协调专业群模块化课程教学师资安排。

（5）具体负责组织并推进专业群教研活动，协调专业群内专业教研活动。

（6）协助分管院领导审核专业群内专业人才培养方案，落实专业群建设指导委员会工作，开展专业群对外交流协作。

（7）参与专业群校内实训基地建设、教学质量评价与监控。

（8）参加学院党政联席会议中涉及人才培养、教育教学、师资建设、人才引进等与专业群建设发展相关的议题研讨。

（二）打造产教融合平台升级版，构建教师可持续发展生态圈

产教融合的平台构筑及实现路径要借助优质办学资源及智力资源参与实体化运作，把合作平台提升到校企命运共同体的新层次，形成产教融合发展、同频共振的良性循环生态圈。[①]

1. 理念层面

金华职业技术学院积极将"三职三化"理念融入"升级版"产教融合平台，即：职业环境集成化，教师的职业环境由单一的教学办公场所转变为集教学、实践、生产、研究、培训等功能为一体的职业环境；职能定位多元化，教师的角色定位调整为人才培养的组织者、实施者，政府政策的宣传员、解说员，企业产品与技术的研发专家、推广专家，企业运行的技术骨干和管理中层；职责履行协同化，教师社会服务有政府部门的支持和配合，科学研究可融入研究机构的高水平专业团队，着力将产教融合平台对"双师"个体成长和团队建设的作用发挥到最大化。

2. 实践层面

学校积极对接十大专业群，推动政校行企合作、产学研用协同，形成了"一专业群一平台"的"532"产教融合新格局。"5"是指5个产教综合体，即智能化精密制造产教综合体、儿童教育产教综合体、人工智能产教综合体、文旅创意产教综合体、生物医药产教综合体；"3"是指3个职教集团（联盟），即浙江省现代农业职教集团、浙中新能源汽车产教联盟和浙中医养健康职教集团；"2"是指2个特色产业学院，即金义网络经济学院和中天建筑学院。为破解产教融合体

---

① 梁克东，成军. 中国特色高水平高职院校建设的逻辑、特征与行动方略 [J]. 教育与职业，2019（13）：9-16.

制机制难题，学校基于"532"产教融合高端平台的整体规划，在实体化和"产学研训创"一体化的体制机制上聚力探索、改革创新，实现了学校从"校企利益共同体"走向"产教利益共同体"的全新布局。

在实体化方面，学校将以往虚拟的合作突破为实体的运作，以实训基地、智力资源、专利、技术等入股吸引企业投资或引入投资基金，共同组建了公司化的生产企业、科研机构等运营实体，建立了企业化的运行制度，公司产权清晰、各方职责明确。

在一体化方面，学校将过去单一的基地提升为综合的平台，通过强化人才培养、团队建设、科技攻关、技术推广、企业服务等产教综合体平台的功能建设，推动产教综合体"产学研训创"一体化运行和实质性融合，以产养学研训创，以学研训创促产，形成了学校新的"产学研训创""五位一体"发展模式。以智能化精密制造产教综合体为例，它在资本投入、运行管理、师资融通、教学与生产协调机制等方面，形成了较成熟、可推广的产教融合实体化运行范式。为解决"产"和"教"两张皮的困境，智能化精密制造实训中心将自身功能定位于具备教学、生产、技术与产品研发、技能鉴定、企业培训等功能为一体的产教综合体，并聚焦实体化运作，探索形成了"3+1+N"产教综合体新形态。"3"是指学生学习实训中心、行业技术研发中心和企业技术服务中心，"1"是指1家学校资产经营公司（浙江京华教育集团有限公司），"N"是指与企业合作成立的多家实体性公司。在遴选企业或引进社会资本共同建设产教综合体的过程中，学校从教育链与产业链、人才链与创新链的深度对接出发，综合考虑目标公司的类型、股权结构和发展路径，目前已经成立了3家合资公司，如图6-2所示。

引进社会资本和学校共同出资成立公司并开展实体化运营是第一步，还需将研究、生产和教学有效结合起来，打通产教融合的"最后一公里"。学校智能化精密制造实训中心统筹企业生产运行与学校人才培养，探索构建了"三融三通"的产教综合体运行机制。

"三融"是指培养目标融合、教学内容融合、培养方式融合。其一，将企业的真实岗位能力需求作为学校的人才培养目标，校企双方共同制订培养方案、设置教学内容和标准、组建讲师团，确保学生培养目标与企业人才需求对接，实现培养目标融合；其二，将企业的生产任务和技术研发项目作为学校教学内容载体，校企双方根据岗位规范、质量标准等合作开发教学标准、教材和教学资源，实现教学内容融合；其三，校企双方建立更加弹性的教学组织方式，设计一体化校企学习内容，解决教学安排与企业生产的冲突、课程内容的对接、教学资源的融合共享等问题，实现培养方式融合。

第六章　高职教育教师发展的特征与路径

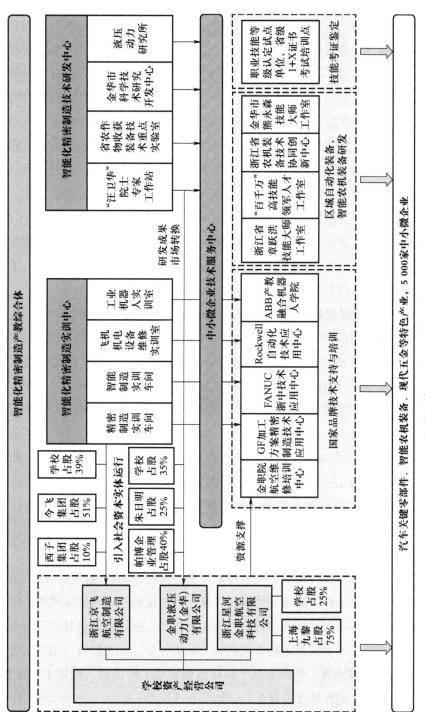

图6-2 智能化精密制造产教综合体"3+1+N"

"三通"是指将学校与企业共营实体公司的政策打通，学校的教师进入实体公司的身份打通，实体公司资源共享与利益分配方式打通。其一，政策打通主要是通过政、校、行、企共同成立"产教综合体"理事会，制定理事会章程及系列管理制度，形成产教融合管理平台，学校和企业成立股东会，共同参与管理，企业负责整体运作。在科技成果转化、"双创"收益税收政策方面，打通政策"堵点"，释放创新活力。其二，身份打通体现在学校选派全职到实体公司的教职工，保留学校人事关系不变，连续计算工龄，遵循"职岗对应，岗变薪变"原则，可评聘工程系列专业技术职务或工勤技能岗位等级，并享有与学校其他人员同等的专业技术职务评聘、岗位等级晋升、工勤技能等级评聘等权利。其三，利益分配方式打通得益于实体化运作的"资产联姻"，权责明晰，各方按占股分红，不仅提高了学校设备的利用率，同时产生经济效益。依托产教融合高端平台引育人才，学校推动了人才培养改革创新，深化了技术技能创新服务，增强了教师融入行业企业的力度、深度和广度，在服务专业与产业融合发展中，全面促进了教师的专业发展和能力提升。

（三）完善教师发展中心工作体系，打造示范性教师发展平台

　　教师专业发展的常态化、规范化和持续化离不开学校专业组织保障。《国务院关于加强教师队伍建设的意见》《教育部　财政部关于实施中国特色高水平高职学校和专业建设计划的意见》和《教育部等六部门关于加强新时代高校教师队伍建设改革的指导意见》等都明确提出要夯实高校教师发展支持服务体系，建实、建强教师发展中心。在政策指导下，学校紧扣高水平"双师型"师资队伍发展需求，建成了集教师能力培训、教学咨询服务、教学改革研究、教学质量评估、示范辐射引领五大功能于一体的教师发展中心，为教师提供了一个交流合作、研究拓展的可持续发展平台。2020年1月，教师发展中心立项为浙江省高校教师教学发展示范中心。

1. 建立了高职教师发展中心工作体系

　　金华职业技术学院在辨析高校教师发展的主要任务与挑战的基础上，清晰界定了高职教师发展工作应具有的内涵和外延，并由此构建了教师发展中心以"内容与路径"为主体，以"服务与评价"为两翼的工作格局，即将分散于各个职能部门的业务职能和评价权利进行有机剥离与适当分解，经过整合重组、融合创新后，形成了"一体两翼　四维五航"高职教师发展工作体系，构建了"专业化、制度化、常态化"的教师发展新生态，如图6-3所示。

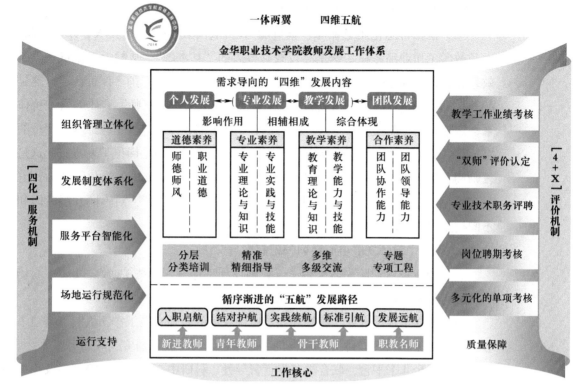

图6-3 "一体两翼 四维五航"教师发展工作体系

（1）围绕专业化发展核心，坚持需求导向，精密设计了"四维"发展内容。一是个人发展，围绕教师的基本素养，既有高尚师德、优良师风的培养引导，又有职业道德和操守的认同和养成；二是专业发展，针对教师的专业素养，既有专业理论知识解构与重构的能力培训，又有与专业技能和意识的培养；三是教学发展，针对教师的教学素养，既有教育理论知识的应用能力培训，又有教学能力与技能的培养；四是团队发展，围绕教师的合作素养，既有提升团队发展目标的团队领导能力的培训，又有促进教师协作的团队协作能力的培养。

（2）聚焦个性化运行支持，坚持问题导向，精心配套"四化"服务机制。一是组织管理立体化，以"多功能学习型组织"为理念，构建以人事处为主的多部门合作机制，并在每个二级学院分中心确定联络员；二是发展制度体系化，制定并完善《教师发展工作管理办法》等制度10项，实行教师发展学时制，以学时数作为职称评聘的基本条件之一；三是服务平台智能化，开发集选课报名、智能签到、学时查询等功能于一体的应用程序，教师可随时用手机查看个人发展档案；四是场地运行规范化，与旅游学院合作建设咖啡实训基地，在满足学生实训的同时，提供多层次、个性化的教师服务。

（3）紧扣常态化质量保障，坚持能力导向，精准构建了"4+X"评价机制。一是教学工作业绩考核，这是高校教师育人的"基本牌"，从教学工作量、教学效果和教科研等方面，开展教学业绩年度性评价；二是"双师"评价认定，这是职教教师特色的"身份牌"，将技能水平和教学能力的"双师"素质纳入评价体系，定期开展专业技能水平认定；三是专业技术职务评聘，这是教师综合评价的"升级牌"，是对教师品德、能力和业绩的系统性考评；四是岗位聘期考核，这是教师岗位胜任的"合格牌"，分层分类评价教师在3年聘期内的岗位胜任力；五是多元化的单项考核（X），这是教师激励评价的"个性牌"，对不同发展阶段和不同类型的教师进行的个性化、不定期的单项评价。

2. 研制了教师发展中心系列管理制度

金华职业技术学院先后出台了《教师发展工作管理办法》《教师发展中心场地管理与服务细则》《教师发展校本培训项目实施办法》等管理制度。

（1）建立了顶层设计、统筹规划、协同联动的教师发展工作新机制，搭建了教师培训提升平台、教师交流与咨询服务平台、教师发展研究与项目开发平台、资源共享平台4个平台，联合教务处、督导处、科研中心、国合处等部门及相关学院开展各类教师发展活动，提升教师教学能力和教育质量、鼓励教学改革实践、构建教师学习共同体。

（2）明确了教师发展工作涵盖教师培训、教学咨询、教学评价和教师发展研究等内容。其一，教师培训是指为增强教师职业道德，促进教师更新教学理念、掌握先进教育技术、教学技能和教学艺术，提高教学实践能力而开展的各种培养培训工作。培训形式主要包括教学讲座、短期培训、网络视频研修、专业挂职锻炼、导师制培养、学术会议和论坛、研讨、读书报告、听课观摩、沙龙、工作坊等。其二，教学咨询是指针对教师的个性化需求，学校聘请校内外各级各类教学名师、教育专家，通过面对面、电话和网络等方式为教师提供教学咨询服务，帮助教师解决教学实践中遇到的问题与困难，为其提升教学能力与水平出谋划策。教学咨询分个体咨询和集中咨询两种形式，以个体咨询为主。其三，教学评价是指借助学生、同行、专家与督导等人员，通过评教（学）、访谈、问卷、听课、研讨等形式，对教师业务水平、教学能力、教学效果等信息进行收集、统计、分析与反馈，诊断教师教学效果，发现教学问题与不足，为教学持续改进提供依据与服务。其四，教师发展研究是指立足学校人才培养和师资队伍建设，学习借鉴国内外教师发展理论和实践经验，探索研究学校教师发展工作的有效模式和运行机制，并为学校制定相关规划与政策提供建议。

（3）建立了校本培训项目库，定期遴选并分步实施校本培训。学校加强了校本培训项目的立项和实施管理，开发了先进教学理念、专业课程建设、信息素养提升、研究能力提升、跨文化交流等系列化的培训项目，全面提升了学校教师发展工作的质量水平。

3. 构建了不同发展阶段教师需求内容

学校秉持"兼容并蓄 经世致用"的精神，开发对接新时期职教师资需求的新项目和延续改进经典培训项目并举，针对教师不同发展阶段的需求，探索构建了入职启航、结对护航、实践续航、标准引航、发展远航的螺旋上升式培养体系，为学校发展和"双高"建设提供了坚实而充足的人才保障。

（1）按需供给，一年入职培养助启航。高职青年教师入职培训，对帮助青年教师完成角色转变、适应教师岗位、建构教师职业能力框架起到重要作用。自2005年开始，学校每年面向新进教职工组建"启航班"，开展为期1年的入职培养，要求青年教师"树立一个理念（以学生为中心理念）、学习两种理论（职教理论和专业理论）、开展三种实践（专业实践、教学实践、信息技术实践）、争当四有好教师"，倡导"学中做、做中学、学中研、研中创"。

（2）教学相长，两位导师齐护航。坚持学校、学院和个人"三位一体"促青年教师成长。学校层面积极深化青年教师助讲培养制度，每年定期组织审核助讲培养计划、考核结对培养成效等常规性工作。学院层面为每位青年教师选定师德高尚、教学突出的校内导师，在职教理念、教育教学、创新服务、竞赛指导等方面进行一对一指导；同时选定技术精湛、经验丰富的企业导师，在职业操守、岗位职责、技术技能等方面面对面示范，组成"2+1"互补结对新模式。青年教师个人则可在校、企两位导师的双重指引下，锚定双师素质教师发展目标，避免"曲线"绕路发展，力争"直线"高质量成长。

（3）入企磨炼，三大实践项目强续航。学校基于十多年开展教师企业实践的经验，针对青年教师推出双师素质提升"161"工程，即每年累计入企业实践1个月以上、每5年入企担任访问工程师6个月以上、访问工程师期间申报省级校企合作项目1项，集中时间和精力夯实基于工作过程的技术技能基础。首先，入企业实践锻炼。学校完善并实施教师分层分类社会实践制度，要求青年教师熟悉岗位（群）和了解企业管理与文化，时间每年累计1个月以上。其次，担任访问工程师。以新知识、新技术、新工艺、新方法为重点，要求青年教师申报担任省级"访问工程师"，内容以参与企业技术攻关、产品研发和工艺改进等项目为主，必须脱产入企挂职6个月以上。最后，申报横向研究项目。在承担省级"访问工程师"阶段，青年教师可结合实践内容申报校企合作项目，在提升入企挂职锻炼成效的同时，积极将研究成果转化为教学资源反哺教学。

（4）个性发展，四型评价标准保引航。推进高职教育高质量发展、建设高水平院校和专业，离不开类型丰富、能力互补的高水平师资支撑。骨干教师是师资队伍建设发展重要的生力军。学校在遵循职业教育发展和教师成长规律的前提下，立足现状从需求出发，分层分类设置教师评价标准。在专业技术职务自主评聘办法中，就提出"教学为主型、科研为主型、教学科研并重型、社会服务与推广型"四型教师评价标准，用"基本条件＋标志性成果"勾勒出不同的发展轮廓，规范和引领青年骨干教师可持续成长，向着省级、国家级乃至世界级"教学名师、应用技术研发专家、产教融合服务专家、国际交流专家"等目标前行。

（5）校本培训，五类素质提升促远航。学校紧扣高职青年教师队伍高水平发展需求，通过主动委托与招标立项两种形式，充分挖掘校内名师的"看家本领"与"拿手绝活"，开发先进教学理念、专业与课程建设、信息素养提升、研究能力提升、跨文化交流五类素质提升校本培训项目50余个，构建了在职研修项目体系，为教师后续发展添能加油、扩展里程。

在培训考核方面，学校出台《教师发展工作管理办法》《校本培训项目管理办法》，全面实行教师发展学时制，并将教师发展学时与专业技术职务评聘、目标责任制考核等机制挂钩，为教师高质量参加教师发展活动提供制度保障。如学校要求聘任教学型、教学科研并重型教师岗位的专任教师均需持续参加校内外各类教师发展活动，同时开展自主研修。其中，40周岁以下教师，每5年为一个周期，一个周期内不少于120学时，每年平均不低于24学时；40周岁及以上教师在任职期内每人每年不少于12学时。经学校同意的脱产进修或校外挂职锻炼人员可根据脱产时间相应扣减学时要求（不含学院、部门派出和半脱产）。各类学时计算标准和考核责任单位如表6-1所示。

表6-1　教师发展学时认定一览

类型	主要形式	学时认定标准	认定依据	负责单位	备注
校内	教学工作坊、教学沙龙、名师讲坛、公开课等	日常培训（非班级制）依据活动时长按2~4学时/场计算	现场签到	教师发展中心	由教师发展中心组织或学院组织申请纳入教师发展档案管理系统的各类培训活动

类型	主要形式	学时认定标准	认定依据	负责单位	备注
校内		专题研修班（班级制）按2学时/场计算	现场签到、作业等	教师发展中心	
		听课观摩与研讨按1学时/课时计算	现场签到	二级学院、教师发展中心	
	青年教师助讲培养	培养对象按考核等级A、B、C分别计20、15、10学时计算，D等级不得分，导师加倍计算学时	考核结果	教师发展中心	学校统一组织的青年教师助讲培养工作
线上	网络视频学习、集中式网络教学培训与教学会议等	按4学时/证书计算	平台主办机构提供的证书	教师发展中心及其指定的网络平台	教师发展中心认定的网络资源。每人每年最多可申请认定2张证书
校外	专题教学培训、教学学术会议	按4学时/半天计算，同次活动上限8学时	培训证书原件或培训/会议相关证明材料	教师发展中心	各高校、省级（含）以上教育主管部门及下属处室、国家及省级学会主办或协办的教师发展相关活动；其他由教师发展中心转发并注明承认学时的教师发展相关活动
以主讲人身份参加以上校内外教师发展活动，加倍计算教师发展学时					

注：如出现表中未包含的内容，由教师发展中心办公室会同项目负责单位联合认定。

此外，学校还深化区域、校企、校际合作，积极吸引行业企业深度参与共建国家、省、校三级"双师"教师培养培训基地，努力实现省级以上重点专业均有国家级"双师"教师培养培训基地。目前学校和企业联合共建了5个"双师型"教师培养培训基地，即生化与药品类专业"双师型"教师培养培训基地、汽车类专业"双师型"教师培养培训基地、电子商务类专业"双师型"教师培养培训基地、护理专业"双师型"教师培养培训基地和电子信息类专业"双师型"教师培养培训基地，并基于基地合力培育执教能力强、能改进企业产品工艺、解决生产技术难题的骨干教师；组建专兼结合的培训专家团队，开发专业建设、职业精神、实践能力、技术研发等领域的培训项目，面向全国每年举办高层次"双师"能力提升班；开展实践研修、理实一体教学项目开发、应用技术研发与推广等。

二、强化教师发展机制

为适应产业转型升级、技术革新和高职教育的创新发展对教师教育教学、应用研究和社会服务等能力提出的新要求，学校坚持分层分类发展核心理念，以高层次人才队伍建设为重点、以青年教师队伍建设为基础、以"双师型"和国际化为发展方向，形成了较为健全的教师发展机制。

（一）夯实"四个师德建设"载体高标准，健全师德师风建设长效机制

1. 在引进质量上重师德

严格教师从业标准，切实把好"进人质量关"。在招聘中设置师德测试环节，将结果作为人员录用的主要参考内容，同时做细做实预录用人员的政审工作，切实从源头上抓好师德工作。

2. 在培养培训中育师德

每年开展先进事迹报告，师德专题线下、线上培训，师德承诺签订，入职宣誓，拜师结对等活动20余场，将师德师风、清廉教风教育融入职前培养、职后培训和在职管理的全过程。

3. 在评价考核中导师德

发挥专业技术职务评聘、聘期考核的导向作用，新增评聘人员所在支部签署鉴定意见，落实违反师德一票否决制；加强教师职业行为规范和学术道德诚信，自觉维护教师形象，建立师德负面清单和反面典型警示制度。

4. 在榜样树立中扬师德

广泛开展"教学名师""教学团队""学生最喜欢的老师""'三育人'先进个人""师德先进个人"等评选，树立优秀教师典型形象；同步跟进宣传，弘扬师德正能量。

（二）实施"四大能力提升"工程，高效能提升教师现代职教能力水平

1. 骨干教师"双师"能力提升

以新知识、新技术、新工艺、新方法为重点，推进专业教师下企业脱产挂职锻炼、"访问工程师"实践等工作，定期总结推广社会实践、访工成果，倡导反哺教学；选拔聘请合作企业一线职工中的能工巧匠、技术骨干，成立大师工作

室、技师工作坊等，充分借助大师力量和影响力解决实践技能提升核心问题，培养一批教师骨干传承关键技艺，培养"工匠之师"。

2. 青年教师专业能力提升

青年教师是高职院校师资队伍的生力军，在教学、科研和管理中起着重要作用。实行骨干教师"双导师制"，充分发挥老教师与企业技术骨干的优势，对骨干教师进行"双主体"的培养。选派骨干教师接受企业组织的技能培训、在企业的生产和管理岗位兼职或任职、参与企业产品研发和技术创新等，提升专业实践技能；严格实施青年教师助讲培养制度，帮助青年教师制订职业发展规划，实施结对指导计划，鼓励其充分发挥自身优势开展课堂教学改革，提高课堂教学质量；每年遴选20名左右优秀青年教师，给予"青年副教授""青年讲师"称号和职务津贴。

3. 专业教师国际化视野拓展

设立教师出境培训专项经费，按计划选派具有较高学术水平、创新能力和发展潜力的专业教师出境进行为期3个月以上的中长期访学研修。同时，主动邀请国外资深职教专家和中国香港、中国台湾等地区专家来校举办讲座，铺平教师拓展国际视野的"双向车道"。

4. 兼职教师教育教学能力提升

建立、健全校企共建教师队伍机制，实行"双向兼职、双方培养、双重身份、双重保障"，实现专兼团队成员的能力优化。定期开设兼职教师教学业务培训班，重点提升兼职教师授课技巧和信息化教学能力；完善团队建设与考核机制，遴选建设专兼结合的优秀教学团队；吸引兼职教师加入创新创业教学团队，结对指导有创业意愿的学生，深入开展创业教育与实践活动。

（三）设计"五大研修培养"项目，高质量建设教师专业发展培训体系

1. "模块化"新教师入职培训

在总结、吸收以往经验做法的基础上，按专业教师、辅导员、实验员、管理员等岗位分模块、有侧重地优化培训内容、创新组织形式与设计考核方式。

2. "系列化"专业教师校本培训

紧扣高素质师资队伍发展要求，开发并实施先进教学理念、专业课程建设、信息素养提升、研究能力提升、跨文化交流等系列化的培训项目30余个，构建教师在职研修的项目体系。

3. "成果化"专业带头人双优领军班

实施"优秀专业带头人、优质专业治理"的"双优"计划，依托教师发展中心，开展以任务为驱动的"双优"专业领军班培养，完成专业人才培养方案的系

统化设计、专项教改课题申报等多项任务，学员中获省级优秀教师 1 人，立项校级教改项目 13 项、省级教改项目 3 项、省级在线开放课程 3 门。

4."品牌化"双师能力培养培训班

校企合力建设"双师型"教师培养培训基地，组建专兼结合的培训专家团队，开发专业建设、职业精神、实践能力、技术研发等领域的培训项目，面向全国每年举办高层次"双师"能力提升班，不断向兄弟院校提供"双师型"教师培养的"金职方案"。

5."常规化""四四"主题教研活动

开展"四说""四重""四接""四促"活动，建立了循序渐进、多层次、人人有项目的主题教研活动内容体系，推动教师教育教学能力的全面提升。每年开展校、院、专业、课程组四级主题教研活动 800 场次以上，其中全校性教研活动 10 场，内容涵盖教学成果奖培育、在线开放课程建设、赛教融合、课程思政改革等不同主题，一批教师在主题教研活动和教学创新实践中获得成长。

三、拓展教师发展项目

高质量发展、高水平的竞争，人是第一要素。首先要做到人的能力素质的提质培优。学校围绕专家型、领军式的高层次专业（群）带头人队伍建设目标，聚焦教学、科研和社会服务，系统设计了一系列教师发展项目，深入推进校企人员"双向交流协作共同体"和"高层次技术技能人才库"建设。

（一）实施"五大培养计划"，健全教师发展项目

教师发展项目包含人才引进"尖峰"计划、人才培养"攀峰"计划、"百工首席""百师致远"项目、"千师入企""千匠助教"项目和教师教学团队建设项目。

1. 实施人才引进"尖峰"计划

制定精英人才引进计划，引进一批有国际视野，在专业群建设方面能提出创新性、战略性构想并带领实践的"领头雁"型或"群主"式人才，重点引进国际有影响、行业有权威的科研创新带头人、技术技能带头人；创新引才模式，探索"1+N"的引才方式，引进研究领域对口、结构梯级合理、创新潜力明显的高层次人才团队；依托校企融合平台，共享行业企业领军人才、大师名匠资源，借助"人才驿站"，柔性引进一批具有丰富实践经验、精湛专业技能或掌握绝技绝艺的技术专家和大师。

2. 实施人才培养"攀峰"计划

每两年遴选培养一批专业（群）带头人，立足"优秀专业带头人、优质专业

治理能力"培养，实施项目驱动、任务引领的专业带头人培养"攀峰"计划。完善校、省、国家级专业（群）领军人才梯队培养体系，发挥专业带头人在专业建设和社会服务中的领军作用。鼓励年轻教师攻读应用技术领域的博士学位，放宽申报要求、简化申报程序、加大支持力度，加快学校高水平建设需要的高层次师资力量的储备培养。

3. 实施"百工首席""百师致远"项目

（1）培养100个工种首席技师。鼓励骨干教师向技术技能型导师方向发展，分批次面向100个校内工种（专业），考核认定每个工种（专业）的优秀代表，授予工种（专业）"首席技师"称号，并加大持续培养力度；构建学校技术技能型人才项目培养体系，将工种（专业）"首席技师"作为申报各级技术技能型人才项目的必备条件，打造一支技术技能精湛的"首席技师"队伍。

（2）委派100名教师海外研学。持续加大教师出境研修访学支持力度，面向结构化的教学创新团队，实施"团队式、主题化"的海外研修，学习先进教学理念，实践"以学生为中心"的教学生态变革；遴选一批骨干教师，赴境外知名高校、研究所开展中长期学术高访与进修，提升学术水平；鼓励创新创业、生涯规划、心理辅导等教师和管理骨干"走出去"，开拓和提升学术视野与管理水平。制定激励政策，引导骨干教师申请国家留学基金委各级各类海外人才培养项目。

4. 实施"千师入企""千匠助教"项目

（1）每年组织教师入企1 000人次以上。以新知识、新技术、新工艺、新方法提升为重点，推进分层分类教师社会实践，支持专任教师、兼任教师和教学管理人员下企业实践、挂职锻炼和担任"访问工程师"，及时将企业文化、先进技术和绝技绝艺转化为教学内容，确保教师每5年在行业企业实践锻炼达到累计1年以上。

（2）稳定企业一线兼职教师队伍1 000人左右。以技术技能创新服务平台、校企命运共同体为纽带，不断深化校企人才合作，将企业技术骨干、经营管理骨干聘为兼职教师、兼职专业带头人或兼职教授，协同开展技术技能人才培养、科技服务和专业建设等；面向新技术课程群，培育一批专兼结合的结构化教学创新团队，实行"校企互动、产学研创一体"，构建校企人员"双向交流协作共同体"。

5. 实施教师教学团队建设项目

专业教学团队建设是提高人才培养质量的关键。国家高度重视专业教学团队建设，相继将其纳入国家示范院校、优质校及"双高计划"重要建设任务，并实施了国家级教学团队、国家级职业教育教师教学创新团队等遴选工作。学校较早注重教学团队建设工作，建立了完善的专业教师团队遴选培育机制，2011年出台了《关于加强教学团队建设的实施意见》和《优秀教学团队建设与管理暂行办法》，启动了校级优秀教学团队遴选建设工作。2015年出台了《科研创新团队培育计划实施办法（试行）》。2019年，为进一步有效推动教师教学创新团队建设步伐，努力打造一批高水平的教师教学创新团队，结合重点校建设任务和"双高计划"建设目标，成立了教师教学创新团队建设领导小组。2021年7月，学校出台了《教师教学创新团队建设与管理办法》，为创建高水平教师教学创新团队提供了很好的制度保障。截至目前，学校聚焦重点建设的专业群，结合"三教"改革内容，对接模块化课程群，探索平台课、课程组、项目组、教练组、工作室等分工协作的多样化教师组织形态，已经成功培育建设了28个校级优秀教学团队、4个省级优秀教学团队、2个国家级教师教学创新团队，具体名单如表6-2所示。

表6-2　金华职业技术学院国家、省、校级专业教学团队建设名单

国家级教师教学创新团队	学前教育专业教学团队		护理专业教学团队	
省级优秀教学团队	应用电子技术教学团队	机械制造及自动化教学团队	小学语文教学与研究教学团队	园艺技术专业核心课程教学团队
校级优秀教学团队	电气自动化技术专业教学团队	模具设计与制造专业教学团队	汽车检测与维修专业教学团队	大数据会计专业教学团队
	学前教育专业教学团队	思政理论课教学与研究团队	畜牧兽医专业主干课程教学团队	护理专业教学团队
	旅游管理专业教学团队	国际经济与贸易专业教学团队	计算机应用技术教学团队	数控技术教学团队
	建筑工程技术专业核心课程教学团队	体育服务与管理专业教学团队	幼儿教师音乐技能教学团队	绿色食品生产技术专业教学团队
	药学专业教学团队	服装设计与工艺专业教学团队	环安部教学团队	应用英语专业教学团队
	电力电子技术教学团队	汽车技术服务与营销专业教学团队	建筑装饰教学团队	幼儿园教育活动设计教学团队
	基础医学课程教学团队	艺术设计专业教学团队	电子商务专业主干课程教学团队	跨文化通识课程教学团队

（二）依托"课程教研竞赛"，创建教学改革项目

习近平总书记在全国教育大会上提出，要着眼于"教好"，围绕教师、教材、教法推进改革，探索形式多样、行之有效的教学方式方法。教师是课程教学改革的主体，是"三教"改革的关键。因而，金华职业技术学院教师队伍建设从教学改革切入，围绕学校"三引领、三融合"人才培养方式改革，创建了课程"双五"计划、主题教研活动和教师教学能力比赛等教学改革项目。

1. 课程"双五"计划

"五个一批"新技术课程群建设计划和基于"互联网＋教学"的"五个一百"计划为教师教学能力提升提供了实施载体，教师在具体的课程建设和教学改革中有感悟、有发展、有提升。

（1）实施了"五个一批"新技术课程群建设计划。金华职业技术学院为适应新技术、新产业、新业态对新时代人才培养提出的新要求，按照模块化、结构化的课程逻辑，将相互影响、前后有序、具有课程间互动的相关课程以集群的方式重新集合，重构课程体系。按课程群组建教学团队、优化教学组织，深化"三教"改革，实施了"五个一批"新技术课程群建设计划，截至2021年，重点培育了"五个一批"新技术课程群50个，涵盖课程180门。

① 现有专业群平台课程群10个，注重夯实新技术知识基础，以产业技术进步驱动专业基础课教学内容、教学方式改革，按照科技发展水平和职业资格标准设计课程，优化课程结构，培育和建设专业群共享的专业平台课程群。

② 现有1+X配套课程群12个，主要对接职业技能等级证书，配套开发基于职业标准、职业能力标准、专业教学标准及考核评价标准的证书课程体系和课程群，按职业能力高低分层分级，培养学生的综合职业能力。

③ 现有创新型项目化课程群11个，充实和挖掘各类专业课程的创新创业教育资源，深入推进创新创业教育与专业教育紧密结合，建设依次递进、有机衔接、科学合理的创新型项目化课程群。

④ 现有虚拟仿真实训课程群8个，广泛应用现代信息技术和智能技术，引进、开发相结合，建设受益面广、开放共享度高、技术先进的虚拟仿真实训课程群，使实践课程教学更加系统化、形象化。

⑤ 赛教融合课程群9个，对标行业标准和专业技能标准，将工程项目、竞赛项目进行教学化改造，选取赛项的典型工作任务和载体，按照从简单到复杂、从单一到综合的逻辑主线开发序化教学项目，形成课程群。

（2）实施了基于"互联网＋教学"的"五个一百"计划。

① 针对受众面广、量大的公共课程和专业核心课程，建设内容质量高、教

学效果好的校级精品在线开放课程 100 门。

② 加强基于问题、基于项目、基于现象、基于案例的线上线下相结合的混合式教学改革研究，推广"互联网＋教学"校级教学改革案例 100 个。

③ 推动教师利用在线开放课程资源创新课堂教学，选出"互联网＋教学"校级示范课 100 堂。

④ 引入虚拟仿真、人工智能等新技术，开发教学效果好、受益面广、开放共享度高、技术先进、运行管理有序的虚拟仿真实验教学项目 100 项。

⑤ 将教材、课堂、教学资源三者融合，出版与浙江省"八大万亿"产业、金华市"五大千亿"产业相关专业的新形态教材 100 本。

2. 主题教研活动

金华职业技术学院创建了人人有项目的教研活动，引导教师投身教学改革，活跃教学创新的氛围，形成了"四说""四重""四接"和"四促"的主题教研活动，环环相扣，推动教师深化教育教学改革。

（1）"四说"是指专业主任说专业、课程组长说课程、骨干教师说课堂、专兼团队说项目。

（2）"四重"是指重点观摩三堂示范课堂、重点推进三项教学改革项目、重点做好三项社会服务项目、重点建好三个规范化实训基地。

（3）"四接"是指课程研究对接应用型学科的发展、课堂管理对接示范课堂的设计、实训运行对接高素质养成的要求、专业提升对接高端产业的需求。

（4）"四促"是指以微课精品课建设促课程载体多元、以平台课程建设促专业群转型升级、以示范课堂建设促课堂教学质量提高、以课题招标与自选结合促教改效率优化。

随着专业建设重点的变化和"三教改革"的深化，学校的主题教研活动升级为"新四说"主题教研活动。

（1）立足产业链说高水平专业（群）。重在完善专业（群）动态调整机制，分析专业群组群逻辑，构建技术技能人才培养体系，建设综合化产教融合高端平台，组建结构化教师教学团队，健全持续发展机制。

（2）立足"三教"改革说新技术课程。重在重构专业课程体系，组建结构化教学团队，实施工作过程系统化教学改革，完善课程教学资源，推行课程思政。

（3）立足"互联网＋"说新形态课堂。重在完善教学设计，注重教学实效，加强课程思政建设。

（4）立足标志性成果培育说专项性改革。重点关注专业标志性成果培育，如聚焦一条专业创新发展的特色主线，实施或深化一类特色班人才培养改革，建设一个高端产教融合平台等。

3. 教师教学能力比赛

高职院校师资队伍教育教学水平逐步增强，整体素质显著提升，可以从一些国家级的标志性获奖成果观测，如全国职业院校技能大赛教学能力比赛。全国职业院校技能大赛教学能力比赛的不断完善，对于锤炼教师教学能力，深化"三教"改革的作用越来越明显。金华职业技术学院高度重视全国职业院校技能大赛教学能力比赛，从2018年开始建立了校级竞赛平台和机制，鼓励优秀教师以比赛为契机，不断提高自身素养，进一步深化教学改革创新，助力学校"双高"建设。

（1）精准把握比赛要求。从国赛正式文件的变化看比赛新导向、新要求，如2021年国赛比赛方案指导意见关键词是立德树人、课程思政、"三全"育人、"三教"改革、岗课赛证、国家教学标准落地、高水平结构化教师团队、师德践行能力、专业教学能力、综合育人能力、自主发展能力、能说会做"双师型"教师等。从国赛比赛评分标准的等级要求看比赛关键点、注意点，始终关注真实课堂教学。

（2）精细设计参赛作品。

① 定好课，在选题方面，重点考虑"四有"，有难度、有基础、有价值、有内涵，能够体现新工艺、新技术、新规范。

② 组好队，遵循"优势互补、各取所长、通力合作、共同承担、并肩前行、共赢挑战"的原则，统筹团队成员分工和外部条件精心保障。

③ 选好料，准备备赛素材。选取原则其一是重点关注学科价值，即学科中具有代表性内容，具有鲜明学科特点和专业特点；其二是体现行业需求，即紧贴行业发展需要，凸显社会热点问题；其三是符合职教理念，即项目化教学、做中学、学中做、产教融合；其四是信息技术多样，有丰富的资源，能解决进不去、看不见、动不了、难再现的问题。

④ 绘好图，教学内容结构图要注意项目之间的并列、递进、包含等逻辑关系，教学实施策略图要符合教学规律，体现课程特色。

⑤ 写好案，涉及人才培养方案、课程标准、授课教案和实施报告。首先，人才培养方案格式符合有关规范要求，内容落实有关专业教学标准，方案是学校实际使用的，文稿明确参赛课程要求、教学安排和学期安排。其次，课程标准要求主要条目齐全、完备，课程模块建构合理，参赛内容连续、完整，授课计划明确一致。再次，课前教案要体现"五要五有"原则，教案文本要规范有特色，教学活动要丰富有秩序，信息化手段要多样有层次，教学评价要及时有效果，教学

反思要系统有深度。最后，教学实施报告在比赛评审中具有重要的参考和评价价值，在写作过程中主要注意以下 3 个方面：框架不突破，就围绕教学整体设计、教学实施过程、学习效果、反思改进这几方面分大块写；要素应兼顾，突出重点不代表基本的教学要素可以随便抛弃，要按照教学设计的基本要素和流程来描述总结整体教学设计这部分的内容，实施成效离不开对于知识、技能、素养的达成度的分析总结；主线很清晰，主线凸显的是重点，体现的是特色，可以围绕教学内容、教学方法、课程思政、教学评价等方面分别总结作品的特色，但需要有主线来贯穿、图表来佐证，比如模式图、路径图、案例图等来体现教学设计的结构和逻辑，数据分析图表来分析教学效果。

⑥ 拍好片，视频拍摄要真实，参赛作品按照"纪录片"式呈现，教师、学生"本色"出演。

⑦ 讲好课，一方面介绍教学实施报告（6 分钟），一方面 2 人进行教学展示（12~16 分钟），针对不同教案中的自选内容进行教学展示。

⑧ 答好题，针对评委对参赛作品材料、教学实施报告介绍和无学生教学展示的提问，首先要正确理解问题，准确回应提问，一定要结合教学内容；其次，回答问题有思路、层次分明，不要简单地做"填空题""简答题"，要有所延伸，建立逻辑；再次，成员之间配合默契、分工协作，先回答的教师要为后回答的教师考虑时间，必要时同伴有所暗示和补充。

⑨ 精心凝练作品特色。作品特色主要从内容重构中找突破点、从教学模式中找创新点、从课程思政中找切入点、从教学手段中找技术点。其实作品特色集中体现在实施报告中，要围绕教学设计、实施过程、学习效果和反思改进高度凝练，适度包装。得益于学校的重视、平台的依托和机制的完善，以及教师团队的坚强意志、顽强拼搏，学校全国职业院校技能大赛教学能力比赛成绩斐然，2019—2020 年共获 6 个国赛一等奖，获奖总数和一等奖数均居全国高职院校第一，引起了高职教育界的极大关注。

（三）探索"三对接、三转化"，创新技术服务项目

学校瞄准区域重点产业，积极融入区域创新体系，广泛开展教师社会（企业）实践，与产业紧密联动，探索出了"三对接、三转化"的应用技术创新服务路径，走出了一条教师队伍技术服务与技能提升的双轮驱动发展之路。

1. 科技研发对接重点产业，技术难题转化研究课题

在研究领域上，重点对接汽车零部件制造、高端装备、生物医药和特色农业等金华市优势产业集群；在市场对象上，针对金华市"低小散"企业多、"高精尖"企业少的特点，面向民营中小微企业联合开展应用技术研发，与企业联合组建了浙江省现代农机装备应用技术协同创新中心、四川抗菌素工业研究所金华分所、汪卫华院士专家工作站、农机技术与装备浙江省工程实验室、浙江省农作物收获装备技术重点实验室等技术服务平台，培育国家级科研项目和研究成果，推动区域优势产业发展。

2. 技术服务对接企业转型，产业特色转化专业特色

学校提出"学校与社会渗透、专业与行业对接、个人与企业衔接"的技术服务工作举措，依托优势专业，组建"公司＋团队"模式的专业性公司，通过"教授、博士入企""百名专家联百村帮千户"、科技特派员服务技改、教师暑期社会实践等形式，协助企业转型发展。

3. 技术成果对接精准需求，服务成果转化教学资源

（1）科技项目教学化。以创新思维培养为导向，将教师承担的科研、技术服务项目转化为教学项目，将研究方法、研究路径、创新思维、创新方法等融入课堂。

（2）企业项目教学化。以工作任务为导向，将生产标准、技术流程等与教学改革相结合，将企业生产过程引入课堂教学全过程，进行真实的职业能力训练。

（3）竞赛项目教学化。以行为为导向，将竞赛项目的内容设计与竞赛方式融入教学中，将竞赛前沿的技术技能开发为可操作、可实施的教学资源。

此外，金华职业技术学院是第二批获浙江省高校科技经纪人试点单位的高职院校，高度重视技术成果转化与推广应用，持续深入行业、企业了解技术需求，强化学校人才资源与企业、行业需求的信息对称性，通过将技术转移中心入驻金华市科技大市场进行实体化运作，积极融入区域创新体系，打造"线上＋线下"的科技成果转化服务体系。同时，主动对接长三角G60科创走廊，借助协同创新中心、省市级研发中心、院士工作站等校企共建平台，充分发挥"揭榜挂帅、百博入企、科技特派员"等新型科研攻关行动的作用，瞄准产业链技术短板，统筹学校资源，精准解决难题，助推科技成果转化和产业化。

四、深化改革人事制度

人事制度改革方面，学校主要以岗位设置管理、专兼一体化管理、高层次人才引培、绩效分配制度等为抓手，不断优化师资管理与激励机制。

（一）优化岗位设置管理

岗位设置管理是高校一项重要的管理制度创新，在学校改革发展中具有基础性、长期性和根本性的深远影响。国家非常重视高校的岗位设置管理工作，早在 2006 年、2007 年便印发了《事业单位岗位设置管理试行办法》（国人部发〔2006〕70 号）、《〈事业单位岗位设置管理试行办法〉实施意见》（国人部发〔2006〕87 号）和《关于高等学校岗位设置管理的指导意见》（国人部发〔2007〕59 号），要求专业技术岗位一般不低于岗位总量的 70%，其中，教师岗位一般不低于岗位总量的 55%，管理岗位一般不超过岗位总量的 20%，逐步减少工勤技能岗位比例。浙江省积极落实国家文件精神，2010 年印发了《浙江省部分行业事业单位专业技术岗位结构比例控制标准（试行）》（浙人社发〔2010〕165 号），为高职院校岗位设置管理工作开展提供了行动指南。金华职业技术学院设有管理岗位、专业技术岗位和工勤技能岗位。其中，管理岗位是指专职或主要从事管理和服务的事业编制人员，分为初级职员、中级职员、高级职员三层次、七等级，职员按管理权限实行分类分级选拔与聘任；专业技术岗位是指在编在岗的专业技术岗位工作人员，分为教师岗位和其他专业技术岗位，岗位等级共分十三级，其中专技一级一般不设，专技二级、三级分别按省市相关政策申报，专技四级至十三级由学校根据岗位数量自行聘任，符合教师岗位和其他专技岗位聘任条件择优聘任；工勤技能岗位是指专职或主要从事技能操作与维护、后勤保障与服务等职责的事业编制人员，分为技术工岗位和普通工岗位，技术工岗位分五个等级，普通工岗位不分等级，符合技术工岗位和普通工岗位条件择优聘任。

（二）实施专兼一体化管理

在兼职教师队伍建设方面，学校积极推进校企双向流动，共建"访问工程师"和兼职教师库。一方面，专任教师向企业流动兼任工程师，另一方面，积极吸纳企业技术人才或能工巧匠担任兼职教师，构建校企人员"双向交流协作共同体"。与此同时，建立了"固定岗 + 流动岗"资源配置新机制，将专兼教师管理纳入校企双方工作职责，实现互兼、互派、互用。

（1）实施"双专业带头人"制，明确了兼职专业带头人、兼职教授、兼职教师的不同职责，其中兼职专业带头人配合校内专业带头人做好专业建设规划，兼职教授参与专业建设指导、专题讲座、人才培养方案修订、基地拓展等，兼职教师广泛参与实践性课程教学与指导。

（2）落实专兼教师"1 对 1"结对，将兼职教师编入基层教学组织，与专任教师"1 对 1"结对，分专业（群）开展教学能力提升培训。

（3）加强专兼结合教学团队建设。金华职业技术学院非常注重专兼结合教师队伍建设，遴选了 10 个"有高水平兼职教师参加，成员的年龄、学历、职称呈现合理梯队结构"的团队作为学校首批"卓越教学创新团队"。

（4）开展人才合作互动，与企业共同招聘专业技术人才，人才入企上岗后即作为兼职预备教师进行培养，学校对其进行择优录取。

此外，学校探索了优秀人才岗位特聘机制，对外特聘了"尖峰学者"产业导师、"尖峰学者"讲座教授、"尖峰学者"海外导师等岗位，聚集了一批具有国际影响力、能力和业绩突出的专业领军人才和大国工匠，充实了高水平专兼教师队伍建设。

（三）完善高层次人才引培机制

高职院校高质量发展成为"双高"建设的质量标签，迫切需要一大批高水平师资力量的引领和带动，而高层次人才是高水平师资队伍建设的关键主体，成为高职院校实现高水平发展组织目标的核心支撑，被寄予了高质量发展的重要期望，教学、科研、社会服务等改革创新任务也都指向该群体。源自高质量发展的内在需求，金华职业技术学院迫切渴求高层次人才的支撑，紧锣密鼓地实施人才强校战略，制定了高层次人才引进规划，出台了高层次人才引进、培养、评价系列政策制度，尽全力全方位打造"人才高地"，为"双高"建设"聚才气"。

1. 大力引进高层次人才

金华职业技术学院为全面提高高层次人才队伍质量与水平，专门出台了《引进高层次人才若干规定》。

（1）在引才渠道上，利用上级部门和业务联系单位拓宽引才渠道、广泛收集人才信息，校、院、专业联动，与海内外知名高校、研究所、企业建立招聘常态化联系。

（2）在引进方式上，除了全职引进博士高层次人才外，积极探索柔性引进方式。金华职业技术学院出台了《进驻"人才驿站"高层次人才管理办法》，大力引进行业企业领军人才、产业教授、大师名匠等，探索"重点引进＋联合培养＋柔性共享"的灵活机制，给予入站人才同校内人才一样的教科研奖励、职称评聘、年薪制等待遇与激励政策，吸引区域行业企业高层次人才与学校开展多层次、多维度的合作。

（3）在引进对象上，重点引进具有国际视野的高层次专业带头人，发挥专业领军型人才重要的引领、辐射、带动作用；引进具有博士学历（学位）的高端教学、研究人才，引领并提高教师教学、科研水平；引进具有丰富的企业实践经验和高超技术的高水平技术技能人才和能工巧匠，优化教师队伍结构和能力水平。

（4）在引进待遇上，金华职业技术学院将引进高层次人才划分为Ⅰ类、Ⅱ类、Ⅲ类3种类型，并根据不同的标准给予购房补贴（或住房）、科研启动经费、职称学位津贴等。此外，为更好服务"双高"建设的专业布局，学校将专业分为A、B、C、D四个层次，并按照三种类型分别确定购房补贴（或住房）标准，金华职业技术学院对于高水平专业群建设的政策倾斜力度非常大。

（5）在教师发展上，金华职业技术学院以平台赋能高层次人才，积极搭建专家工作站、工程实验室、重点实验室、协同创新中心等，为高层次人才施展才干助力；以团队聚集高层次人才，一方面，注重团队形式引进高层次人才，提升学校高层次人才集聚成效，另一方面，以高层次人才为核心完善团队发展机制，重点打造教学、科研和社会服务等不同类型的教师发展团队；以晋升留住高层次人才，金华职业技术学院畅通了高层次人才职务、职称晋升发展通道，如文件规定高层次人才可享受一次"申请直接聘任"高级职称的机会，为高层次人才脱颖而出创造了条件。此外，金华职业技术学院全力支持高层次人才开展学术交流、技术服务活动，积极协助其申报人才、科研项目等。

2. 加大高层次人才培养力度

金华职业技术学院在重视高层次人才引进的同时，也注重内部教师的培养发展，专门出台了《教职工在职攻读博士学历（学位）管理办法（修订）》，鼓励富有潜力的教师到国内外高校攻读博士学位，并予以培养经费、毕业奖励等政策优惠。

（1）培养经费，学校规定获得博士学历（学位）的人员，给予报销学费（或培养费），费用在5万元以内的，由"培养读博"人员所在单位列支，超出5万元的部分由个人承担。

（2）毕业奖励，学校分层分类给予兑现毕业奖励，费用由学校承担，详见表6-3。

表6-3　在职攻读博士毕业奖励标准

岗位	类别	按期（5年以内）毕业奖励金额/万元		延期（5年以上）毕业奖励金额/万元	
		已承担培养经费	未承担培养经费	已承担培养经费	未承担培养经费
教师岗位	国家高水平专业群核心专业	19	22	14	17
	省高水平、优势、特色等重点建设专业	17	20	12	15
	其他专业（含学生思政）	15	18	10	13
	专职研究岗位	13	16	8	11
其他岗位	转教师岗	9	12	4	7
	原岗位攻读	2	5	2	5

第六章　高职教育教师发展的特征与路径

（四）健全教师绩效考核分配制度

薪酬是激发全校教师活力、动力和潜力，形成"时时赶超、事事争先、处处创优、人人成才"干事创业氛围的关键要素。金华职业技术学院主要从存量和增量两方面入手，倾心打造勇于争先干事创业的幸福金职。

1. 积极争取上级政策支持，力求在增量上有所突破

（1）借鉴其他高职院校的做法，设置了与奖励性绩效挂钩的浙江省高校分类评价排名、招生分数线排名等发展性考核指标，提高学校奖励性绩效额度。

（2）根据《金华市人民政府关于推动金华职业技术学院建成中国特色高水平高职学校的若干意见》中绩效工资总量在现有基础上上浮 10% 的政策，提高现有基础水平。

（3）通过提高社会服务收入水平而提升绩效总量，将教师通过项目合作、技术服务、社会培训、自办企业等项目性工作的所得收入，按一定的比例作为教师绩效工资来源，提高教师的收入水平。

2. 不断完善内部分配机制，力求存量上体现以绩取酬

学校进一步优化了现有绩效工资结构，建立了以业绩贡献为导向，以知识、技术、专利和成果等要素作为收益分配重要指标的绩效分配动态调整机制，坚持"按劳分配、效率优先、兼顾公平"的原则发放奖励性绩效工资，多劳多得，优绩优酬，适当拉开分配差距，并向关键岗位、业务骨干和有突出业绩的教学一线人员倾斜。

3. 提高各类成果奖励标准，力求标志性成果有所突破

为进一步增强教职工"立德树人、教书育人"的责任感和荣誉感，激发广大教师内生发展动力和创新活力，促进高水平成果的产出，提升学校的办学水平与核心竞争力，学校完善了相关配套激励制度，出台了《教职工高层次项目奖励实施办法》，以引导和激励教师在教学、科研和社会服务方面潜心钻研，产出更多突破性和标志性的高质量教学科研成果。

第三节　高职教育教师评价的体系构建

教师评价事关教师发展方向，有什么样的评价指挥棒，就有什么样的教师发展。金华职业技术学院作为教育部"高校教师考核评价改革示范校"（全国共 40 所高校，高职院校仅 2 所），积极探索教师的分层分类考核评价，在加强师德考核力度，突出教育教学业绩，完善科研评价导向，重视社会服务考核，引领教师专业发展等方面进行了有益探索，建立了以贡献、能力与实绩为导向的多元教师评价标准，创设了教师教学业绩工作考核、"双师"能力考核、专业技术职务评聘、岗位聘期考核4项常态化、周期性考核评价项目，以及单项性、发展性或针对特殊群体的不定期、多元化的考核评价项目，构建了"4+X"教师考核评价机制，如图6-4所示。

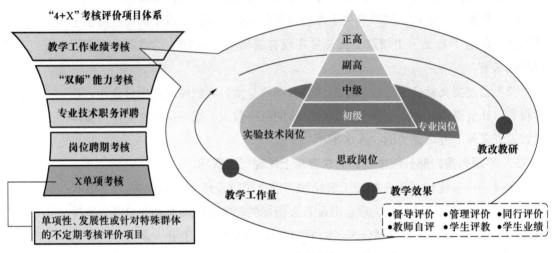

图6-4 "4+X"教师考核评价体系

一、教学工作业绩考核

为贯彻落实教育部"师德为先、教学为要、科研为基、发展为本"和分类指导、分层次考核的高等学校教师考核评价基本要求，注重教师能力、实绩和贡献评价，努力建设有理想信念、有道德情操、有扎实学识、有仁爱之心的党和人民满意的高素质专业化教师队伍，根据《深化新时代教育评价改革总体方案》《关于加强新时代高校教师队伍建设改革的指导意见》《浙江省高等学校教师教学工作业绩考核指导性意见（试行）》等文件精神，金华职业技术学院修订了《教师教学工作业绩考核办法》（2021年），对教师教学工作业绩实行分类分层考核评价。

（一）考核基本要求

（1）考核是为了激励、督促教师认真履行职责，合理评价教师在教学基本建设、教学研究、教学改革及育人工作等方面的工作业绩，为其晋升、聘任、评优、培养、绩效工资计算提供依据。

（2）考核坚持客观公正、民主公开、注重实绩、方便操作的原则，考核的重点是教师工作实绩。

（3）考核对象为普通教师岗位、思政教师岗位、实验技术岗位三类专业技术岗位人员，按正高级、副高级、中级、初级及以下4个层次实行分类分层考核。其中，思政教师岗位按主体承担课程归入公共基础学院的形势与政策、学生处的心理健康教育和就业处（创业学院）的职业生涯规划、创业教育4个课程组。

（4）考核以教师任期岗位职责及年度教学工作任务为依据。

（5）普通教师岗位（含职能部门相应双肩挑教师）教学工作业绩考核结果以学院为单位排序后划分为A、B、C、D、E五档；思政教师岗位（含职能部门相应双肩挑教师）教学工作业绩考核结果以相关学院为单位排序后划分为A、B、C、D、E五档；实验技术岗位（含职能部门相应双肩挑教师）教学工作业绩考核结果由教务处统一排序后划分为A、B、C、D、E五档。

（6）师德考核实行一票否决制与扣分制。

（二）考核指标体系

具体考核指标体系如表6-4所示。

表6-4　教学工作考核指标体系

一级指标	二级指标	普通教师岗位		思政教师岗位		实验技术岗位	
		分值	考核单位	分值	考核单位	分值	考核单位
教学工作量（30%）	教学工作量	30	各学院	30	公共学院、学生处或就业处（创业学院）	30	各学院
教学效果（50%）	督导评价	10	各学院	10		10	各学院
	管理评价	10	各学院	10		30	各学院
	同行评价	5	各学院	5		5	各学院
	教师自评	5	教师个人	5	教师个人	5	教师个人
	学生评教	10	各学院	10	公共或创业学院	—	—
	网络教学	10	各学院	10		—	—
教改教研（20%）	教改教研	20	各学院	20		20	各学院

注：教师获省级及以上荣誉、奖励以及指导学生获省级及以上奖励的实行加分。

（三）考核项目

1. 教学工作量

教学工作量以《教学工作量计算实施方法》为依据计算，仅指相应的课程教学类工作量。普通教师岗位基本教学工作量为 360 标准课时 / 年，各学院可视实际情况（如教学为主型、教学科研并重型、科研为主型、社会服务与推广型等的不同）上下浮动 20%，浮动标准报教务处备案；思政教师岗位基本教学工作量为 64 标准课时 / 年，相关学院可视实际情况上下浮动 15%，浮动标准报教务处备案；实验技术岗位基本教学工作量为 80 标准课时 / 年，实验技术岗位本职工作量（包括实验实训准备、实验实训基地建设与管理、资产和耗材管理、社会服务等常规工作和教学辅助工作等）的计算办法或标准由各学院自行制订，报教务处备案；兼任教师基本教学工作量为 80 标准课时 / 年，教学工作量不足的，每少 2 课时扣 1 分。教学工作量和科研工作量原则上不相互抵算，但为兼顾高水平科研成果的产出，对取得高层次科研成果奖和科研项目的可在立项或获奖后 3 年内统筹用于抵算教学工作量，但抵算的比例不超过相应岗位基本教学工作量的 50%，且仅限于项目负责人。根据规定，国家级、省部级和厅局级奖最多可抵算 540 标准课时、360 标准课时和 135 标准课时；国家级和省部级科研项目最多可抵算 540 标准课时和 360 标准课时；当年横向科研到款累计达 50 万元及以上的最多可抵算当年 180 标准课时。

2. 教学效果考核

教学效果考核包括督导评价、管理评价、同行评价、教师自评、学生评教、网络教学 6 个方面。学校对每一方面的评价级差、扣分标准、分数比例控制等都做了明确规定，如普通教师岗位、思政教师岗位管理评价级差为 1 分，高于 8 分的比例不超过 60%。同行评议级差为 0.5 分，高于 4 分的比例不超过 60%。最终教学效果得分为前六项之和。但若存在以下情况，考核为 E 档。

（1）督导评价、管理评价、学生评教三部分有一项得分不足 4 分或同行评价得分不足 2 分的。

（2）违反国家法律法规被公检法部门认定有过错的，在课堂传播违法、有害观点和言论的。

（3）因违反教学工作规范给予警告以上处分的。

（4）无正当理由不接受学院、专业、课程组安排的工作的。

（5）教学效果得分低于 30 分的。

3. 教改教研

学校制订了教师教改教研业绩点计算方法和考核标准，详见表 6-5、表 6-6。

对于业绩点超出考核标准部分，项目主持人或论文第一作者的教学改革与研究业绩点按80%结转到下一年，折完为止，其余人员不结转。业绩点达不到考核标准的，根据实际业绩点的比例折算成考核分值。

表6-5 教师教改教研业绩点量化标准

项目	具体内容及业绩点标准					
专业建设与教学改革综合项目（分/个）	等级	国家级		省级	校级	所列数值为业绩点总额，由项目负责人按贡献进行分配，各成员业绩点不超过总额的40%，经学院审核后认定
	获批	1 200		900	300	
	推荐	300		240	150	
新专业申报	学校推荐100分，获批200分					
基地建设	等级	国家示范	国家资助	省级	校级示范	校级合格
	校外	600	450	200	150	60
	校内	600	450	200	150	60
课程类建设项目（分/门）	等级	国家级		省级	教指委	校级
	获批	1 200		600	600	300
	推荐	300		150	150	150
教学研究课题		国家级	省部级	厅局级	市校级	
		1 800	600	180	60	
网络教学资源	全部上网10分/课程，课程资源更新达到要求5分/课程（检查不达标的不计分）					
教学研究论文	高等教育中文类核心刊物		100			
	其他公开发行（ISSN）刊物		30			
教材编写	类别（分/万字）	20万字以内（执笔）	超20万字部分（执笔）	主编（译审）（非执笔）	副主编（译审）（非执笔）	
	国家级规划教材/优秀教材	10	8	3	1	
	省级规划教材/优秀教材	5	4	0.6	—	

项目	具体内容及业绩点标准					
教材编写	工学结合教材	4	3	0.6	—	1. 所列为获一等（最高）奖的业绩点总额，获二等奖以后每隔1位递减50%； 2. 由项目负责人按贡献进行分配，各成员业绩点不超过总额的40%，经学院审核后认定
	其他教材	3	2.5	—	—	
	教学讲义（一门课）	2	1.5	—	—	
教学成果奖	等级	国家级	省部级	厅局级	市局级	校级	
	一	6 000	2 400	1 200	300	180	
教研论文、教材获奖	等级	国家级	省部级	厅局级	市局级	校级	
	一	1 200	600	450	210	105	

项目		国家级Ⅰ类	国家级Ⅱ类	省部级	厅局级	市局级	校级	
参赛获奖	等级	国家级Ⅰ类	国家级Ⅱ类	省部级	厅局级	市局级	校级	
	本人获奖	1 200	600	300	150	60	30	
	指导学生获奖	300	150	75	45	30	15	

注：国家级Ⅰ类竞赛：全国职业院校技能大赛，人力资源和社会保障部或全国大学生科技竞赛委员会组织的全国性大赛、世界技能大赛全国选拔赛，"互联网+"大学生创新创业大赛，以及浙江省大学生科技竞赛委员会认定的国家级学科竞赛、全国"挑战杯"大学生课外学术科技作品竞赛与创业计划大赛为Ⅰ类。

国家级Ⅱ类竞赛：纳入全国普通高校大学生竞赛排行榜的其他赛项，以及由国务院人力资源和社会保障部等部委举办的全国性竞赛为Ⅱ类。

表6-6　教师教改教研业绩点考核标准

类别		业绩点			
		正高级	副高级	中级	初级及以下
教改教研	专任教师（点/年）	80	60	20	10
	兼任教师（点/年）	40	30	10	

4. 加分项目

加分项目主要针对教师获省级及以上荣誉、奖励及指导学生获省级及以上奖励，如以下4种情况。

（1）获得国家精品在线开放课程、SPOC课程、国家规划教材、教学名师、教学团队、教改项目、科研项目、省级及以上教学成果奖的教师加5分。如有团队的其后按序加 4、3、2、1 分，排名第五后不加分。

（2）获得省级精品在线开放课程、SPOC 课程、重点教材、教学名师、教学团队、教改项目、科研项目的教师加 3 分。如有团队的其后按序加 3、2、1、1分，排名第五后不加分。

（3）教师参加省级及以上教师教学能力竞赛，获得国家一等奖得 5 分，省级一等奖或国家二等奖得 4 分，省级二等奖或国家三等奖得 3 分，省级三等奖得 2分。对于 2 人以上参加同一项目（队）的按比例分配上述分值的 1.5 倍，2 人按6：4，3 人按 5：3：2，4 人按 4：3：2：1，5 人按 4：3：1：1：1 的比例分配。

（4）指导学生参加省级以上一类学生科技竞赛，获得国家一等奖得 5 分，省级一等奖或国家二等奖得 4 分，省级二等奖或国家三等奖得 3 分，省级三等奖得 2 分。二类学生科技竞赛按相应等级降一级赋分。对于 2 人以上指导同一项目（队）的按比例分配上述分值的 1.5 倍，其中 2 人按 6：4，3 人按 5：3：2，4 人按 4：3：2：1，5 人按 4：3：1：1：1 的比例分配。

二、“双师双能”认定

（一）“双师”发展历程

金华职业技术学院一直重视“双师型”教师队伍建设。2005 年就实施了“双师”素质教师培养工程，要求全校教师“双师”素质比例达到 80% 以上，具备讲师以上 + 技术职称 / 应用成果 / 工作培训经历 / 实践业绩条件的教师都可以申请“双师”素质教师，并给予一次性奖励。2011 年，学校调整了“双师”素质奖励政策，优化了教师队伍结构层次，扩大了教师企业经历时限，规范了双培基地建设标准，提高了师资培训经费比例。2014 年，学校出台了《加强“双师”教师队伍建设实施意见》，优化了“双师”顶层设计，改革了“双师”引进机制，推进了教师社会实践锻炼，拓展了教师培训进修渠道。2017 年，学校提出了“双师双能”的概念，先行在机电、建工两个学院开展“双师双能型”教师认定试点工作。2019 年，为适应产业转型升级、技术革新和高职教育的创新发展对教师教学、科研和社会服务能力提出的新要求，学校在专任教师普遍具备“双师型”要求的基础上，按照“专业为主、专兼结合”原则，全面开展教师“双师双能”认定工作，并将教师“双师双能”认定结果纳入专业技术职务评聘申报条件的基本要求之中，为培养创新型、复合型、发展型技术技能人才提供了重要的师资保障。

（二）认定对象

学校在编在岗（含人事代理人员）、受聘教师系列（不含思政教师和公共课教师）中级以上专业技术岗位的人员，必须参加所在专业的"双师双能"认定。实验系列岗位人员也可参加认定。

（三）认定条件

1. 基本条件

（1）热爱高等教育事业，治学严谨，为人师表，具有良好的思想政治品质和职业道德。

（2）从事本专业教学工作3年以上，近3年教学业绩考核等级均在C等以上。

2. "双师双能"条件

在具备基本条件的基础上，近5年内，满足下列条件之一。

（1）取得与所从事教学工作相关的职业资格（含相关行业从业资格证书、特许资格证书、技能等级证书、技能等级考评员资格等），或执业资格证书。

（2）个人获得相关专业省级一类竞赛二等奖以上奖项1项，或作为指导教师指导学生参加政府部门组织的学科技能竞赛并获省级一等奖及以上奖项1项。

（3）有两年以上（可以累计）脱产在企业一线本专业实际工作经历。

（4）主持2项或主要参与3项应用技术研究，成果已被企业使用，效益良好。

（5）主持2项或主要参与3项校内实践教学设施建设或提升技术水平的设计安装工作，使用效果良好，在省内同类院校中居先进水平。

（6）参加国家部委或行业职业教育指导委员会组织的教师专业技能培训获得合格证书，能全面指导学生专业实践实训活动。

三、专业技术职务评聘

（一）专业技术职务评聘发展背景

浙江省高校岗位设置管理具有较强的灵活性，主要得益于两方面的有益探索。

1. 适时动态调整岗位结构比例

2010年，浙江省人力资源和社会保障厅印发了《浙江省部分行业事业单位专业技术岗位结构比例控制标准（试行）》（浙人社发〔2010〕165号），根据高等职业院校发展等级将之分为示范性高职院校和一般高职院校，并明确了不同层次学校的岗位结构比例，如表6-7所示。为进一步深化高校人事制度改革，合理配置高校人才资源，充分发挥教学科研人员积极性，2017年9月，浙江省人力资源和社会保障厅印发了《关于完善高校专业技术岗位结构比例调控的通知》（浙人社发〔2017〕105号），明确规定高校专业技术高级岗位结构比例控制标准由省人社厅会同省教育厅负责确定，专业技术中级、初级岗位则由高校自主设置管理，并大幅度提高了高等职业院校专业技术高级岗位的比例，重点暨优质建设高职院校、高等专科学校正副高分别不高于14%、29%，一般高职院校正副高分别不高于12%、29%，大幅增加了高职院校教师职称评聘的额度，如表6-8所示。此外，高校引进顶尖人才和紧缺高层次人才，可申请设立特设岗位，不受岗位总量、结构比例和岗位等级限制。

表6-7　浙江省高等职业院校专业技术岗位结构比例控制标准

单位类别	高级岗位 /%		中级岗位 /%	初级岗位 /%
	正高	副高		
示范性高职院校	8	27	50	15
一般高职院校	6	26	50	18

表6-8　浙江省高等职业院校专业技术高级岗位比例控制标准

学校类别	专业技术高级岗位比例 /%	
	正高	副高
重点暨优质建设高职院校	≤ 14	≤ 29
高等专科学校		
一般高职院校	≤ 12	≤ 29

2. 推进专业技术职务评聘改革

2014年3月，浙江省教育厅、人社厅下发了《关于深化高校教师专业技术职务评聘制度改革的意见》（浙教高科〔2014〕28号），提出落实高校办学和用人自主权，在优化岗位管理的基础上，深入探索建立分类评价、分类管理和高校自主评聘、政府宏观管理监督的高校教师专业技术职务评聘制度，形成竞争择优、能上能下，优秀人才脱颖而出的用人机制。这意味着浙江省各高校从2014年起全面开展教师各级职务自主评聘工作，在一定程度上凸显了高职院校在专业技术职务评审中的自主权。

（二）金华职业技术学院专业技术职务评聘改革

1. 自主评聘

学校以《关于深化职称制度改革的实施意见》《高校教师职称评审监管暂行办法》及有关高校专业技术职务评审的政策精神为指导，根据学校专业技术队伍岗位数、结构比例现状和学校内涵发展的需要，结合办学特色和专业特点，自

2014 年起全面开展教师各级职务自主评聘工作。

2. 分类评价

为体现职业教育教师专业技术职务评聘特点，学校秉承"人尽其才、才尽其用"的理念，将教师划分为教学为主型、科研为主型、教学科研型、社会服务与推广型 4 种类型，为教师提供不同的职业发展平台与通道。

（1）教学为主型是指较长时间从事教学工作，特别是从事基础课、公共课教学，承担的教学工作量在学校同类教师平均水平以上，注重教学改革与研究，同时承担一定科研工作的教师。

（2）科研为主型是指具有较为稳定的研究方向（领域），在完成基本的教学任务外，主要承担科学研究或企业技术服务工作的教师。

（3）教学科研并重型是指介于教学为主型与科研为主型之间的教师，其教学工作量处于学校同类教师平均水平，同时承担一定的科研工作。

（4）社会服务与推广型是指主要承担技术咨询与推广、公共政策支持、医疗服务与教育培训、艺术创作与推广等社会服务工作，并完成基本教学任务的教师。

根据不同的分类，学校制定了不同的业绩标准，以教师专业技术职务申报为例进行说明，如表 6-9 所示。在具体的评聘工作中，学校将评价重心向有利于技术技能人才成长的方向转变，建立了"基本条件 + 代表性成果"的分类评价标准，且不同类型教师工作业绩的权重不同，如"教学为主型"教师业绩考量的重心是教学，教学工作权重占比最高；"科研为主型"教师则主要考量其科研业绩，以"项目 + 论文"为主；对"社会服务与推广型"的教师，则弱化论文要求，重点考量其团队服务社会的业绩，详见表 6-10。

表 6-9　教师专业技术职务申报业绩要求

层次	类别			
	教学为主型	教学科研型	科研为主型	社会服务与推广型
教授	1. 近 5 年教学工作业绩考核均在 B 级以上，其中，A 级累计不少于 2 次。 2. 省部级以上教改或教学科研项目 1 项。	1. 近 5 年教学工作业绩考核均在 C 级以上，其中，B 级累计不少于 2 次。 2. 省部级以上教学、教改或科研项目 1 项。	1. 近 5 年教学工作业绩考核均在 C 级以上。 2. 国家级或省部级重大科研项目 1 项。	1. 近 5 年教学工作业绩考核均在 C 级以上。 2. 自然科学类：省科技成果转化奖 1 项，或累计横向科研到校经费 100 万元以上，其中有一单项到校经费不低于 30 万元，或科技成果转化到校经费 30 万元以上。

层次	类别			
	教学为主型	教学科研型	科研为主型	社会服务与推广型
教授	3.发表专业论文3篇，其中，在学校期刊目录的国内人文社科权威级、国内一级期刊发表1篇，国内核心学术期刊发表1篇。专著、主编国家规划或省重点教材1部相当于论文1篇。 4.具有以下成果之一： （1）参与省级教学质量工程项目1项（排名前二）； （2）参与国家级教学质量工程项目1项（排名前三）； （3）获省级教学成果奖1项（排名前五）； （4）获国家级教学成果奖1项（排名前七）； （5）获教师教学类竞赛省级三等奖以上奖项； （6）公共基础课教师获通识教育相关省级三等奖以上奖项； （7）入选省级以上人才项目	3.发表专业论文3篇，其中，在学校期刊目录的国内人文社科权威级、国内一级期刊发表1篇，国内核心学术期刊发表1篇。专著、主编国家规划或省重点教材1部相当于论文1篇。 4.具有以下成果之一： （1）获教学或科研成果奖1项（市级第一、厅局级前三、省部级前五、国家级前七）； （2）获厅局级一等奖以上论文奖1项； （3）授权发明专利或实用新型专利1件； （4）转化和推广科技成果1项且创造经济效益超50万元； （5）获教师教学类竞赛省级三等奖以上奖项； （6）入选省级以上人才项目	3.发表专业论文3篇且均在学校期刊目录的国内人文社科权威级、国内一级期刊发表。专著1部相当于论文1篇。 4.具有以下成果之一： （1）获科研成果奖1项（厅局级第一、省部级前三、国家级前五）； （2）授权发明专利2件； （3）转化和推广科技成果1项且创造经济效益超100万元； （4）入选省级以上人才项目	社会科学类：研究成果发表在《人民日报》《光明日报》《经济日报》《求是》等国家级媒体1篇，或成果获省部级领导批示，或累计横向科研到校经费50万以上，其中有一单项到校经费不低于25万元。 3.发表专业论文3篇。专著、主编国家规划或省重点教材1部相当于论文1篇
副教授	1.近5年教学工作业绩考核均在B级以上，其中，A级不少于1年。 2.厅局级以上教改项目或教学相关的科研项目1项。	1.近5年教学工作业绩考核均在C级以上，其中，B级累计不少于两年。 2.厅局级项目1项。	1.近5年教学工作业绩考核均在C级以上。 2.省部级项目1项；或厅局级重点或重大项目2项。	1.近5年教学工作业绩考核均在C级以上。 2.自然科学类：累计横向科研到校经费50万元，其中有一单项到校经费不低于20万元，或科技成果转化且到校经费20万元。

第三节　高职教育教师评价的体系构建

层次	类别			
	教学为主型	教学科研型	科研为主型	社会服务与推广型
副教授	3. 发表专业论文 2 篇，其中，在学校期刊目录的国内人文社科权威级、国内一级期刊发表 1 篇，或学校期刊目录的国内核心学术期刊发表 2 篇。专著、主编国家规划或省重点教材 1 部相当于论文 1 篇。 4. 具有以下成果之一： （1）参与省级教学质量工程项目 1 项（排名前三）； （2）参与国家级教学质量工程项目 1 项（排名前五）； （3）获得省级教学成果奖 1 项（排名前七）； （4）获得国家级教学成果奖 1 项（排名前十）； （5）获得教师教学类竞赛市级三等奖以上奖项 1 项； （6）公共基础课教师获通识教育相关市级三等奖以上奖项 1 项； （7）入选市级以上人才项目	3. 发表专业论文 2 篇，其中，在学校期刊目录的国内人文社科权威级、国内一级期刊发表 1 篇，或学校期刊目录的国内核心学术期刊发表 2 篇。专著、主编国家规划或省重点教材 1 部相当于论文 1 篇。 4. 具有以下成果之一： （1）获教学或科研成果奖 1 项（市级前三、厅局级前五、省部级前七、国家级前十）； （2）获厅局级二等奖以上论文奖 1 项； （3）授权外观设计专利或软件著作权 1 件； （4）转化和推广科技成果 1 项且创造经济效益超 30 万元； （5）获教师教学类竞赛市级三等奖以上项 1 项； （6）入选市级以上人才项目	3. 发表专业论文 2 篇且均在学校期刊目录的国内人文社科权威级、国内一级期刊发表。专著 1 部相当于论文 1 篇。 4. 具有以下成果之一： （1）获科研成果奖 1 项（排名市级第一、厅局级前三、省部级前五、国家级前七）； （2）授权国内外发明专利 1 件，或实用新型专利 2 件，或软件著作权 4 件； （3）转化和推广科技成果 1 项以上且创造经济效益超 50 万元； （4）入选市级以上人才项目	社会科学类：研究成果发表在《浙江日报》等省级媒体 1 篇，或横向科研到校经费 25 万元，其中有一单项到校经费不低于 15 万元。 3. 发表专业论文 2 篇。专著或主编教材 1 部相当于论文 1 篇
讲师	1. 近 4 年教学工作业绩考核均在 C 级以上，其中，B 级不少于 1 年。 2. 市级或校级项目 1 项，或参与教科研项目 1 项（厅局级前三、省部级以上前五），或累计横向科研到校经费自然科学类 5 万元、社会科学类 3 万元。 3. 在学术期刊上公开发表专业论文 2 篇。 4. 获教师教学能力竞赛省级三等奖以上奖项或指导学生获得省级一类竞赛三等奖以上奖项，可视同第 2 条业绩一项			

注：1.教学工作量包括由学校教务部门安排的、在人才培养方案（含纳入在校生管理的成人教育）

第六章　高职教育教师发展的特征与路径

内的教师讲授课程和承担实践性教学（含实验、实习、课程设计、毕业教学环节等）的工作量。教学为主型要求近五年原则上不低于360学时/年，教学科研型要求近五年原则上不低于240学时/年，科研为主型要求近五年原则上不低于120学时/年，社会服务与推广型要求近五年原则上不低于120学时/年，双肩挑人员教学工作量减半。

2. 教学质量工程项目包括教育行政部门组织的精品课程、精品开放课程、重点教材、规划教材、资源库等建设项目。

3. 在《中国高教研究》发布的教育类核心期刊发表的论文，可视同国内一级学术期刊论文。

4. "教学为主型"申报业绩中SSCI收录论文可视同国内一级学术期刊论文；"教学科研并重型""科研为主型"申报业绩中SCI、EI、SSCI收录论文可视同国内一级学术期刊论文。

5. 个人获得教师教学能力竞赛国家级一等奖1项可视同国内一级学术期刊论文1篇，同一获奖项目不得重复使用。

6. 公共体育、艺术类教师个人或指导学生参加竞赛的类别、级别认定标准，按照学校《教职工高层次项目奖励实施办法》文件规定执行。

表6-10　不同类型教师工作业绩考核权重

条件要求	教学为主型/%	科研为主型/%	教学科研型/%	社会服务与推广型/%
发展经历	5	5	5	5
教学工作	45	15	30	15
论文著作	10	15	10	5
教科研项目及获奖	15	40	30	15
育人/获奖/人才项目	15	15	15	15
团队/服务	10	10	10	45

四、岗位聘期考核

为更加全面地评价教职员工德才表现和工作实绩，进一步强化学校岗位设置管理，健全科学合理的岗位聘期考核评价机制，金华职业技术学院出台了《岗位聘期考核实施办法（修订）》，将专业技术岗位聘期考核与专业技术职务评聘并轨，建立分层分类的岗位业绩评价标准，实行专业技术岗位动态聘任，形成了"岗位能上能下、人员能进能出、待遇能高能低"的灵活用人机制，很好地激发和保持了全校教职员工的创造活力。

（一）考核原则

（1）集中与分级相结合。学校全面统筹安排聘期考核工作，二级单位具体落实相关工作，实行分级负责和管理。

（2）全面与重点相结合。全面考核教职工的师德师风，以及教书育人、科研服务等业绩，坚持师德为先，严格执行师德师风一票否决制。

（3）类型与层次相结合。根据不同类型、不同层次的岗位特点，制定与岗位类型层级相匹配的评价指标体系，采用定性和定量相结合的方式，实施分类分层考核。

（4）聘期与年度相结合。实施聘期业绩的年度审核，注重教职工年度考核与聘期考核关联性，强化聘期考核的过程管理。

（5）考核与奖惩相结合。坚持考核评价为主，奖惩为辅，促进人员分类发展和岗位绩效改进，建立健全考核评价与人员能上能下的流转机制。

（二）考核标准

学校根据专业技术岗位、管理岗位和工勤岗位，分别设立了不同的考核标准。这里主要介绍专业技术岗位中的教师岗位和思政教师岗位的考核标准。

1. 基本要求

教师岗位：承担1门以上课程的教学工作；教学工作量每年都在240课时以上或年均300课时以上；教学工作业绩考核每年均在C级以上；年度考核每年均在合格以上。

思政教师岗位：承担学生管理、思想政治教育、招生、就业、创业等工作；承担1门学生思政类课程的教学；教学工作量每年均在64课时以上；教学工作业绩考核每年均在C级以上；年度考核每年均在合格以上。

2. 业绩要求

各类各级专业技术岗位人员至少应完成《专业技术人员岗位聘期考核业绩要求》中对应的1项业绩。如无特殊说明，业绩均为第一作者或第一完成人，且第一单位为在金华职业技术学院聘期内取得的成果。业绩（如学术论文、教科研项目、教科研成果等）应与所聘岗位相匹配。教师岗位和思政教师岗位聘期考核业绩要求，详见表6-11和表6-12。

表6-11 专业技术人员岗位聘期考核业绩要求（教师岗位）

序号	项目	类别		正高	副高	中级	初级
1	教学业绩	优质教学		每年教学工作量360学时以上，教学工作业绩考核2A1B		每年教学工作量360学时，教学工作业绩考核2A	
2		指导竞赛	国家级一类	二等奖排名前二	二等奖排名前二或三等奖	三等奖排名前二	三等奖排名前三
3			国家级二类	—	二等奖		三等奖

序号	项目	类别		正高	副高	中级	初级
4	教学业绩	指导竞赛	省级一类	一等奖排名前二	一等奖排名前二或二等奖	二等奖排名前二	二等奖排名前三
5			省级二类	—	—	一等奖	二等奖
6			市级	—	—	—	一等奖
7		体育教师作为主教练指导体育竞赛	国家级	团体项目排名前6或个人项目排名前三	团体项目排名前十二或个人项目排名前八	前十二	
8			省级	团体项目排名前三或个人项目排名第一	团体项目排名前六或个人项目排名前三	前八	
9			厅局级	—	团体项目排名前三或个人项目排名第一	前六	前八
10		指导艺术类竞赛	国家级	二等奖	三等奖	优秀奖	
11			省级	—	一等奖	二等奖	三等奖
12		综合教改项目	国家级	排名前二	排名前三	排名前四	排名前五
13			省级	主持	排名前二	排名前三	排名前四
14			校级	—	主持2项	主持	排名前二
15		单项教改项目	国家级	主持		排名前三	排名前四
16			省级	主持		排名前二	排名前三
17			校级	—	—	主持2项	主持
18		教材		以主编（排名第1）立项国家级教材1部	以主编（排名第1）立项省级教材1部	以主编（排名第1）出版校本教材1部	
19		教师竞赛获奖	国家级	二等奖		三等奖	
20			省级	一等奖		二等奖	三等奖
21			校级	—	—	一等奖	二等奖
22			职业生涯规划教师技能大赛	省一等奖	省三等奖	校级一等奖	校级三等奖
23			思政微课大赛	省特等奖	省一等奖	省三等奖	校二等奖

序号	项目	类别		正高	副高	中级	初级
24	教学业绩	教学成果奖	国家一等	排名前九	排名前十	排名前十一	排名前十二
25			国家二等	排名前七	排名前八	排名前十	排名前十二
26			省级一等	排名前七	排名前八	排名前十	排名前十二
27			省级二等	排名前五	排名前六	排名前八	排名前十
28			校级	—	主持	排名前二	排名前三
29	科研业绩	课题	国家级	排名前三	排名前五	排名前七	
30			省部级	主持	排名前三	排名前五	
31			厅局级	—	主持	排名前三	排名前五
32			市级	—	—	主持	排名前三
33			校级	—	—	—	主持
34		横向到款		累计到款 30 万元（自然科学类）或 15 万元（社会科学类）	累计到款 20 万元（自然科学类）或 10 万元（社会科学类）	累计到款 12 万元（自然科学类）或 6 万元（社会科学类）	累计到款 5 万元（自然科学类）或 2 万元（社会科学类）
35		知识产权		发明专利 1 件	实用新型专利 1 件	外观设计专利或软件著作权 1 件	
36		专利转化		专利转化 1 件且到校经费 10 万元	专利转化 1 件且到校经费 5 万元	专利转化 1 件且到校经费 2.5 万元	
37		论文		《金华职业技术学院版期刊目录》一级期刊论文 1 篇，或 SCI、EI、SSCI 收录论文 1 篇，人大复印资料（学术专题期刊）全文转载论文 1 篇，或 18 家高等教育核心期刊论文 1 篇	《金华职业技术学院版期刊目录》核心期刊论文 1 篇	高等院校学报论文 1 篇	论文 1 篇
38		专著/著作		以第 1 作者正式出版专著 1 部	以第 1 作者出版著作 1 部	以第 2 作者出版著作 1 部	以第 3 作者出版著作 1 部

第六章　高职教育教师发展的特征与路径

序号	项目	类别		正高	副高	中级	初级
39	科研业绩	新品种、新产品、新技术		通过省级审定，或通过验收1项	申报立项省级新产品1项		
40		标准制定		国家或行业标准	地方标准	地方标准（排名前二）	地方标准（排名前三）或企业标准
41		成果获奖	国家二等	排名前七	排名前十		
42			省部级	二等奖排名前五或三等奖排名前三	二等奖排名前九或三等奖排名前七		
43			厅局级	二等奖	三等奖	参与	
44			市级	—	—	主持	参与
45	育人成果	指导学生实践团队		—	省级优秀团队	市级优秀团队	校级优秀团队
46		省新苗计划项目		—	—	立项1项	
47		指导学生社团		—	省级优秀社团	市级优秀社团	校"十佳社团"或"优秀社团"
48	团队、平台建设	优秀教学团队		国家级排名前五或省级排名第一	国家级排名前七或省级排名前三	国家级排名前十或省级排名前五	省级团队成员
49		重点平台（学科）		省部级排名前五或厅局级排名前三	省部级排名前七或厅局级排名前五	参与	
50		重点创新团队		省部级排名前五或厅局级排名前三	省部级排名前七或厅局级排名前五	参与	
51	其他	成果批示、采纳		党委、人大、政府、政协序列的地厅级以上现职领导或单位的肯定性批示、采纳的研究报告或政策建议1项			
52		教学、实验设备研制、改进		—	作为负责人通过厅局级鉴定1项		

序号	项目	类别	正高	副高	中级	初级
53	其他	高职院校骨干教师培训项目	作为负责人首次申报国培项目立项或连续三年为国培项目负责人	作为负责人首次申报省培项目立项或连续三年为省培项目负责人	作为负责人首次申报校培项目立项或连续三年为校培项目负责人	
54		学术文章（800字以上）	人民日报、光明日报、中国教育报发表学术文章1篇	浙江日报、浙江教育报发表学术文章1篇	—	

表 6-12　专业技术人员岗位聘期考核业绩要求（学生思政教师岗位）

序号	项目	类别		正高	副高	中级	初级
1	教学业绩	优质教学		每年教学工作量120学时以上，教学工作业绩考核2A1B		每年教学工作量120学时，教学工作业绩考核2A	
2		指导竞赛	国家级一类	二等奖排名前二	二等奖排名前二或三等奖	三等奖排名前二	三等奖排名前三
3			国家级二类	—	二等奖		三等奖
4			省级一类	一等奖排名前二	一等奖排名前二或二等奖	二等奖排名前二	二等奖排名前三
5			省级二类	—	—	一等奖	二等奖
6			市级	—	—	—	一等奖
7		作为主教练指导体育竞赛	国家级	团体项目排名前六或个人项目排名前三	团体项目排名前十二或个人项目排名前八	前十二	
8			省级	团体项目排名前三或个人项目排名第一	团体项目排名前六或个人项目排名前三	前八	

第六章　高职教育教师发展的特征与路径

序号	项目	类别		正高	副高	中级	初级
9	教学业绩	作为主教练指导体育竞赛	厅局级	—	团体项目排名前三或个人项目排名第一	前六	前八
10		指导艺术类竞赛	国家级	二等奖	三等奖	优秀奖	
11			省级	—	一等奖	二等奖	三等奖
12		综合教改项目	国家级	排名前二	排名前三	排名前四	排名前五
13			省级	主持	排名前二	排名前三	排名前四
14			校级	—	主持2项	主持	排名前二
15		单项教改项目	国家级	主持		排名前三	排名前四
16			省级	主持		排名前二	排名前三
17			校级	—	—	主持2项	主持
18		教材		以主编（排名第1）立项国家级教材1部	以主编（排名第1）立项省级教材1部	以主编（排名第1）出版校本教材1部	
19		教师竞赛获奖	国家级	二等奖		三等奖	
20			省级	一等奖		二等奖	三等奖
21			校级	—	—	一等奖	二等奖
22			职业生涯规划教师技能大赛	省一等奖	省三等奖	校级一等奖	校级三等奖
23			思政微课大赛	省特等奖	省一等奖	省三等奖	校二等奖
24		教学成果奖	国家一等	排名前九	排名前十	排名前十一	排名前十二
25			国家二等	排名前七	排名前八	排名前十	排名前十二
26			省级一等	排名前七	排名前八	排名前十	排名前十二
27			省级二等	排名前五	排名前六	排名前八	排名前十
28			校级	—	主持	排名前二	排名前三

序号	项目	类别		正高	副高	中级	初级
29	科研业绩	课题	国家级	排名前三	排名前五	排名前七	
30			省部级	主持	排名前三	排名前五	
31			厅局级	—	主持	排名前三	排名前五
32			市级	—	—	主持	排名前三
33			校级	—	—	—	主持
34		知识产权		发明专利1件	实用新型专利1件	外观设计专利或软件著作权1件	
35		专利转化		专利转化1件且到校经费10万元	专利转化1件且到校经费5万元	专利转化1件且到校经费2.5万元	
36		论文		《金华职业技术学院版期刊目录》一级期刊论文1篇，或SCI、EI、SSCI收录论文1篇，人大复印资料（学术专题期刊）全文转载论文1篇，或18家高等教育核心期刊论文1篇	《金华职业技术学院版期刊目录》核心期刊论文1篇	高等院校学报论文1篇	论文1篇
37		专著/著作		以第1作者正式出版专著1部	以第1作者出版著作1部	以第2作者出版著作1部	以第3作者出版著作1部
38		成果获奖	国家二等	排名前七	排名前十		
39			省部级	二等奖排名前五或三等奖排名前三	二等奖排名前九或三等奖排名前七		
40			厅局级	二等奖	三等奖	参与	
41			市级	—	—	主持	参与
42	育人成果	辅导员项目		国家级获奖	省二等奖	校级一等奖	校级获奖
43		指导学生实践团队		—	省级优秀团队	市级优秀团队	校级优秀团队
44		省新苗计划项目		—	—	立项1项	

第六章 高职教育教师发展的特征与路径

序号	项目	类别	正高	副高	中级	初级
45	育人成果	指导学生社团	—	省级优秀社团	市级优秀社团	校"十佳社团"或"优秀社团"
46		指导学生参加其他育人活动（不含艺术类）	—	省级二等奖	市级二等奖	校级一等奖
47	团队、平台建设	优秀教学团队	国家级排名前五或省级排名第一	国家级排名前七或省级排名前三	国家级排名前十或省级排名前五	省级团队成员
48		重点创新团队	省部级排名前五或厅局级排名前三	省部级排名前七或厅局级排名前五	参与	
49		品牌建设	主持国家级品牌项目	国家级品牌项目排名前三或省级项目主持	省级品牌项目排名前三或市级、校级项目主持	省级品牌项目排名前五或校级主持
50	其他	成果批示、采纳	党委、人大、政府、政协序列的地厅级以上现职领导或单位的肯定性批示、采纳的研究报告或政策建议 1 项			
51		高职院校骨干教师培训项目	作为负责人首次申报国培项目立项或连续三年为国培项目负责人	作为负责人首次申报省培项目立项或连续三年为省培项目负责人	作为负责人首次申报校培项目立项或连续三年为校培项目负责人	
52		学术文章（800 字以上）	人民日报、光明日报、中国教育报发表学术文章 1 篇	浙江日报、浙江教育报发表学术文章 1 篇	—	

（三）考核结果应用

1. 聘期考核合格的，同等条件下，优先聘任原岗位。

2. 聘期考核不合格的，按岗位等级逐级低聘，或转聘到其他岗位。低聘或转聘的，按照有关规定，重新确定岗位和待遇。

3. 涉及跨大级别降级的，专业技术职务评聘的任职年限按学校相关规定执行。

第三节　高职教育教师评价的体系构建

4. 在规定年限内，聘期考核不合格的，不晋升专业技术内部岗位等级。

5. 考核不合格人员降级与回聘。

（1）在下一聘期内符合退休条件的人员在聘期第一年达到法定退休年龄的，可不予降级；其他人员予以降级。若本人提交降级前岗位等级相应的业绩和基本要求材料（自办理退休手续当月起计算，原则上需提前6个月），经审核合格的，可提前1个月由本人提出书面申请，经人事部门向市人力社保局提出聘回降级前岗位等级申请。因聘期考核不合格已执行多次降级的，退休前可提出一次逐级回聘申请。

（2）在下一聘期内未退休人员，因聘期考核不合格降级的，可在聘期末申请降级前原聘岗位等级的考核。考核合格的，由本人提出书面申请，经学校人事部门向人社部门提出聘回最近降级前的岗位等级申请。

因党政纪处分执行降级的除外。

五、X 单项考核

学校教师发展评价的单项考核主要包含专业、课程建设和课堂教学改革专项考核评价，以及高层次人才考核、教师职业技能测评工作、教师发展情况考核评价、辅导员教学与管理双重职能评价考核等，并分别由教务处、人事处、二级学院、教师发展中心和学生处牵头组织实施，具有部门负责、多方联动和重点评价的特征。其中，专业、课程建设和课堂教学改革专项考核评价主要通过专业主任说专业、课程组长说课程、骨干教师说课堂、专兼团队说项目，重点考核评价教师的教学改革、教学设计能力；高层次人才考核重在发挥高层次人才的引领作用，考核高层次人才的教学业绩、科研成果和专业建设贡献；教师职业技能测评工作按照企业行业标准设置通用技能、专项技能等测评项目；教师发展情况考核评价主要对接学校内部质量诊改工作，全体教师制定个人发展3年规划，对教师师德师风、发展学时、成果业绩等情况进行考核评价；辅导员教学与管理双重职能评价考核围绕德、能、勤、绩4个方面对辅导员进行全面考核定级，为其职级晋升做依据。

六、职业能力评价

教师的职业能力发展是高职院校师资队伍建设的核心，因而创新教师职业能力评价机制，是确保高质量开展"双师"队伍建设的有力举措。职业能力评价是学校基于诊改教师层工作而构建的教师自我多维度评价体系，能够主动、实时、全面展现师资个体和群体的能力状态，尤其是能对处于预警窗口内的问题与短板给予及时地诊断、反馈，进而提供解决与提升的参考策略，更加强调主动和针对性。

（一）教师职业能力评价的内涵

从评价组成的角度看，高职院校教师职业能力评价的内涵主要表现为个性化的目标标准、即时化的诊断预警和精准化的指导反馈3个方面。

1. 个性化的目标标准

按照专业技术职务的4种类型（教学为主型、科研为主型、教学科研并重型、社会服务与推广型）、3个层次（中级及以下、副高、正高）将教师进行分层分类，要求每一位教师科学制定个人3年发展规划，作为教师个人发展目标体系。明确目标后，按照教师发展规律，从师德师风、专业建设能力、教学保障能力、育人指导能力、个人发展能力、服务研究能力6个维度设置二级指标体系及相应的内涵与评价标准，作为教师个人发展的标准体系。

2. 即时化的诊断预警

与大多数评价方式不同，教师职业能力评价是一种形成性、诊断性、指导性的评价。其重点在于随时监测各标准体系所包含指向年度任务的完成度，如在设置的时间点之内没有按时完成，将会自动发现并及时诊断教师在相应指标上存在的不足与空白。如教师当年参加的社会实践情况，在个人申报的限期结束前一定时间内，完成天数或任务内容存在不足或较大偏差，评价系统将会针对性地进行预警。

3. 精准化的指导反馈

教师是一个个性化发展很强的群体，在同一目标标准体系下，每一位教师在发展过程中遇到的难题与困扰都是不一样的。教师职业能力评价体系会在固定时间内，收集全部教师在完成当年各项发展目标时所采取的工作方法和应对策略，并及时完成比对汇总，形成当年教师发展情况报告。学校教务、督导、科技等部门的专家会对一定程度内的聚焦矛盾、严峻问题和紧急情况及时进行分析、指导，对相应教师进行积极性、发展性的指导反馈。

（二）教师职业能力评价的特征

丰富的内涵赋予高职院校教师职业能力评价突出的特征。除了一般教师评价所具有的导向、推动、管理等特点以外，还具有以下特征。

1. 注重纵向发展

职业能力评价是旨在为教师成长服务的。每一位参加评价的教师都需要根据自身实际，填写符合个人发展的规划，作为近年来个人发展的目标体系。在评价过程中，根据个人目标所确定的标准体系能及时、准确地诊断其是否有效执行发展任务。同时，体系中有效的反馈机制更能全面促进教师有质量的提升。

2. 注重横向比较

在将评价对象分层分类的前提下，实行职业能力评价，其结果具有较强的针对性和较高的比较价值。对于学校，可以全面、深入地掌握各层次师资队伍的发展状况，有利于推进师资队伍建设规划。对于个人，可以检视自身各项能力在同层次教师中的位置，有利于更好地设计和执行个人发展计划。

3. 注重能力多元

根据高职院校教师的职业特性和岗位要求，系统梳理出师德师风、专业建设能力、教学保障能力、育人指导能力、个人发展能力、服务研究能力 6 个维度的能力，基本涵盖高职院校教师师德师风、教育教学、应用研究和社会服务等方面的职能要求。

4. 注重合作共赢

职业能力评价作为一种非奖惩性、诊改性和形成性评价，教师是自愿参与其中的，并可以随时向学校反映个人意见建议，助推职业能力评价更加完善、科学。在评价过程中，教师与学校不是评价对象与评价主体的对立关系，而是推动评价有序开展最终取得互利共赢局面的合作关系。

（三）教师职业能力评价的体系

通过对国内高职院校现行的教师工作评价考核方法研究，学校从师德师风、专业能力、教学设计、课堂教学、实践技能、服务能力 6 个维度，教学为主型、教学科研型、科研为主型、社会服务与推广型 4 种类型，新进教师、青年骨干教师、专家型教师 3 个层级，建立了教师职业能力评价模型，如图 6-5 所示。并基于诊改教师层工作构建了教师职业能力评价基本指标体系，该评价体系涵盖师德师风、专业建设能力、教学保障能力、育人指导能力、个人发展能力、服务研究能力 6 个一级指标，师德先进、教学工作量、教研活动、社会实践等 25 个二级指标，并对二级指标的内涵进行解释以及给出操作性较强的评分标准，如表 6-13 所示。为了对应分层分类的要求，本评价指标体系还对指标内涵进行进一步的定性，即对三个层次（中级及以下、副高、正高）而言主要是内涵要求层级不同、对 4 种类型（教学为主型、科研为主型、教学科研型、社会服务与推广型）而言主要是六大能力维度的权重占比不同，这是教师职业能力个性化评价的核心内容和关键步骤。评价结果作为教师的专业职务评聘、聘期考核、收入分配的重要考察因素。

图 6-5 教师职业能力评价模型

表 6-13 高职院校教师职业能力评价基本指标体系

一级指标	权重	二级指标	权重	指标基本内涵	评分标准
师德师风	20	基本情况	10	师德表现基本情况	优秀：表现突出，得 10 分；良好：表现一般，得 8 分；一般：表现较差，得 6 分
		师德先进	10	当年获过市级以上个人荣誉	有，得 10 分；无，不得分
		负面情况		当年有师德负面清单情况，实行一票否决	有，当年评价总分归零
专业建设能力	15	人才培养方案制订或修订	3	当年参加专业人才培养方案的制订或修订，排名前五	有，得 3 分；无，不得分
		课程建设	3	当年承担或参与课程建设，排名前三	有，得 3 分；无，不得分
		基地建设	3	当年负责校内、外基地建设工作，排名前三	有，得 3 分；无，不得分
		专业活动（服务、调研、推广等）	3	当年组织或参与专业活动 1 次以上	有，得 3 分；无，不得分
		教研活动	3	当年组织或参与教研活动 1 次以上	有，得 3 分；无，不得分

一级指标	权重	二级指标	权重	指标基本内涵	评分标准
教学保障能力	15	教学工作量	3	当年完成的两个学期教学工作量之和	当年完成的教学工作量≥360课时，得3分；<360课时不得分
		教学工作业绩考核结果	4	当年的个人教学工作业绩考核结果	A：4分；B：2分；C：1分；D：不得分
		教学能力获奖情况	4	当年教师参加各级教学能力比赛的获奖情况	有，得4分；无，不得分
		教学改革情况	4	当年正式发表的教改论文、结题的教改课题等	有，得4分；无，不得分
育人指导能力	10	承担班主任	3	当年承担班主任情况	有，得3分；无，不得分
		承担社团指导	2	当年承担学生社团指导教师及工作情况	有，得2分；无，不得分
		承担竞赛指导	3	当年承担学生专业技能竞赛指导教师情况	有，得3分；无，不得分
		承担青年教师培养	2	当年承担青年教师助讲培养导师情况	有，得2分；无，不得分
个人发展能力	20	社会实践	4	当年参加"下企业、访问工程师、挂职锻炼"等形式的社会实践情况	有，得4分；无，不得分
		出国境研修	4	当年参加出国境研修情况（不分时间长短）	有，得4分；无，不得分
		学历学位、职称提升	4	当年学历学位、职称提升情况	有，得4分；无，不得分
		人才项目获得	4	当年市级以上人才项目获得情况	有，得4分；无，不得分
		教发学时获得	4	当年在教师发展中心参加活动获得学分情况	有，得4分；无，不得分

第六章　高职教育教师发展的特征与路径

一级指标	权重	二级指标	权重	指标基本内涵	评分标准
服务研究能力	20	论文或著作	5	当年正式发表论文1篇或出版专著1部	有，得5分；无，不得分
		课题或横向到款	5	当年纵向课题立项与横向到款情况	有，得5分；无，不得分
		知识产权或专利	5	当年获批的知识产权与专利数情况	有，得5分；无，不得分
		科研或服务获奖	5	当年科研成果奖获得情况	有，得5分；无，不得分

（四）教师职业能力评价的平台

高职院校教师职业能力评价数据管理平台，是运行实施评价的重要支撑工具。围绕教师专业发展和师资队伍建设的各个方面，学校根据现状，建立了涉及专业、教学、科研、培养、管理等各个工作领域的教师职业能力数据集成与管理平台，充分提高数据采集、加工、预警、挖掘、决策分析的效率。与此同时，依托校园信息化平台，实现了数据源头采集、即时采集和开放共享，充分发掘了有关教师职业能力数据的价值。

（五）教师职业能力评价的保障

高职院校教师职业能力评价是学校的系统工程，不是某一个部门或群体就可以顺利推进和最终实现的。学校多层面推进，全方位保障。一是加强动员、宣传和推广，让教师们充分理解和认同，并引导教师自觉开展个人行（企）业工作经历及专业教学能力、学科背景与科技服务贡献力、课程建设成效及职业发展潜力、课堂教学效果及行业影响力、教书育人及学生感召力等方面的反思，落实教师主体参与责任。二是加强经费保障，加大教师职业能力评价系统及信息化校园建设经费投入力度，特别是云计算、大数据、人工智能等新技术所需设施设备的投入。三是加强绩效督查，建立教师职业能力评价情况跟踪、督导机制，及时对评价开展情况进行通报，定期发布学校教师职业能力评价状况阶段性报告，将评价结果作为教师个人年度的考核内容和绩效发放的重要依据之一。

第四节　教师教学创新团队建设案例

专业教学团队是高职院校内涵发展的重要表征，专业群改革发展的重要支撑，教师专业成长的重要抓手。金华职业技术学院高度重视专业教学团队建设，出台了《关于加强教学团队建设的实施意见》《科研创新团队培育计划实施办法（试行）》《教师教学创新团队建设与管理办法》等系列政策，为高水平专业教学团队建设提供了制度支撑，形成了国家级、省级和校级三级梯队的专业教学团队发展格局。本节选取了学前教育专业教师教学创新团队建设案例，它入选了第一批国家级职业教育学前教育教师教学创新团队。

办好学前教育、实现幼有所育是国家重大民生工程。学前教育事业的发展关键在师资，当前我国高等职业院校学前教育专业布点数已超 600 个，在校生规模约占全国本专科院校学前教育专业在校生总数的 75%，高等职业院校已经成为学前教育师资培养的主阵地。从整体上看，我国高等职业院校学前教育专业的实力还不够强，不同院校之间的师资水平差距较大，提升空间大，亟需优秀的教师教学创新团队引领。

一、建设基础与优势

金华职业技术学院学前教育专业开设于 2001 年，先后成为浙江省特色专业、优势专业、国家"双高"计划高水平专业群核心专业。

（一）专业办学影响力大

近年来，专业教学团队在人才培养模式创新、结构化课程建设、实践浸润式教学模式等方面取得多项国家级标志性成果。主持研制全国性专业教学标准 2项；独立主持国家级教学资源库建设和升级改进项目（全国唯一），建成国家级精品资源共享课 2 门，是单考单招主考单位（全省唯一），全国高职高专学前教育专业教师和省幼儿园教师专业发展培训基地，年培训超 2 万人 / 天，近 3 年接待来访院校超 100 所。

（二）教学改革创新引领性强

可复制借鉴的"走园"实践教学模式和基于"互联网 +"教学新生态建构，分获 2014 年、2018 年国家级教学成果奖（专业教学改革成果连续两届获奖，在全国同类专业中唯一）；连续 4 年蝉联全国学前教育专业教育技能赛项团体一等奖（全国同类专业唯一）。

（三）专业建设过程中，形成了师德师风好、专业素质高、团队结构合理的教师团队

团队由教育学心理学、幼儿教育活动设计、艺术教育 3 大课程组 70 余名教师组成，其中，20 名骨干教师组成引领性教学创新团队。该团队有正高级职称 4 人，副高 8 人，来自幼儿园一线的兼职教师 3 人（均为高级职称），高级以上职称占比 60%，"双师型"教师占比达 85%，学前教育学、发展与教育心理学、课程与教学论、艺术学等学科分布均衡、合理。

二、建设目标

着力打造一支能够引领全国高职高专学前教育专业教学改革、助推中国特色幼儿园教师培养经验国际交流互鉴的教师教学创新"标杆"团队。以立德树人为根本，培育师德弘扬标杆；以高水平专业群建设为契机，对接新时代幼儿园教师培养需求，围绕 1+X 证书试点和课程综合化，融入"互联网 +"，在课程思政、"走园"实训、线上线下混合教学及深度学习等方面形成创新范式，树立"三教"改革标杆；强能力、优结构，打造对口支援、国际交流的辐射引领标杆。

三、建设任务与举措

按照《全国职业院校教师教学创新团队建设方案》文件精神，结合本专业及团队基础和特点，着重从以下 5 个方面开展学前教育专业教师教学创新团队建设。

（一）结构体系：组建园校融合、名师引领的结构化教学团队，加强团队教师能力建设

1. 优化形成内部有效协作、外部有力支撑的结构化团队。

将团队成员按照《教师教育课程标准》中的学习领域划分为"儿童发展与学习""幼儿教育基础""幼儿活动与指导""幼儿园与家庭、社会""职业道德与专业发展" 5 个课程组，按照课程教学分工、模块化教学需求进行组间、组内有效的内部协作。整合附属幼儿园等校内外实训基地、名师工作室、儿童研究院等资源，通过人员交流互派、合作研究、成果转化等途径夯实团队建设的外部支撑。

2. 实施"尖峰""攀峰"骨干教师培养与培训计划。

落实多种途径引进高水平高校专家或儿童教育一线专家的"尖峰"计划，成立 3 个名师工作室，带动团队开展儿童发展研究、专业课程与园本课程开发、教学改革。同步实施名师培养"攀峰"计划，在团队成员中确定若干名师培养对象，委派培养对象赴美国、德国等国家学习深造，以课题研究、专项培训为载体，争取把 6 名教师培养成为儿童教育相关领域内的知名专家。

3. 实施阶进式"走园""驻园"成长计划。

以本团队为核心，实施阶进式"走园""驻园"成长计划，提升教师实践教育智慧和国际化素养，持续优化团队能力结构。针对初入职青年教师，制定新教师培养课程标准，实施"专业导师＋实践导师"、新教师"驻园"跟岗计划，提升教师专业能力。面向团队骨干教师，开展中长期的国际国内访学交流，落实五年周期的职后发展培训，年人均学习课时不少于 40 学时。实施"走园""驻园"合作计划，与优质幼儿园合作开展课题研究、课程建设。面向专家型教师，实施"驻园"项目引领工作，以横向课题形式服务幼教机构或以高层次课题引领专业团队发展，打造专家型社会服务品牌。

通过重点与阶进培养相结合，切实提升团队教师模块化教学设计与实施能力、课程标准开发能力、教学评价能力、团队协作能力和信息技术应用能力；通过深入幼教实践场，切实提高团队教师实习实训指导能力与技术技能积累创新能力。如图 6-6 所示。

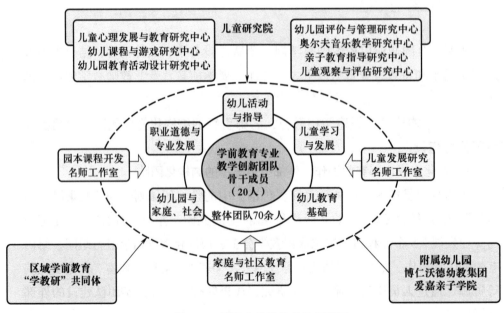

图 6-6　团队内外协作结构示意图

（二）协作体系：建设儿童教育综合体、推进校际协同创新，夯实团队建设协作共同体

1. 建设"321"虚实一体的儿童教育综合体，实现团队协作共发展。

"321"是能够实际参与建设、实际合作交流、实际浸润成长的虚实结合的儿童教育综合体。其中"3"是3家幼儿教育实体机构，分别是附属幼儿园（学校全资）、博仁沃德幼教集团（学校占股45%）、爱嘉亲子学院（学校占股35%）；"2"是指2家研究与服务机构，分别是儿童发展研究院和家长学院；"1"即区域学前教育"学教研"共同体。在综合体框架内，实施"园校"教师互聘制度，学校聘任幼儿园教师为兼职教师，幼儿园聘任团队教师到幼儿园，从事顶岗工作或课题研究，合作进行社会服务，实现资源共享、共同发展。

2. 完善校际合作交流机制，促进团队协同创新共成长。

在学校牵头成立的国家级学前教育专业教学资源库共建共享院校联盟基础上，新增北川幼儿高等师范学校、阿克苏教育学院等院校，升级成为高等职业院校学前教育专业发展联盟，建立院校联盟交流机制，深入开展校际交流与合作。共同开展学生互派、教师互派交流，合作改革研究、资源共建共享，在团队建设、人才培养、教学改革、课程建设、社会服务等方面全方位开展有针对性的协同创新。特别是围绕1+X证书制度试点，积极推动校际协商，明确学前教育专业相关职业技能等级证书范围，共同探讨并在有条件情况下积极参与研制"幼儿园教师教学技能等级证书"评价标准。发挥创新团队力量，协作开展证书培训和评价。同时，积极与兄弟院校国家级教学创新团队建立团队建设共同体，建立协作交流、协同创新机制，共同促进全国学前教育专业高质量发展。

（三）课程体系：开展1+X证书制度试点，构建对接职业标准的"6+N+X"课程体系

1. 对接标准构建"6+N+X"专业课程体系框架。

系统分析"幼儿园教师资格证""育婴师资格等级证书"等考试大纲，着重研究"婴幼儿照护技能等级证书""幼儿园教师教学技能等级证书"等评价标准，对接《幼儿园教师专业标准》《教师教育课程标准》及幼儿园教师工作岗位需求，优化构建"6+N+X"专业课程体系，开展"1+X"证书制度试点。其中，"6"是学前教育专业课程设置依据的6个学习领域，"N"是对接6个学习领域的专业课程，"X"代表若干职业技能等级证书和职业资格证书，三者有机衔接，如图6-7所示。

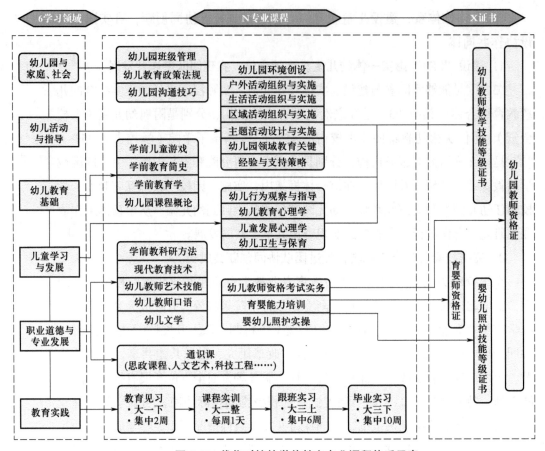

图 6-7　优化对接的学前教育专业课程体系示意

2. 实施基于工作过程的核心课程综合化改革。

围绕核心学习领域，打破由健康、语言、社会、科学、艺术五大领域组成的学科性传统教学模式，按照工作过程导向对接岗位任务开展综合化课程改革，开展分工协作的模块化教学。

（1）针对"3~6岁儿童发展关键经验"和"幼儿园教师关键岗位任务"，在"幼儿活动与指导"学习领域开发领域教育关键经验与支持策略、主题活动设计与实施、区域活动设计与实施等综合化课程，加强学生面向岗位的实际工作能力培养，直接对接幼儿园教师所面临的工作任务，将原有专业知识与能力学习和幼儿园教师岗位任务之间所须经过的"吸收－转化－应用"过程，缩短为直接的"吸收－应用"，课程开设更加符合高等职业院校学生学习特点。

（2）以课程综合化思路优化"儿童学习""幼儿教育基础"等其他学习领域的课程标准。特别是针对教育实训实习面临的问题，开发"教育教学活动常见现象解析"等综合化课程内容模块；针对儿童教师"边弹边唱、边唱边跳"的工作

第六章　高职教育教师发展的特征与路径

特点，持续开展"儿童音乐技能"等音乐技能课程综合化改革，如图6-8所示。

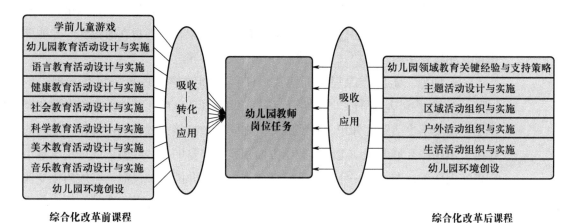

图6-8 "幼儿活动与指导"学习领域课程综合化改革示意图

3. 对接"X"证书开发培训课程。

（1）对接育婴师证、教师资格证和婴幼儿照护职业技能证等"X"证书开设专门培训课程。对接育婴师证，开设育婴能力培训课程；对接教师资格证，分类开发《教师资格考试实务》；对接婴幼儿照护职业技能证书，开发婴幼儿照护实操课程，与社会培训机构联合申报1+X证书考点，并面向校内外开展培训试点工作。

（2）建设申报幼儿教师教学能力等级证书试点。借鉴国内外先进经验，联合国内高水平院校和培训评价组织，研判未来中国特色幼儿教育发展对师资的要求，建议并申报幼儿园教师教学技能等级证书试点，儿童发展与教育支持基础课程模块、幼儿保教能力培养课程模块、专业技能课程模块三大模块课程根据内容与之有机衔接。

（四）教改体系：聚焦教学创新领域，深化基于模块化教学的"三教"改革

团队将持续以教改课题研究为引领，在重构课程体系和综合化课程改革基础上，融入课程思政教育理念，打破学科教学的传统模式，探索多元教法，推进专业课程课堂教学新生态的形成。

1. 加强课程思政教育，创新"学生中心"的多元教学模式。

（1）创新"三融入"的课程思政教育模式。以"德育典范融入通识教育+专业伦理融入专业课程+师德元素融入第二课堂"为路径构建师德养成教育体系。一方面，德育典范融入通识教育，在学前教育专业群的思政课程、职业生涯规划课程等通识课程中进一步融入师德典范案例，突出优秀楷模的榜样作用，引领新时期师范生思想成长，使师德教育成为通识教育与专业教育融通的重要节点。另

一方面，重点将专业伦理融入专业课程，重视学生自我修养的专业伦理。在学前教育学等专业课中深挖思政元素，并将之融入教学内容和教学过程，探索适宜的教学方法和路径，实现思想教育与专业基础教育双融合。通过在通识课、专业课中设置相应教学内容模块，夯实德能并举的人才培养过程。

（2）创新"走园"课程实训模式。课程实训的核心理念是将基本理论的"学"和在校内外基地的"训"结合起来，两种学习交互进行，实现校中学和园中训，发展学生实践性知识，各实践环节之间有效衔接，改善实习与见习之间的跨越。本团队开展课程"走园"教学方面积累了丰富的实践经验，通过组织学生带着实训任务，在大二一年每周五定期"走"进幼儿园实践浸润，有效内化专业知识与技能点。在前期实践基础上，下阶段着重围绕综合化课程改革和模块化教学，更新课程实训手册、丰富课程实训内涵、强化教学相长。

（3）创新岗位任务引领的线上线下混合教学模式。充分发挥国家级学前教育专业教学资源库数字化资源及平台优势，团队教师探索将课程任务（课程作业）与幼师岗位任务（落实在实践环节）相结合、线上自学与课堂探究式教学相结合的路径，基于课程特点灵活开展翻转课堂等线上线下混合教学。例如，"幼儿活动与指导"学习领域中的主题教育活动设计与实施课程尝试探索"CK"五步教学法：以学院为学习的出发点，以胜任幼儿园岗位任务为目标，推动基地幼儿园"教学化"，在课程教学和实训中有序实施"资讯提供、下达实训任务（线上）→教学观摩（线上）→方案设计与论证（线上线下）→实战训练（线下）→反思提升（线上线下）"5个教学阶段。以点带面，积极引导其他课程开展探索实践。

（4）创新以深度学习为特征的研究性学习模式。部分理论性较强的课程，鼓励团队教师积极引导学生进行以深度学习为特征的研究性学习。例如，"职业道德与专业发展"学习领域的学前教科研方法课程，将课程任务融入课程实训环节，要求学生在对幼儿一日生活中各个环节现象进行观察的基础上，形成一定的问题意识，并通过课堂讲授与实践研究的形式学会分析与解决问题，最后通过不同研究成果表现出来。该模式同样值得本领域及"儿童发展与学习"领域其他课程借鉴。

2. 实施模块化教学，激活组间组内教师的有效协作。

（1）按照学习领域实施"大"模块化教学，提高课程组间协同。每位教师要全面参与人才培养方案修订，共同参与课程标准开发，不同学习领域之间的课程加强协作，相互审阅课程标准并提出相应意见建议。在实践教学中的"走园"课程实训环节，不同学科背景教师共同指导学生见实习，加强学生综合理解和运用专业知识、技能的水平。课程组分工协作见图6-9。

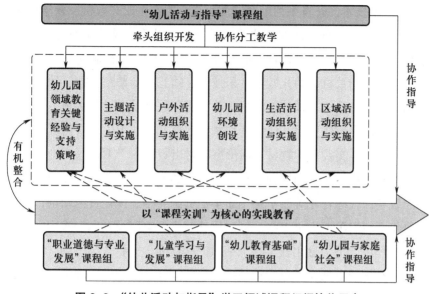

图6-9 "幼儿活动与指导"学习领域课程组间协作示意

（2）按照课程教学分工，加强课程组内协作。相同或相近课程组建课程子团队，由骨干教师担任负责人，协调组织开展具体课程标准修订、教学流程重构、教学资源建设与应用、教材建设以及学习管理与评价，过程中发挥信息化教学资源和平台的优势，提高合作效率与效果。同时，兼顾教学实施层面的"分"，团队教师按照既定分工任教不同课程，课程组内根据分工开展模块化教学，鼓励教师探索"行动导向"教学、项目式教学、工作过程导向教学等新教法，统一课程内容与教学计划，但不限定课堂教学组织形态，支持每位教师形成特色教学风格，实现百花齐放。组内协作见图6-10。

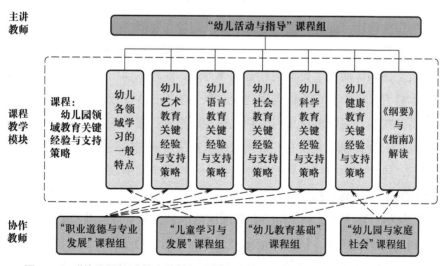

图6-10 "幼儿园领域教育关键经验与支持策略"课程教学模块组间协作示意

3. 融入新技术，开发系列配套的活页式、工作手册式教材及教学资源。

为了适应工作过程导向的模块化教学需求，以活页或工作手册为主要形式，融合信息化教学资源，开发儿童发展心理学、教育学、学前教科研方法、课程与教学论等教育理论教材，幼儿教师音乐技能、幼儿教师舞蹈技能、幼儿教师美术技能、幼儿教师口语等教师技能教材，幼儿园主题活动设计与实施、幼儿行为观察与指导等面向岗位任务幼儿活动赛教融合教材，幼儿卫生保育仿真实训、幼儿园"走园"实践等实践教学教材。新形态教材出版不少于10部。

根据边建边用边完善的原则，推进国家级学前教育专业教学资源库应用。结合课程思政与课程综合化等改革，不断丰富资源类型、优化资源结构，新增在线课程，每年更新资源不少于10%。同时优化基于资源库及其配套应用平台为主体的混合教学环境，将信息化教学要求纳入课程标准，完善"学、训、评、管"一体化的专业教学新生态；重点推动精品SPOC和MOOC建设，加强基于问题、基于项目、基于现象、基于案例的线上线下相结合的混合式教学。

（五）加强校际和国际交流协作，推进团队建设成果推广应用

团队将形成理论性与应用型相结合的多类型建设成果，主要包括可借鉴的学前教育专业课程体系（人才培养方案）和多元化教学模式、基于模块化教学开发的共享型数字化教学资源及新形态教材、系列化课程建设与教学改革的高水平论文、理论积累与实践经验丰富的一批专家型教师等。着力通过学术交流、校际参访、主题活动、对外合作、媒体报道等多种途径，团队建设成果在校内引领、内外交流、校际协作、国际交流几个方面发挥积极影响。

1. 充分开展校内引领。

落实"三级教研"机制，团队建设成果在专业、专业群、学校等不同层级范围发挥引领作用，促进其他专业及其团队建设与发展。在专业内部，通过微教研、主题教研等活动实现以老带新、以骨干带团队的共同进步；在专业群内部，通过院级层面教研活动、典型案例分享等形式，实现以点带面带动专业群早期教育、美术教育及小学教育整体课程建设与教学改革；在学校层面，借助教师发展中心平台和机制，将团队成果以系列化的专题报告、案例汇编等形式进入教师发展培训课程，为其他专业及专业群团队建设提供可借鉴的建设思路、建设模式及建设启示，进而在学校"双高"整体进程中发挥骨干和引领作用。

2. 全面开展内外交流。

"走出去"与"引进来"相结合开展团队教师交流。鼓励优秀教师带着个人及团队研究与实践成果，积极"走出去"参加全国性乃至国际性各级各类学术交流活动，通过主旨发言、会议论文、成果展示等形式交流成果；能够"走出去"

指导全国同类院校相关专业建设，也可以走出去为幼儿园等学前教育机构进行业务指导；大力推动教师"走出去"参加在线开放课程评比、教学能力比赛、微课大赛等活动。同时，积极争取主办或承办各级学生技能大赛、教师教学能力比赛、专业建设或课程教学改革研讨会、学术交流论坛等活动，持续举办面向全国全省的教师专业发展培训项目，将广大幼教工作者、兄弟院校专业教师、家长"引进来"，切实体现学前教育专业人才培养与研究的高地效应。

3. 广泛开展校际协作。

（1）充分发挥联盟辐射作用。在学前教育专业教学资源库共建共享联盟、高职高专院校学前教育专业发展联盟（拟成立）、国家级教学创新团队建设共同体等组织框架下，将团队建设成果有机整合进联盟、共同体协作内容中去，形成紧密型辐射带动引领。

（2）充分服务西部对口帮扶。按照既定计划落实面向川北幼儿师范高等专科学校、西昌民族幼儿师范高等专科学校、阿克苏职业技术学院等西部地区院校的对口帮扶，将团队建设帮扶作为重点内容，通过短期交流、专题培训等形式落实帮扶。

（3）注重院校协同创新。通过国家级教学创新团队建设共同体，协同创新，联手搭台，进行教学创新典型案例、模块化教学案例、活页式新形态教材的推广，共同促进全国学前教育专业高质量发展。

4. 深入开展国际交流。

"走出去"与"引进来"相结合开展国际化人才培养。提升"走出去"质量，与美国东北州立大学教育学院开展"3+2"人才培养深度合作，打通毕业生学历提升的国际化途径；与加拿大博学学院共同开展幼儿教师助理资格证的培训工作和学历提升项目，通过国际交流提升专业学生的儿童教育国际理念，开拓视野。开展"引进来"培养，依托海外分校卢旺达穆桑泽国际学院，为国外学生提供学历提升项目，吸引"一带一路"沿线国家学生来校学习。

金职"三教"改革的文化脉络与展望

金华职业技术学院创新发展是践行浙江精神的时代缩影，学校从教学改革到"三教"改革，一路走来，始终贯彻党的教育方针、遵循教育规律、注重文化传承，推动了育人成效的提升，带动了学校全面的改革，一大批标志性成果涌现，被誉为高等职业教育界的"金职现象"。回望过去，展望未来，学校清醒地认识到，改革是学校保持旺盛生命力的唯一出路，唯有改革才能讲好学校"三教"的故事，输出"三教"的范本。

第一节　金职"三教"改革的文化脉络

学校"三教"改革正是立足高职，扎根金华的教育创新，任何教育活动，都受到地方的风土人情、传统思想的影响。如果要追寻学校"三教"改革收获丰硕成果的原因，创新的文化脉络清晰可见，创新文化土壤的滋养功不可没。

一、浙江的创新精神概说

浙江省位于中国东南沿海、长江三角洲南翼，面朝东海，陆域面积仅 10.55 万平方千米，为中国的 1.1%，是中国面积较小的省份之一。浙江不光地域面积小，而且资源少，特别是土地资源的紧缺，导致了浙江人必须千方百计地要掌握营生的技能，无论是立足浙江还是跳出浙江，勤劳又富于创新是浙江人必备的品质。也正是基于此，创新基因就在浙江人代代传承中得以复制。

从浙江的思想文化历史脉络看，自汉代王充以来，浙江学人的思想创新从未停止。王充的思想视野不限于儒经，他在坊间广猎诸子百家，形成了"以子证经"治学方法。他的代表作《论衡》以怀疑、批判精神为武器，以实证、科学方法为基石，关注民间百姓关心的问题，既努力汲取源自实践的真知和丰富生活的实例，也匡正民众受多方局限所形成的愚见和陋俗，成为浙江注重"实学"的开山先祖。到了南宋，传统儒家思想中的事功学派，他们虽然不赞同朱熹的纯儒思想，却在辩战之中推动着儒学前进。明代王阳明继承陆九渊"心即是理"的思想，提出"致良知"的哲学命题和"知行合一"的方法论，实现了理论与实践的统一、主体与客体的统一和内圣与外王的统一。清代，浙江又形成了以黄宗羲、万斯同、全祖望、章学诚等学人为代表的浙东学派。清末民初，浙江籍的章太炎、蔡元培、王国维等大师又为了挺起民族的脊梁而激荡出思想的华章。可以说，一次次冲破思想束缚的浙江学人，成就了"创新"的浙江精神，也塑造出了一个个富有创造精神和实干精神的代表，成为时代的典范。

思想是行动的先导，思想创新了，行动也必然跟随思想的脚步。改革开放40多年来，浙江人传承不尚空谈、踏实苦干、讲求实效的品质，积极培育具有生机与活力的市场主体，坚持经济建设和社会建设同步推进，抓住改革机遇，践行"八八战略"，实现了经济的快速腾飞，浙江省的人均国内生产总值、财政收入增幅、外贸出口增幅、城乡居民人均收入等连续多年位居全国前列，积累了浙江改革发展的新优势。外地人评价浙江人为"活络"，其实，浙江的活络就是创新，不循规蹈矩，而创新就像浙江各地的方言一样，变化莫测，没有统一的模式，因人而异、因企而异、因地而异、因事而异、因时而异，拒绝陈规，创立新规，这种"浙江现象"就是浙江创新精神的真实写照。

二、金华婺学思想及吕祖谦教学创新概说

金华市位于浙江省中部，古称婺州，因地处金星与婺女两星争华之处而得名。金华建制久远，自秦王政二十五年（公元前 222 年）建县，至今，下辖 2 个区、3 个县，代管 4 个县级市，总面积 10 942 平方千米。从地理特征上看，金华除具有与全省山多田少一样的地理特征外，还处于四面环山的盆地之中，由此冲出盆地实现更好发展的愿望始终深藏在金华人的内心之中。这种冲破藩篱，迫切与外界交流的意识是金华创新精神的动力之一，就特殊性而言，金华同浙江其他地域相比，有一种更加浓烈的创新意志。

金华被称为"小邹鲁""江南邹鲁"，并形成了具有地方特色的"婺学"。金华的美名及金华学派的产生与金华历代思想大家有很大的关系，特别是南宋以来，文人学者南渡，孔氏后人南迁，第三大孔氏家庙落户金衢地区，金华逐渐成为全国儒学文化发展的重镇。"朱子三访地，朝廷七聘家"的范浚首开"婺学之开宗，浙学之托始"后，吕祖谦创立了全国三大学派之一金华学派，如全祖望在《宋元学案》中所说："宋乾、淳以后，学派分而为三：朱（熹）学也，吕（祖谦）学也，陆（九渊）学也。"婺学主要以吕祖谦、陈亮、唐仲友三人为代表，吕祖谦还建立了全国四大书院之一的丽泽书院，使婺学盛行。宋元时期的"北山四先生"何基、王柏、金履祥、许谦成为正宗儒学朱学的重要传人，他们是金华学术发展中的关键人物，是婺学中坚，在理学的发展演变中，起了承上启下的作用。朱、吕思想相互融合，儒学在金华不断得到创新和发展，直至明朝的宋濂和章懋，其成就为全国所公认。在孔庙奉祀的 165 位先贤先儒中，金华就占了 5 人（吕祖谦、何基、王柏、金履祥、许谦），加上金华磐安县还有全国为数不多的孔氏家庙，金华的邹鲁之名由此奠定。至于婺学思想的核心人物，宋代大儒吕祖谦，在创建丽泽书院之时就注重教法改革，后世流传的《东莱博议》是当年授徒的自编教材，教育学生科举文章撰写之道，也成为当时门庭若市声名远播的重要原因。

三、学校教学创新的精神源脉

金华职业技术学院整合了金华师范学校、义乌师范学校、金华卫生学校、金华农业学校、金华供销学校、浙江农机化学校 6 所国家省部级重点中专的传统和资源，于 1998 年成立，是教育部批设的首批 28 所高职院校之一。

从学脉传承的历史演进看，学校自始至终都烙下职业教育的印迹。以办学历程最早的金华府官立初级师范学堂（金华师范学校）为始，它在清末癸卯学制推行之时创建，而新学制以忠孝为本，以中国经史文学为基，俾学生心术壹归于纯正，而后以西学瀹其知识，练其艺能，务期他日成才，各适实用，体现着当时办学兼容并蓄、西学中用的创新要义。从中就可以看出，学校创新发展的理念既有地方文化的因素影响，同时也有教育体系内生的创新因素驱动。民国时期创办的金华福音医院高级护士职业学校（金华卫生学校）、浙江省立实验农业学校（金华农业学校），探索的都是课兼中西、学用结合的兼容并蓄的办学新路。在艰苦办学时期，因为医学教材匮乏，自主教材缺位，教师们练就了手绘医学器官的技能，在医学院依然保存着 200 多卷教师手绘的人体器官图，一卷卷泛黄的图片成为教师在教学上求索创新的力证。

学校在举办高等职业教育初期，聘请多所大学的知名教授来学校担任各学院院长。教育界素有门户之见，但这些院长却打破了这一积习，无论东西南北，不问何所大学，只要有真才实学就委以重任，体现了他们海纳江河、兼容并蓄的气度与胸襟。六所中专合并之后，大家不拘泥于一宗一派，精诚合作，众志成城，顺利完成了学校的各项改革，又马不停蹄地投身于国家示范性高职院校建设，实现了学校的历史性跨越，充分反映了全校上下团结协作、包容进取的精神品格。[①]

学校在后示范建设时期，更孜孜以求教育品质的提升。学校国家教学成果奖数量全省第一，全国职业院校教师教学能力竞赛屡获第一，全国就业典型高校 50 强，服务贡献、国际影响力、教学管理、校实习管理等七个"50 强"……"第一""首批""唯一"不胜枚举。由标志性成果释放出大量改革的效益红利，进一步提升了学校改革发展的凝聚力，为学校的双高建设积蓄了强大的创新动力。毋庸讳言，学校得以如此快速发展，秘诀就在于注重创新[②]。

2016 年，学校在研究学校发展的成就和办学思想的基础上，析出了"兼容并蓄，经世致用"作为学校精神，以此为奉献经济社会各项改革的全体师生画像。围绕学校精神这一价值认同，学校历经 5 年打磨，策划出版了《婺学今华——金华职业技术学院文化育人源、知、行》，该书全景展现了学校以教学改革为龙头，以文化传承为使命，献身职教、潜心育人的发展图景。学校秉承千年

---

① 胡正明 . 婺学今华——金华职业技术学院文化育人源、知、行 [M]. 北京：高等教育出版社，2019：112.

② 邵建东 . 高职创新发展之路——金华职院的探索历程 [M]. 武汉：华中科技大学出版社，2019：6.

地方文化精髓，汲取婺学讲求融合追求经世致用的精神，与职业教育培养实用型人才的办学宗旨有机融合，绽放出了时代的华章。因"今华"与"金华"既是谐音双关，又是寄意于物，具有深层的文化思想内涵和深厚的地方院校使命表达，在集体商议和文化专家的肯定下，学校确定将"婺学今华"作为学校文化的核心。至此，学校各项改革创新活动就有了最精确、最统一的文化符号，在高等职业教育改革发展的道路上也就愈发彰显发展自信、道路自信和文化自信。

第二节　以教学改革为牵引的学校发展成效

教学是一所院校赖以长久发展的生命线。学校牢牢把握教学改革的根本规律，始终坚守教学在各项改革当中的中心地位，推动了学校在高职教育各领域改革浪潮中奋勇争先，走在前列。

一、带动了学校整体改革全面提质

从管理走向治理是一个艰难探索的过程，学校利用教学改革作为破题的先手棋，体现了对教育本质的精准把握，充满着治理的智慧。

1. 院校治理的提质

学校通过课程建设、人事制度改革，培育了懂业务、精教改的人才梯队。他们善于从教学目标设计的基本原理出发，结合企业的目标管理理论，在全校范围内实施以教学改革为抓手，以专业建设为核心的目标责任制考核机制。与之相配套的院校二级管理体制则将学校总体的年度发展任务细化到二级学院。2003 年开始，学校主要考核二级学院的教学工作业绩、专业建设重点任务、党建思政工作等，相关的观测点、指标、考核评定标准都有相应的制度加以保证。实施近20 年，全校上下逐步形成了自主化、多元化、生态化的治理模式。

2. 产教融合的提质

学校以教学考核之始，将二级学院的目标责任制考核体系分为了招生、教学、基地、科研、就业 5 个一级动态考核指标，这是学校"五位一体"办学模式、育人模式、校企合作模式的最初雏形。此后经过不断探索实践，在国家示范性高职院校建设前后逐渐成形，也就是从那时候开始，学校的改革模式得到了《求是》《人民日报》《中国教育报》等主流媒体的关注。此后，学校立足"校内基地生产化、校外基地教学化"（基地两化）的改革理念，实施了以课程建设为载体的工学结合教学改革，并首次荣获国家教学成果奖。基地两化建设为更深层次的校企合作提供了培养基，之后，学校深度探索校企利益共同体建设，将企业标准、规范、环境等要素引进学校，利用共同体平台，组建专兼职教师互动合作的专业教学团队，实施双主体的育人模式，有效提升了产教融合的紧密度。近年来，学校对接浙江八大万亿产业和金华五大千亿产业发展，构建五大产教综合体、三家职教集团（联盟）、两个特色产业学院的产教融合高端平台布局，使学校产教融合的发展定位始终铆钉在产业高端和高端产业。

3. 教研协同的提质

学校的教学改革离不开研究的协同，教学改革的深度和广度需要严密的逻辑支撑和牢固的理论支撑。特别是高等职业教育改革步入深水区以来，教学改革始终都淌水在前，而有了研究的教学改革才真正彰显出改革的生机。2010—2020年，学校依据《中国高教研究》公布的14种教育类核心期刊做了初步汇总，后示范时期，学校高层次研究主要集中于教学研究，发表的32篇高层次论文中，直接与教学相关的14篇，加上人才培养研究的7篇，从数量和质量上都体现了教学研究的成果，而且，这些成果又为教学成果奖、教学资源库、教学名师等高层次荣誉锦上添花，展现出教学与研究交相辉映、同频共振的演进效应。

4. 国际教育的提质

学校在探索国际教育道路上从举办中外合作办学项目伊始，通过引进、共享国际优质教育资源，中外高校共同制定培养方案、教学计划、课程设置，运用先进的教学手段和方法，探索既有中国教育特色又体现国际先进教育理念的人才培养模式，在优质资源引进、优质职业教育输出、教学改革深化、国际化人才培养、师资培训、学生交流、职业资格合作等方面取得了不俗的成绩。特别是在中国职业教育走出去的道路上，通过建立海外分校，实现了学校教学标准、专业标准、人才培养标准的输出，形成高职院校服务"一带一路"倡议的金华样板。

二、带动了学校育人理念全面提升

教学是手段，育人是学校办学的宗旨，教学作为育人的重要手段，其改革对育人理念的革新有巨大的影响，对回应育人的重大问题有重大的现实意义。

1. 教学改革打通了教务学工的管理壁垒，服务"三全"育人

过去教务处管教学，学工处管思想，两张皮现象十分普遍，这势必会削弱人才培养的成效。学校积极探索完善专业课程育人评价机制，凸显教学在人才培养

中的中心地位，逐步弱化教学与学工的行政概念，将专业育人与德育有机融合，原来由学工线负责的心理健康、职业生涯规划课程全部纳入《你我职业人》公共平台课程体系。对于辅导员的成长道路，学校也做了顶层设计，在全省率先探索了"辅导员系列＋思政系列"专业技术职称双轨制，在辅导员队伍建设的导向上明确辅导员既要具备学生管理能力又要具备教学能力。在专业教学这一端，则全力贯彻课程思政思想，通过集体备课、教学技能竞赛、重点项目培育申报等组合拳，不断激发专业课教师的育人意识，让学生在专业课上品出思政的味道。

2. 教学改革打通了校企之间的资源壁垒，服务德技并修

工学结合、产教融合的育人路径需要有优质的教育资源保障，职业教育的特殊性就在于学校必须源源不断地从企业迁移最前沿的标准、技术、工艺才能确保教学的高质量运行。学校以打造专兼一体的兼职教学团队为突破口，吸引企业师傅乐于从事教书育人的工作，有效融入各阶段的育人活动，通过现代学徒制等试点项目的实施，让校内教师能充分接触到最前沿的产业迭代，及时修订教材教案，同步改进课程，提档教学标准，满足专业学习与时俱进的改革要求，构筑"德技并修"的人才培养体系。学校联合行业、企业、政府把立德树人融入"做中学，学中做"，提高学生的就业创业能力，注重培育学生的职业意识、职业道德，着力培养劳模精神、劳动精神和工匠精神。

3. 教学改革打通了教学服务的时空壁垒，服务终身学习

学校的课程建设一直走在全国高职院校前列，在线下，学校贯彻工作过程系统化的课程改革思路，在示范院校建设期间就已经建构起了职业教育特色的课程体系。在线上，从"十一五"的精品课程到"十二五"的精品资源共享课，再到"十三五"的在线开放课程，学校的数字化资源建设愈发成熟，线上线下交互体验的功能不断深化。特别是新冠肺炎疫情以来，学校充分激发线上课程功能，并进一步探索实习实训、在线考试、毕业设计的"互联网＋"方案，线上教学改革全面提质提速，加之教学保障部门的信息化服务，学校优质数字资源实现了受众群体全覆盖、学习空间全覆盖、学习阶段全覆盖。

三、带动了学校文化能级全面提升

教学改革是人才培养的核心环节，也是学校文化生成的重要源泉，在学校精神塑造、文化形象表达、文化成果打造方面都有积极的作用。

1. 学校的教学改革丰富了"兼容并蓄，经世致用"的精神内涵

在理念层面，学校从教师教学水平、治学态度、师德师表、学养风范中总

结了"包容、勤业、求是"六字教风。教风作为学校教学改革、育人实践探索过程中的共有教师印象,强调了学校教师立德树人、有教无类的教学风范,"包容"体现了教学改革跨越高等教育和职业教育界限的海纳之怀,"勤业""求是"分别是教师"行""知"关系的态度要求和结果达成的因果归因。包容与兼容、求是与致用形成了相互关照、相互映衬的内在关系。在实践层面,学校教师在教师职业技能大赛屡获殊荣,获批国家级教学创新团队,多位教师获得全国优秀教师等国家级荣誉,这本身就是一种集体的实践符号,让学校精神有了实践落地的成果注脚。

2. 学校的教学改革支起了"婺学今华"的文化内核

"婺学今华"从字面意义上看,是学校作为一所地方主办高校的文化使命,是学校历经百年办学积淀下的宝贵精神财富。从文化内部的结构上看,教学文化是院校文化最基础的部分,是贯穿婺学的生命线。兼容并包的学术气度、讲求实用的自编教材,活泼适切的教法让婺学在南宋时期大放异彩,当代的教育方式、人才培养路径都发生了翻天覆地的变化,但学校举办高等职业教育以来,无论办学思想、育人理念都汲取了老祖宗的智慧,在教学改革的目标、教学改革的抓手、教学改革的举措当中都能找到浓郁的地方色彩,同时发扬婺学兼容并包,追求实用、实学的内在思想特质,又赋予婺学新时代的价值内涵。

3. 学校的教学改革孕育了"五位五共"的质量文化

学校改革发展模式,大都以教学改革作为引子进而带动学校各项改革。比如,学校立足职业、行动和思政导向的课程教学质量提升,校企深度合作共建课程,通过专兼一体和分层分类的教师发展质量管理实现校企师资共融,这是职业教育的基本底色,由于学校构筑了牢固的精品意识和贯彻了全面的质量观,各项教学改革成果的指导思想、改革框架、实施路径都贴合学校实际,具有较大的普适意义,在此基础上才逐步探索"产、学、研、训、创"五位一体的高质量人才培养途径,以"产"养"学、研、创、训",以"学、研、创、训"促"产",达成了专业共治、课程共建、师资共融、人才共育、评价共促的"五共"质量管理共识。这正是学校质量文化逐步形成的内在逻辑。"质量文化通过柔性引导凝聚多方力量(校、企、社会、校友)、动员所有人员(管理者、教师、学生)参与到质量提升工作中,解决质量保证'谁要干''谁能干''谁想干'的问题,从而真正以质量文化为引领,增强全校师生对质量目标、质量观念、质量标准和质量行为的认同感。"[1]

----

[1] 梁克东."双高计划"背景下高职院校治理现代化的理性思考及实践路径 [J]. 中国职业技术教育,2020(1): 30.

第七章 金职"三教"改革的文化脉络与展望

第三节　"三教"改革永远在路上

　　学校从教学改革到"三教"改革，是对《国家职业教育改革实施方案》《职业教育提质培优行动计划》的政策呼应。教学改革的进一步聚焦，是人才培养提质培优的关键举措。教学改革的红利怎么利用好，怎么传承好学校改革创新的优良传统，是历史为学校的"三教"改革提出的一个命题。切实有效地提升职业教育的人才培养质量，应以习近平关于教育的重要论述为指引，以"三教改革"为核心，构建双师素质师资队伍专业发展体系，形成具有职教特色的新形态教材开发机制，打造以能力本位为核心的课堂教学新模式。[①]

一、守望立德树人的教育初心

　　"三教"改革既是一个教育思想的理论命题，又是育人活动的实践命题。要切实提高思想站位，不忘教育的本真，走求真务实、守正创新的改革之路。

1. 要立师德树标杆

　　学校首先要注重对教师品德的培养，重视师德师风建设工作，并通过完善师德考核制度，保证每位教师都能重视对自身思想品德的培养；其次，学校应该要求每个教师都能务本，能够全身心地投入到教学工作中，平衡教学常规与项目化任务，做好日常教学这一"良心活"，切实保障学生的根本利益；再次，学校要规划教师成长路径，健全学校人才发展体系，实行教师分层分类培养的"培基"工程、人才分级分步成长的"培优"工程，构建人才逐级培养、高端人才引领发展的校级、省级、国家级人才培养体系，完善弹性用人机制，吸引行业企业专家、技术能手担任兼职教师，完善高水平"双师双能"师资队伍建设机制。[②]学校要严格把关教师教学工作的考核环节，不断建立、健全教学业绩考核评价机制，增加学生技能习得对教师业绩评价的权重，使教师更加关注学生发展，树立以生为本的理念，建设高质量课堂。"三教"改革要与推进"三全"育人紧密结合，教师要拜社会、拜产业为师，紧跟时代步伐，加强德技并举，实施"课程思

---

①　梁克东，王亚南. 基于"三教改革"的职业教育人才培养与评价改革创新路径 [J]. 中国职业技术教育，2019（28）：28.

②　王振洪."双高"院校要舞好高质量发展"龙头" [N]. 中国教育报，2021-09-21（3）.

政"，开展劳动教育，促进职业素养教育与专业教育的深度融合，培养学生"工匠精神"，为国育人，为党育才。

2. 要尊重教育规律

教师要从教育哲学的视角思考课程的本质，充分意识到职业教育课程的特殊性，以职业教育的类型特色融入"三教"改革的各个领域；紧盯教师教与学生学之间的知识传授、技能传授、素质养成过程的难点痛点，集中改革资源，实施重点攻关；把握课程迭代、教材迭代、教法迭代的改革机遇，全力激发自身的主观能动性，把要我改革变成我要改革，打造高层次的标志性成果，但要时刻警惕形式化的面上改革，甚至娱乐化改革，杜绝技能竞赛变成表演赛，新形态教材变成随意性教材等现象，要体现教育的法度。

3. 要坚持既有改革思路

职业教育人才培养的起点是岗位能力，能力培养的关键在课程。要继承学校现有好的做法，祛弊出新，在实施"岗课赛证"融通与一体化改革上，专业内部一方面要深入思考岗、赛、证考核蕴含着的深度的行业标准、职业标准、操作标准，抽取适应学生未来就业层次的考核内容，改造现有的课堂教学模式；另一方面要突出融合的系统性，发现岗、赛、证与课程的耦合关系，合并教学内容的同类项，降低课时冗余，提高学时效率。通过设计差异化融合方案，保障学校定制化的人才培养与评价方式改革。近两年来，学校招生计划增多背后是生源结构的变化，生源层次分化。长期看，高等职业教育的学生层次也在分化，特别是在"十四五"时期，国家积极探索职教本科建设，学校的"三教"改革就更加需要有清晰的分层和定位，与专科层次有递进、与普通本科有差异，体现"三教"改革的精度。

二、践行改革创新的行动自觉

"三教"改革是贯彻国家职业教育改革重大决策，系统解决"谁来教""教什么""如何教"的实践探索，学校要积极回应政策关切，走提质培优、知行合一之路。

1. 要有人文的情怀

学校的"三教"改革不是为了培养机械的人，而是富有人文情怀的大国工匠。因此，"三教"改革要树立以人为本的新的教学观，要有人文理念。在改革过程中，要切实重视教学常规，以师生平等的改革态度，实现互动和对话，要把课程打造成为展示教师专业技能的舞台，让冷冰冰的说教变成妙趣横生的项目化实践，以培养学生的创新精神、实践能力及探究意识和自主精神为重点，引发学生主动思考，推动生成师生共同探究、共同攻关的学习生态，以展现"三教"改革的温度。

2. 要重视现代技术的革新力量

以人工智能为代表的技术创新，带来技术技能人才结构及学习者学习行为的深刻变化，而学校的实训设备、实训场所、课堂形态等方面，还没能适应这种需求变化。要谋求"智能型教育"的转变，需要学校在新一轮的投入中向智慧教育倾斜，加快智能实训升级，加快传统形态更新。要利用技术手段推动"三教"改革的智慧实施，要开发"三教"改革实施过程中产生的巨量数据资源，利用数据积累更加科学地指导改革。职能部门和各学院要尊重专业带头人的建设性意见，系统规划、分步建设一批具有引领性、系统性、综合性的高端实训室。要保证学校教育技术的投入，保证"三教"改革技术的浓度。

3. 要结合教学诊断与改进推进"三教"改革

学校已经建立了相对完善的内部质量保证制度体系，"三教"改革要树立教学诊断与改进中的学校、专业、课程、教师、学生5个觇标，把握目标链、标准链、实施链、条件链、制度链、信息链5个环节，做好对标对表，让教学诊断与改进的意见成为促进"三教"改革的良方，达到对改革数据实时分析、即时采集、动态呈现和及时预警的效果，充分享用全过程、全网络、全要素的诊断与改进技术红利，打造"三教"改革的质量管理闭环，真实反映"三教"改革的效度。

三、担当时代使命

国家"十四五"规划中明确提出要"增强职业技术教育适应性"，适应性体现在职业教育对经济社会的服务供给满足程度。而"三教"改革作为职业教育改革的硬核部分，必须以高标准、严要求的改革行动树立起职业教育改革的新形象，走先行先试、引领示范之路。

1. 要更加注重与产业的衔接

"三教"改革的视野不能仅透过教育看产业，而要躬身入局，深入产业，深入行业、深入企业，从产业、行业、企业内部去挖掘"三教"改革的教学元素、课程元素，要利用好行业指导委员会和产教融合型企业等资源，以主动谋互动、互动谋合作、合作促发展。通过谋求广泛合作支持，不断拓宽高水平师资的来源渠道，同时也为本校教师实践教学能力以及应用技术研发能力的提升提供高层次平台。要系统构建产教融合的利益驱动机制、协调运行机制、评价导向机制、合作保障机制，从而达成教学生产共时、技术资源共享、课程体系共建、校企双方互利共赢的目标。要推出激励机制，鼓励教师参与行业指导委员会的各项活动，切实提高在行指委的话语权。此外，要把"三教"改革同专业建设、专业群建设摆在同等重要的地位，不断优化教学组织，改进教学形式，应通过专业与产业对接、教学过程与生产过程对接、教学评价与职业标准对接，共建"双师"教学团队，优化教学运行机制，实现人才培养质量的持续优化，[①] 达成教学与实践零距离、学生毕业与岗位工作零过渡的目标，从而体现"三教"改革与产业的黏度。

2. 要更加注重与社会的衔接

学校向社会输送技术技能型人才，涵养技能型社会。技能型社会的形成有赖于职业院校培养的技能型人才真正服务于经济社会。对此，"三教"改革必须包含技能型社会建设的美好愿景，构建基于学分转换的课程体系和终身学习的发展预期。通过"学分银行"制度的创建实现学生学习成果的认定、积累与转换。要坚持能力本位，重视教学研究，把握非学术型人才心理发展规律和成长规律及技能形成规律，构建适应新职业、新岗位的教学模式，不断推进"三教"改革持续走向深入，并通过评价改革实现质量提升的闭环，优化技能培养评价体系，保障学生顺畅的学习通道并获得自身的技能，甚至是不可替代的"独门绝技"，进而树立技能自信，着力化解技能证书与实际技能不匹配的重大问题。

3. 要更加注重与地方的衔接

作为地方主办高校，学校只有扎根本地经济社会，汲取地方传统育人文化的营养与智慧，才能改出特色，才能凸显创新点，才能为其他院校输送适合自身需求的金职方案。对此，学校必须将"三教"改革作为撬动职业教育服务浙江共同富裕示范区建设的重要抓手，不光要紧跟国家重大的"三教"改革项目，还要有机结合地方的重大改革举措，积极寻求为地方服务的支撑点和发力点。要点面结合，不仅要不断扩大"三教"改革的示范领域，还要在曾经出过成绩的点上不断打磨，以历史与逻辑相统一的辩证思维指导新一轮的改革实践。比如学校启动的"新四说"活动就是基于原有"四说""四重""四接""四促"教研活动的再一次创新。

总而言之，作为浙江高职教育领头羊的金华职业技术学院，其使命光荣，责任重大，围绕"三教"改革这一学校改革创新的核心，必须拿出"干在实处永无止境，走在前列要谋新篇"的魄力，在习近平新时代中国特色社会主义思想指引下，苟日新日日新，勇立潮头，奋力书写创新发展的新答卷。

---

① 梁克东，成军. 中国特色高水平高职院校建设的逻辑、特征与行动方略 [J]. 教育与职业，2019（13）：15.

参考文献

[1] 徐国庆.高职教育课程论 [M].上海：华东师范大学出版社，2015.

[2] 石伟平，徐国庆.职业教育课程开发技术 [M].上海：上海教育出版社，2006.

[3] 刘苹.高职课程开发理论、方法与案例 [M].北京：中国轻工业出版社，2010.

[4] 张华.课程与教学论 [M].上海：上海教育出版社，2016.

[5] 徐国庆.高职教育课程论 [M].上海：华东师范大学出版社，2015.

[6] 胡正明.婺学今华——金华职业技术学院文化育人源、知、行 [M].北京：高等教育出版社，2019.

[7] 邵建东.高职创新发展之路——金华职院的探索历程 [M].武汉：华中科技大学出版社，2019.

[8] 徐国庆.职业教育课程、教学与教师 [M].上海：上海教育出版社，2016.

[9] 张寒明.高职教育课程改革进程及启示 [J].吉林省教育学院学报，2019，35（6）：11-16.

[10] 教育部.关于全面提高高等高职教育教学质量的若干意见 [EB/OL]（2006-11-16）[2021-12-22].http：//www.moe.gov.cn/s78/A08/moe_745/tnull_19288.html.

[11] 程云燕.高等高职教育课程改革的四个阶段及特点 [J].广西职业技术学院学报，2012，5（3）：23-26.

[12] 姜大源.论高职教育工作过程系统化课程开发 [J].徐州建筑职业技术学院学报，2010，10（1）：1-6.

[13] 姜大源.工作过程系统化课程的结构逻辑 [J].教育与职业，2017（13）：5-12.

[14] 汤霓.英、美、德三国职业教育师资培养的比较研究 [D].上海：华东师范大学，2016.

[15] 徐国庆.职业教育的教材建设 [J].职教论坛，2015（18）：1.

[16] 徐国庆.现代职业教育建设要重点关注课堂教学 [J].职教论坛，2015（30）：1.

[17] 习近平.做党和人民满意的好老师——同北京师范大学师生代表座谈时的讲话 [EB/OL].（2014-09-10）[2021-12-25].http：//www.gov.cn/xinwen/2014-09/10/content_2747765.htm.

[18] 吴全全.职业教育"双师型"教师内涵及能力结构解读 [J].中国职业技术教育，2014（21）：211-215.

[19] 黄涛.基于任务驱动的高职软件开发类活页式教材设计研究 [J].武汉职业技术学院学报，2019，18（6）：62-67.

[20] 崔发周.工作手册式教材的基本特征与改革策略 [J].教育与职业，2020（18）：97-103.

[21] 兰金林，石伟平.职业教育教材内容的选择与组织：职业知识的工作逻辑 [J].职业技术教育，2019，40（31）：30-35.

[22] 严中华.国外职业教育核心理念解读—学习成果导向职业教育课程开发理论与实践 [M].北京：清华大学出版社，2017.

[23] 徐国庆.课程涵义与课程思维 [J].中国职业技术教育，2006（7）：18-20.

[24] 张华.课程与教学论 [M].上海：上海教育出版社，2016.

[25] 崔青峰.高等职业教育教材建设创新 [J].科技与出版，2014（2）：51-53.

[26] 马云鹏，李哨兵.德智体美劳培养体系下的教材体系建设 [J].教育研究，2019，40（2）：25-28.